Mãe, além da vida

© 2020 por Amadeu Ribeiro
© iStock.com/gpointstudio
© iStock.com/Kemter

Coordenadora editorial: Tânia Lins
Coordenador de comunicação: Marcio Lipari
Capa e projeto gráfico: Equipe Vida & Consciência
Preparação e revisão: Equipe Vida & Consciência

1ª edição — 2ª impressão
3.000 exemplares — outubro 2021
Tiragem total: 5.000 exemplares

**CIP-BRASIL — CATALOGAÇÃO NA PUBLICAÇÃO
(SINDICATO NACIONAL DOS EDITORES DE LIVROS, RJ)**

R367m
 Ribeiro, Amadeu
  Mãe além da vida / Amadeu Ribeiro. - 1. ed. - São Paulo : Vida &
Consciência, 2020.
  384 p. ; 23 cm.

  ISBN 978-85-7722-659-7

  1. Romance espírita. I. Título.

20-62677   CDD: 869.3
            CDU: 82-31(81)

Todos os direitos reservados. Nenhuma parte desta edição pode ser utilizada ou reproduzida, por qualquer forma ou meio, seja ele mecânico ou eletrônico, fotocópia, gravação etc., tampouco apropriada ou estocada em sistema de banco de dados, sem a expressa autorização da editora (Lei nº 5.988, de 14/12/1973).

Este livro adota as regras do novo acordo ortográfico (2009).

Vida & Consciência Editora e Distribuidora Ltda.
Rua das Oiticicas, 75 – Parque Jabaquara – São Paulo – SP – Brasil
CEP 04346-090
editora@vidaeconsciencia.com.br
www.vidaeconsciencia.com.br

Um romance emocionante de
AMADEU RIBEIRO

CAPÍTULO 1

Raul sempre foi fanático por futebol. Desde pequeno, tão logo aprendeu a correr, já perseguia uma bola, no campo, com amigos de sua idade. Com o passar do tempo, foi se aperfeiçoando e, em 1956, quando completou 18 anos, era um dos melhores jogadores de futebol de sua cidade. Um time só ficava bom se contasse com Raul entre seus jogadores, fosse como goleiro, meio-campo ou atacante. O rapaz raramente errava um passe, principalmente quando chutava para o gol.

Era bem alto e muito magro. Os amigos brincavam ao compará-lo a uma palmeira. Tinha a pele morena-clara. Os cabelos e os olhos eram de um castanho comum, e Raul gostava de manter um bigodinho fino, como o do pai, que atraía as meninas por onde ele passava. Quando convidava uma delas para uma matinê no centro da cidade, quase nunca tinha seu convite recusado. Além de Raul ser disputado entre seus amigos nos jogos de futebol, era também cobiçado pelas garotas, embora não fosse propriamente um rapaz bonito ou atraente.

Muitos sabiam que a grande paixão na vida de Raul era uma boa bola de capotão, mas poucos conheciam o fato de que ele tinha outra paixão ainda maior: sua mãe. Para Raul, era Deus no céu e Ivani na Terra. Claro que ele também amava o pai, mas sentia pela mãe um amor muito maior, mais verdadeiro e sincero. Ivani nascera surda e muda. E o fato de o pai, Reginaldo, ter se apaixonado por ela nessas condições, tornava-o um homem muito especial na concepção de Raul.

Era por meio de sorrisos e, principalmente, de seus olhos que Ivani extravasava o amor que sentia pelo marido e pelos dois filhos, Raul e Romeu, o caçula de 10 anos. Apesar das dificuldades financeiras, pois formavam uma família muito pobre e modesta, e da deficiência de Ivani, viviam bem e felizes. Se havia amor, nada mais era necessário.

A doença, no entanto, surgiu aparentemente do nada. E, em menos de três meses, ceifou a vida do pequeno Romeu. O médico havia dito que o menino contraíra meningite. Porém, houve quem dissesse que tudo o que ele tinha era pneumonia crônica, e algumas pessoas apostaram em mau-olhado e quebranto. De qualquer forma, independente da causa, Romeu faleceu noventa dias após a descoberta da doença, levando consigo a alegria da casa de Raul.

A partir daquele dia, Reginaldo se tornou calado e taciturno, evitando comunicar-se com a esposa e com o filho. Evitava até mesmo os amigos e companheiros de trabalho, que tentavam lhe oferecer palavras de consolo e conforto. Ivani, fechada em seu eterno mutismo, deixava transparecer toda a dor que sentia por meio de lágrimas que escorriam livremente por seu rosto moreno. E Raul também perdera muito de sua alegria, seu entusiasmo e sua vontade de viver.

Assim como o pai, Raul também procurava evitar a companhia dos amigos, quando eles lhe convidavam para jogar uma pelada como forma de distrair a cabeça com o esporte. Havia algumas meninas bonitas que tentavam agradá-lo com carícias e conversas ao pé do ouvido, mas nada fazia com que Raul voltasse a ser o mesmo. Romeu se fora e levara consigo todo o prazer de viver de sua família.

A situação tornou-se ainda pior no fim daquele ano quando, inesperadamente, Ivani sofreu um infarto fulminante. Aconteceu uma semana antes do Natal, de forma tão repentina quanto a morte de Romeu. Ela agira normalmente durante o dia e, à noite, logo após o jantar, queixara-se de dores no peito, sempre através de sinais manuais. E antes que Raul ou Reginaldo pensasse em levá-la a um médico, Ivani pressionou as mãos sobre o coração e desabou no chão, já sem vida.

Se a situação na casa de Raul já estava opressiva, após a morte de Ivani, Reginaldo perdeu o restante do prazer que ainda sentia em viver. O filho amado partira e agora sua esposa também o deixava. Como aquilo era possível? Por que Deus os castigava daquela forma? O que haviam feito de tão errado para despertar a ira divina?

Embora muitas pessoas se revoltem ao perder um ente querido, do ponto de vista espiritual, tudo caminha com perfeição. A morte de um membro da família, muitas vezes acontece para mobilizar o progresso daqueles que permaneceram.

Não é incomum uma família inteira mudar seus hábitos, alterar rotinas, transformar o modo de agir, tudo em função daquela pessoa que acredita ter perdido. E quase sempre as mudanças são favoráveis. Alguns descobrem potenciais que não acreditavam possuir, tornam-se mais independentes e buscam diferentes formas de superação.

Foi o que aconteceu com Ivani. Recebida com alegria no astral, ela pôde reencontrar o filho Romeu e compreender o porquê de ter reencarnado com duas deficiências. Ivani e Romeu, espíritos ligados há muitas vidas, haviam decidido nascer como mãe e filho, buscando equilibrar situações mal resolvidas de encarnações anteriores. E agora ambos estavam prontos para seguir em frente, na jornada da vida.

A morte da mãe transformou Raul em um novo homem. Ele deixou a imaturidade de lado e assumiu o controle da família, agora formada apenas por ele e pelo pai. Ainda saía com os amigos para partidas ocasionais de futebol, mesmo que seu prazer pelo esporte houvesse diminuído. Porém, descobrira o gosto pela arte.

Durante uma visita a uma exposição itinerante na cidade onde nascera e crescera, Raul sentiu-se atraído pelas obras de arte moldadas em argila. Era impressionante como alguns artistas conseguiam transmitir, por meio de suas esculturas, tudo aquilo que sentiam e que desejavam expressar. Ele era quase capaz de captar as mensagens que os autores das obras quiseram exteriorizar para o público. Era algo realmente magnífico.

Foi a partir daí que ele descobriu sua vocação: seria um escultor de argila. Sabia que um curso na área era caríssimo e ele não dispunha de condições financeiras. Porém, jamais desistiu desse sonho. E concluiu que haveria somente uma única maneira de ganhar dinheiro: por meio do futebol.

Como era bastante conhecido no bairro em que morava, Raul começou a se oferecer para treinar garotos interessados em aprender a jogar futebol profissional. Como ele tinha boa fama, pois sempre foi solicitado a participar de torneios e campeonatos da cidade, não foi difícil encontrar os primeiros clientes. E quem contratava seus serviços não se arrependia. Ainda que o futebol sempre tivesse sido uma grande paixão na vida de Raul, era no meio artístico que ele pretendia definir sua carreira.

Reginaldo, seu pai, mantinha-se alheio ao progresso do filho. Trabalhava apenas pelo dinheiro, evitava os velhos amigos e nunca fazia novas amizades. Parecia um zumbi vagando pelos pequenos cômodos da casa como se esperasse encontrar Ivani ou Romeu em algum lugar, mal dialogando com Raul, deitando-se cedo e levantando-se mais cedo ainda. Nem sequer sabia ao certo qual era seu objetivo na vida.

Certa vez, Raul compartilhara seu plano com o pai. Dissera que, com o dinheiro que estava arrecadando ministrando as aulas particulares de futebol, pretendia pagar um curso para que pudesse aprender a modelar esculturas com argila. Reginaldo ouviu em silêncio e, quando Raul pediu a opinião do pai, ele apenas soltou uma gargalhada sarcástica, dizendo que jamais aceitaria que o filho lidasse com aquelas coisas. Acrescentou que arte era coisa para maricas e que seu filho era muito homem para mexer com aquilo.

A falta de motivação do pai não foi empecilho para Raul. Evitando os comentários maldosos de Reginaldo, ele juntou o dinheiro das aulas. Conseguiu um emprego como mensageiro numa firma de um italiano, e seus rendimentos aumentaram. Unindo as duas fontes de renda, ele agora ganhava mais do que o pai e dividia com ele as despesas básicas da casa. O que sobrava era destinado aos fundos voltados para o curso.

Quando completou 20 anos, Raul, certo de que o dinheiro que guardara já era suficiente, foi procurar um colégio para escultores. Ficou horrorizado com o valor das mensalidades. Era um absurdo, e ele jamais poderia pagá-las. O gerente do colégio lhe informou que ele somente conseguiria encontrar uma instituição mais barata se mudasse para uma cidade maior como São Paulo. Como Raul não pretendia abandonar o pai, descartou essa hipótese imediatamente. Reginaldo perdera duas pessoas queridas de sua família no mesmo ano. Ele não resistiria se Raul simplesmente o deixasse. E sabia que o pai jamais abandonaria a cidade para se mudar com ele para São Paulo.

Dessa forma, Raul deixou seus planos em suspenso, sem desistir. O tempo passava, e seu dinheiro continuava guardado. Sonhava com o dia em que fosse inaugurada na cidade uma escola de artes com mensalidades acessíveis.

Uma semana antes de Raul completar 22 anos, Reginaldo adoeceu. Levado ao médico, não foi encontrada nenhuma enfermidade, porém, ele alegava sentir muita indisposição. O especialista lhe recomendara repouso, dizendo que a estafa também podia prejudicar a saúde.

No entanto, segundo diziam os vizinhos de Raul, o que Reginaldo tinha se chamava "doença da saudade". Ele estava adoecendo por não ter mais Ivani e Romeu consigo. Ele amava Raul, mas sentia que sua família ficara incompleta após a morte do filho caçula e da esposa. Fechado em seu mundo, isolado de todos, Reginaldo foi murchando como uma flor sem água. Deitava-se na cama e dormia o dia inteiro. Não bebia nada, nem sequer água, e raramente levava uma colher de arroz à boca. Raul, preocupado, tentou levar o pai ao médico novamente, só que não havia jeito: Reginaldo apenas definhava aos poucos, e o filho nada podia fazer.

Três dias depois do aniversário de Raul, Reginaldo partiu. Simplesmente não despertou ao amanhecer. Partiu num domingo, e todos os vizinhos auxiliaram Raul com os preparativos do velório e do enterro.

Quando voltou para casa, após o enterro do pai, Raul soube que ele viveria sozinho a partir de agora. Os pais e o irmão estavam mortos. Ele fora o único que restara de sua família. Não era um homem religioso, porém, muitas vezes, se questionava o porquê de Deus tê-lo deixado sozinho. Se Ele realmente existisse como a Igreja dizia, então, quais seriam Seus motivos para deixá-lo sem a família? Será que algum dia ele encontraria essas respostas?

Houve um domingo, dois meses depois da morte de Reginaldo, que Raul estava no campinho treinando alguns meninos quando percebeu que estava sendo observado por um homem. Ele tentou continuar com seu jogo normalmente, só que os olhares fixos do desconhecido o incomodaram. Ele encerrou suas aulas mais cedo, dispensou os alunos e se aproximou do homem.

— Vi que o senhor estava me observando. Deseja falar comigo? — perguntou Raul, notando que era um senhor de mais idade.

— Bem, na verdade, sim — o senhor sorriu, meio sem jeito, e esticou a mão. — Antes, eu quero me apresentar. Sou Haroldo, dono da escola de Artes aqui da cidade.

Quando ele mencionou a instituição, Raul estremeceu. Era justamente o lugar no qual ele tentara se matricular para aprender a esculpir os moldes em argila.

— Ah, sim. Como eu posso ajudá-lo? — devolveu Raul, agora realmente interessado em seu interlocutor.

— Chegou até mim a informação de que você está treinando crianças e adolescentes interessados em aprender a jogar futebol profissional. E agora pude constatar que as informações são mesmo verídicas. Você joga muito bem.

— Obrigado, senhor.

Raul estava tentando estabelecer uma relação entre seus treinos de futebol e a escola de Artes, mas a resposta veio em seguida:

— Meu filho sempre gostou muito de futebol. Já o matriculei em uma escolinha para que aprendesse a jogar, mas ele não se adaptou. No entanto, vendo você em campo, posso dizer que encontrei a pessoa certa para meu garoto. Gostaria de saber quanto você cobra para treiná-lo.

Raul mal acreditou no que ouviu. O dono da escola na qual ele sempre sonhou matricular-se estava ali, diante dele, querendo contratá-lo para treinar o filho. O que seria aquilo? Sorte? Acaso? Destino?

Em nenhum momento, Raul parou para imaginar que esse acontecimento pudesse ser uma intervenção espiritual. A presença divina está sempre abrindo novos caminhos para as pessoas, criando situações que levam cada um a descobrir em si mesmo a capacidade de conquistar coisas melhores. Raul, entretanto, não enxergou a situação por esse ponto de vista. Pensava que a sorte lhe sorria, e nada mais.

Ele falou seu preço, e Haroldo aceitou. Fecharam o acordo, e Raul prometeu que treinaria André, o filho do senhor, três vezes por semana. Como Raul entrava na empresa em que trabalhava somente após o almoço, ele sempre ficava com as manhãs livres, quando costumava treinar os demais meninos.

Raul chegou à residência de Haroldo no horário combinado. Era uma casa magnífica, com janelas verdes e telhado de ardósia. Mais parecia uma casa de veraneio, na beira da praia, e Raul compreendeu que o dono da escola deveria ser mais rico do que ele pensava.

O simpático senhor recepcionou-o com um caloroso abraço e o apresentou à sua família, composta por ele, a esposa e o filho. Embora fossem pessoas ricas, pareciam ser muito simples, e Raul simpatizou com André instantaneamente. O menino tinha oito anos, era criativo e inteligente. Os pais de André aparentavam ser muito mais velhos que a maioria dos pais de um menino daquela idade. Mas isso não era problema de Raul. Tudo o que tinha a fazer era treinar o garoto para satisfazê-lo e ao seu pai também.

Raul perguntou se poderia treinar André no gramado onde ele levava os outros garotos, e Haroldo concordou. O pai explicou mais tarde que André não tinha muitos amigos, à exceção dos da escola, e que gostaria que o filho se enturmasse mais. Como o menino era filho único e nascera quando Haroldo já estava com quase 50 anos, achava que era tempo de proporcionar à criança o máximo de diversão e conhecimento naquilo que ela mais gostava.

Antes de sair com André, Lucimara, a esposa de Haroldo, ofereceu a Raul um refresco, que ele aceitou de bom grado. Foi quando uma empregada uniformizada surgiu na sala após ser chamada pela patroa.

— Linda, por favor, traga uma bebida para nosso convidado.

Assim que a moça se postou à frente de Raul, ele não conseguiu desgrudar os olhos dela, que fazia jus ao nome. Era realmente muito linda. Tinha os cabelos pretos e lisos, e uma delicada franja caía-lhe sobre a testa. Quando ela ergueu o rosto para encarar Raul, ele viu que os olhos dela tinham uma tonalidade castanha. A moça não deveria ter mais de vinte anos. Era magra, com estatura mediana. Ele não se lembrava de tê-la visto na cidade antes.

Ele só pediu um copo com água, e Lucimara pediu um cálice de licor. Quando Linda retornou com as bebidas e entregou o copo para Raul, ele constatou que, de perto, ela conseguia ser ainda mais bonita. Parecia uma princesa de contos de fada disfarçada de criada, ou mesmo a gata borralheira.

Era a moça mais bonita que ele já conhecera em toda a sua vida.

CAPÍTULO 2

Durante as semanas seguintes, Raul fez questão de entrar na casa de Haroldo somente para admirar a beleza de Linda. Ainda não falara com ela, nem sequer ouvira sua voz e mal esperava pela oportunidade de encontrá-la a sós. Sempre que tentava dialogar com ela, alguém surgia e quebrava o encanto.

Além de se aproximar de Linda, Raul tinha também outro grande interesse: o curso na escola de Haroldo. Há alguns dias, ele vinha pensando em oferecer uma nova proposta ao pai de André. Claro que Haroldo poderia recusar, e talvez o fizesse, mas Raul não queria desanimar. Acreditava que a vida era feita de tentativas.

— Vamos ao meu escritório — convidou Haroldo, logo após Raul dizer que desejava lhe falar a sós. Quando entraram, Raul encostou a porta e falou: — Bem, aqui estamos. Em que posso lhe ser útil, meu rapaz?

Haroldo estava satisfeito com o treinamento que André vinha recebendo. Em três semanas, o menino garantiu que aprendera com Raul muito mais do que nos seis meses em que ficara na escolinha de futebol. Admirava a habilidade do rapaz no esporte e o tinha como um grande amigo.

— Vou direto ao ponto, seu Haroldo. Estou muito satisfeito com o valor que o senhor me paga pelas aulas que dou para André. No entanto... — propositadamente, Raul deixou a frase incompleta para aguçar a curiosidade de Haroldo.

— Já sei. Você deseja um aumento. E acho que está certo de pedir. Você merece — sorriu o senhor. — Quanto quer?

— Na verdade, não é um aumento que desejo. Ganho até mais do que valem minhas aulas. Acontece que eu tenho um sonho. Sempre quis realizá-lo, só não tive condições.

— E que sonho seria esse? — quis saber Haroldo, interessado. Ele achava que Raul era um rapaz bem educado e gentil. Soube que ele perdeu toda a família e que agora morava sozinho. Trabalhava para seu sustento, e Haroldo o admirava por isso também.

— O senhor deve se lembrar de que há alguns anos houve aqui na cidade uma exposição de esculturas de argila.

— Claro que me lembro. Havia algumas obras expostas ali de ex-alunos meus.

— Pois é. Eu fiquei muito interessado ao admirar estatuetas tão perfeitas, os artefatos e os demais objetos moldados em argila. E soube que aquela era minha vocação — confessou Raul, pela segunda vez. A primeira fora com o pai, mas Reginaldo não gostara da ideia e o chamara de maricas. Jamais o apoiara.

— É mesmo? — surpreendeu-se Haroldo arqueando as sobrancelhas. — Achava que sua vocação fosse o futebol.

— Eu admito que o futebol seja minha paixão. Sempre fui fanático por correr atrás de uma bola. Os gols, os ataques, as defesas, tudo isso sempre esteve enraizado em mim. Contudo, nunca me completou, sabe? Era como se faltassem mais duas coisas para que eu me sentisse satisfeito. E uma delas é o sonho de me tornar um escultor de argila.

— Muito bem. E qual é a segunda coisa que lhe falta?

— O amor de uma mulher, claro — revelou Raul, pensando em Linda e fazendo Haroldo soltar uma gargalhada.

— Você está certo, meu filho. O que é um homem sem o amor de uma mulher? E você ainda está interessado em fazer o curso?

— É tudo o que eu mais sonhei. Já estive na sua escola tentando me matricular, só que o dinheiro que guardei não foi suficiente. As mensalidades são muito caras, e meu salário nunca me permitiria pagá-las. Gostaria de saber se o senhor não poderia me fazer um desconto. Algo como uma pequena bolsa de estudos. Nada me deixaria mais feliz.

— É mesmo? — Haroldo sorriu. Ele era um homem de boa índole e gostava de agradar as pessoas. Ver uma pessoa satisfeita o deixava igualmente satisfeito. E Raul era um jovem esforçado e batalhador. Era justo que merecesse essa oportunidade. — Sendo assim, eu lhe faço uma contraproposta. Você continua treinando meu filho e, em vez de eu lhe pagar, você recebe uma bolsa de estudos integral. O que acha?

Raul comemorou quando ouviu a informação. Não conteve a emoção e deixou as lágrimas correrem livremente pelo rosto enquanto abraçava Haroldo como abraçaria o próprio pai.

Quando conseguiu se conter, o rapaz agradeceu:

— Muito obrigado, seu Haroldo. O senhor não vai se arrepender. Quero muito aprender a modelar em argila, assim como quero treinar André para que ele se torne um jogador profissional. Quem sabe, um dia, ele até participe de uma Copa do Mundo — rindo, Raul secou as lágrimas do rosto.

— André é capaz de desmaiar se escutar isso — divertiu-se Haroldo. — Agora, quanto ao seu desejo de arrumar uma namorada, sinceramente não posso fazer muita coisa.

— Eu sempre namoro algumas mocinhas, vou aos bailes com outras, mas nunca me interessei de verdade por nenhuma delas. Só que eu conheci uma moça que me deixou boquiaberto. Ela é maravilhosa e me deixa paralisado, apenas olhando-a, admirando sua beleza — era verdade. Muitas vezes, Raul se pegara em transe, apenas observando Linda passar.

— E quem é essa moça tão bela? Eu a conheço?

— Sim, o senhor a conhece muito bem — temendo zangar Haroldo, que acabara de lhe fazer a melhor proposta de sua vida, Raul resolveu ir com calma. Linda era a funcionária da casa, e Haroldo poderia não gostar se soubesse o quanto ele a desejava.

— Acho que estou apaixonado por Linda, sua empregada — admitiu, falando bem devagar.

Haroldo nem sequer pestanejou. Continuou com o sorriso nos lábios e esticou as mãos para frente para apertar as de Raul.

— Então você está com sorte, meu amigo — afirmou Haroldo, fazendo mistério.

— Como assim? Do que o senhor está falando?

— Linda fez algumas perguntas à minha esposa a seu respeito. Lucimara me contou que ela também pareceu bastante interessada em você.

Raul mal piscava enquanto ouvia atentamente as palavras de Haroldo. Então também era correspondido por Linda?

— Linda é uma jovem muito doce. Ela é minha sobrinha. Lucimara e eu a amamos muito.

Essa informação surpreendeu Raul. Como uma sobrinha poderia trabalhar como empregada na casa do próprio tio? Haroldo, como que adivinhando os pensamentos do rapaz, explicou:

— Os pais de Linda morreram quando ela era ainda muito jovem. O pai dela era meu irmão. Eu e Lucimara já estávamos casados quando a tragédia aconteceu. Linda ficou órfã, e nós a acolhemos com muito amor e carinho. Quando ela ficou mais velha, ofereceu-se para trabalhar em nossa casa como forma de pagar a hospitalidade e o carinho que sempre teve aqui. Claro que nós recusamos veementemente essa proposta, mas Linda teve outra ideia. Ela estudaria em um bom colégio em troca de seus serviços. Nós a transferimos para o mesmo colégio em que André estudava e, a partir daí, ela começou a fazer pequenos serviços. Lavava as louças, varria a casa... Temos outros empregados, e Linda era como uma ajudante para os demais. Ela dizia que gostava muito de se sentir útil, mesmo que fôssemos contra. Linda era menor de idade, e eu achava que estava explorando uma criança.

Haroldo pareceu pensativo por alguns instantes, como se refletisse sobre as próximas palavras.

— Contudo, os anos passaram depressa — ele prosseguiu. — Linda logo abandonou a infância e se transformou na belíssima mulher que você conheceu. Lucimara e eu esperamos que, um dia, ela encontre alguém que a ame e que possa lhe dar uma vida melhor. Não quero que ela fique trabalhando em minha casa para o resto da vida, apenas como gratidão pelo o que lhe fizemos. Linda é como uma segunda filha, embora não se veja assim. Quer ser vista apenas como uma criada, e isso me desgosta muito.

Haroldo suspirou e passou as costas da mão pela testa, como se quisesse limpar um suor invisível.

— Se você acha que tem chances com ela, terá todo meu apoio e o de Lucimara. E como Linda também pareceu interessada, já que fez perguntas, creio que você deve mesmo ir em frente. Eu posso até conseguir um encontro entre vocês dois. O que acha?

Raul nem conseguia ordenar as ideias. Eram muitas coisas boas acontecendo de uma vez só. Haroldo estava sendo um verdadeiro anjo de guarda para ele, um gênio mágico que estava lhe satisfazendo todos os seus desejos ao mesmo tempo. E ele estava disposto a dar o melhor de si para jamais desapontar o amigo.

O encontro, arranjado por Haroldo para Raul e Linda, aconteceu no domingo seguinte. Ele pediu a Linda para que fosse até o campinho de futebol buscar André, e a menina obedeceu. Era mentira. André, como cúmplice, não fora treinar naquele dia, mas a moça nem percebera que ele estava na casa. Despreocupada, ela tirou o uniforme, colocou uma roupa comum e seguiu para o local. Ao chegar lá, ficou surpresa ao encontrar apenas Raul, como se ele já estivesse à espera dela.

— Eu vim buscar André — explicou Linda, olhando para Raul com grande interesse. Ele não era bonito, mas algo em seus olhos a atraíam muito. — Onde ele está?

— Ele já foi pra casa. Eu o levei. Provavelmente nós nos desencontramos pelo caminho — sorriu Raul, encantado com a voz de Linda, que ouvia pela primeira vez.

— Bem, nesse caso, eu preciso voltar — ela retrucou, agitando as mãos e rodando nos calcanhares para empreender o caminho de volta.

— Espere — pediu Raul, tocando na pele de Linda, que era macia como seda. — Me deixe olhar melhor para você.

Ela virou o rosto, e eles se encararam por um longo momento. Ambos sentiram uma corrente de eletricidade passando, mas não entenderam bem o que aquilo representava. E a potência dessa energia aumentou quando Raul se aproximou e beijou a moça nos lábios. Ele não sabia o que dizer a ela, e, na falta de palavras, o beijo foi sua melhor escolha.

As primeiras gotinhas da chuva típica de verão começaram a molhar o rosto dos jovens, e eles nem pareceram sentir. Raul continuava a beijá-la com sofreguidão, e Linda correspondia com um furor que nem ela sabia que possuía. Nunca se apaixonara por ninguém. Na verdade, era a primeira vez que era beijada por um homem. E a sensação que aquele beijo lhe transmitia a remetia para um futuro em que eles estariam casados e felizes, formando uma família. Descobriu que estava apaixonada por Raul e que o desejava também.

— Eu amo você, Linda — ele confessou, sob a chuva que se tornava mais forte agora. Os dois estavam ficando ensopados, contudo, nem se davam conta disso. — Quando eu vi você pela primeira vez, soube que era a mulher da minha vida. Espero que sinta o mesmo por mim.

— Sim, eu sinto. Meu coração disparava toda vez que o via na sala, e quando você não ia buscar André, eu ficava triste por não vê-lo. Acho que você também é o homem da minha vida.

Raul não sabia com que dinheiro faria aquilo, porém, naquele momento, não conseguiu se conter:

— Case-se comigo, Linda. Eu seria o homem mais feliz do mundo se você se casasse comigo.

Ela o olhou através da água da chuva que lhe embaçava a visão. Casar-se era o sonho de sua vida, porém, se o fizesse, trairia a confiança que os tios haviam depositado nela. A gratidão que sentia por eles pela criação que tivera era algo que jamais poderia pagar.

— Casar, eu não posso — afirmou ela, contrariada por estar dizendo aquilo. — Meus tios confiam em mim. Não posso abandoná-los.

— Aí é que você se engana, Linda. Eles a amam muito e querem sua felicidade. Tanto que foi o próprio Haroldo que promoveu nosso encontro. André não veio treinar hoje. Ele pediu que você viesse buscá-lo justamente para que pudéssemos nos encontrar, nos conhecer melhor e ficarmos a sós. Eu mesmo nem acreditava que iria pedi-la em casamento, mas depois desse beijo, não quero mais ficar longe de você.

Dizendo isso, Raul a beijou novamente, enquanto Linda mal se continha de tanta alegria. Então seus tios aprovavam aquele namoro? Não se importariam se ela os deixasse? Seriam mesmo a favor de seu casamento com Raul?

— E então? — indagou Raul. — Você aceita?

Ela fechou os olhos e pareceu que as gotas da chuva deslizavam por seu rosto como lágrimas. E talvez, naquele momento, ela realmente estivesse chorando de emoção.

— Eu aceito, Raul. Quero ser feliz com você.

CAPÍTULO 3

Seis meses depois, Linda cruzava a entrada da igreja. A festa de casamento, organizada pelos próprios tios da jovem e que aconteceria logo após o casório, seria digna de uma rainha. Metade da cidade fora convidada, e a outra metade ficaria do lado de fora do salão de festas tentando uma brecha para entrar. O casamento já era considerado o evento do ano na cidade. Alguns matutinos até anunciaram, maldosamente, que duas pessoas de classe baixa se casariam numa festa digna de ricos. Era algo esplêndido, que ficaria na memória de muita gente.

Essas imagens não se apagariam da memória de Linda e de Raul por muitos anos. Os dois estavam encantados, maravilhados com o momento tão ardentemente esperado. Assim que viu Linda entrar na igreja, de braços dados com Haroldo, Raul sentiu uma emoção desconhecida invadi-lo. Ela estava belíssima, os cabelos lisos presos num coque no alto da cabeça. O vestido era fenomenal e muito bem trabalhado, e o buquê que trazia nas mãos continha três tipos diferentes de flores, todas brancas.

Quando entregou a noiva a Raul, Haroldo lhe sussurrou no ouvido:

— Cuide bem de minha sobrinha ou vai se ver comigo, escultor.

Era evidente que Haroldo estava brincando. Nos últimos meses, eles haviam estreitado uma amizade tão forte que se sentiam realmente como pai e filho. Lucimara também gostava muito de Raul e adorava quando ele fazia André se divertir. O garoto, que completara nove anos, já era um dos melhores jogadores da cidade graças a Raul. Dali a dois meses, haveria um torneio, e ele participaria. Tinha certeza de que se sairia muito bem.

— Obrigado, seu Haroldo — agradeceu Raul em resposta, enquanto tomava as mãos enluvadas de Linda. — Muito obrigado por me proporcionar tanta felicidade.

Ele delirava quando Haroldo o chamava, carinhosamente, de escultor. Nos seis meses em que estava no curso, já aprendera muitas coisas e, em breve, começaria a modelar sua primeira obra. Todos aguardavam com ansiedade.

— Sempre disse que você merecia. Boa sorte!

Linda sorriu para Raul, e eles se postaram diante do altar, onde o padre começou a recitar as palavras para concretizar o matrimônio. Quando ele declarou-os marido e mulher, Linda chorou, e Raul se emocionou outra vez. Beijaram-se com ternura, e todos os convidados da igreja se levantaram para aplaudi-los.

A festa, como já se esperava, foi ainda mais bonita e elegante. Muitas pessoas alegres, comida farta, músicas em estilos variados e muita animação. Os noivos eram cumprimentados a todo o momento, e as mulheres soltaram gritinhos de excitação quando Linda jogou o buquê.

Eles tornaram a ser aplaudidos quando cortaram o bolo juntos e ofereceram o primeiro pedaço para André. O menino, feliz e empolgado com a homenagem, abraçou e beijou os recém-casados. Lucimara e Haroldo também os parabenizaram com um caloroso abraço, desejando muitas alegrias e conquistas na vida em comum que teriam agora. Haroldo tinha a certeza de que Raul faria sua sobrinha muito feliz.

Linda jamais reclamou por dividir com Raul a casinha que pertencera aos pais dele. Ele lhe dizia que, assim que começasse a ganhar dinheiro com suas estátuas de argila, comprariam um imóvel maior e se mudariam. Para Linda, tudo estava bom daquele jeito. Dizia que continuaria a amá-lo, ainda que morassem debaixo da ponte.

Raul continuava trabalhando na empresa do senhor italiano, mas há muito deixara de ser mensageiro. Agora era gerente do setor comercial, e o salário do rapaz dobrara. Também continuava dando as aulas particulares de futebol, principalmente para André.

Três meses depois, Linda e Raul apareceram de surpresa na casa de Haroldo e Lucimara. Ambos demonstravam a felicidade que sentiam em estar juntos pelos sorrisos que traziam nos lábios. Raul segurava uma caixa de papelão pequena, e Haroldo ficou curioso em saber o que continha nela.

— Temos três excelentes novidades para lhes contar — iniciou Raul, colocando a caixa sobre a mesa do escritório de Haroldo, que também estava de pé.

— Eu adoro novidades — informou Lucimara, sorrindo. — E se são três de uma vez, fica melhor ainda.

— A primeira é... — Linda olhou para o marido e sorriu: — Eu estou trabalhando.

— Minha querida, isso é ótimo! — parabenizou Lucimara, beijando a sobrinha na face. Sabia que Linda jamais trabalhara em outro lugar que não fosse lá, como criada, a pedido da própria moça. — E o que você faz?

— Eu trabalho na casa de uma família cuidando de uma senhora adoentada.

Linda explicou seu serviço. Ela era responsável por atender todas as necessidades de uma senhora com quase oitenta anos que, segundo as duas filhas, era esquizofrênica. Diziam que a mãe, durante as refeições, costumava jogar o prato com comida para o alto ou derramava, de propósito, o copo com bebida sobre a toalha da mesa. Além disso, elas contaram para Linda que a mãe falava sozinha e que era preciso que alguém tomasse conta dela, pois as duas trabalhavam fora e não tinham tempo. Uma delas estava grávida e mal sabia o que faria quando a criança nascesse, pois teria que cuidar do bebê e da mãe doente.

— O engraçado é que a dona Conceição não faz nada de errado quando estou por perto. Comporta-se de uma maneira tão bonita e tranquila que fico encantada. E ela sempre diz que meu nome combina comigo — acrescentou Linda, sorrindo.

— Só que em breve minha adorável esposa vai deixar de trabalhar — prosseguiu Raul, risonho. — Primeiro porque eu estou ganhando razoavelmente bem no meu emprego e, segundo, porque eu quero lhes mostrar essa outra novidade — ele abriu a caixa de papelão e retirou uma estatueta de argila. — Aí está o meu primeiro trabalho. O que acham? — havia orgulho estampado na voz dele.

21

Haroldo e Lucimara não imaginavam o quanto ele se esforçara para produzir aquela estátua. No momento em que ela finalmente ficou pronta, ele chorou, pois havia realizado seu grande sonho. Era um escultor.

A estatueta era uma mulher com os braços cruzados na altura dos seios. Havia detalhes tão pequenos que conferiam uma expressão de veracidade à obra, como se fosse uma dama em miniatura que estivesse ali. Lucimara percebeu antes de Haroldo que a figura representava Linda.

— Você esculpiu sua mulher? — ela perguntou, admirada.

— Pois é. Eu uni o amor pelo meu trabalho com o amor que sinto pela minha esposa. Eu a amo, Linda — e eles se beijaram, fazendo os olhos de Lucimara lacrimejarem e Haroldo pigarrear, carinhosamente. — Claro que esta peça, que representa também o meu primeiro trabalho, é um presente para vocês, que sempre foram tão bons conosco.

As lágrimas que estavam por cair finalmente escorreram pelo rosto de Lucimara. Houve mais cumprimentos, mais beijos e abraços, e até Haroldo estava se esforçando para se controlar. Não gostava de ser pego de surpresa.

— Acho que vou me sentar — brincou Haroldo. — Afinal, ainda resta uma novidade, não é? Se as duas primeiras já me deixaram todo bobo, tenho até medo de ouvir a próxima.

— Essa é a mais fácil. Linda, conte a eles — pediu Raul.

— Eu estou grávida — confessou ela com timidez.

Desta vez, até Haroldo chorou e, quando os quatro se reuniram num abraço fraternal, todos choraram juntos. Para eles, que viram Linda crescer, era um imenso presente descobrir que ela estava grávida. Desejavam a ela o mesmo que desejariam a uma filha. Eles a amavam como tal.

— Nesse caso — Lucimara recobrou a fala —, vamos preparar o enxoval do bebê.

A partir daí Linda foi paparicada por todos, cercada de cuidados e atenção, principalmente por Raul. Ele chegou até a pedir que ela deixasse o emprego, mas Linda dizia que tinha se apegado bastante a Conceição, e que a senhora também gostava muito dela. Reclamava do descaso das filhas para com ela, e Linda não enxergava nenhum sinal de esquizofrenia naquela simpática senhora.

Conceição não tomava nenhum tipo de medicamento, o que facilitava o trabalho de Linda. As tarefas mais difíceis eram banhar a idosa e trocar-lhe as fraldas. De qualquer forma, ela gostava do que fazia e não queria deixar o emprego, afinal, ainda estava grávida de cinco semanas.

Entretanto, conforme sua barriga foi crescendo, Raul tornou a insistir para que ela saísse do emprego e ficasse em casa descansando. Linda foi contra. Afirmava que ficar em casa era o que prejudicaria sua saúde. Ela estava bem e não sentia nenhuma indisposição. Até agora, com quatro meses e meio de gravidez, sua gestação fora tranquila e pacífica. Além disso, sentia-se muito útil auxiliando Conceição.

No dia em que a gestação de Linda entrou no quinto mês, Raul concluiu sua segunda obra, linda por sinal. Ele havia modelado uma criança recém-nascida deitada em um berço. A riqueza de detalhes valorizava o trabalho do rapaz.

No final do sexto mês de gravidez da esposa, Raul finalmente concluiu o curso e pegou o certificado. Era agora um escultor titulado. Levara um longo ano para se formar, mas havia conquistado um sonho. Sua meta agora era cuidar com carinho da esposa e do filho que nasceria.

Ele também encerrara suas aulas com André. O menino já estava tão experiente em tudo o que se referia a futebol que seria capaz de ministrar aulas. Participara de três torneios e dois campeonatos, sendo um deles em Piracicaba, cidade vizinha, e o seu time vencera todos. Houve um jogo em que o time de André marcou sete gols contra o oponente. Dos setes gols, seis foram do menino.

A barriga de Linda estava imensa aos sete meses e, dessa vez, Raul foi taxativo: a esposa deveria deixar o emprego ou ele a obrigaria. Pela primeira vez, tiveram uma briga feia, e Raul pediu a ajuda de Haroldo e Lucimara. Eles concordaram que a sobrinha deveria deixar o trabalho e se dedicar ao filho que estava chegando.

Teimosa, Linda não acatou as orientações. Continuava cuidando de Conceição com o carinho de sempre, e as filhas dela já estavam tão acostumadas com a presença da moça que não se imaginavam sem o apoio dela. A que estava grávida ganharia seu bebê nos próximos dias e estava muito ansiosa, dispensando pouca ou nenhuma atenção à mãe. Ela já estava com 42 anos e era mãe de primeira viagem, embora seu médico tivesse garantido que não considerava a gestação como sendo de risco. Às vezes, ela e Linda conversavam sobre maternidade e uma tocava na barriga da outra com a mão. A criança de Linda se mexia bem mais, e as duas riam disso.

Apesar de Raul não gostar nem um pouco de ver sua esposa trabalhando à sua revelia, ele sabia que era inútil discutir com ela. Sabia que quando ela desejava algo, ninguém a demovia da ideia. Linda, porém, não se considerava uma mulher teimosa e sim obstinada, com opinião. Embora discutissem isso, no final, Linda sempre vencia, e Raul acatava o que ela queria fazer.

A poucas semanas do parto, a própria filha de Conceição pediu que ela tirasse uma licença. Sua criança nascera e chorava muito, mas ela garantira que contrataria uma enfermeira em tempo integral para cuidar da mãe. Já a outra filha, que era mais radical, surpreendeu Linda ao confidenciar que desejava internar a mãe em um asilo para que ela, a irmã e o sobrinho pudessem viver em paz.

Apesar de muito contrariada, Linda resolveu deixar o emprego. Nem sabia como se despediria de Conceição. A senhora, que em breve completaria 80 anos, se apegara a ela de tal forma que simplesmente não queria deixá-la.

Linda sentiu-se a pior mulher do mundo quando deu a notícia fatal, dizendo que iria deixá-la porque precisava cuidar do bebê que nasceria em breve e que não sabia ao certo se retornaria. Avisou que outra pessoa viria cuidar dela e que sentiria muitas saudades. Contudo, ver as lágrimas saltarem dos olhos de Conceição e escorrerem pela face muito enrugada deixou o coração de Linda em frangalhos. A idosa reteve a jovem pela mão com uma força surpreendente e revelou em meio ao pranto:

— Por favor, não me deixe. Minhas filhas vão me internar em um asilo se você partir. Eu não quero ficar sozinha. Aqui é minha casa e não quero ir embora. Fique comigo.

Linda ficou sem reação. Sabia que aquele momento chegaria e que não poderia fraquejar agora. Chorando tanto quanto Conceição, ela tentou consolar a senhora:

— Dona Conceição, nada de mal vai lhe acontecer, eu prometo. Suas filhas lhe querem bem e vão cuidar direitinho da senhora. Pode ficar sossegada.

— Não é verdade. Elas querem se livrar de mim. Eu sei, eu sinto. Elas não gostam de mim. Eu sou um estorvo pra elas — Conceição falava com uma clareza que Linda nunca notara. Não entendia como as filhas podiam dizer que a mãe era esquizofrênica. — Vinícius virá morar com minha filha, e ele não me quer aqui também. Eu escutei a conversa.

Vinícius era o namorado da filha de Conceição e pai da criança que nascera. Linda sabia que toda aquela história era verdade. Vira Vinícius algumas vezes e o achara rude e antipático.

Linda sabia que era errado adiar sua estadia com Conceição, porém, decidiu seguir seu coração. Continuou na casa por mais duas semanas e então resolveu agir diferente, embora nunca tivesse se perdoado por isso. Simplesmente avisou as filhas da idosa que não voltaria no dia seguinte e não se despediu de Conceição para que a história não recomeçasse. Completara nove meses de gestação e sentia muita dificuldade para banhar e trocar as fraldas da mulher.

As filhas concordaram que essa era a melhor opção. Pagaram a Linda todos os seus direitos e agradeceram pelo carinho dispensado à mãe por tantos meses.

— Só peço uma coisa — solicitou Linda antes de partir. — Não a internem em um asilo. Ela não merece. Contratem uma pessoa que cuide dela em casa.

As filhas apenas assentiram. E dois dias antes de sua criança nascer, Linda soubera, por meio de amigos de Raul, que Conceição fora levada para uma instituição de idosos no último domingo. Ela ficou entristecida com isso, e Raul não gostou.

— Você não podia ter se apegado tanto a essa senhora. Olha só no que deu. Agora fica aí, choramingando pelos cantos. Isso pode prejudicar o nosso bebê.

Linda não aprovou a maneira como ele falou sobre sua relação com Conceição, contudo, o momento do parto estava muito próximo agora para que pudesse se preocupar com as atitudes do marido. Sabia que realmente a prioridade era o filho, por isso, prestaria atenção ao comportamento de Raul em outra oportunidade.

CAPÍTULO 4

O médico alertou que a criança deveria nascer por volta do dia 15 de setembro. Mas até o dia 18 Linda nem sequer chegara a sentir alguma contração. Haroldo e Lucimara também estavam de prontidão para qualquer emergência. Eles pagavam a maternidade particular onde o médico que atendia Linda trabalhava.

No dia 20 de setembro, eles retornaram ao especialista, que afirmou que Linda estava com dois centímetros de dilatação e que ainda não necessitava ficar internada. Ela não sentia nenhuma dor, nenhuma contração. Apenas o peso incômodo da barriga.

Durante uma noite, três dias depois da última visita ao médico, Linda sentiu uma quentura estranha e se levantou. Seu corpo todo estava quente, e ela temeu que pudesse estar com febre. Só faltava adoecer tão próximo do nascimento do filho. Ela temeu ingerir um analgésico para a febre. O médico lhe dissera que, por enquanto, ela não deveria tomar nenhuma medicação sem que ele autorizasse. Aliás, ela nem sabia ao certo se o calor que lhe envolvia o corpo era febre.

Chegou à pia da cozinha e encheu um copo com água. Foi quando sentiu a primeira e violenta contração. O copo escapou de suas mãos e caiu, partindo-se em mil pedaços. Raul acordou ao ouvir o barulho e, ao perceber que a esposa estava se sentindo mal, quase entrou em desespero.

— Aguente firme, Linda. Vou conseguir um táxi para nós.

— Não dá. Tá doendo demais.

Era impressionante. Em nove meses e duas semanas de gravidez, jamais tivera uma contração, e agora que o momento do parto chegara, elas vinham rapidamente, em intervalos cada vez menores.

— Tente respirar pela boca — lembrou Raul, seguindo os conselhos do médico. — Vou chamar alguém.

— Ai, meu Deus — nesse momento, ela levou as mãos à barriga como se sentisse muita dor e, no instante seguinte, um jato d'água escorreu por suas pernas. — Deus do céu, Raul, a bolsa estourou.

Raul gritou pelo nome do vizinho da casa ao lado tentando se fazer ouvir, mas Linda gritava mais alto que ele. Ela disse que precisava respirar, que estava com falta de ar e pediu que ele a levasse para o lado de fora.

Ele obedeceu, completamente desnorteado. Colocava as duas mãos na cabeça e olhava para a esposa, sem saber o que deveria fazer primeiro. Tornou a gritar pelo vizinho e, dessa vez, o amigo respondeu.

— Tomé, corre aqui pelo amor de Deus! Linda está tendo a criança aqui fora!

Pouco depois, Tomé pulou o muro baixo, que separava as duas casas, e a esposa dele pulou logo atrás. Linda suava, chorava e gritava, repetindo a todo o instante que a criança estava nascendo.

— Você consegue andar? — perguntou Antonieta, a esposa de Tomé. Linda sacudiu negativamente a cabeça. — Nem adianta chamar um táxi — ela declarou, olhando por entre as pernas de Linda. — A cabeça da criança já está apontando. Vai nascer agora.

Tomé, Antonieta, Raul e Linda estavam desesperados e assustados com aquele momento. No entanto, nenhum dos quatro conseguia ver que, bem ali, ao lado deles, havia uma verdadeira equipe médica de trabalhadores astrais. Enquanto uma moça aplicava passes em Linda para tranquilizá-la, o médico espiritual, mantendo as mãos sobre a cabeça de Antonieta, a intuía sobre todos os procedimentos a serem feitos, e ela apenas obedecia, sem ter ideia de que estava sendo assistida pelos espíritos.

Em quase todos os partos isso acontece. No momento em que uma mulher está dando à luz uma criança, os abnegados trabalhadores do bem a confortam e a acalmam, suavizando suas dores com seus passes energéticos. Enquanto os médicos encarnados trabalham com o corpo, os médicos astrais trabalham com o espírito e com o campo energético.

O nascimento da criança é sempre comemorado com festa. Significa que um espírito acaba de chegar à matéria para vivenciar novos desafios, novas experiências e novas oportunidades.

— Vejam só. Já consigo segurar a cabecinha — gritou Antonieta, enquanto Tomé e Raul seguravam Linda para evitar que ela se debatesse.

A própria Antonieta estava espantada com a prática e a habilidade que estava demonstrando naquele parto. Ela não era parteira nem nunca participara de um parto antes. Porém, era quase como se ela soubesse exatamente o que tinha de fazer. O médico astral, postado atrás dela, continuava lhe orientando sobre os próximos passos. Os outros aplicavam passes em Tomé e Raul, e outros dois mantinham-se em oração para que tudo desse certo.

Quando o choro vigoroso da criança eclodiu na noite, todos choraram em uníssono. Antonieta gritou, anunciando que a criança era uma menina e, sem perder tempo, enrolou-a em uma manta. Em seguida, levou a recém-nascida para dentro de casa, onde a limpou.

O médico fora chamado às pressas e estava a caminho. Quando chegou e viu a criança, ficou espantado ao perceber que aquelas pessoas simples e sem instrução fizeram um trabalho bem-feito.

Linda estava adormecida agora, temporariamente livre das dores após a medicação que o doutor Joaquim lhe aplicou. Raul não parava de chorar e de agradecer a Tomé e a Antonieta pela ajuda providencial. Haroldo e Lucimara também tinham sido avisados e estavam chegando.

— Não me agradeça, meu filho — sorriu Antonieta. — Agradeça a Deus, que guiou as minhas mãos durante o parto. Só Ele sabia o que fazer e me ajudou para que tudo saísse certinho.

— Não tenho que agradecer a Deus nenhum — protestou Raul. Jamais em sua vida agradecera-O por alguma coisa, nem mesmo quando conquistara seus objetivos. — Se eu fosse depender Dele, Linda e minha filha teriam morrido. Sou grato à senhora e a Tomé, e a mais ninguém.

Antonieta estava esgotada demais para discutir. No entanto, agora que estava mais calma, ela pensava no que tinha acontecido durante o parto. Agira ali como se houvesse alguém orientando-a passo a passo. Se algo tão lindo e inexplicável não era obra divina, então o que era?

Quando Linda acordou, pediu para ver a filha e chorou por um longo tempo ao encarar o rostinho moreno e inchado da menina. A própria Linda estava terrivelmente inchada e não sabia por quanto tempo ficaria daquele jeito.

— Ela não é linda? — perguntou Raul, aproximando-se para beijar a esposa e a filha na testa. — Linda como a mamãe Linda.

A moça riu do trocadilho e retribuiu o beijo do marido. Achava que a maior emoção que tivera na vida fora no dia do seu casamento com Raul, mas nada se comparava à alegria e à emoção de pegar a filha no colo pela primeira vez. A criança era encantadora e rechonchuda, e Linda sentia vontade de apertar-lhe as bochechinhas com carinho.

— Que nome vamos dar a ela? — interessou-se Raul. Nunca haviam parado para discutir um nome para o bebê, afinal, nem sequer sabiam o sexo da criança. Ele tinha vários nomes em mente, mas achava que, após tanto sofrimento e esforço, seria justo que Linda decidisse.

— Sabe, Raul, houve um momento, durante o parto, em que eu ergui a cabeça para o céu, porque minha respiração estava falhando. E vi a lua, brilhante e redonda, clareando a escuridão. Acho que ela também foi testemunha do nascimento de nossa filha. Por isso, eu gostaria que nossa menina se chamasse Luna, o que acha? Nossa filha será como a própria lua, capaz de iluminar as trevas da noite.

— Luna? — repetiu Raul. Era um nome bonito, e ele não conhecia na cidade nenhuma outra pessoa chamada Luna. — Se você escolheu esse nome, assim será. Nossa filha vai se chamar Luna.

A criança era mimada por todos à sua volta, principalmente por Haroldo e Lucimara, e até mesmo por André, que considerava a menininha como uma espécie de irmã. Os tios de Linda ficaram chocados quando souberam que ela dera à luz sentada no chão, no quintal de casa. Tinham pagado a melhor maternidade da cidade e, no final, a criança nascera de forma rústica, como o próprio menino Jesus havia nascido.

Quando Luna completou dois meses, Linda sentiu uma imensa saudade de Conceição e, em vez de saber notícias da idosa diretamente com as filhas, ela procurou os vizinhos da senhora. Algumas pessoas sabiam onde ficava o asilo em que Conceição fora deixada. Na verdade, a instituição não estava localizada na cidade. Ficava depois de Piracicaba, e Linda notou o quanto as filhas desejavam manter a mãe afastada.

Decidida, ela comprou uma passagem para viajar até a cidade onde ficava o asilo. Pretendia apresentar Luna a Conceição, além de lhe pedir desculpas por ter praticamente fugido sem se despedir. Fora covarde e até agora se culpava pela atitude.

Travou uma briga ferrenha com Raul quando o informou de seu intento. Ele disse que Luna era pequena demais para fazer uma viagem de mais de uma hora de ônibus, entretanto, Linda achava que não haveria problemas. A menina era quieta, tranquila e quase nunca chorava. Não dava trabalho, e Linda resolveu que iria com ou sem a autorização do marido.

Raul mais uma vez apelou para Haroldo e Lucimara, e ambos proibiram energicamente que Linda viajasse. Diziam que ela ainda estava convalescendo do parto e que não deveria se esforçar. Ademais, viajar sozinha com um bebê recém-nascido era arriscado e perigoso.

— Sinto-me bem. Tudo vai dar certo. Basta sermos otimistas — teimou Linda.

Lucimara se ofereceu para acompanhá-la, mas Linda recusou a companhia da tia. Disse que era seu dever reencontrar a amiga e que o faria sozinha. Raul tornou a dizer que ela deveria esquecer Conceição, mas Linda não lhe deu ouvidos e, contrariando todas as ordens, partiu logo cedo, na manhã seguinte.

CAPÍTULO 5

A viagem foi tranquila, e Luna dormiu durante todo o percurso, sugando o seio da mãe de vez em quando. Quando desceu na rodoviária, com uma sacola de pano num braço e a criança no outro, Linda pediu informações a um policial, e ele disponibilizou a viatura para levá-la, tentando imaginar quem aquela bela jovem iria visitar em um asilo. Talvez fosse a avó ou mesmo a própria mãe.

Quando desceu em frente ao casarão ladeado por um imenso jardim, ela agradeceu ao policial, que ainda foi recompensado por um alegre sorriso de Luna. Chegando à recepção, Linda deu o nome de Conceição e disse que viera visitá-la.

— Eu não consegui o telefone daqui, então não pude ligar para saber se havia horário de visita.

— As visitações são abertas ao público todos os dias, durante o dia — o semblante da recepcionista demonstrou tristeza. — Só lamento informá-la de que dona Conceição faleceu há dois meses.

A notícia pegou Linda tão desprevenida que ela começou a chorar. Luna, sentindo o desespero da mãe, abriu o berreiro também. Uma voluntária que trabalhava na casa, vendo a cena, pediu que Linda se sentasse e lhe trouxe um copo d'água.

— Eu não acredito que isso aconteceu. Meu Deus, como eu pude ter abandonado a dona Conceição à própria sorte? — dizia Linda, falando mais para si mesma do que com a voluntária. — Como eu fui tão fria e tão covarde?

— A senhora é da família? — perguntou a atendente, curiosa. Lembrava-se de que desde que Conceição chegara ali, jamais recebera uma única visita. De repente, pareceu se lembrar de algo e indagou: — Você trabalhava na casa dela como assistente?

Linda levantou a cabeça, balançando a filha suavemente para que parasse de chorar. Não entanto, não conseguia conter as próprias lágrimas.

— Sim, eu trabalhei com ela durante quase toda a minha gravidez. Como a senhora sabe disso?

— Porque a dona Conceição falava muito de você. Dizia que, assim que você soubesse o que tinha lhe acontecido, viria visitá-la o quanto antes. Ela sorria quando mencionava seu nome e repetia sem parar que a amava muito mais do que às próprias filhas.

Linda escondeu o rosto entre as mãos e desabou num pranto sentido. A voluntária, confusa, pediu licença e pegou Luna no colo, embalando-a para tentar acalmá-la.

— Sinto muito pela informação. Não era minha intenção fazer fofoca — desculpou-se a moça, lamentando ter falado demais.

— Não é fofoca — retrucou Linda, fungando. Estava muito arrependida por não ter ficado com Conceição até o fim. Pensava que deveria ter vindo visitá-la logo após o nascimento de Luna, mas ela ainda estava muito fraca e abatida. Como poderia imaginar o que aconteceria?

A voluntária lhe informou a data da morte da senhora, e Linda constatou que fora três dias após Luna ter nascido. De qualquer forma, não daria para ter feito muita coisa em tão pouco tempo.

— No entanto, a dona Conceição deixou algo para você — acrescentou a voluntária ainda com Luna nos braços. — Veja só como são as coisas. Parece até que as pessoas pressentem a morte se aproximando, né? É algo muito estranho. O fato é que ela me pediu para que escrevesse uma carta que deveria ser entregue a você quando viesse. Ela ditava, e eu ia colocando tudo direitinho no papel. Tem também uma caixinha de madeira. Não sei o que tem lá. Está trancada, e a dona Conceição nunca me disse onde colocou a chave. Está tudo lá no quarto. Você não quer entrar para ver?

Como não tinha nada melhor a fazer ali, e para não dar a viagem como perdida, ela concordou em seguir a voluntária, que se apresentou como Celine. Apesar de se sentir desolada, Linda estava curiosa para saber o conteúdo da carta e o da caixinha de madeira. O que dona Conceição teria reservado para ela?

Linda seguiu Celine. As duas tiveram que atravessar por dentro de um grande quarto coletivo, onde muitas senhoras se encontravam deitadas em camas. Algumas não eram muito velhas; outras pareciam ter vivido desde sempre. A maioria acenou alegremente quando viu Luna. As senhoras eram, na maior parte, muito carentes, pois sentiam todo o desprezo das famílias que as internaram ali. Alegravam-se quando recebiam visita e muitas delas pediam às voluntárias que lhes lessem algumas histórias antes de dormirem como crianças.

Celine explicou que naquela instituição havia duas alas, uma para homens e outra para mulheres, com dois grandes quartos coletivos para cada sexo. Disse que, se Linda quisesse, ela a levaria para conhecer os senhores.

O segundo quarto das idosas era menor do que o primeiro e continha menos leitos. Linda avistou uma senhora negra deitada na cama da qual Celine se aproximou e contou que Conceição dormira ali.

— Bom dia, dona Vanda! Temos visita — brincando, Celine falou em voz alta. — Ninguém vai dizer bom-dia para a nossa amiga visitante? O nome dela é Linda.

— Porque ela é linda mesmo — respondeu uma senhora, sorrindo sem nenhum dente na boca. — E esse bebezinho?

— É minha filha — apresentou Linda. — Se chama Luna, em homenagem ao brilho forte da lua.

Celine devolveu a criança para os braços da mãe, e duas senhoras se aproximaram para admirar o rostinho do bebê que, finalmente, se aquietara e olhava atentamente ao redor. Celine destrancou um armário e apanhou a caixinha. Sobre ela, havia um papel branco dobrado.

Luna sorria alegremente para as velhinhas, que bateram palmas, encantadas. Uma delas perguntou se poderia segurar a criança por uns instantes, e Linda não viu nenhum problema. Pouco depois, até mesmo as senhoras, que estavam deitadas, se levantaram para observar de perto a beleza angelical da criaturinha.

— Muito bem, meninas — tornou Celine. — Linda veio apenas buscar um presente que nossa saudosa Conceição deixou para ela. As senhoras devem se despedir de nossa nova amiga.

Houve resmungos de protestos, e Linda sorriu. Havia ali uma extrema carência por parte das idosas, que apenas desejavam uma companhia como forma de suprir a solidão. Celine perguntou se Linda não ia ler a carta, mas a moça recusou com um gesto de cabeça. Disse que leria a mensagem e abriria a caixinha somente quando estivesse no ônibus, voltando para sua cidade.

Linda deu mais uma volta pelo asilo, conheceu os homens e riu quando recebeu um beijo de um animado senhor que, segundo Celine, tinha 94 anos. Por fim, ela se despediu de todos, mais uma vez sob protestos. Na saída, cumprimentou Celine, grata pela ajuda e retornou à rodoviária. Dessa vez, foi de táxi.

Quando estava acomodada na poltrona macia do ônibus, com Luna dormindo placidamente em seu colo, ela não resistiu à curiosidade e desdobrou o papel. A caligrafia de Celine era bonita e perfeitamente legível. A carta não era extensa, apesar de ser bastante profunda e direta. Dizia:

Foram poucos os meses em que estivemos juntas. Para mim, pareceram anos. Você agiu como uma verdadeira filha, ouvindo minhas bobagens, dando-me atenção, trocando minhas roupas e me banhando. Você foi minha companhia durante quase um ano. E eu aprendi muito, sabia? Aprendi a confiar e a amar novas pessoas, além daquelas que eu considerava uma família. Minha neta nasceu, só que a minha filha não quis mostrá-la para mim. Eu nunca saberei como é o rostinho de minha neta, porque fui mandada para cá. Eu tinha medo de vir, porém, agora, já não tenho tanto. Aqui é bom, e gosto das outras mulheres. Se você pudesse vir me ver pelo menos uma vez por semana, eu me sentiria em casa. Perdi duas filhas e uma neta, mas ganhei uma filha postiça, a quem eu aprendi amar. E vou ganhar outra netinha também, essa linda filha que você está esperando. Acredito que seja uma menina.

Se eu morrer antes disso, saiba que desejo sua felicidade. Você é um verdadeiro anjo que Deus mandou para cá, para ajudar velhinhas como eu. Você foi embora e não se despediu de mim. Isso não importa. Nenhuma despedida é para sempre. Só espero que não tenha se zangado comigo. Que você seja eternamente abençoada! Espero que goste do presente que estou lhe deixando dentro da caixinha. Isso é muito antigo e pertenceu à minha avó. Agora quero deixá-lo para você e, no futuro, você o entregará à sua filhinha. Sempre passou de geração em geração, e tomara que continue assim para sempre. Contém uma mensagem muito rica, embora não pareça tão importante num primeiro momento. Tenho certeza de que um dia você a entenderá.

Nunca se esqueça de mim, assim como nunca me esquecerei de você.

Com todo o amor do meu coração,

Conceição.

Linda chorou por quase meia hora, tamanha a emoção que a acometeu durante a leitura da carta. Como as filhas dela podiam dizer que uma pessoa tão brilhante, tão inteligente como aquela estava esquizofrênica? Conceição era muito mais lúcida e sagaz do que as duas filhas juntas.

Em seguida, Linda analisou a pequena caixinha. Estava trancada por uma pequena fechadura. Celine dissera que jamais encontrara a chave daquela caixa. Linda usou a ponta do cabo da escova de cabelos de Luna, que era fininha e comprida para conseguir romper o lacre sem dificuldades.

Não demonstrou surpresa quando encontrou uma caixinha ainda menor dentro da caixa de madeira. Já tinha notado que a caixa estava muito leve e que o objeto dentro dela deveria ser leve também. Curiosa, Linda apanhou a segunda caixinha e também a abriu. O brilho do ouro ofuscou seus olhos.

Apesar de ter origem humilde, Linda crescera na casa dos seus tios, que eram ricos, e ela era acostumada a ver as joias que Lucimara sempre comprava. E entre as joias da tia havia colares, pulseiras e braceletes feitos de ouro. Aquela maravilhosa cor dourada era inconfundível para Linda. Sabia que a correntinha que segurava nas mãos era constituída do mais puro metal valioso. Era ouro legítimo.

Era uma correntinha simples, com um pingente com o formato de um sol. Ele se abria em duas partes e, no interior delas, havia apenas uma pequena mensagem gravada em letras maiúsculas: "O SOL SEMPRE VAI BRILHAR".

Intrigada, Linda tornou a virar o pequeno sol nas mãos, sem encontrar mais nada que lhe chamasse a atenção. Conceição dizia na carta que essa mensagem era muito rica e que seria compreendida no tempo certo. Como não achou a frase criativa nem interessante, Linda tornou a colocar a correntinha dentro da caixinha pequena e fechou a tampa de madeira da caixa maior.

Ela olhou pela janela e percebeu que já estavam quase chegando. A sua viagem, no final das contas, não fora em vão. Ela descobrira que perdera uma amiga e que ganhara uma mãe experiente, que estaria para sempre em seu coração e em suas lembranças. Conceição se fora, deixando seu pequeno legado para ela e uma carta que fez com quem Linda parasse de se culpar.

Agora tudo estava em paz.

CAPÍTULO 6

Depois de adquirir a prática para esculpir suas obras em argila, Raul conseguia concluir suas produções em intervalos cada vez menores. Suas peças continham detalhes tão vívidos que faziam qualquer pessoa parar para analisar cada traço, cada curva, cada sombreamento. Graças a esse trabalho tão bem-feito, Raul começou a vender suas estatuetas, algumas por um preço que poucos bolsos podiam pagar.

Com o passar dos anos, sua fama se espalhou, e ele já estava sendo reconhecido como o famoso escultor de argila na cidade de Piracicaba e região. Todos admiravam a fama de Raul que, com apenas 25 anos, era tão criativo e perfeccionista nos moldes de suas obras. Ele também continuava treinando os rapazes para o futebol. No ano anterior, em 1962, o Brasil fora bicampeão mundial na Copa do Mundo, e esse fato só contribuiu para que os alunos de Raul aumentassem, o que era ótimo para ele.

Luna crescia deslumbrante e encantadora. Aos três anos, já conhecia muitas palavras e dialogava com os adultos, o que fazia todo mundo dar muitas risadas. Ela era esperta e inteligente. Tinha os cabelos castanhos arrumados em belos cachinhos, e os olhos, também castanhos, eram grandes e amorosos. Era uma bela criança, que puxara fisicamente muito mais à mãe do que ao pai.

Logo após Raul completar 26 anos, Linda fez 24. Nessa época, ele vendia muito suas estatuetas de argila, inclusive fora convidado para divulgar seu trabalho em uma renomada exposição em

Americana, o que ele aceitou sem hesitação. Chegando ao local, foi questionado sobre qual escola ele havia se formado. Lá, havia escultores ilustres, alguns conhecidos internacionalmente, muitos dos quais Raul apenas ouvira falar. Achando que não ficaria bem mencionar a escola de artes de Haroldo, que para ele agora era apenas uma humilde instituição, Raul mentiu, dizendo que havia se formado em São Paulo, na melhor escola de Artes da capital. Acreditava que perderia seu *status*, sofridamente conquistado, se contasse que viera da ralé.

Linda percebera que o marido, nos últimos tempos, havia se transformado. Tornara-se um homem ganancioso e pensava apenas em ganhar dinheiro, cada vez mais. Nunca deixou que nada faltasse para Linda e Luna, e, alguns meses antes, eles haviam se mudado para uma residência imensa, comprada à vista, e que perdia por muito pouco para a mansão dos tios de Linda. Era óbvio que Raul desejava ostentar sua fama. E essas falsas ilusões do mundo material faziam-no pensar que aquele era o caminho para a felicidade.

Para piorar, uma equipe de jornalistas vinda de outra cidade procurou Raul para que ele concedesse uma entrevista sobre sua excelente capacidade de jogar um bom futebol. Raul, fingindo modéstia, dizia que nascera com um dom especial para correr atrás de uma bola. A matéria ficou perfeita, pois a repórter tentara fazer uma fusão entre a arte e o esporte, afirmando que Raul era um especialista em ambas as coisas.

Depois disso, Raul quase não parava mais em casa, e Luna questionava a mãe sobre o motivo de o pai vê-la tão pouco. Linda tentava contornar, explicando que o pai agora era um homem bastante ocupado, que tinha muitos afazeres fora de casa e que jamais deixaria de amá-la. A própria Linda acreditava piamente nisso.

Haroldo e Lucimara também perceberam que Raul estava sempre ausente quando vinham visitar a criança. Havia dois anos, ele deixara o emprego de gerente na empresa de seu patrão italiano e agora se dedicava exclusivamente ao futebol e às obras de argila. Lucimara e Haroldo tinham certeza de que Raul deixara a esposa e a filha de lado.

O único acontecimento que prendeu Raul em casa novamente foi quando Linda adoeceu. Ela passava mal constantemente, vomitando e sentindo enjoos. Houve uma ocasião em que ele a levou com a filha para visitarem um museu em Itu, porém, Linda sentiu um mal-estar terrível durante todo o passeio e vomitou dentro do museu. De volta à cidade, foi levada ao médico, que não tardou a dar o diagnóstico: ela seria mamãe pela segunda vez.

Como ultimamente Raul vivia alheio, morando em seu próprio mundo, Linda chegou a supor que ele não ficaria feliz com a notícia. Estava enganada. Ele demonstrou uma alegria incontida e encheu a esposa de mimos. Paparicava-a tanto quanto na primeira gravidez. Dessa vez, ele não tinha a preocupação de ver a esposa saindo para trabalhar. Desde que deixara o emprego na residência de Conceição, Linda nunca mais voltara a trabalhar, pois sabia que não era mais necessário. Raul sempre trazia muito dinheiro para casa, e a família não passava necessidade.

Quando soube que ganharia um irmãozinho, Luna demonstrou ciúmes e fez algumas birras. Mas Linda, com sua paciência infinita e seu zelo com a filha, explicou que a criança que estava a caminho deveria ser muito amada também e que seu coração era bastante grande para dividir o amor. Luna se sentiu mais confortada, jurando para si mesma que ficaria de olho.

Faltavam dois meses para o segundo filho de Linda nascer quando ocorreu um fato que entristeceu a todos. Lucimara, a tia de Linda, adoeceu. O que parecia ser apenas uma enxaqueca contínua se revelou um grave tumor no cérebro. Ela passou por duas cirurgias, mas não resistiu à segunda. Todos ficaram desconsolados, principalmente Haroldo e André. Na casa, além dos criados, só havia os dois agora, e Raul se lembrou da época em que ele vivera com o pai Reginaldo.

Após a morte da esposa, Haroldo pareceu envelhecer ainda mais, e muitas pessoas acreditavam que ele era o avô de André e não o pai. Afinal, Haroldo tinha 61 anos, e o filho, 12.

O nascimento da segunda criança de Linda, agora um menino, trouxe um pouco de alegria ao coração de Haroldo, embora não fosse como na época em que Luna nascera. E nunca mais seria, já que Lucimara não estava mais ali. Ele sentia uma falta assustadora da esposa e quando se deitava para dormir na cama, que agora parecia tão imensa e tão vazia, chorava até adormecer.

O filho de Linda recebeu o nome de Henri, escolhido por Raul em homenagem a Henri Laurens, um famoso escultor francês que

39

viveu até meados do século 20 e que fora muito estudado por ele durante o curso.

Luna, assim que viu o irmãozinho pela primeira vez, imediatamente se esqueceu de todos os seus planos maldosos para não ter que dividir o carinho de sua mãe, e entre esses planos estava o de colocar sal na mamadeira do bebê. Agora, vendo-o tão pequenino, adormecido nos braços de Linda, Luna, aos quatro anos, soube que tudo o que tinha a fazer era apenas amá-lo.

Quando Henri estava com seis meses, Raul voltou a se ausentar. Passava o dia inteiro fora e, em dois fins de semana, em novembro, ele não voltou para casa. Linda jamais soube por onde ele andava e descobriu que a possibilidade de estar sendo traída não a amedrontava. Ela não era mais a mocinha tímida que ele conquistara e levara da casa de seus tios. Após o nascimento das duas crianças, o lado maternal prevaleceu, e ela havia amadurecido. Agora que tinha dois anjinhos a quem amava acima de tudo, se Raul encontrasse outra mulher, ela não ficaria tão abalada, embora ainda o amasse muito.

Linda usava diariamente a correntinha com o pingente em formato de sol, que ganhara de Conceição. Raul já a vira usando a corrente, mas nunca perguntou onde ela a comprara ou de quem ganhara. Ultimamente ele parecia demonstrar mais interesse pelos dois filhos do que por ela, que se sentia desprezada. Raul saía cedo, despedia-se com um beijo morno e voltava no final da noite, quando as crianças já estavam dormindo e, às vezes, até a própria Linda já adormecera.

Ela não entendia o que estava acontecendo com seu casamento. Sabia que a culpa não era dela, tampouco das crianças. A culpa era da ambição de Raul que, pelo menos duas vezes por semana, passava as madrugadas inteiras acordado, modelando peças. Quanto maior a produção, maior seria seu lucro. Esse era o lema dele.

Com o decorrer dos meses, a situação foi se tornando insustentável. Agora eram frequentes as vezes em que Raul não dormia em casa e, quando questionado pela esposa, respondia que tinha pernoitado no seu galpão. Recentemente, ele adquirira um velho galpão, não muito grande, e que após a devida reforma servia como seu ateliê particular, o lugar em que ele dava asas à imaginação para esculpir as mais maravilhosas e realistas peças de argila. Além do galpão, Raul também trabalhava no seu estúdio privativo, em casa.

Henri, assim que começou a falar, perguntava para Linda onde o pai estava, e Luna também sentia muita falta de Raul. Ele aparecia geralmente bem tarde da noite, quando as crianças já estavam sonolentas ou adormecidas e trazia-lhes belos brinquedos ou doces, como se esses mimos pudessem amenizar sua ausência. E, para Linda, ele distribuía carícias e beijos secos, que nem de longe a faziam sentir prazer.

Quando eles se entregavam ao amor, Linda sabia que nenhum dos dois realmente queria aquilo e o faziam quase por obrigação, talvez pelo fato de serem casados. Às vezes, Raul se mostrava exigente na cama, o que confundia Linda quanto à possibilidade de que ele tivesse uma amante. Ela acreditava que, se realmente o marido tivesse outra, o fogo da paixão já teria virado cinza, o que ainda não acontecera.

No ano em que Linda engravidou pela terceira vez, Raul tinha tanto dinheiro quanto Haroldo. Chegou, inclusive, a fazer uma proposta ao velho amigo para comprar a escola de artes. Haroldo negou veementemente, estranhando a atitude de Raul. Já sabia, através de Linda, com quem mantinha contato, que o rapaz estava mudado. O jovem sonhador e idealista do passado, que treinara seu filho e se casara com sua sobrinha, tornara-se um homem preocupado com as aparências sociais, o *status* perante o mundo da Arte, a fama que vinha crescendo bem depressa. Haroldo sabia que ele visava somente aos lucros e ao ganho material, e, se sobrasse espaço, pensaria nos filhos e na esposa. Era impressionante a forma com que a ganância lhe subira à cabeça.

Durante a terceira gestação, Haroldo e Linda também perceberam que Raul já não se mostrava tão preocupado com os cuidados com a esposa. Se nas gestações anteriores ele a enchera de mimos, agora parecia que pouco estava se importando. Saía de casa por volta de seis da manhã e só retornava pouco·antes da meia-noite.

Luna e Henri mal o viam e já tinham perguntado para a mãe se o pai estava zangado com eles ou se havia se mudado de casa. Linda sorria e fazia o possível para não passar uma imagem ruim do pai. Não queria que eles pensassem mal de Raul, como ela vinha pensando. Apesar de tudo, Raul era o pai deles, e ela queria acreditar que ele ainda amava a família, mesmo que já não tivesse tanta certeza disso.

CAPÍTULO 7

Quando Linda estava entrando no sexto mês de gravidez, Haroldo apresentou um projeto que tinha em mente, no qual pretendia mandar André estudar na Europa. Linda estranhou a ideia, pois o garoto ainda era muito jovem, mas o tio lembrou-a da cunhada dele, irmã de Lucimara, que morava em Londres e já havia concordado em acolher o garoto.

— Por que isso agora, tio? Parece que não quer seu filho por perto — Linda questionou.

— Não é isso. Acontece que eu venho refletindo sobre a minha vida. Estou velho, enquanto André tem toda a vida pela frente. Além disso, se ele tiver estudado em colégios ingleses, terá sempre um bom emprego garantido para o resto da vida. Aqui somos apenas ele e eu, agora. E se algo me acontecer de repente, o que será dele? Quem irá ampará-lo?

— Eu. Posso cuidar do meu primo como cuidaria de um dos meus filhos — sugeriu Linda. Ela gostava de André e sempre o achou um ótimo garoto.

— Sabe que as coisas não funcionariam assim. E convenhamos que Raul não iria aprovar, principalmente agora que ele só pensa em enriquecer. André precisa seguir uma carreira no exterior. Sinto que lá será muito bom para ele.

— E vocês já conversaram sobre isso?

— Já, e ele entendeu. Está com medo, porque terá que encarar o desconhecido, mas sabe que faço isso pensando no bem dele.

A irmã de Lucimara me contou que, próxima a ela, há uma excelente escola de futebol. André adorou saber disso e ficou mais animado.

— Bem, tio, eu torço muito por vocês dois, de verdade. Quero apenas que sejam muito felizes e quero que André obtenha grandes oportunidades na vida. Tomara que consiga, porque ele merece — expressou Linda com toda a sinceridade.

Um mês depois dessa conversa, ela compreendeu que havia um sentido para tudo o que Haroldo lhe confidenciou. Durante certa noite, ele simplesmente sentiu-se mal e enfartou. Foi um infarto fulminante, e André ficou desesperado. Era como se Haroldo pressentisse que sua morte estava próxima. Desencarnou em paz e foi recebido no astral por Lucimara.

Linda chorou muito com a morte do tio. Luna e Henri também ficaram tristes. Nos últimos meses, eles haviam se apegado a Haroldo muito mais do que ao pai, que quase se tornara um desconhecido para eles. Estavam tristes agora, porque ninguém mais lhes contaria histórias divertidas.

Foi Linda quem providenciou os preparativos para a viagem de André, que ficou residindo em sua casa até que todos os trâmites estivessem prontos. Ele tinha pouco mais de 13 anos e era ainda uma criança. Chorava pela morte dos pais, por ter se tornado órfão e por ter que se separar de Linda, a única pessoa, além dos pais, que conhecera desde sempre. De repente, ele tinha perdido toda a empolgação com a viagem. Não conhecia a tia que morava na Inglaterra e temia que ela não o tratasse tão bem quanto Linda. Ele pediu, quase implorou para que Linda o deixasse ficar em sua casa.

— Por favor, prima, deixe-me ficar aqui. Prometo que não vou dar trabalho. Arrumo um emprego para ajudar nas despesas — suplicou André com os olhos cheios de lágrimas.

— Seu pai gostaria que você partisse. Ele tinha feito tudo isso pensando no seu futuro. Será uma grande oportunidade para sua vida — consolou Linda.

— Eu não quero. Deixe-me ficar com você — repetiu. — Por favor.

Algo naquele pedido de André fez Linda se recordar de Conceição, quando lhe pedira para que não a deixasse aos cuidados das filhas. Linda se arrependera pelo que fizera com a senhora e temia se arrepender também se mandasse André embora. Ela ouvira falar da tia que morava em Londres, só que nunca tivera oportunidade de conhecê-la. O pai de Linda era irmão de Haroldo, e ela pouco sabia sobre a família de Lucimara, que morava no exterior. Sabia que a mulher não deveria ser má, ou Haroldo não confiaria seu filho a ela. Era uma decisão terrível e, naquela noite, aproveitando que Raul chegara um pouco mais cedo, ela o pôs a par da situação e se surpreendeu com a resposta dele:

— Não podemos ficar com esse menino aqui — ele falou, como se não estivesse falando de seu ex-aluno e sim de um desconhecido. — Já temos duas crianças que exigem nossos cuidados, e você está esperando uma terceira. Infelizmente, ele não pode morar conosco.

Linda quis perguntar quais cuidados ele dispensava a Luna e Henri, mas não quis irritá-lo mais ainda. Tentou contornar:

— Acha mesmo que Haroldo e Lucimara ficariam satisfeitos com isso? Pense em André. Ele é pequeno e está desamparado. Não é justo mandá-lo embora.

— Aqui ele não pode ficar, Linda. Se você não quer mandá-lo para a tal tia de Londres, teremos que colocá-lo em algum orfanato. Pelo menos, ele não sairia do Brasil.

Linda ficou boquiaberta com a falta de sensibilidade de Raul. Não fora com aquele homem mesquinho e cruel que ela se casara. Onde estava o Raul apaixonado, carinhoso e sensível de outrora? Teria ela se iludido? Seria aquela a verdadeira face do marido?

Linda era muito teimosa, contudo, dessa vez, Raul a derrotou. Ela disse que era incapaz de dar a notícia a André de que ele não poderia morar com eles, e Raul prometeu que ele mesmo o faria. Ela pediu que Raul não o fizesse sofrer, mas ao escutar o pranto profundo de André, ela compreendeu que o marido fora curto e direto. Ele pediu que Linda telefonasse para a tia de Londres e que combinasse todos os detalhes para o embarque do menino.

— Como pôde ser tão frio, Raul? Ele é um ser humano — questionou Linda, furiosa com a maneira com que Raul estava conduzindo aquela situação.

— Ele é um ser humano, só que não fomos nós que o geramos. Não podemos nos responsabilizar pelo filho de outras pessoas — rebateu Raul, totalmente insensível ao sofrimento de André.

Aquelas palavras foram a gota d'água, e Linda ficou ainda mais irritada.

— Se você se esqueceu, Raul, eu vou refrescar sua memória. Esse menino foi o passaporte para a vida que temos hoje. Foi graças a ele que meu tio foi procurá-lo para lhe fazer a proposta que mudou sua vida. De certa forma, foi graças a André também que nos conhecemos e estamos juntos até hoje — apesar de Linda já não estar tão certa se isso importava ao marido. — Por tudo o que meu tio lhe fez, acho que seria justo se déssemos essa ajuda ao menino. Podemos ficar com ele ao menos até que esteja mais maduro e possa responder por si mesmo. Não será para a vida toda.

— Eu já falei que não, Linda. E não queira me jogar na cara que tudo o que tenho devo ao seu tio. Eu só estou onde estou porque sou esforçado e corri atrás dos meus objetivos. Seu tio foi apenas um empurrãozinho para a minha fama.

— E eu fui o quê? Um corpo? Uma fonte de prazer sexual? E seus filhos representam o quê? Uma forma de passar uma imagem bonita do famoso escultor Raul Bobalhão?

O tapa que Raul estalou na face de Linda doeu nela e em Luna, que observava a discussão escondida. Ninguém via as lágrimas que escorriam pelo rosto da pequena garota, que estava entristecida e assustada com a discussão violenta dos pais. Jamais vira aquilo, pois o pai nunca batera em sua mãe.

No momento em que bateu em Linda, Raul se arrependeu. Ela se sentou no sofá com sua imensa barriga e esfregou a bochecha, esforçando-se para não chorar na frente dele. Se não estivesse gestante, ela o teria enfrentado fisicamente. Entretanto, temia que o revide pudesse prejudicar o bebê, que era inocente. Aliás, para ela, todos eram inocentes, com exceção de Raul.

— Desculpe, Linda — ele tentou contemporizar. — Oh, meu Deus, eu perdi a cabeça. Você está bem?

Ele aproximou-se para tocá-la. Linda o afastou com um safanão.

— Nunca mais encoste sua mão nojenta em mim. A mesma mão que esculpe lindas peças de argila é capaz de agredir uma mulher grávida. Eu odeio você, Raul — respondeu Linda, levantando-se do sofá com um pouco de dificuldade. — A partir de hoje, nós não vamos dormir juntos.

Raul não discutiu. Porém, sua decisão sobre a viagem de André não havia mudado. O menino tinha de ir embora e ponto final. Ele estava irredutível.

Naquela noite e nas seguintes, Linda passou a dividir com Luna a cama que ficou apertada para acomodar as duas, principalmente devido ao barrigão de Linda. Após uma semana, finalmente chegou o dia da partida de André. A tia em Londres já fora informada e dissera que o esperaria no aeroporto. Linda conferiu toda a documentação. Haroldo, como se já tivesse previsto tudo, havia tirado o passaporte e o visto do filho.

O momento da despedida foi triste e doloroso. Raul não estava presente, mas Linda comprou passagens de ônibus para que ela e seus filhos acompanhassem André até o Aeroporto Internacional, em Guarulhos. E pouco antes de o primo se encaminhar para a sala de embarque, houve mais lágrimas sentidas.

— Vou sentir sua falta, meu amor — prometeu Linda, abraçada fortemente a ele. Luna e Henri também choravam. Henri gostava de André e, várias vezes, perguntara à mãe se o menino era seu irmão também. — Espero que venha me visitar quando estiver de férias.

— Eu não queria ir — reforçou André, chorando. — Ainda dá tempo, prima. Só precisa me deixar ficar com você, nem que seja escondido. Prometo que não deixo Raul me ver.

— Vamos fazer o seguinte. Você vai conhecer como é tudo por lá e, se não gostar, você me telefona, e eu dou um jeito de trazê-lo de volta. O que acha? — sugeriu Linda.

André ficou um pouco mais convencido, sabendo intimamente que havia uma parcela de mentira ali. Linda não o traria de volta, pois se tivesse onde deixá-lo não estaria embarcando-o agora.

A voz feminina nos autofalantes anunciou o voo de André. Todos tornaram a se beijar e a se abraçar, e Linda sentiu o coração ficar miudinho ao ver o primo, parecendo tão pequeno e frágil, carregando uma mala de couro, dirigir-se sozinho para o salão de embarque. Seria uma longa viagem sobre o Atlântico. Ele ainda virou a cabeça para trás por uma última vez, soprou um beijo para Linda e para as crianças, e desapareceu atrás da porta de vidro.

Linda, procurando conter as lágrimas de emoção e de tristeza, segurou as mãos dos filhos com firmeza e voltou para casa.

CAPÍTULO 8

Nos dias que se seguiram, Linda e Raul mal conversaram. Ela ainda não o perdoara pelo que fizera com André nem conseguia esquecer-se do tapa que ele lhe dera. Para ela, era inconcebível um marido bater na esposa. Havia alguns anos, eles juraram amor eterno diante do altar sagrado de uma igreja, e agora Linda sabia que a única paixão na vida de Raul eram suas estátuas de argila e o dinheiro que elas lhe rendiam.

Linda continuava dividindo a cama com a filha mais velha. Sentia-se extremamente desconfortável, e pensava que estava tirando o conforto de Luna. Com sua barriga avantajada e incômoda, ela se mexia muito durante a noite e quase sempre acordava a menina. Até que uma ideia lhe ocorreu e ela chamou a si própria de burra por não ter pensado nisso antes. Colocou Henri para dormir com a irmã mais velha e ficou com a cama de solteiro do garoto.

Quando Linda completou nove meses de gravidez, Raul voltou a demonstrar nervosismo e irritação, chegando em casa tarde da noite, batendo portas e falando sozinho. Certa vez, ela o flagrou falando com alguém ao telefone sobre um expositor que havia se recusado a expor as obras dele em um grande evento, em São Paulo. Raul dizia que era inadmissível que seu trabalho, que ele julgava perfeito, pudesse ser recusado por alguém.

Mesmo assim, ele não conseguiu participar do evento e passou a semana toda mal-humorado. No final de semana, levou os dois filhos para passear no parque e não convidou Linda. Disse que a barriga dela estava muito grande e que ela não deveria fazer muito esforço. Como evitava conversar com ele, ela não discutiu e acatou a ordem sem se opor.

No dia em que ela sentiu fortes contrações e soube que a criança iria nascer, Raul não estava em casa. Foi Luna quem saiu à rua à procura de um táxi que pudesse levar à mãe ao hospital. E somente lá, gemendo devido às dores atrozes, foi que Linda teve a preocupação de avisar Raul. Luna sabia de cor o telefone do galpão em que o pai trabalhava e informou à enfermeira, que fez a ligação. Pouco depois, ele apareceu esbaforido, ansiando por notícias da esposa. As duas crianças, que haviam ficado sob os cuidados de uma simpática enfermeira, a mesma que o avisara por telefone, entregou-lhe as crianças e acrescentou que Linda acabara de entrar para a sala de parto.

O parto foi tranquilo, e outra bela menina nasceu. Quando o médico colocou Raul a par das novidades, ele não pareceu entusiasmado ao saber que a esposa e a nova filhinha estavam bem. Sua maior preocupação era que Linda recebesse alta o quanto antes para poder voltar para casa e cuidar dos três filhos, pois os dias em que ele ficava em casa eram considerados desperdício de dinheiro. Havia três semanas, ele desativara o ateliê que montara em casa e agora trabalhava apenas em seu galpão.

Linda ficou internada por três dias até que recebeu alta médica. Voltou para casa, e Luna e Henri mal cabiam em si tamanha a alegria por terem a mãe de volta e por conhecerem a irmãzinha. A criança era fofinha e encantadora, e Linda informou o nome da menina aos outros filhos: Ana Carolina, um nome que ela mesma escolhera sem pedir a opinião de Raul.

Quando ele soube dessa decisão, não pareceu se importar. Era apenas um nome como outro qualquer. Alguns negócios que ele ansiava por fechar eram muito mais importantes que o nome da filha caçula. Já tinha em mente planos de exportar suas peças para os Estados Unidos e para a Europa. Ele possuía um cliente que lhe dissera que estatuetas de argila eram muito valorizadas nos países europeus e que ele poderia ganhar uma boa fortuna se fizesse um bom trabalho, além de ter a chance de ser reconhecido internacionalmente.

Isso bastou para que Raul se alvoroçasse, a ganância e a ambição brilhando em seus olhos mais do que nunca. Ele mal podia conceber a ideia de estar no exterior divulgando seus trabalhos.

Aquilo seria inédito e, se acontecesse de verdade, choveriam rios de dinheiro para seus bolsos.

O tempo continuou seguindo seu curso, e Raul se dedicava cada vez mais na produção de suas obras. Esculpia nus femininos, bustos de pessoas famosas, objetos que variavam desde pratos até motocicletas, tudo muito bem trabalhado em argila. Como gostava muito de esportes, particularmente o futebol, Raul também esculpia bolas e jogadores em campo. Certa vez, produziu um estádio de futebol completo e vendeu a obra por uma fortuna.

Aliás, estatuetas com temática de futebol eram muito procuradas nos últimos meses. Estavam em 1970, e no mês seguinte, começaria outra Copa do Mundo. Raul já não treinava mais as crianças para jogos em campo. Não estava velho, tinha apenas 32 anos, contudo, reconhecia não ter o pique de antes. Além disso, seu trabalho no meio artístico lhe rendia muito mais dinheiro do que as aulas particulares de futebol.

As crianças cresciam bonitas e saudáveis, e eram o orgulho de Linda. Luna estava com mais de oito anos, Henri com quatro, e Ana Carolina, com dois. Eles eram muito apegados a Linda, principalmente a filha caçula, que raramente via o pai, a não ser nos fins de semana, quando ele fazia uma pausa no trabalho e levava os filhos para passear. Eram raras as vezes em que Linda era convidada para sair também, apesar de ela não fazer nenhuma questão da companhia do marido.

No dia 31 de maio, o México, país-sede da Copa, abriu os jogos. Nesse mesmo dia, Linda contraiu uma gripe terrível. Por mais que se medicasse, não conseguia parar de tossir e de espirrar. E, nos dias seguintes, ela não se sentiu muito melhor, mas pelo menos as dores eram menos intensas. Doía-lhe o corpo todo, desde a cabeça até as costas, e a indisposição era tanta que se dedicava apenas aos cuidados básicos dos três filhos.

Duas semanas depois, Linda já estava melhor da coriza e do resfriado, apesar de ainda tossir bastante. Não se lembrava de já ter estado tão mal, no entanto, acreditou que sua relação instável com Raul, que não melhorara nos últimos dois anos, pudesse ser a resposta para seu mal-estar. Ultimamente conviviam na casa como dois estranhos. Desde quando ele a agredira, ela dormia no quarto dos filhos. Raul tentara diversas formas de reconciliação, mas Linda não estava disposta a perdoá-lo. O que ele fizera com André e com ela foi uma falta muito grave.

Linda mantivera bastante contato com André logo que ele partira, porém, os telefonemas foram diminuindo com o passar dos meses. A tia em Londres dizia que ele estava muito compenetrado em suas aulas de futebol, além dos estudos regulares, e que quase não tinha tempo para longas ligações internacionais.

No início, Linda até pensou que alguma coisa pudesse estar errada e que a tia estivesse proibindo-o de telefonar para ela. Contudo, durante uma noite, oito meses após sua partida, ela ouviu do primo, com quase 16 anos, que estava muito satisfeito morando na Inglaterra, que era grato a Linda por tudo o que ela lhe fizera, mas que se encontrou e estava feliz. Não pensava em voltar ao Brasil, mesmo porque não teria onde ficar, já que Raul não queria vê-lo de forma alguma. Linda era sua única família no Brasil, porém, era praticamente inacessível.

A cidade inteira estava enfeitada de verde e amarelo, e por onde se olhasse, via-se bandeiras do Brasil pintadas nas ruas, bandeirolas com as cores da pátria penduradas nos postes e cornetas sendo tocadas em altos brados. Nos dias em que o país jogava, a cidade morria. Todos voltavam correndo para suas casas a fim de conferir os jogos esperados por quatro anos no conforto do lar.

Raul, no entanto, assistia às atuações do Brasil em campo pela televisão que instalara em seu galpão. Já fazia um bom tempo que ele não sentia mais prazer em voltar para casa. Amava os filhos e tinha dúvidas quanto ao que sentia pela esposa. Linda ainda era muito bonita e mal completara 30 anos.

Porém, Raul admitia que não existia mais o fogo da paixão entre eles, e o amor, que ele jurara sentir por ela, parecia perder forças a cada dia. Entretanto, sua paixão pelas estátuas de argila se tornava mais forte. Havia vezes em que Raul passava mais de duas horas acordado na cama, pensando nas próximas peças que esculpiria e no dinheiro que lhe renderia. Ele era conhecidíssimo agora, e o único fator negativo em toda a sua carreira fora quando o expositor não o levara para São Paulo. Também não conseguira vender nada para os países europeus, e ainda assim não perdia a esperança. Se ele era competente no que fazia, seus méritos e louros tinham que estar a caminho.

Enquanto Raul refletia sobre seus lucros, Linda pensava em sua saúde. Vinha se sentindo mais estranha a cada dia e tinha a impressão de que estava dentro de um corpo que não era o seu. A cabeça doía frequentemente, tossia muito e tinha sudoreses noturnas. Percebeu que seu apetite diminuíra também e agora já não estava tão certa se o que tinha era realmente uma gripe demorada. Linda comentou com Raul sobre o que vinha sentindo, porém, ele somente sugeriu que ela procurasse um médico, pois se fosse algo mais grave, as crianças não deveriam correr nenhum risco de contraírem uma doença.

Indo ao médico, o resultado não foi muito animador. De acordo com o especialista, Linda, aparentemente, estava com pneumonia, o que explicava as fortes crises de tosse. Na noite anterior, ela sentira dores no peito, e o médico lhe dissera que, na verdade, eram os pulmões que estavam bastante comprometidos. Agendou uma bateria de exames pelos quais Linda deveria passar, mas preveniu que os resultados poderiam demorar um pouco mais a sair, visto que estavam em época de Copa e que os recessos aconteciam a cada jogo do Brasil.

Linda agradeceu a Deus quando chegou o dia do último jogo da Copa, e o Brasil estava na final, disputando o título com a Itália. Os brasileiros tinham certeza de que o país não repetiria o fiasco da Copa de 1966 e que conquistaria o tricampeonato.

Os exames de Linda ainda não haviam saído, todavia, o médico pedira urgência e coletara amostras de sangue. Ela continuava tossindo muito, e as dores agora estavam concentradas em seu peito. As crianças pareciam muito preocupadas, pois sabiam que a mãe não estava bem. Linda até tentava evitá-los, temendo estar com algum mal contagioso e que pudesse afetar os filhos. Sua pele assumira uma palidez estranha e suas cordas vocais pareciam ter sido afetadas de alguma forma, pois estava um pouco rouca.

E no exato instante em que milhões de brasileiros acompanharam pela televisão o momento em que o apito do juiz soou para anunciar o início do jogo da final, Linda tossiu até expelir uma quantidade impressionante de sangue.

CAPÍTULO 9

Raul levou o copo de cerveja aos lábios no exato instante em que o time do Brasil marcava o quarto gol contra a Itália. Somente alguns poucos tolos haviam apostado suas fichas na Itália, considerada por muitos como um dos países mais fortes da Europa em termos de futebol. Estava claro para muita gente que o Brasil seria tricampeão naquela Copa do Mundo, de 1970, pois vencera todos os jogos da eliminatória, batendo um recorde mundial, e contava com excelentes jogadores em campo, entre eles Pelé, que participava de sua última Copa, que ficou marcada para sempre no coração dos brasileiros.

O bar em que Raul assistia ao jogo pela televisão em preto e branco estava lotado. Os torcedores gritaram em uníssono "é tricampeão", no momento em que Carlos Alberto Torres marcou o quarto gol, que encerrou aquela Copa, concedendo mais um título ao Brasil.

— Eu não disse? — gritou Raul para Celso, o dono do bar. — Não disse que o Pelé não marcaria o último gol?

— Foi ele quem fez o primeiro, e isso é o que interessa. E depois, com aquele fantástico gol do Gérson...

— Acho que esse foi o melhor time do Brasil na Copa do Mundo até hoje. Só tem feras ali: Pelé, Gérson, Rivelino, Tostão, Clodoaldo, Carlos Alberto Torres. O Jairzinho nem se fala. Além disso, a Itália merecia o couro que levou — comentou Raul, animado. Assim como todos os brasileiros, ele também ficara frustrado com a Copa anterior, mas agora o Brasil fizera bonito e agradara a todos os seus torcedores.

De repente, cabeças masculinas se viraram na direção da entrada do bar. Houve alguns assovios discretos e murmúrios mais ousados. Lentamente, Raul virou o rosto na direção dos olhares para se fixar na bela figura feminina que acabava de entrar no estabelecimento.

Ele nunca vira aquela mulher antes na cidade. De qualquer forma, teria se lembrado dela por um bom tempo. Afinal, como esquecer aquele fantástico par de pernas expostas pela saia mais curta que Raul já vira?

Ela aparentava ter menos de trinta anos e tinha um rosto muito atraente, com uma boca carnuda e sensual. Os cabelos eram castanhos, cheios e crespos, e lhe emolduravam o rosto com perfeição. Usava uma saia preta curtíssima e sapatos de salto alto. Na camisa de botões, abertos na altura dos seios fartos, ela fixara um pequeno broche com a bandeira do Brasil, como uma homenagem ao país.

— Quem é essa? — sussurrou Raul para Celso. Ele mantinha o copo com cerveja na mão, sem conseguir tomá-la. — Que morena, hein?

— Ah, nem me fale — suspirou Celso, curvando-se sobre o balcão a fim de poder contemplar as pernas torneadas da jovem. — Ninguém sabe o nome dessa pequena e nem onde vive. Há alguns dias, ela apareceu aqui no meu bar. Pede uma bebida alcóolica, geralmente cerveja ou chope, paga e vai embora. Claro que ela causa uma destruição entre os homens. Nunca demonstrou interesse por ninguém e não tolera brincadeiras ou intimidades. Outro dia, o Carlão tentou tocar no braço dela, e a garota quase acabou com ele, pois começou a xingá-lo sem parar.

Raul assentiu com a cabeça enquanto mantinha os olhos pregados na moça. Ela ergueu a cabeça e relanceou o olhar para a televisão, que exibia imagens dos jogadores brasileiros se abraçando e comemorando o título. O atendente lhe entregou a cerveja, e ela bebeu tudo de um só gole. Os demais frequentadores não sabiam se continuavam a olhar para a televisão ou se dedicavam sua atenção à morena. Como o jogo tinha terminado, e o Brasil era tricampeão, o melhor seria contemplar mais um pouco aquela jovem dama curvilínea e sensual.

Enquanto o atendente enchia seu segundo copo com cerveja, ela virou o rosto e fixou seus olhos castanhos e expressivos em Raul. Ele até sentiu a respiração falhar ao encarar aquele olhar tão penetrante. Ela parecia querer enxergar a alma dele.

Entretanto, para frustração de Raul, assim que terminou de tomar o segundo copo, ela pagou a conta, após recusar a oferta de um rapaz jovem, que se ofereceu para quitar sua despesa. Ela fez um movimento quase teatral e saiu do bar, deixando todos os homens boquiabertos e atordoados.

— Que garota! — devaneou Celso. — Ah, se eu não tivesse esposa.

Raul não respondeu. Ele nunca pensara em outra mulher desde que havia se casado com Linda. Já encontrara mulheres elegantes e lindíssimas nos locais em que expusera suas estatuetas. Muitas delas, algumas casadas, chegaram a se insinuar para Raul, em troca de alguma diversão clandestina. Até então, não achava que Linda merecia ser traída, apesar do rumo que seu casamento havia tomado nos últimos anos. Houve muitas noites em que ele não retornara para casa porque estivera trabalhando e não com outra mulher. Tudo o que Raul queria era que Linda compreendesse que ele fazia aquilo simplesmente para garantir o futuro dos filhos e o bem-estar dela. Mesmo assim ela o chamava de ganancioso e lhe jogava na cara que o dinheiro, para ele, valia mais que o casamento.

Só que agora algo novo acontecera: Raul notara outra mulher, que não era Linda, e no sentido sexual da palavra. Nunca vira aquela moça antes e nada sabia sobre a vida dela, mas teve uma única certeza: faria o que fosse preciso para que aquela jovem se entregasse a ele, onde e quando ela quisesse.

Ainda pensava nela quando voltou para casa. E, ao entrar, encontrou a funcionária aflita com Ana Carolina nos braços, tendo Henri e Luna chorosos ao seu lado. Raul empalideceu ao pressentir que alguma coisa não estava indo bem.

— O que houve, Marli? Por que as crianças estão chorando?

— Oh, seu Raul, aconteceu algo terrível — revelou a empregada, a angústia em sua voz assustava ainda mais as crianças.

— Foi a dona Linda. Ela passou muito mal hoje e foi para o hospital. Não voltou até agora e também não telefonou. Eu estou tão nervosa que não consegui encontrar o telefone do hospital. E como o senhor não estava no galpão...

— Acalme-se, Marli, ou vai deixar as crianças ainda mais apavoradas — ordenou Raul, impaciente. Ele pegou a filha caçula dos braços da criada e acalentou Henri e Luna, que choravam em silêncio.

Enquanto ele procurava o telefone do médico em sua carteira, Henri perguntou:

— Papai, a mamãe vai morrer? — para ele, isso era quase certo. A mãe tossia muito quando foi para o hospital e os olhos avermelhados indicavam que ela estivera chorando. Na cabeça de Henri, quando alguém chorava significava que a morte estava próxima.

— Claro que não, querido. De onde tirou essa ideia? — tranquilizou Raul, embora ele nem estivesse certo do que a esposa realmente tinha. Ela se queixara sobre estar doente, mas fisicamente lhe parecera bem. A maior preocupação de Raul era que Linda não contaminasse nenhum dos três filhos com o que quer que ela tivesse.

— Ela estava tossindo muito — informou Luna, que embora estivesse triste pelo fato de ver a mãe saindo às pressas para o hospital, atribuía, silenciosamente, a culpa daquilo tudo ao pai. Para ela, sua mãe estava doente porque o pai nunca ficava em casa e parecia gostar mais daquelas estátuas, que nem eram tão bonitas, do que dos próprios filhos e da esposa.

— O ar está muito seco, Luna — respondeu Raul, longe de sentir vergonha de culpar o clima pela saúde de Linda. — Já estou telefonando para o hospital. O médico vai dizer que está tudo bem com a mamãe e vou trazê-la para casa ainda hoje.

Não obstante, quando o médico atendeu a ligação, sua voz soou tensa. Informou que Linda estava internada e que Raul deveria se dirigir ao hospital com a máxima urgência.

Pela primeira vez, em muito tempo, ele demonstrou uma preocupação sincera com a esposa. Pediu a Marli para que ficasse mais um pouco com as crianças, pois ela não trabalhava em tempo integral, e seu horário de saída já estava se aproximando. Pouco depois, Raul tomou um táxi e seguiu direto para o hospital.

CAPÍTULO 10

O médico não estava com uma expressão animadora. Como era um bom profissional, que não gostava de rodeios, ele foi direto ao ponto, revelando a Raul sua grande suspeita.

— Claro que eu ainda preciso do resultado da radiografia do tórax e da análise das secreções pulmonares que foram feitas hoje, Ainda assim, baseando-me nos exames anteriores, eu arrisco a dar um parecer. Sua esposa pode estar com tuberculose.

Raul levou a mão à boca enquanto empalidecia. Nem mesmo se ouvisse sua própria sentença de morte ele ficaria tão assustado. Como aquilo pudera acontecer? De onde Linda contraíra aquela doença tão contagiosa e tão temida?

O médico explicou para Raul alguns detalhes sobre a doença, destacando a importância de as crianças se manterem longe da mãe, ao menos até que ela melhorasse. Raul concordou, pedindo para ver a esposa.

Linda estava em um quarto particular e apenas ergueu a cabeça quando viu Raul entrar, usando uma máscara. No encalço dele veio o médico, que trocou umas rápidas palavras com ela, aferiu a temperatura e os deixou a sós.

— Como está se sentindo? — perguntou Raul analisando o rosto de Linda. Ele a vira rapidamente na parte da manhã, e ela lhe parecera bem, não muito diferente dos últimos dias. Agora ela estava amarelada e seus lábios eram dois traços esbranquiçados.

— Se eu estivesse me sentindo bem, com certeza estaria em casa agora, ao lado dos meus filhos — respondeu Linda, desviando o olhar para a parede. Embora devesse, ela não se sentia feliz por ver Raul ali. Sabia que, se ela realmente não tivesse piorado, ele não teria aparecido.

Raul ignorou a resposta malcriada e tentou contornar:

— O Brasil inteiro comemorando a vitória na Copa, e justo hoje você escolhe se internar — ele estava tentando brincar, pois percebeu que Linda não estava de bom humor.

— Se eu tivesse um marido decente, que tivesse me escutado antes, talvez eu nem precisasse estar aqui, não acha?

O fraco sorriso que Raul mantinha nos lábios se apagou de vez. Linda mostrava-se bastante aborrecida em vê-lo e somente agora ele teve a impressão de que ela estava diferente fisicamente. E não pelo fato de estar pálida. Algo em seu rosto tornara-se diferente. Ela ainda era bonita, contudo, a inocência dos tempos da juventude, da época em que ele se apaixonara por ela na casa de Haroldo, não existia mais. E ele se perguntou se, durante essa transformação, o amor que os ligara no casamento também havia perdido as forças.

— Acha mesmo que eu mereço ouvir uma resposta tão atravessada, Linda? Puxa vida, vim aqui muito preocupado com você e com sua saúde e, ao chegar aqui, você me recebe com quatro pedras na mão? O que houve com você? A doença estragou seu cérebro? — retrucou Raul, indignado com a falta de modos com que ela o estava tratando. Parecia até que o culpava por alguma coisa, e ele não entendia bem do que se tratava. Ou pelo menos fingia que não.

— Como você tem coragem de me fazer essas perguntas? Olhe para nós e veja o que nos aconteceu. Estamos casados há quase dez anos, e eu te digo que muita coisa mudou. Ao longo desses anos, eu fui traída muitas vezes, não por outra mulher, e sim pela sua paixão por aquelas estatuetas de argila. Descobri que não havia como competir com elas. Você me deixou de lado. Colocou seus três filhos para escanteio, porque a arte se tornou uma constante em sua vida. Então eu lhe faço estas perguntas, Raul. O que houve com você? A ganância estragou seu cérebro?

O comentário de Linda o deixou subitamente irritado. Antes que ele pudesse rebater, ela continuou:

— Acho melhor você ir embora. Não quero que você se contagie com o que eu tenho. Se você ficar sem trabalhar por minha causa, nunca iria me perdoar. E não quero ser culpada pelo seu prejuízo. Saia, por favor.

Raul ficou atordoado. Sabia que Linda tinha mais razões do que ele e, naquele instante, não soube como se justificar. Ficou em pé e caminhou até a porta, de cabeça baixa. Foi quando uma espécie de corrente de ódio atravessou seu corpo e ele sentiu a raiva inflar seu coração. Sem se virar, respondeu:

— Não sei se o médico já falou com você, mas ele suspeita que esteja com tuberculose. Se isso for confirmado, você terá de se afastar das crianças enquanto estiver em tratamento.

Era uma coisa dura de ser dita, entretanto, ele sentiu uma espécie de prazer em se vingar de Linda daquela forma. Um breve olhar por cima do ombro fê-lo entender que ela não sabia o que realmente tinha, embora suspeitasse. Ele saiu do quarto no momento em que as lágrimas começaram a escorrer pelo rosto dela.

Para piorar, o médico deu o veredito. Ela realmente estava com tuberculose pulmonar e suas vias respiratórias estavam bastante comprometidas. Apesar disso, como consolo, o doutor acrescentou que existia cura para a doença e que o tratamento poderia durar cerca de seis meses, sendo possível que ela eliminasse o micro-organismo antes desse prazo. Explicou ainda que, para muitos casos, não era necessária a internação e sugeriu que Linda sem mudasse para alguma cidade mais fria durante todo o período de tratamento. Ele sugeriu Campos do Jordão, só que ela não conhecia ninguém que morasse lá.

Essa sugestão de mudança de residência ocorreu porque na virada do século 19 para o século 20, graças à qualidade do ar puro e frio, Campos do Jordão abrigou milhares de pessoas portadoras de tuberculose, que se refugiavam em sanatórios ou pensões, pois o clima do município era um dos principais aliados no processo de cura da doença. Os antibióticos começaram a surgir após a década de 1940, mas como o quadro clínico de Linda mostrava-se preocupante, o médico acreditava que a prática de antigamente seria útil em sua recuperação.

— Eu não tenho parentes nem conhecidos nessa cidade, doutor. E meu marido não vai consentir em se mudar comigo e levar meus filhos também. Ele está com medo de que eu contamine as crianças — confessou Linda, esforçando-se para se esquecer do ataque verbal de Raul em sua visita a ela.

— Essa é a grande questão. Acho bom que eles fiquem aqui e que você vá sozinha. Não gostaria que seus filhos adoecessem também, não é mesmo?

Linda se apavorou diante daquilo. Como ela poderia viver sozinha em uma cidade fria e desconhecida? E ainda doente? Parecia loucura, mas o médico acrescentou que já recomendara a mudança para Campos do Jordão a outros pacientes e que eles haviam melhorado muito, livrando-se definitivamente da tuberculose. Seria uma chance para Linda se curar.

Raul foi novamente chamado ao hospital três dias depois, e o médico disse que liberaria Linda se ela quisesse fazer o tratamento em outra cidade. Ele conhecia um especialista em tuberculose, que residia em Campos do Jordão, e que seria um excelente orientador durante o tratamento da moça.

A ideia pareceu tentadora para Raul e ele tentou convencer a esposa enquanto voltavam para casa, porém, Linda mal lhe respondia. Ela ainda estava muito magoada com ele, o que era justificável. Quando chegaram em casa, ela não conteve as lágrimas por não poder beijar, abraçar e tocar os filhos. Ela não os vira durante toda a semana em que permanecera internada.

Marli havia limpado e preparado a edícula, e Linda se sentiu uma párea, uma espécie de ser ruim e diabólico que não podia viver em sociedade. Ouvia as vozes das crianças, mas logo a criada surgia e as levava dali. Era como se Linda fosse uma espécie de prisioneira na torre do castelo, e Raul era o bruxo que impedia sua felicidade.

Marli lhe preparava o almoço e todas as outras refeições. Mal entrava na edícula, como se sua patroa estivesse com lepra ou alguma doença muito pior do que a tuberculose. Linda se sentia uma prisioneira em uma cela de solitária. Às vezes, aparecia na janela da casinha e via os filhos brincando no quintal. Eles lhe sorriam e lhe acenavam, e ela retribuía os gestos, contendo as lágrimas.

Houve uma tarde em que Henri atirou pedrinhas em sua janela. Ela não pôde abri-la porque Raul trancara todas as janelas com pequenos cadeados. Chorava sem parar ao ler os lábios do filho. Henri lhe perguntou se ela deixara de amá-los, e Linda sacudiu a cabeça negativamente e lhe assoprou um beijo silencioso.

Aquilo durou uma semana até que ela ouviu leves batidinhas em sua porta durante a madrugada. A princípio achou que fosse o vento e continuou deitada pensando em seu destino. Por que aquilo tudo estava acontecendo com ela? Seria uma espécie de castigo pelas coisas boas que deixara de fazer? Abandonara Conceição à própria sorte no asilo e tempos depois enviara o primo para um país desconhecido, ao encontro de pessoas estranhas.

Essa doença seria uma espécie de punição pelo que fizera? Se fosse assim, por que Raul, que se tornara um péssimo pai e marido, continuava gozando de boa saúde? Ela, que sempre se dedicara de corpo e alma aos filhos, estava morrendo aos poucos, e ele, que valorizava mais a fama e o dinheiro e que nem sequer via as crianças acordadas, estava bem. Por que aquilo estava acontecendo?

Linda tornou a ouvir leves batidas na porta, que soaram mais fortes. Curiosa, ela se levantou e fechou o penhoar. Fazia muito frio, e ela até torcia para que a temperatura continuasse a cair. Quem sabe assim não fosse preciso se mudar para Campos do Jordão. Sabia que só continuaria morando na edícula até que Raul lhe alugasse uma casa naquela cidade. Ele lhe dissera no dia anterior que estava quase fechando negócio e que Linda deveria partir no mais tardar até a próxima segunda-feira.

Enquanto caminhava até a porta, ela refletia que Raul era a única pessoa que se comunicava com ela agora. Marli surgia com a comida e desaparecia como um fantasma. E o marido proibira terminantemente que ela conversasse com as crianças. Os filhos deveriam se manter saudáveis, e ela não tirava sua razão.

Contendo a tosse seca e importuna, Linda se aproximou da porta. E, com espanto, ouviu uma vozinha sussurrar:

— Abra a porta, mamãe. Sou eu, Luna.

Atordoada e surpresa, Linda soltou as trancas rapidamente. E sua pequena filha, que estava sentada toda encolhida diante da porta, ergueu a cabeça e sorriu.

— Eu acordei você, mamãe?

Lágrimas quentes escorreram dos olhos de Linda, ao mesmo tempo em que era sacudida por uma crise violenta de tosse. Luna, encantadora com seus nove anos, observava a mãe com curiosidade e tristeza, infeliz por vê-la doente. O pai lhe dissera que Linda estava com uma doença muito ruim e que não poderia tocar em nenhum dos filhos. Se Raul entrava na edícula e nem por isso ficava doente, então ela também poderia. E o melhor momento era aquele. O pai estava dormindo e nunca poderia imaginar que ela viera até ali escondida.

— É claro que você não me acordou, meu amor. Mas não pode entrar. A mamãe está... — Linda enxugou as lágrimas, porém, outras surgiram — muito doente. Volte para sua caminha. Vai se resfriar se ficar aí fora.

— Se eu ficar doente, então, o papai vai me deixar ficar com você, porque os doentes devem ficar juntos — expôs Luna.

Linda começou a rir, mas logo a risada se transformou numa nova onda de tosse. Luna se levantou e, num rompante, deu um abraço muito apertado na cintura da mãe.

— Eu amo você, mamãe. Não quero que fique doente.

Linda sabia que não deveria abraçar a filha, pois aquilo era um convite para contagiar a menina. Mesmo assim não resistiu. Suas lágrimas caíam sobre os cabelos castanhos de Luna, e as duas ficaram por um bom tempo abraçadas. Quando afastou a filha de si, percebeu que Luna também chorava.

— Por que você está chorando, minha princesinha? — preocupou-se Linda. Culpava-se por fazer os filhos sofrerem. Não podia ter ficado doente, não daquela maneira.

— Você não me ama mais? Não ama mais nenhum de nós?

— É claro que a mamãe ama todos vocês. Acontece que eu realmente estou mal. Não vê como estou tossindo? Se você se aproximar de mim, então pode ficar doente também.

— Não quero ficar separada de você, mamãe. Por favor, deixe-me ficar aqui hoje. Não me mande embora — implorou Luna, tornando a abraçar Linda.

Ela já ouvira aqueles dizeres antes. A imagem de André surgiu com tanta força em sua memória que Linda chorou ainda mais. Ela acreditava ter cometido erros imperdoáveis e, em sua concepção, cometeria outro se deixasse Luna exposta à sua doença. Por outro lado, fazer a filha sofrer era ainda pior. Além disso, seus dias ali estavam contados, pois ela partiria em breve para Campos do Jordão. Nesse caso, qual atitude deveria tomar naquele momento?

Linda não soube explicar como, mas teve a nítida impressão de escutar uma voz suave e delicada sussurrar em seu ouvido:

— O amor, principalmente o maternal, é mais forte do que qualquer doença. Não afaste sua filha. Mostre o quanto a ama.

Linda achou que fosse sua consciência dizendo aquilo. Jamais poderia imaginar que, ao seu lado, havia um espírito envolto em luz aconselhando-a. Este ser, de grande sabedoria e que se apresentava na forma de uma mulher, continuou:

— Não se menospreze por causa da doença que enfraquece seu corpo de carne, Linda, porque seu espírito é rico e saudável. Não deixe de amar sua filha, minha querida. Jamais faça isso. Confie na força divina que habita em si e que sempre faz tudo dar certo.

Mais uma vez, Linda recebeu as orientações acreditando que fosse fruto de seus pensamentos. No entanto, tomou uma decisão. Iria se arriscar e torcer para que não transmitisse o micro-organismo a Luna. Era uma forma perigosa de demonstrar que amava a filha, contudo, não havia outra saída.

— Está bem, meu anjo. Se você quer dormir comigo, pode ficar. Não deve contar nada disso aos seus irmãos e muito menos ao seu pai ou a Marli, entendeu? Se isso acontecer, seu pai brigará com a mamãe.

Luna apenas assentiu com a cabeça e como se não acreditasse que Linda estivesse mesmo doente, ela se ergueu nas pontas dos pés para beijar o rosto da mãe.

— Venha, vamos nos deitar e nos aquecer. Você está muito fria, pois tomou todo esse vento gelado aí fora. Só me falta você ficar doente também — sorriu Linda, segurando as mãos gélidas da filha.

No instante em que elas se deitaram e se abraçaram debaixo do edredom, como há muito tempo não faziam, o espírito envolto em luz, ao lado da cama, aplicou-lhes um passe revigorante, enquanto vibrava pela melhora de Linda.

— Nunca se esqueça de confiar na vida nos momentos mais difíceis, minha filha — acrescentou a mulher olhando para Linda, que já estava adormecendo. — Você passará por uma fase bastante dolorosa, física e emocional, e, para isso, precisará manter toda a sua fé na espiritualidade e em si mesma. Ore e confie para que tudo dê certo.

Momentos depois, ela desapareceu.

CAPÍTULO 11

No dia seguinte, antes de o sol nascer, Linda despertou a filha e pediu que ela voltasse para a cama. Não queria que ela fosse vista pela empregada ou por Raul. Luna, obediente, cumpriu a ordem e, antes de sair, tornou a beijar e a abraçar a mãe.

— Você também percebeu, mamãe? — perguntou Luna com sua vozinha tão doce e tão meiga.

— Percebi o quê, meu anjo?

— Que depois que eu cheguei, suas tosses diminuíram. Você nem tossiu à noite — contou Luna.

Linda sorriu. Sabia que a filha dormira todo o tempo e que não podia saber se a mãe tossira ou não. Claro que ela continuava a ser torturada pelas crises de tosse que, durante a madrugada, aconteceram duas vezes e em uma delas houve secreção misturada com sangue. Luna não sabia disso e nem precisava saber. Por outro lado, Linda sentia uma espécie de energia que parecia renová-la por dentro, como se em seu interior houvesse uma coisa boa esperando para vir à tona. Só não sabia do que se tratava.

Linda ainda trocou mais algumas palavras com a filha, beijou-a na testa e, pouco depois, Luna esgueirava-se em silêncio para dentro de casa.

Como ainda era bastante cedo, Linda tornou a se deitar. Acabou cochilando e só despertou outra vez quando escutou seu nome ser chamado. Era Marli, que lhe trazia o café da manhã.

— Bom dia, dona Linda! Como a senhora acordou hoje? — perguntou Marli, mantendo a maior distância possível da patroa.

— Bem, obrigada, Marli. E Raul? Já acordou? E as crianças? — ela quis saber, apanhando a bandeja com frutas, pão integral e suco de laranja. A recomendação médica era que Linda ingerisse alimentos leves durante o tratamento. Ela não sentia mais apetite e quase sempre devolvia a bandeja intacta.

— Ele está tomando café lá dentro e disse que vem aqui falar com a senhora assim que terminar de comer. E as crianças também já estão acordadas. Ainda bem que hoje é sábado, e eles não têm aula, não é mesmo?

— É verdade. Você sabe se Raul vai trabalhar hoje?

— Bem... não sei — na realidade, Marli não gostava quando Linda ficava esticando a conversa. Achava extremamente perigoso dialogar com uma pessoa tísica, como ela chamava. Enquanto sua patroa não estivesse bem, tinha que se manter bem longe dela. — Como ele virá aqui, a senhora poderá perguntar diretamente a ele.

— Está certo, Marli. Pode ir. Obrigada — agradeceu Linda, fechando a porta de sua casinha.

Ela comeu apenas uma fatia do pão e bebeu dois goles do suco. Quase não tinha fome e, ao tocar o rosto, sentiu-o quente e achou que a febre estava voltando. Esse era um dos sintomas de sua doença. Uma rápida conferida no termômetro mostrou que sua temperatura realmente estava subindo.

Ela tinha acabado de se deitar quando Raul bateu na porta. Assim, tornou a se levantar. Não escondeu a contrariedade ao vê-lo entrar usando uma máscara cirúrgica.

— Medo de se contaminar? — ela perguntou o óbvio, em tom sarcástico.

— Vim aqui para dizer que já aluguei uma casa para você em Campos do Jordão. O imóvel, segundo o proprietário, é bastante confortável e já está mobiliado. Fiz um contrato com ele por oito meses, tempo mais do que necessário para você se tratar. Vamos partir na segunda-feira de manhã.

Linda ouviu em silêncio as palavras do marido. Em outros tempos, ela teria discutido e batido o pé, mas agora não se achava em condições de criar turbulências com Raul. E ele estava apenas obedecendo às ordens do médico. Se ela quisesse se recuperar, aquela mudança era sua única opção.

— Posso fazer uma pergunta, Raul? — ele fez que sim com a cabeça. — Com que frequência você levará as crianças para me visitar?

Aquele era outro assunto que ele viera tratar. E tinha certeza de que agora haveria discussão.

— Eu estive pensando sobre isso, Linda, e acredito que não será bom para você e nem para nossos filhos se eu levá-los para uma visita. Para o bem-estar de nossas crianças, eu sugiro que você faça um esforço e contenha a saudade. Oito meses passam rápido, você vai ver. E garanto que Luna, Henri e Ana Carolina estarão saudosíssimos à sua espera, quando voltar para casa.

Linda sentiu uma dor forte no peito e não soube dizer se era algum sintoma da tuberculose ou apenas uma raiva que sentiu de Raul. Ele já cometera muitas idiotices com ela, todavia, não podia fazer aquilo também. Não era justo. Ele não tinha esse direito, afinal, ela também amava os filhos.

— Raul, você não pode estar falando sério. Não pode proibir as crianças de me visitar. Eles não merecem. Eu não mereço.

— E o que você quer, Linda? Pretende contaminar os três? Quer vê-los mortos? Não se sentiria culpada se isso acontecesse? O médico alertou que crianças possuem um risco muito maior de contrair a doença, e você também escutou quando ele disse isso. Sabe que não podemos expô-los de forma alguma. Eu não posso levá-los, entenda isso.

As lágrimas escorriam dos olhos dela e desciam livremente pelo rosto. Por que Raul tinha que ser tão cruel? Por que nunca a deixava fazer as coisas do seu jeito? Por que ele mandava, e ela tinha de obedecer? Ela não tivera forças para lutar contra ele quando proibira a permanência de André na casa. Agora havia estipulado uma nova ordem, dessa vez muito mais dolorosa e sacrificada. Linda não conseguia imaginar como faria para se manter longe dos filhos por longos oito meses. Era uma maldade muito grande o que ele estava fazendo, e ela não sabia ao certo se ele estava errado em agir assim.

— Você está me tratando como se eu fosse uma prisioneira, Raul. Não pode fazer isso — protestou Linda, apavorada, porque estava perdendo terreno. No fundo, sabia que ele saíria vencedor mais uma vez.

— Não vamos ficar discutindo isso, pois a decisão já está tomada — ele caminhou até a porta como se tivesse pressa de se livrar do ar que predominava na edícula. — Você tem hoje e amanhã para arrumar suas malas. Vou levá-la no carro que o Jurandir vai me emprestar — como trabalhava perto de casa e raramente saía a passeio, Raul nunca achou necessário comprar o próprio carro. — Já falei com a Marli, e ela ficará com as crianças na segunda-feira, depois da escola.

— E o que vem depois? — gritou Linda, furiosa por estar sendo tratada como uma desgraçada e maldita. — Você volta para as suas estátuas de lama? Vai encher os fundilhos de dinheiro enquanto eu fico entregue à própria sorte em uma cidade estranha, distante dos meus filhos?

Raul se virou e sentiu o rosto se cobrir de um rubor inesperado. Detestava quando Linda menosprezava suas obras.

— Você não pode me descartar como se eu fosse uma porcaria de um objeto estragado — a fúria dardejava dos olhos dela como flechas envenenadas. — Sou sua esposa e mãe dos seus filhos. Quando você me tirou da casa dos meus tios, fez-me mil promessas, garantindo que me faria feliz. Fizemos esse juramento diante de um altar sagrado, quando nos casamos. E o que você fez, Raul? Só me trouxe sofrimento e decepção. Você me iludiu.

— Você está sendo dramática. Eu dei a você três filhos maravilhosos. Por que você só enxerga o lado negativo das coisas? Por que não fala de assuntos mais produtivos? Nós só estamos morando nesta casa grande, com dinheiro para pagar Marli e bons colégios para as crianças, graças à minha inteligência e criatividade, que me auxiliam na produção das estatuetas. Se não fosse por isso, poderíamos estar na miséria.

— Talvez fosse melhor do que viver de mentiras. Nosso casamento é uma grande farsa e acho que sempre foi. E não venha usar as crianças para me comover. Quantas vezes você beijou Ana Carolina durante seus dois anos de vida? Você mal a vê, nem sequer conversa com nenhum deles. O que nos fez subir de vida não foram as suas estatuetas e sim a sua ambição e ganância desmedidas.

— Os meios não importam, querida. O importante é que estamos bem — respondeu Raul se aproximando da esposa. Dava para ver o quanto ela estava magra e abatida, mas nem por isso deixava de ser bonita.

— Você faz o que bem entende, só que não vou permitir que tire meus filhos de mim. Garanto que não vou.

— Então você é louca — retrucou Raul, sem se comover com as lágrimas intermitentes que lavavam o rosto da esposa. — Terei que repetir sobre o risco que as crianças correm?

— Você está tornando tudo ainda pior — gritou Linda, sentindo vontade de bater no rosto de Raul. — Você é um porco que só pensa em futebol e naquelas estátuas malcheirosas. Você nunca foi um artista, Raul. Meu tio fez você. Se não fosse por ele, você estaria na mesma lama de que são feitas suas esculturas.

— Cale a boca, sua cretina — e dizendo isso, Raul abriu a mão e desferiu um tapa violento contra o rosto de Linda, que recuou alguns passos sem equilíbrio e caiu sentada no pequeno sofá que havia ali. — Você só me atormenta. Nunca mais ouse dizer que foi seu tio quem fez minha carreira. Eu fiz minha carreira graças à minha capacidade, está claro?

Linda estava fraca e sem ânimo, mas aquele tapa, o segundo que recebia de Raul desde que haviam se casado, fez alguma coisa reavivar dentro dela. Talvez fosse raiva. Talvez fosse ódio. Talvez fosse um desejo súbito de vingança. Por isso, sem perder tempo, ela se levantou de um salto e partiu para cima dele, agredindo-o com socos, chutes e mordidas. Ele tentou se defender com as mãos e Linda arrancou-lhe a máscara cirúrgica do rosto, sem parar de estapeá-lo.

— Seu imbecil, cachorro, sem-vergonha! Tem medo de mim? Pois tomara que seja contaminado também. Seu nojento, cafajeste... — e dizendo isso, Linda cuspiu no rosto dele.

Raul ainda revidou com alguns tapas, porém Linda parecia mais forte e continuava a bater no marido. Marli ouviu a gritaria e veio correndo para acudir. Atrás dela vinham Luna e Henri e, por último, a pequena Ana Carolina, que tentava apressar seus passos com suas perninhas curtas.

Com muito esforço, Marli conseguiu apartar a briga entre o casal, mas Linda só se afastou ao perceber que estava sendo observada pelos três filhos.

— Essa mulher ficou maluca! Linda enlouqueceu — repetia Raul, limpando o sangue que escorria dos lábios dele. Virou-se para as crianças e completou: — A partir de hoje, vocês estão proibidos de saírem de dentro de casa, porque sua mãe está doida e bateu no papai. Vão brincar com seus brinquedos dentro de casa, estão me ouvindo?

— Isso não é verdade — gritou Linda, tentando se aproximar dos filhos. Raul bloqueou com seu corpo a visão das crianças. — Ele quer mandar a mamãe embora daqui, e vocês não podem deixar que isso aconteça — gritou Linda, sabendo que estava agindo de maneira errada, pois deixaria as crianças confusas e amedrontadas.

Raul se adiantou e pegou Ana Carolina no colo, enquanto levava os dois maiores para dentro de casa. Henri e Luna viravam a cabeça para trás a fim de encarar a mãe, que estava em pranto na porta da edícula.

Ao trancar sua porta por dentro, Linda compreendeu que perdera mais uma batalha. Raul faria o que bem entendesse e ainda poderia alegar que ela estava com problemas psicológicos, devido à doença e à separação dos filhos, o que a levara a agredi-lo. Afastaria as crianças de seu contato, tentando convencê-las de que Linda estava muito nervosa e que poderia bater nelas também, além de estar com uma doença bastante grave.

Linda não estava enganada. Raul levou os filhos para o quarto e conversou com eles por quase vinte minutos, explicando que a mãe estava violenta e agressiva, e que poderia dar uma surra em quem aparecesse na casinha da edícula para visitá-la. Henri pareceu bastante assustado com a ameaça e disse que queria ficar longe dela. Ana Carolina não entendia quase nada do que estava sendo dito, e Luna apenas balançava a cabeça, ouvindo as palavras do pai.

— E tem outra coisa que eu quero que vocês saibam. Depois de amanhã, a mamãe se mudará para bem longe daqui. O médico disse que só em outra cidade ela vai conseguir um remédio para ficar boa e voltar para casa — complementou Raul.

— Por que você quer que ela volte para casa, papai? — perguntou Luna, que prestava atenção a cada palavra dita por Raul. — Para bater nela de novo?

Eram perguntas inteligentes para uma menina de nove anos, e Raul foi pego de surpresa. Por alguns instantes, ele ficou pensando no que responder e, então, explicou:

— Eu não bati na mamãe. Foi ela quem me bateu. Veja esse corte na minha boca e esses sinais na minha bochecha.

— A mamãe bateu no papai — informou Henri, olhando para os ferimentos no rosto de Raul. — A mamãe comeu feijão e ficou forte.

— Papai dodói — completou Ana Carolina. E como se o fato de o pai estar machucado fosse engraçado, a pequena garotinha começou a aplaudir, enquanto sorria.

— Sim, meu bebê, a mamãe deixou o papai dodói — reforçou Raul. Para ele, era importante colocar os filhos contra Linda. Eles não sentiriam saudades da mãe quando ela partisse e ainda teriam na memória a imagem do pai como o herói da casa.

Naquele momento, os três pareceram convencidos, e Raul ficou satisfeito. Ordenou a Marli que ficasse de olho nas crianças e que não as deixasse sair para brincar no quintal, pois não queria que Linda visse os filhos, nem mesmo através da janela. A empregada, embora tivesse achado a ordem muito rígida, não discutiu, afinal, quem pagava seu salário era Raul.

Linda passou o restante do dia chorando, deitada na cama. Tinha a certeza de que não voltaria a ver os filhos. Raul, com a raiva que deveria estar sentindo dela, provavelmente não a deixaria nem mesmo se despedir das crianças.

Lentamente, ela enfiou a mão por dentro do pijama e tocou na correntinha de ouro. Devagar, ela a tirou do pescoço e colocou o pingente em formato de sol na palma da mão. Desde que a voluntária do asilo lhe entregara o presente deixado por Conceição, ela nunca mais deixou de usá-lo. Embora parecesse ridículo, ela se sentia mais forte usando aquela peça. Ou talvez o que a fortalecesse fosse a mensagem contida ali, dizendo que o sol sempre brilharia. Conceição dissera na carta que um dia Linda descobriria a força daquela pequena frase. Talvez esse momento ainda não tivesse chegado, contudo, ela estava certa de que um dia entenderia o verdadeiro sentido daquelas palavras.

Virando o pequeno pingente nas mãos, Linda teria que dar outro destino àquela corrente de ouro. No âmago do seu ser ela sabia que, uma vez em Campos do Jordão, jamais voltaria para casa. Era uma sensação esquisita, como uma espécie de premonição, contudo, Linda sabia que Campos do Jordão seria sua nova cidade. Só esperava tornar a ver os filhos um dia.

CAPÍTULO 12

Acometida por uma nova crise de tosse, Linda expeliu uma imensa quantidade de sangue na pia do banheiro. E, mais tarde, quando já estava deitada, tornou a tossir e manchou a fronha do travesseiro de vermelho. Reconhecia que sua situação estava muito grave e que a viagem seria a única solução. Se morresse, seria o fim de todas as suas possibilidades de vencer Raul. Não imaginava o que seria feito das crianças se isso acontecesse.

Acordou às duas horas com alguém batendo à porta. Fazia bastante frio, como vinha fazendo durante as madrugadas anteriores. Ela se levantou rapidamente, levando as costas da mão à boca para abafar a tosse. Achava que estava novamente com febre.

Abriu a porta imaginando que Luna pudesse estar ali de novo. E Linda teve que fazer um imenso sacrifício para não gritar de euforia e satisfação ao deparar com os três filhos parados ali, tiritando pelo frio da madrugada.

— Meu Deus! — ela exclamou, sem compreender o que eles pretendiam ali. — Vocês não podem vir aqui. Voltem para a cama.

Luna pareceu não ouvir a ordem e puxou os irmãos menores para dentro da edícula. A menina estava desperta, mas dava para notar que Henri e Ana Carolina haviam sido acordados às pressas por ela. Ambos estavam muito sonolentos e caminhavam com os olhos semicerrados.

— O que fazem aqui? — quis saber Linda, fazendo todo o possível para controlar a tosse. — Não deviam estar dormindo?

— Não — respondeu Luna. — Nós viemos aqui porque amamos você e queremos ficar juntos.

Aquelas palavras emocionaram Linda, e ela chorou quando Ana Carolina a abraçou pelas pernas e Henri se aconchegou a ela para dormir.

— Seu pai disse que os proibiria de me ver.

— E proibiu — contou Luna, aproximando-se para beijar a mãe. — Eu vim escondida. E trouxe-os também, porque te amamos muito mais do que ao papai.

— Oh, meu amor — Linda beijou a testa de Luna.

— Eu perguntei para a minha professora sobre sua doença. Ela disse que é algo muito ruim e que você precisa de atenção. Disse que deveríamos ficar longe de você até que estivesse bem, mas eu não quero esperar, porque te amo, mamãe — confessou Luna.

Linda não soube o que responder. Sabia que estaria expondo os filhos menores ao contágio da doença. Por outro lado, há tempos ela estava ansiosa para tocá-los, principalmente os dois menores. Amava-os demais e não sabia como proceder agora.

Trocou os lençóis da cama e as fronhas dos travesseiros. Quando tudo estava limpo, ela acomodou Henri e Ana Carolina, que adormeceram imediatamente. Quando ia beijá-los no rosto, mudou de ideia. Por fim, contou com a ajuda de Luna para tirar um colchão de solteiro que havia debaixo de sua cama. Forrou-o com um lençol limpo e pouco depois ela se deitou com a menina.

— Vamos ter que dormir as duas aqui, sabia?

— Eu não ligo. Quando você estava grávida da Aninha, nós dormíamos assim, lembra? — recordou Luna. Era impressionante a boa memória que aquela menina tinha.

— É verdade — sorriu Linda, ficando séria em seguida. — Vocês não deveriam estar aqui. Seu pai ficará muito bravo com todos nós se souber disso.

— Ele disse coisas ruins sobre você — Luna contou tudo o que o pai lhes falara sobre a mãe. Não acreditei nele. E achei bom você lhe dar uns tapas.

Linda sorriu e começou a tossir de novo. Virou de costas para a filha, porém, Luna se levantou e a contornou. Ficou chocada ao deparar com a boca da mãe manchada de sangue.

— Oh, mamãe, você está machucada? — perguntou, ingenuamente.

— Não, meu amor. A mamãe só está um pouco doente — respondeu Linda, levantando-se para ir ao banheiro se lavar. Não conseguira se controlar e expelira sangue diante da filha. A situação estava insustentável. — Acho que é melhor você chamar seus irmãos e levá-los daqui.

— Eu não vou embora — discordou Luna, quando a mãe voltou do banheiro e tornou a se deitar no colchão estreito. — Quero ficar com você.

Linda suspirou e conteve a vontade de beijar a filha novamente. Então, segurou a mão de Luna e depositou um objeto frio na palma.

— O que é isso? — Luna forçou as vistas para tentar enxergar melhor.

— Lembra-se da correntinha que eu sempre uso? Aquela que tem um sol como pingente?

— A que você ganhou da dona Conceição? — tornou Luna. Linda já havia lhe contado sobre Conceição e o presente deixado por ela.

— Sim, é ela mesma. Eu quero que você passe a usá-la, Luna. Sempre que se sentir em dificuldades ou quando estiver solitária, pense em Deus para que Ele ajude você e reflita sobre as palavras que estão dentro do sol. E o mais importante: quero que você jamais se separe dos seus irmãos. Quero que todos fiquem juntos e que você cuide deles. Promete que fará isso, meu amor?

Luna começou a chorar. Tinha a impressão de que a mãe estava se despedindo. O pai os alertara de que Linda faria uma viagem na segunda-feira, e agora ela achava que seria para sempre. Ela amava a mãe e não queria deixar de vê-la.

— Eu prometo sim, mamãe. E você precisa me prometer que nunca vai abandonar nenhum de nós — pediu Luna, abraçando a mãe com força.

— Eu prometo, minha querida. Aconteça o que acontecer, esteja onde estiver, a mamãe sempre estará por perto para protegê-los. Nunca se esqueça disso também.

Naquele momento, unidas pelo amor e por um abraço muito forte, mãe e filha fizeram um juramento de coração. Prometeram nunca deixarem de se amar e estarem sempre próximas uma da outra. Embora amasse todos os filhos, Linda, naquele instante, soube que sentia por Luna algo muito mais especial.

O domingo passou muito rápido para Linda, pois ela arrumou as malas com seus pertences. Por volta de seis da manhã, ela havia despertado os filhos e ordenado que eles voltassem para casa antes que Raul ou Marli os visse saindo da edícula. Luna deu a palavra à mãe de que não deixaria que os irmãos menores comentassem com ninguém sobre a visita.

Antes que eles cruzassem a porta de saída, Linda se sentiu tentada a abraçá-los e aninhá-los junto de si pela última vez, mas resistiu. Já havia abusado ao expô-los à sua doença durante toda a madrugada. Luna dormira com ela por duas vezes. Linda não gostava de brincar com a sorte e sabia que, se não evitasse o contato físico, as crianças poderiam ser contaminadas também.

Durante o restante do dia, ela não viu os filhos brincando no quintal da casa. A ordem dada por Raul fora muito clara. Ainda assim, de alguma maneira, Linda se sentia melhor do que no dia anterior. Fora muito bonita a atitude de Luna de trazer os irmãos menores para que pudessem vê-la. Fora uma espécie de despedida, e Linda sabia disso o tempo inteiro. Tinha certeza absoluta de que Raul iria impedi-la de se despedir das crianças. No máximo, ela poderia acenar para eles a distância.

Foi exatamente isso o que aconteceu na manhã do dia seguinte. Raul bateu na porta da edícula às sete horas, porém, Linda estava de pé bem antes disso. Na verdade, mal conseguira fechar os olhos durante a noite. Além de tossir o tempo todo, ela sentira mal-estar devido à febre. E o que era pior: a sensação de que não voltaria para casa continuava a oprimir seu peito. Tinha vontade de chorar quando sentia isso. Queria que alguém a ajudasse a recuperar sua saúde e se pegou orando quase que o tempo inteiro. Nunca fora muito de orar, mas agora, a todo instante, ela proferia uma prece rápida e singela.

Ela fingiu não perceber quando Raul pediu que Marli a ajudasse a colocar as malas atrás do carro que ele conseguira emprestado. Era evidente que o marido não queria tocar em nada que ela pudesse ter tocado antes, como se ela estivesse deixando um germe maldito por onde passasse. Ele usava uma máscara cirúrgica no rosto e mal cumprimentara Linda naquela manhã.

Quando tudo finalmente ficou pronto, Linda lançou um olhar para a casa. Fora ali que ela vira as crianças crescerem. Ali ela os vira sorrindo, chorando e brincando. Ali vivera uma vida cuja felicidade fora conquistada ao lado dos filhos.

Estava mais do que certa de que o amor que pensara sentir por Raul um dia fora apenas um encanto momentâneo, pois ele fora o primeiro homem de sua vida. O encanto se rompera, e a realidade assumira o controle de tudo. A realidade atual de Linda era que ela estava contaminada por uma grave tuberculose pulmonar, correndo risco de vida e sendo obrigada a abandonar sua casa, seus filhos e a vida que conhecera até então. O futuro era totalmente desconhecido.

Raul a chamou e disse que estava tudo pronto. Linda caminhou de ré na direção do carro e parou quando viu Marli surgir na porta segurando as crianças. Ana Carolina e Henri olhavam para a mãe com curiosidade. A filha mais velha chorava baixinho. A última visão que Linda teve de Luna foi a menina tocando na correntinha que pusera no pescoço e assoprando um beijo com mãos sobre o coração. Linda também soprou um beijo e, relutantemente, entrou no carro. Raul partiu em disparada e, em segundos, a casa já havia desaparecido.

Eles fizeram quase todo o trajeto em silêncio. Quando Raul fazia alguma pergunta, Linda se fingia de surda. Ele parou em um restaurante na estrada e perguntou se ela havia tomado café da manhã. Linda fez que não com a cabeça e acrescentou que estava sem apetite. Raul entrou no estabelecimento, fez uma refeição rápida e pegou a estrada novamente.

Como ele nunca tinha feito aquele trajeto, precisou parar por duas vezes para pedir informações. Ao avistar as placas indicativas que anunciavam a proximidade de Campos do Jordão, Linda sentiu seu coração ficar gelado. E achou que aquela sensação fosse o mais puro medo de ficar sozinha.

Raul fez o desvio para entrar na cidade e pouco depois ele rodava pelas ruas do centro. Novamente precisou pedir informações até estacionar o carro em frente a uma casa no alto de uma ladeira.

Ele desceu do veículo e pediu para Linda permanecer lá dentro. Ela o observou tocar a campainha e uma senhora agasalhada surgir para atendê-lo. Ele disse algumas palavras rápidas, ela assentiu e tornou a entrar. Voltou acompanhada de um senhor forte, que entregou a Raul um molho de chaves. O casal aproveitou para dar uma espiada no interior do carro, mas Linda estava com o vidro levantado e desviou o rosto para o outro lado.

Raul tornou a se sentar no carro e balançou as chaves.

— Estas são as chaves de sua nova casa. Esse homem é o senhorio de quem aluguei a residência. Ele disse que sua esposa fez uma limpeza ontem e deixou tudo arrumadinho por lá. A casa fica bem perto daqui, segundo ele.

Linda não respondeu e, enquanto dirigia, Raul tornou a puxar conversa:

— Aqui realmente faz frio. Espero que tenha trazido muitos agasalhos.

— O médico já havia me alertado sobre isso, afinal, eu estou aqui justamente devido ao clima frio — respondeu Linda, sem olhar para o marido.

Raul deu de ombros e continuou dirigindo, seguindo as orientações que o senhorio tinha acabado de lhe passar. A casa não ficava tão perto assim. Ele continuou dirigindo por quase vinte minutos até parar diante de um imóvel pequeno e simples, todo pintado de branco, ladeado por árvores grandes e frondosas.

Os vizinhos mais próximos, pelo que eles notaram, estavam a quase dois quarteirões de distância. Todo o terreno em volta da casa era composto de grandes arbustos e árvores de troncos grossos. Ele não notou se havia mercados, bancos, farmácias ou escolas nas proximidades. O senhorio lhe garantira que Linda teria tudo o que precisasse para se manter. Raul mandaria dinheiro todos os meses para cobrir o tratamento da esposa, além de suas despesas básicas.

— A casa é essa — anunciou Raul, apontando para fora. Ele puxou o freio de mão e abriu a porta do carro. — Vamos descer?

Linda não respondeu e abriu a porta com um tranco. Assim que passou para o lado de fora, uma rajada do vento mais frio que ela já sentira sacudiu o corpo da mulher. Já ouvira falar que a cidade de Campos do Jordão era famosa por seu clima gelado e, no inverno, tudo se tornava pior. Estavam no mês de julho, e Linda ouvira comentários de que chegava até mesmo a nevar na região.

Raul destrancou a porta e cedeu espaço para que Linda entrasse na residência. Assim que a porta foi fechada por dentro, ambos mal contiveram o alívio. O ambiente estava quente, e Linda agradeceu em pensamento quando notou uma pequena lareira num canto da sala. No armário do quarto havia mantas, cobertores e edredons suficientes para aquecer um batalhão. Pelo menos, ela não passaria frio, mas, considerando as circunstâncias, esse fato não a deixava nem um pouco feliz.

A casa era simples e aconchegante. Tinha um quarto apenas, contudo, como ela viveria sozinha ali, era mais do que suficiente. Havia um banheiro espaçoso e a cozinha ampla dava acesso para um pequeno quintal. A sala com a lareira era o último cômodo da nova residência. Linda achou que seria muito feliz vivendo ali se estivesse com seus filhos e curada daquela doença infeliz.

— Acha que vai ficar bem? — perguntou Raul, olhando a esposa fixamente. E, pela primeira vez, ele sentiu uma espécie de remorso por deixá-la sozinha naquele lugar frio e afastado de tudo. Acreditava que fazia aquilo pelo bem de Linda. Queria que ela ficasse boa para voltar para casa quando estivesse livre da tuberculose.

— Sabe que eu não queria estar aqui, Raul — ela respondeu, e sua voz saiu fraca e rouca, sinal de que um pranto sofrido estava se aproximando. — Você poderia ter alugado uma casa para mim em nossa cidade.

— Foi o próprio médico quem recomendou que você viesse para cá. Ele disse que o ar puro e frio é fundamental para sua recuperação. Você ouviu a recomendação do doutor.

Linda apenas assentiu com a cabeça e se virou de costas para que o marido não visse as lágrimas que desceram por seu rosto gelado. Quando ela começou a tossir, Raul compreendeu que precisava ir embora.

— Linda, é melhor eu ir. As crianças devem estar preocupadas. Espero que você fique bem. Qualquer coisa que precisar, não hesite em me telefonar.

— Parece que aqui nem sequer tem telefone — reparou Linda.

— Você pode encontrar um telefone público na cidade. Sempre que quiser, poderá ouvir a voz dos nossos filhos — comentou

Raul, querendo tornar as coisas mais fáceis de serem encaradas.

— Agora eu tenho que ir embora.

Linda tornou a assentir e se sentou no sofá de três lugares que havia na sala. Raul hesitou entre uma despedida mais íntima, contudo, como achava que deveria evitar contato físico, ele apenas acenou e, antes de sair, explicou que deixara o dinheiro no bolso da mala azul.

— Fique com Deus, Linda. Boa sorte!

Era a primeira vez que ela o ouvia mencionar Deus, mas estava abalada demais para estranhar o fato. Ao ouvir o motor do carro se afastando, uma sensação de pânico a acometeu. Por alguns segundos, ela desejou sair correndo atrás de Raul para implorar que ele a levasse de volta. Porém, a razão voltou a predominar e, duas horas depois de Raul ter partido, ela ainda estava no mesmo lugar, chorando em silêncio.

CAPÍTULO 13

Raul teve a impressão de que o caminho de volta foi mais curto. Assim que chegou à sua cidade, ele levou o carro do amigo para um lava-rápido e pediu que fizessem uma limpeza geral no veículo, interna e externa. Não podia devolver o carro antes de ser esterilizado. E se alguma bactéria estivesse circulando no ar, dentro do automóvel? Era por garantia, para a segurança de todos. Somente após deixar o carro para lavagem é que ele retirou a máscara de proteção e a jogou fora.

O profissional pediu que ele voltasse no início da noite para buscar o veículo, e Raul fez o trajeto de volta para casa a pé. No caminho, parou na casa do amigo e lhe falou sobre o carro, que concordou que essa era a melhor coisa a ser feita. Ele tinha duas crianças pequenas e não queria expô-las a nenhuma doença.

Raul enfiou as mãos no bolso e caminhou devagar por uma calçada estreita. Como ainda não era tão tarde, ele decidiu passar pelo galpão para estudar os materiais de que dispunha para a produção das próximas obras. Ultimamente estava tão bem conceituado no meio artístico que, na última exposição que participara, perto de Limeira, um magnata da Índia, em visita ao Brasil, encomendara sete estátuas representando cada uma de suas esposas. Raul fechara a venda com um preço altíssimo, que garantiria as mensalidades da escola das crianças até o final do ano. Já esculpira quatro das sete estatuetas e pretendia terminar as demais até o fim da semana seguinte, pois o magnata dissera que retornaria para Nova Delhi em, no máximo, duas semanas.

Faltando poucos metros para que Raul chegasse ao galpão, alguém colidiu violentamente contra o ombro dele e quase o derrubou no chão. Ele já estava se virando para reclamar quando deparou com lábios vermelhos e sensuais diante dos seus olhos. Era a mesma mulher que vira no bar, no dia do jogo do Brasil. Ele nunca mais a encontrara desde aquele dia e mal se lembrava dela. No entanto, ao vê-la ali, diante dele, tão bela e provocante, um forte desejo o acometeu.

— Você sempre anda assim pelas ruas atropelando quem estiver à sua frente? — perguntou Raul, massageando o ombro dolorido.

— Desculpe, não vi você. Eu estava distraída — respondeu ela, pestanejando de uma maneira que Raul achou deliciosa. — Você também me machucou.

— Hum, e o que eu devo fazer para diminuir essa dor? — tornou Raul, aproximando-se mais daquela mulher. Ela usava um decote que permitia uma boa visão de seus seios.

— Dizem que um beijinho sempre cura qualquer dor — sussurrou ela em tom de cumplicidade.

Raul sentiu um calor lhe aquecer o corpo e desejou arrancar as roupas da moça ali mesmo, no meio da rua. Procurando manter a calma, quase sem conseguir controlar as ondas de desejo que lhe subiam pelo corpo, ele convidou:

— Meu galpão fica logo ali na frente. Lá dentro ficaremos mais confortáveis. Você não gostaria de conhecê-lo?

Como resposta, ela enganchou o braço no de Raul, e eles caminharam depressa. Ele destrancou o galpão, trancou-o por dentro e acendeu as luzes. Era um espaço grande, e ela viu várias estátuas e bustos incompletos sobre diversas mesas e vários balcões.

— Você trabalha aqui? — ela quis confirmar.

— Exatamente. Eu sou escultor — revelou Raul, coberto pelo orgulho.

— E que tal você me esculpir? — ela sugeriu, colando seu corpo firme e esguio ao de Raul.

Aquilo bastou para ele. Imediatamente, ele despiu as próprias roupas enquanto observava a garota tirar as dela. Ela ficou inteiramente nua diante dele, e Raul notou que o corpo da moça era perfeito. Ela não deveria ter nem 30 anos, com o corpo de uma menina de vinte. Ela provocou:

— E, então, artista? Não vai sentir a qualidade desta obra?

Raul avançou sobre a moça, faminto e ansioso. Ela se apoiou num balcão e deixou que Raul a possuísse até vê-lo saciado. Então ambos se sentaram no chão, suados e satisfeitos com a violenta onda de paixão.

— A propósito, qual é seu nome? — perguntou Raul, como se o nome da jovem só agora tivesse importância.

— Roseane, mas todo mundo me chama de Rose.

— Sei. E eu poderia saber quem é "todo mundo"?

— Ah, são meus amigos. Os íntimos me chamam assim — como ela falou lentamente a palavra "íntimos", Raul imaginou que deveria haver muitos outros homens na vida dela. — E você, como se chama?

— Raul. Nada de muito interessante nisso, não?

— É um nome comum, mas você é um homem fora de série — sorriu Rose, inclinando-se para beijar a orelha dele. — Tenho a impressão de já tê-lo visto antes.

— Não é impressão. Nós nos vimos pela primeira vez durante o último jogo da Copa do Mundo, no mês passado. Eu estava em um bar quando você entrou e pediu cerveja. Todos os homens ficaram apalermados com sua beleza. E quem não ficaria? — sussurrou Raul, enquanto apertava um dos seios de Rose. — Você é uma mulher tão provocante que eu faria tudo de novo o que acabei de fazer.

Como resposta ao comentário de Raul, ela deitou-se no chão frio do galpão e o chamou com os dedos. Novamente Raul não conteve os impulsos, e eles tornaram a se amar como se tivessem esperado anos por aquele momento. Era como um reencontro de dois corpos que se atraíam, aguardado por muito tempo. Quando terminaram, Rose argumentou:

— Já transamos duas vezes e não sabemos nada um do outro. O que acha de contarmos nossas vidas?

— Ah, a minha não é tão interessante. Sou um renomado escultor de argila, e este galpão é meu. Tenho três filhos e levo uma vida boa. Não tenho nada do que reclamar.

— Você não é casado? — retrucou Rose. Uma das primeiras coisas que ela notara fora o brilho do ouro no dedo anelar esquerdo de Raul.

80

— Sou sim, só que mantenho um casamento de aparências.

— Sua esposa pediu o desquite?

— Não. Linda está com tuberculose e foi morar em outra cidade. Ficará por lá pelo menos até o final do ano — revelou Raul, sem nenhum trauma ou remorso.

— Que horror! Essa doença é um perigo. Já me falaram que é uma das mais antigas que existem no mundo.

— É verdade. De qualquer forma, eu e meus filhos não fomos contaminados. Do contrário, eu não estaria com essa saúde de ferro para transar com você.

Rose soltou uma gargalhada e ficou de pé. Não se preocupou em vestir nenhuma peça de roupa. Raul também se levantou, vestindo a cueca e a calça de flanela cinza.

— Então, sem sua esposa, você ficou carente — Rose fez biquinho. — Vai precisar de outra mulher para esquentar sua cama à noite.

— Seu namorado não vai gostar — sondou Raul.

— Eu não tenho ninguém. Vivo minha vida. Aliás, moro no Defonte, aquele bairro lá na saída da cidade.

— Que corajosa! Trata-se do bairro mais violento daqui. Dizem que lá se matam três e enterram quatro. E que isso acontece duas vezes por dia — tornou Raul. Não era à toa que o bairro era conhecido como "Defunto".

— Conversa! Acha mesmo que se fosse tão ruim eu moraria sozinha naquele lugar, sendo tão frágil e indefesa?

Raul riu e a beijou longamente. Ele mal se lembrava de quando fizera amor com Linda pela última vez. Era natural que seu corpo estivesse ávido por uma mulher, principalmente alguém como Rose.

Ela resumiu sua vida em pouquíssimas palavras. Disse abertamente que ganhava a vida fazendo sexo com homens que desejavam esquecer as esposas ou a tensão do trabalho e da família. Em outras palavras, Rose admitiu que era prostituta, sem parecer envergonhada ou constrangida. Concluiu que não cobraria nada pelos momentos de prazer que concedera a Raul, e ele a ela.

Antes que Raul acabasse de assimilar a informação, Rose se aproximou dele novamente, e ele compreendeu que ela queria sexo outra vez, como uma mulher insaciável. E Raul se entregou aos prazeres violentos e selvagens, que se prolongaram por muitas horas.

CAPÍTULO 14

Quando a noite caiu, Linda tornou a entrar em pânico. A sensação de abandono era tão forte que ela queria apenas chorar. Imaginava se Conceição teria se sentido assim ao ser internada pelas filhas em um asilo noutra cidade. Ou mesmo André, que ela colocara em um avião a caminho de outro país, ao encontro de estranhos.

Acreditava que estivesse sofrendo uma espécie de castigo. E se fosse isso, não queria que demorasse tanto. Não suportaria passar mais de um semestre vivendo sozinha naquela casa remota, cercada de árvores e mato, assolada pelo frio constante. Além disso, a ausência dos filhos fazia seu coração se dissolver. Ela só queria que todo aquele sofrimento terminasse o quanto antes.

Tossia muito e houve um momento, pouco antes de se deitar, em que ela expelira pela boca uma massa vermelha e nojenta, o que fez Linda acreditar que seus pulmões estivessem se desintegrando, se isso fosse possível. Sentia-se fraca e tonta. Havia passado o dia todo sem comer nada, pois não tinha apetite. Tudo o que ela queria era dormir e esquecer-se em que sua vida havia se transformado.

Ela fechou os olhos e virou-se de lado na cama. Não teve ideia de quanto tempo ficou de olhos fechados, mas, de repente, deu um pulo como se algo a tivesse acordado. Em pé, olhou ao redor do quarto e tomou um susto ainda maior ao olhar para a cama. Sem encontrar uma explicação plausível, ela viu a si mesma deitada de lado, com os olhos fechados. Um fio prateado, muito tênue, saía-lhe do abdome e desaparecia através dos cobertores, como se estivesse ligando seu corpo ao corpo que estava deitado.

— Santo Deus, eu morri! — exclamou Linda, entrando em desespero. — Não resisti nem à primeira noite. Meu Deus, me ajude!

— Fique tranquila, Linda. Nós estamos aqui — avisou uma mulher, que estava parada atrás dela. Ao lado da estranha, estava um senhor. Ambos tinham uma aura muito clara e transmitiam serenidade e paz.

— Quem são vocês? Como entraram em minha casa? — Linda recuou alguns passos, embora sentisse intimamente que conhecia aquelas pessoas de algum lugar. Ambos demonstravam serenidade, ternura e bondade por meio de olhares amorosos.

— Podemos conversar em outro lugar, se quiser — sugeriu o homem, enquanto se aproximava e oferecia a mão a Linda. — Venha conosco, minha filha. Você sabe o quanto a amamos.

Ela olhou de relance para o corpo na cama e perguntou:

— Vocês são anjos? Vieram me buscar? Eu estou morta, não estou?

— Não, querida — sorriu a mulher. — Você ainda não desencarnou. Consegue enxergar este cordão prateado? Ele está ligando seu espírito ao seu corpo físico.

— Isso quer dizer que morrerei se arrebentá-lo? — refletiu Linda, ainda olhando para seu corpo na cama.

— Não funciona dessa forma — respondeu o homem com uma ternura impressionante. — Este fio é feito de filamentos energéticos e não pode ser simplesmente "arrebentado". Esse rompimento só acontece quando é chegado o momento do desencarne — ele se aproximou um pouco mais e sorriu ao ver que Linda não recuou dessa vez. — Estamos aqui por outro motivo. Viemos convidá-la para seguir conosco a um local mais confortável para que possamos conversar. Gostaria de nos acompanhar?

Linda não poderia negar que jamais sentira uma paz tão grande como naquele momento. Além de ter a impressão de já tê-los visto antes, ela sabia que estaria segura. Lentamente segurou na mão do homem e os três desapareceram aos poucos, deixando o corpo adormecido dela para trás.

Foi uma viagem um tanto rápida, e ela se emocionou ao observar as luzes de Campos do Jordão lá embaixo, enquanto ela subia na direção das nuvens como se estivesse voando. E quando deu por si, estava sentada em um banco branco, feito de um material parecido com madeira. À sua frente, descortinava-se um belíssimo jardim e, mesmo à noite, era possível enxergar os tons coloridos das diferentes espécies de flores.

— Eu já estive neste lugar antes — observou Linda. — Eu me lembro desse jardim, daquelas flores... — ela virou o rosto e fixou o olhar atentamente nos olhos do casal que viera buscá-la. Como num rompante, a memória ganhou força, e ela subitamente se lembrou: — Vocês são meus pais, que morreram em um acidente. Depois disso, fui morar com o tio Haroldo e a tia Lucimara.

— Sim, minha filha — confirmou a mulher com um sorriso.

Em sua última encarnação, ela dera à luz uma única filha e, nos poucos anos em que estiveram juntas, amara Linda intensamente. Chamava-se Ivone. O espírito ao seu lado, um grande companheiro de muitas vidas, consentira em ser o pai de Linda. Euclides amava a filha com a mesma intensidade de sua esposa.

— Eu nem me lembrava de vocês. Como posso reconhecê-los agora? — confundiu-se Linda.

— Primeiramente, foi o seu espírito quem nos reconheceu e não exatamente um lampejo de sua memória. Nós três já trilhamos muitas e muitas vidas lado a lado, sendo irmãos, pais, filhos ou apenas amigos. Nesta última encarnação, não pudemos estar juntos por muito tempo, mas o pouco que convivemos nos serviu como experiência e aprendizado ao proporcionar o reencarne do seu espírito. Você ainda não se lembra, porém, um dia, se recordará de todos os projetos que preparou para esta encarnação. E admito que você já aprendeu bastante, espiritualmente falando.

Linda olhou para o espírito de seu pai, que acabara de falar. Eles mencionavam palavras como encarnação, espíritos e vidas anteriores. Linda não colocava muito fé nessas coisas, porém, sabia que elas existiam e ali, conversando com seus pais, teve certeza absoluta. Era como se, estando naquele jardim, uma espécie de véu fosse retirado e fatos aparentemente esquecidos voltassem à tona.

— Por que está dizendo que eu aprendi? Não fiz nada certo, e Deus me castigou. Meu casamento ruiu, fui contaminada por uma doença terrível e meus filhos foram retirados de mim. Estou escondida em uma cidade fria e distante, como se fosse um bicho que a sociedade deseja isolar. Não vejo onde pode estar meu mérito nisso tudo. Só encontro desgraças e desilusões. Ficaria feliz se tivesse morrido.

— Desgraça é uma palavra muito forte, Linda — explicou Ivone. — Simboliza todo tipo de sofrimento e coisas ruins, representa tristeza infinita e sentimentos inferiores. Evite pronunciar palavras desse porte, porque elas têm poder e causam danos terríveis. Enegrecem nossa aura, afetam as pessoas ao redor, atraem espíritos maldosos e ignorantes.

— O que posso fazer se a minha vida caminha para trás? Até quando Deus vai continuar me castigando?

— Você sabia que iria passar por todo esse processo nesta encarnação — expôs Euclides. — Com o tempo, irá entender mas, por ora, posso adiantar apenas que ninguém caminha pra trás, que nada na vida está errado, pois tudo é regido pelo Criador, que jamais castiga Seus filhos. Se passamos por momentos de privação, tristeza, sofrimento, abandono, angústia, desilusão, frustração ou agonia, é por uma necessidade de nosso espírito. Através de situações assim podemos crescer, amadurecer e evoluir.

Euclides fez uma pausa para que Linda pudesse absorver suas palavras.

— Esses acontecimentos apenas parecem ruins. Entenderemos, um dia, que foi o melhor que poderia ter nos ocorrido, dadas as circunstâncias, para que pudéssemos nos fortalecer. Você sabia que teria que se separar dos seus filhos — vendo que Linda o olhava com uma expressão atordoada, Euclides sorriu e apertou a mão dela carinhosamente. — Aqui não é o lugar adequado nem o momento certo para discutirmos isso. Trouxemos você para lhe mostrar que não foi abandonada. Ninguém está sozinho. No entanto, sua estadia na matéria está chegando ao fim. Ao retornar para o astral, você se lembrará de tudo. E, enquanto estiver encarnada, por mais difícil que possa parecer, tente perdoar Raul. Isso é muito importante para você.

Ivone aproveitou o momento para concluir:

— Nós estaremos ao seu lado, intuindo-a com bons pensamentos. Porém, não podemos fazer sua parte. É responsabilidade de cada um tentar deixar a mágoa, o ódio e a revolta de lado, preenchendo o espírito com coisas mais agradáveis e positivas. Sei que não parece fácil pedir para que perdoe alguém que a feriu profundamente, mas será que você, de certa forma, não consentiu para que as coisas chegassem a esse ponto? Se percebeu que seu casamento estava indo de mal a pior, por que não pediu o desquite? Não estaria simplesmente acomodada com o conforto que Raul lhe oferecia, ainda que descontente com a vida em comum com ele?

Linda não respondeu. Estava pensativa com aquelas palavras. Nunca enxergara seu relacionamento com Raul a partir daquele ponto de vista.

— Não sei se eu conseguiria perdoá-lo. Raul me decepcionou muito.

— Consegue, sim. Quem é capaz de amar, é capaz de perdoar. Não há nenhum ser humano incapaz de fazer ambas as coisas, pois fomos criados para a felicidade. Porém, para que possamos seguir em frente, precisamos nos desligar de tudo aquilo que nos prende ao passado. E estou falando justamente de sua relação com Raul. Para que você realmente possa harmonizar-se com seu coração, precisa deixar os sentimentos rancorosos e negativos de lado e, ao menos, fazer uma tentativa de perdoá-lo. Quanto a ter se decepcionado, saiba que isso só aconteceu porque você anulou suas vontades na intenção de ser uma boa mãe e uma boa esposa. Quanto do seu poder pessoal, que deveria ter sido usado a seu favor, foi transferido, imperceptivelmente, para Raul? Quantas foram as vezes em que você o fortaleceu, acatando seus desejos, apenas porque se sentia fraca demais ou por medo de discutir diante dos seus filhos?

— Vocês acham que não fui uma boa esposa?

— Só queremos que você perceba que, se analisar com calma, vai notar que um casamento é formado por duas pessoas e que nem sempre apenas uma delas é culpada pelo fracasso do relacionamento. Por isso, se Raul preferiu enveredar pelo caminho do materialismo, você não tem nada a ver com isso. Se cada um vai trilhar rotas diferentes, é melhor deixá-lo ir e não acumular essa imensa carga de mágoa em seu corpo, que só poderia resultar em uma doença grave.

Linda arregalou os olhos sem conseguir acreditar no que estava ouvindo.

— Estão me dizendo que fui eu que atraí essa doença para mim? Acham que eu faria isso por vontade própria? Pensam que estou alegre por ter sido forçada a sair de casa, deixando meus filhos para trás?

— Uma doença nada mais é do que um pedido de socorro do nosso corpo — elucidou Ivone. — O corpo é como um bicho inteligente, que sempre se manifesta de alguma forma. E há uma comunicação entre o nosso espírito e o nosso corpo. Ele reage quando o tratamos mal e pede que não o abandonemos. Quando ficamos muito doentes, é o corpo dizendo: "você não cuidou de mim". Não estamos julgando as suas qualidades como esposa e mãe, Linda, contudo, diga a si mesma quando foi que você se fez um agrado? Quando foi a um salão de beleza, comprou roupas novas ou maquiou-se de um jeito que a fizesse se sentir mais bonita? E não responda dizendo que Raul não ia prestar atenção, porque você poderia ter feito tudo isso para agradar a si mesma em primeiro lugar. Todavia, assumir a maternidade foi muito mais importante do que olhar para dentro de si e descobrir quais eram suas reais necessidades.

Linda assentiu quando Ivone terminou de falar. Sabia que ela tinha razão. Raul a abandonara, mas ela também se abandonou. Quando foi que fizera alguma coisa para felicitar a si mesma, em vez de proporcionar o bem-estar das crianças? Em todos aqueles anos de casamento, ela só conseguia se lembrar das vezes em que chorara de arrependimento pelo que deixara de fazer pelos outros, mas nunca por ela própria.

Portanto, se refletisse bem, perdoar Raul talvez não fosse uma tarefa tão complicada. Mesmo que não quisesse, reconhecia agora que deixara de fazer muitas coisas por ela mesma, a começar pelos cuidados com a própria saúde. Só fora ao médico durante suas gestações ou quando se sentira gravemente doente. Nunca fizera exames de rotina, porque se sentia saudável demais e ocupada demais para imaginar que algo não estivesse funcionando bem em seu corpo.

Por outro lado, quando colocava os sentimentos à frente da razão, tinha quase certeza de que jamais poderia perdoá-lo. Achava que havia perdido muito, ao passo em que Raul sempre ganhava mais. Ela não tivera oportunidade de se despedir de Conceição e não pudera manter André em sua casa. Agora fora afastada dos filhos e, apesar de Raul ter seguido uma orientação médica, não parecera estar arrependido por mantê-la distante dele e das crianças.

— Sei que preciso perdoá-lo, mas aviso que é uma tarefa difícil. Ele me feriu muito.

— Feriu porque você permitiu, Linda. De qualquer forma, não podemos apagar o que já está feito, porém, podemos usar esses fatos como experiência para aprimorarmos nosso desenvolvimento interior — Ivone tocou o ombro de Linda com carinho. — O importante é estarmos bem com nós mesmos. Temos certeza de que você se sentirá muito mais leve se perdoar Raul. Faça isso pelo seu equilíbrio emocional, para que possa se sentir bem. Não acha que é hora de ser sua amiga e se dar um pouco de carinho e amor?

Eles trocaram mais algumas palavras com a filha. Ivone disse que deveriam levá-la de volta ao corpo. Novamente Linda pôde observar a cidade vista do alto, mas agora, em vez de estrelas, o céu começava a se tingir de tons alaranjados, indicando que mais um dia nasceria. E, diante daquela bela visão, ela se lembrou da mensagem contida no pingente que deixara para Luna. O sol brilharia mais uma vez.

CAPÍTULO 15

Durante quase todos os dias daquela semana, Raul e Rose se encontraram no galpão e se entregaram à ânsia pelo sexo, à urgência de corpos, ao desejo insaciável da paixão. Quase sempre eles se reuniam à noite, após Raul concluir seus trabalhos, e se amavam por horas.

Desaparecia qualquer tipo de estafa e exaustão acumulados ao longo do dia, ora devido às reclamações da professora de Luna, dizendo que a menina não estava apresentando bom desempenho escolar desde o começo daquela semana, ora das queixas de Marli, comentando que Henri se tornara manhoso após a partida da mãe, ora do secretário do magnata indiano que ligava três vezes por dia cobrando as estatuetas encomendadas por seu patrão. Raul já esculpira cinco e tinha ainda uma semana para terminar as outras duas.

Ele agendava seu encontro com Rose sempre após as nove da noite. E ela era pontual. Aparecia no horário marcado, usando uma roupa provocante e um penteado de cabelo diferente. Ficavam juntos até por volta de meia-noite, quando ele entregava a Rose algum dinheiro para o táxi, e ambos retornavam para suas casas.

No sábado, ele decidiu que não trabalharia. A primeira coisa em que pensou, assim que se levantou, foi que ainda não falara com Linda desde que a deixara em Campos do Jordão, na segunda-feira. Ela também não procurara um telefone público para ligar para ele ou mesmo para os filhos, já que na casa em que ela estava não havia telefone instalado. Raul achou que aquilo era o cúmulo: a esposa queixou-se o tempo todo por se ver separada das crianças e em uma semana nem sequer havia lhes telefonado.

Raul não sabia que Linda estava bastante ansiosa para telefonar, embora conseguisse se controlar. Daria qualquer coisa para ouvir as vozes dos filhos, mas pensava que se ficasse ligando a toda hora, eles poderiam ficar muito abalados e saudosos, assim como ela ficaria. Já que fora privada do contato com as crianças, ela preferia se manter em silêncio.

Ainda não tinha se esquecido do sonho em sua primeira noite na casa. Lembrava-se de ter sonhado com um casal bastaste carinhoso e familiar, e que eles tinham algo a ver com seus pais, mortos num acidente. Eles falaram algo sobre perdoar Raul. Disseram muitas outras coisas também, mas ela só se recordava da palavra perdão. Como se fosse tão fácil perdoar aquele infeliz.

Naquele sábado, ela resolveu mudar de tática. Decidiu que telefonaria para sua casa. Aquele silêncio sufocante a deixava muito deprimida. Ela percebera que já não vinha tossindo tanto nos dois últimos dias, o que não era uma melhora considerável. Ainda sentia muita dor no peito, fraqueza, febres constantes e falta de apetite. Tinha perdido bastante peso e sua pele assumira a palidez de uma vela. Ela já procurara o médico que ficaria responsável por seu tratamento na cidade e o achara bastante simpático e agradável.

No dia anterior, saíra para conhecer um pouco o município e passeou pelo centro. Todavia, era muito chato ter que passear sozinha, sem ninguém para conversar ou para comentar sobre as belezas de Campos do Jordão. A cidade era encantadora, e estava bem cheia naqueles dias. Muitos turistas gostavam de estar ali durante o inverno rigoroso. Linda não saía de casa sem estar muito bem agasalhada.

Chegando ao centro, cujo percurso aprendera a fazer a pé, ela comprou fichas telefônicas em uma banca de jornal e encontrou um telefone público ao lado de uma agência dos Correios. Discou para sua casa e não demorou a ouvir a voz de Marli.

— Alô?

— Marli? Sou eu, Linda.

Houve um instante de silêncio do outro lado.

— Como está, dona Linda? Tem se sentido melhor?

— Estou melhorando. Raul está em casa?

— Não. Ele saiu logo depois de ter tomado café.

— Ele levou as crianças?

— Não, senhora. Ele saiu sozinho — respondeu Marli apertando os lábios.

Ela já sabia, assim como boa parte da vizinhança, que Raul fora visto todas as noites daquela semana levando uma bela morena para dentro de seu galpão. E eles só saíam de lá quando já era bem tarde. Achava que não seria prudente comentar isso com sua patroa, pois corria o risco de perder seu emprego, se o patrão descobrisse a fofoca.

— Algum dos meus bebês já acordou?

— Sim. Luna e Henri já acordaram, e a Aninha ainda está no quarto.

— Então me faça um favor, coloque os dois na linha. Estou louca para lhes dizer o quanto os amo — confessou Linda, segurando o fone com mais força.

Houve uma nova hesitação.

— Sinto muito, dona Linda, não posso fazer isso. O seu Raul me proibiu de deixar a senhora conversar com eles.

Aquilo soou como uma bomba aos ouvidos de Linda. Que absurdo era aquele agora? Será que Raul endoidara de vez?

— Ele disse que, se a senhora não telefonou durante a semana, era porque já tinha se esquecido dos filhos. A ordem foi dada agora há pouco, antes de ele sair. Caso a senhora ligasse, eu deveria dizer que as crianças estavam dormindo ou que estavam na casa dos vizinhos. Como achei injusto mentir dessa forma para a senhora, que já está tão fraquinha, tive que dizer a verdade.

Linda bufou furiosamente, contendo os ímpetos da raiva que sentia. Aquilo já era demais. O que Raul pretendia agora? Dizer aos filhos que a mãe havia morrido?

— Você vai fazer o seguinte, Marli. Vá agora mesmo chamar os meus filhos e colocá-los na linha. Não pode acatar essa ordem estapafúrdia que meu marido lhe deu. Ninguém pode privar uma mãe de manter contato com os filhos. Raul pensa que eu vou contaminar as crianças através do telefone? Isso não tem cabimento.

— Senhora, se eu fizer isso, e ele descobrir, vou ser demitida. E sabe como preciso desse emprego.

— Marli, eu também sou sua patroa e será demitida da mesma forma se não fizer o que eu pedi — Linda ameaçou, mesmo sabendo que não tinha poder para fazer aquilo. — Estou apenas doente, não morta. Posso chamar a polícia daqui de onde estou e explicar o que está acontecendo. Será que você e Raul querem passar a noite na cadeia?

Ela gritava ao telefone. As pessoas que passavam viravam o rosto para olhá-la.

— Eu não tenho nada a ver com isso, dona Linda. Só cumpro ordens.

— Deixa pra lá, Marli. Não precisa chamá-los. Assim que eu encerrar essa ligação, vou denunciá-la à polícia.

— Ai, meu Deus — vendo-se perdida, Marli olhou para os lados e chamou pelas crianças em voz baixa, temendo que Raul entrasse a qualquer momento. Luna e Henri se aproximaram correndo e, antes de passar o telefone a eles, Marli pediu: — Por favor, dona Linda, não comente nada disso com o seu Raul. Vou pedir para que a Luna e o Henri também fiquem quietos.

Linda não respondeu. Logo, toda a sua raiva se dissipou como uma nuvem assim que ouviu as vozinhas alegres de Luna e Henri, disputando o telefone.

— Mamãe! Mamãe!

— Eu primeiro, solta.

— Me dá isso. Você nem sabe conversar ao telefone.

— Sua chata! Burra!

Linda sorriu ouvindo a troca de insultos dos filhos, ansiosos para falar com ela. Finalmente, Luna venceu e perguntou:

— Mamãe, você está bem? Estou com muitas saudades.

— Eu também, meu amor. Não paro de pensar em vocês.

— Mãe, eu te amo — declarou Henri, assim que arrebatou o fone das mãos de Luna. — Você vai voltar para casa até domingo? — ele não estava muito certo de quando seria domingo, mas esse dia sempre parecia chegar depressa.

— Eu prometo que vou voltar o quanto antes. E quando chegar vou dar lindos presentes para vocês — prometeu Linda, os olhos se enchendo de lágrimas por saber que era uma promessa em vão, pelo menos por enquanto.

— Mamãe, quero dizer uma coisa — era Luna de volta. — Estão falando que o papai tem uma namorada — confessou ela em voz baixa, olhando para Marli, que se tornara ainda mais pálida. — Eu escuto as conversas, e falaram que a namorada do papai é muito bonita. Você é mais bonita que ela, não é?

Linda sentiu o coração dar um baque enquanto a informação ecoava em seu cérebro. Então bastou Raul ter se livrado dela para arrumar outra mulher? Ou será que ele já mantinha esse caso há um longo tempo e que só agora, em sua ausência, ele pudera assumi-lo publicamente?

— O que você sabe sobre isso, Luna? — sua voz falhou ao fazer a pergunta.

— Ele está levando uma mulher para o galpão. A mãe da Maria Júlia viu tudo e contou a ela. Aí ela me disse ontem — explicou Luna, contando o que ouvira da sua coleguinha de escola. — Se você voltar para casa bem depressa, então o papai terá que deixar essa namorada para ficar com você de novo, né?

Linda respirava com dificuldades agora. Não estava realmente preocupada com o fato de Raul ter outra mulher. Ao longo do seu casamento, ela já cogitara essa possibilidade muitas vezes. Não estava enciumada por ter sido traída. O que não aceitava era o fato de Raul ter se livrado dela, como se fosse um estorvo e assumir a outra diante de todas as pessoas.

— Luna, eu quero que você diga ao seu irmãozinho e a Aninha também o quanto a mamãe os ama. Saiba que eu me sinto triste por não estar com vocês, sem poder beijá-los, abraçá-los e lhes contar historinhas para vocês dormirem. Prometo que vou ficar boa logo, logo, e voltar para casa bem depressa.

— Você jura que nunca vai me abandonar? — o pedido de Luna parecia mais um apelo, uma súplica, e Linda ficou penalizada com a carência da filha mais velha.

— Claro que não, minha querida. A mamãe a ama, e você sabe disso. Nós estaremos sempre juntas. Nunca vou abandonar você e seus irmãos.

— Jura?

— Eu juro. Agora, a mamãe precisa desligar, porque as fichas vão acabar. Antes, eu preciso falar com a Marli, pode ser?

Mais uma vez, Luna e Henri disputaram o telefone para as despedidas com a mãe e, finalmente, Marli segurou o aparelho.

— Sim, dona Linda?

— Você vai me fazer dois favores, Marli. Vai manter segredo sobre essa ligação, pois Raul não deve saber de nada. E quero que me diga qual horário você acha que ele estará em casa.

— Bem, desde que a senhora se foi, ele tem vindo almoçar em casa todos os dias. Acho que virá para o almoço hoje.

— Ótimo. Eu retornarei a ligação neste horário. Muito obrigada — agradeceu Linda, desligando o telefone.

Sentia tanta raiva de Raul que fez questão de não voltar para casa. Comprou mais algumas fichas e ficou circulando pelo centro da cidade esperando o tempo passar. Na rua de sua casa não havia orelhões, e ela tinha que se dirigir até o centro para encontrar um local para telefonar.

Se Raul pretendia inserir outra mulher em sua vida de maneira que isso pudesse deixar as crianças confusas, ele estava bastante enganado. Mal podia esperar pelo horário do almoço. Torceu para que ele estivesse em casa. Ela diria poucas e boas para ele e o recriminaria pela proibição de falar com os próprios filhos.

CAPÍTULO 16

Assim como Marli tinha previsto, Raul chegou para o almoço. Surpreendeu a funcionária, pois ele não veio sozinho. Ao seu lado, estava uma belíssima mulher, com cabelos escuros, crespos e revoltos. Ela usava uma blusa apertada e uma calça da moda.

Reparando o olhar de estranheza de Marli, Raul sorriu e apresentou:

— Marli, esta é Rose, minha... — era inútil negar, e ele não via mais motivos para esconder a verdade — namorada — completou.

Marli apenas assentiu, fingindo inexpressividade e cumprimentou Rose com polidez. Ela sorriu e olhou ao redor.

— Onde estão os seus anjinhos, Raul? — perguntou, ansiosa. Ele já lhe dissera que tinha três filhos, frutos de seu casamento com Linda. Rose queria conhecê-los, afinal, segundo dissera Raul naquela manhã, em breve ela seria a madrasta deles.

— Marli, vá chamá-los — ordenou Raul, sorrindo como há muito não sorria.

Sentia-se um homem realizado, tendo uma mulher como Rose ao seu lado. Desde que eles haviam feito amor pela primeira vez, Raul pediu que ela abandonasse a vida libertina que levava. Disse que daria dinheiro a ela para que se dedicasse somente a ele. Rose aceitou de bom grado, enchendo-o de beijos. Achava que nunca deixaria de se prostituir, contudo, Deus estava sendo bom com ela, colocando em seu caminho aquele homem rico e atraente.

Pouco depois, Marli retornou seguida das três crianças. Todas olharam do pai para a visitante com ar de expectativa. Henri, que ouvira a conversa de Luna com a mãe pelo telefone momentos antes, foi o primeiro a perguntar:

— Ela é sua namorada, papai?

Raul soltou uma gargalhada e pegou o filho de cinco anos no colo. Aproximou-se de Rose, e Henri esticou os braços para que ela o pegasse no colo. A moça deu um passo para trás e sorriu:

— Você já está meio grandinho para ficar no colo, não?

Rose mal tinha acabado de falar quando Ana Carolina se adiantou, correndo o máximo que podia, e abraçou-lhe as pernas. Raul ainda ria, e Rose fez um gesto de desagrado com o abraço da menina menor, empurrando-a delicadamente para trás.

— Não deve me abraçar com tanta força, meu bebê, ou poderá me derrubar — repreendeu Rose, imprimindo suavidade à voz. A verdade era que não tinha gostado dos filhos de Raul, principalmente, da menina mais velha, que permanecia parada a distância e que não veio cumprimentá-la. — E você, minha fofinha? Não vai falar comigo?

A contragosto, Luna se aproximou e Rose lhe deu um abraço leve, mal tocando a criança. Raul nada percebia, pois achava tudo muito engraçado. Naturalmente, Rose não tinha experiência com crianças e era compreensível que estivesse desajeitada. Por sua vez, Rose os julgara barulhentos e irritantes demais. A menina menor ficava grasnando como uma arara, e Henri, de tanto pular ao redor da mulher, acabou pisando no pé dela.

Vinte minutos depois, Marli anunciou que o almoço seria servido, e todos se sentaram à mesa. Henri e Ana Carolina matraqueavam o tempo todo, enquanto Luna se mantinha em silêncio. Ela estreitou os olhos ao notar que o pai acomodou a visitante na cadeira em que sua mãe costumava se sentar. Não estava gostando nem um pouco daquilo.

Rose e Raul conversavam, e ela fingia achar graça de alguma brincadeira das crianças. Houve um momento em que Henri sacudiu o copo com suco e entornou o líquido sobre a toalha da mesa. Raul ria como um bobo, enquanto Marli corria para acudir, e Rose não achou nada engraçado. Raul aprovava todas as palhaçadas dos filhos. Isso explicava o quanto eles pareciam ser mimados e enjoados.

Quando estavam experimentando a sobremesa, um delicioso manjar de coco, o telefone tocou. Como Marli estava na cozinha, Luna se levantou para atender, no que foi impedida por Rose.

— Querida, não deve se levantar da mesa sem pedir licença. Isso é feio, e você já é uma mocinha.

Luna a encarou friamente, ignorou a repreensão e caminhou até o telefone. Dessa vez, não expressou entusiasmo ao ouvir a voz da mãe. Não queria que o pai percebesse que era ela.

— Seu pai já chegou, Luna? — perguntou Linda, começando a tiritar de frio. A temperatura caíra de uma forma impressionante na última meia hora, e o céu carregado prenunciava que uma chuva forte estava a caminho.

— Sim, e trouxe a namorada para almoçar — sussurrou Luna. — Eu não gostei dela. É chata e quer mandar em mim.

— Você pode chamá-lo, por favor? Não diga que sou eu — pediu Linda, sentindo o corpo estremecer de raiva.

Então Raul já chegara ao ponto de colocar a outra dentro de sua casa? Não era possível que esse caso fosse recente, devido a tanta intimidade. Ele deveria estar com a tal mulher há um bom tempo.

Luna se aproximou do pai, dizendo que havia alguém ao telefone querendo falar com ele. Sem mais explicações, ela se sentou de volta à mesa enquanto o pai se afastava.

— Você não fez o que lhe pedi — lembrou Rose. — Não pode me desobedecer, afinal, não queremos que o papai fique triste com você, não acha?

Luna revirou os olhos e a fitou com rancor.

— Você não é minha mãe e não pode mandar em mim.

— Acontece que seu pai vai se casar comigo — mentiu Rose, somente para irritar aquela menina respondona. Claro que Raul não havia tocado em assunto de casamento, visto que ainda estava casado com Linda e jamais mencionou a possibilidade de pedir o desquite.

— O quê? Você é uma mentirosa — retrucou Luna, sentindo os olhos se encherem de lágrimas, enquanto se levantava da mesa às pressas e subia para o seu quarto. Não aceitaria que outra mulher tomasse o lugar de sua mãezinha, que era tão bondosa e que a amava tanto. Contudo, Rose dissera aquilo com tanta certeza que Luna

97

ficou em dúvidas. E temendo o futuro, ela se encolheu na cama e chorou profundamente.

Embaixo, na sala, Raul estava se exaltando enquanto ouvia Linda trovejar sua ira através do telefonema.

— Você é mesmo um porco imundo, Raul! Como pôde ser tão hipócrita a ponto de me mandar embora da cidade somente para colocar outra mulher em meu lugar? Já fui informada de tudo, se quer saber. E ainda teve o desplante de mandar Marli me proibir de falar com as crianças? Quem você pensa que é, seu ordinário, salafrário?

Raul fez um gesto para Marli, indicando Henri e Ana Carolina. A criada compreendeu a mensagem e rapidamente os tirou de cena para que não presenciassem a discussão do pai ao telefone. Rose se levantou, aproximou-se de Raul, e colou seu ouvido ao fone para tentar ouvir a discussão.

— Você não estava realmente preocupada com seus filhos. É a primeira vez que está ligando desde que chegou aí, na segunda-feira. E hoje já é sábado.

— Por que será, seu palerma? Por eu estar em uma casa sem telefone, isolada do mundo como uma leprosa? Ou por ter que procurar médicos e medicamentos por conta própria, sem alguém que possa me apoiar? Eu estou sozinha nessa, Raul, e já percebi isso há muito tempo. Só que você não pode afastar as crianças de mim — ela gritava extremamente nervosa, e a chuva começou a cair, misturando-se ao frio que imperava na cidade. — Você pode namorar o Diabo, se quiser, mas meus filhos não têm nada a ver com isso.

— Já entendi sua posição, Linda — replicou Raul, enfurecido. — Você é mesmo uma egoísta, que não admite o fato de estar morrendo sozinha e quer levar seus filhos com você. Isso quem não vai permitir sou eu. Você está com tuberculose, e todos sabem que essa doença é extremamente contagiosa e mortal. Não vai expor meus filhos ao perigo. Você quer se fazer de vítima para eles e, quem sabe, até colocá-los contra mim. Você é uma estúpida se acha que não pensei em tudo isso.

— Eu só quero falar com eles pelo telefone. Que mal há nisso?

— Eles podem ficar perturbados — contestou Raul, com a cabeça de Rose apoiada em seu ombro para ouvir melhor.

— O único perturbado é você — rebateu Linda, enquanto a chuva aumentava e as gotas da água respingavam em sua calça e em seus sapatos. — Eles já estão emocionalmente abalados. Luna me confessou que você levou sua namorada para almoçar em casa e que ela não tratou minha filha com gentileza.

— Mentira! Luna está acreditando na sua conversa. Eu estava aqui o tempo todo. Rose é um modelo de educação — ele fez breve pausa antes de prosseguir: — Pare de telefonar aqui para casa. Se continuar a fazer isso, vou procurar um juiz e explicar o que está havendo. Direi que você está doente, com a mente abalada e que fica telefonando para assustar as crianças com seu problema. Fique onde está, Linda. Prometo que todos nós ficaremos bem por aqui — e, sem esperar por uma resposta da esposa, Raul bateu o telefone com força.

— Não fique assim tão tenso — pediu Rose, massageando os ombros dele. E baixando o tom de voz, ela acrescentou: — Se quiser, podemos ir até o galpão para você aliviar esse nervosismo. Precisa extravasar toda essa angústia e essa raiva. Podemos caminhar pela praça e depois irmos até lá.

Rose fazia tudo se tornar mais fácil, e Raul amava isso nela. Percebia agora que não sentia mais nada pela esposa, a não ser ódio e rancor. Desejou intimamente que Linda morresse longe deles. Seria a única forma de ela dar paz a ele, aos seus filhos e à vida que pretendia construir ao lado de Rose. Linda faria um favor se saísse de seu caminho.

Enquanto alimentava esses pensamentos rancorosos, diversos espíritos repletos de negatividade abraçavam-se a ele. Os vultos colavam-se ao corpo de Raul, atraídos por seus pensamentos rancorosos e pelas ondas de energia inferior que ele, inconscientemente, emanava. Eram sete ao todo, de ambos os sexos. Todos falavam ao mesmo tempo e, embora Raul não os ouvisse, recebia suas mensagens como se fossem fruto de seu pensamento.

— Se sua mulher morrer, você ficará em paz.

— Você nem vai sentir a falta dela, Raul. Deixe que morra bem longe daqui.

— Para ser feliz com Rose e com seus filhos, a única forma seria se sua esposa deixasse o caminho livre.

Todos gritavam diversos tipos de sugestões, sendo que algumas eram ainda mais perigosas, chegando ao ponto de insinuar que Raul deveria ir até Campos do Jordão e assassinar a esposa. E ele, um homem incauto e descuidado quanto aos seus pensamentos, nem sequer fazia ideia de que estava servindo aos propósitos dos desencarnados das sombras.

CAPÍTULO 17

Linda recolocou o fone no gancho do telefone público e caminhou pela calçada, alheia à agua gelada da chuva que molhava seu rosto, já lavado pelas lágrimas. Ela seguia tão absorta em seus próprios pensamentos, naquele momento, que nem sequer se deu ao trabalho de olhar a rua ao atravessar um cruzamento. Ser atropelada seria melhor do que aquilo que acabara de ouvir de Raul.

Como ele podia ser tão mesquinho e cruel? Por que a odiava tanto? Como ela pudera ser tão cega para não perceber que havia se casado com um monstro, com um lobo em pele de cordeiro? Ela se achava uma mulher esperta e, no entanto, nunca conseguiu notar que Raul usava uma máscara de castidade e pureza, e que quando tal máscara, finalmente, veio ao chão, já era tarde demais. Em que tipo de ilusão ela acreditou para achar que Raul, em algum dia no passado, a amou de verdade?

Ainda havia outras questões, cujas respostas Linda não conseguiu encontrar por ora. Ela acreditava que havia sido boa mãe e boa esposa, na medida do possível. Jamais fizera mal a uma pessoa. Então por que fora contaminada por uma doença horrível e mortífera, que a matava aos poucos? Como Raul, mesmo sendo um homem ganancioso, falso e ambicioso, pudera subir na vida, gozando de boa saúde e da companhia dos filhos?

Aquilo era revoltante, e ninguém a ajudava com nada. Quem não merecia, continuava vivendo bem, e ela, que achava nunca ter feito nada errado, fora abandonada e desprezada, sofrendo de um mal terrível e privada da presença dos filhos. Acontecesse o que acontecesse, era sempre Raul quem parecia sair ganhando. Tudo pelo o que ela vinha passando parecia uma espécie de castigo divino, mas se fosse uma punição de Deus, qual seria o motivo? Até onde ela se lembrava, sempre fora boa e honesta com todos que a cercavam. Jamais traíra o marido e mesmo que um dia se curasse da tuberculose, ela não se imaginava dividindo uma cama com outro homem.

A chuva apertou, e a temperatura despencou de vez. Linda não aumentou a velocidade dos passos. Cruzou os braços porque já estava tiritando de frio, embora estivesse agasalhada. Quando se aproximou de sua casa, uma ventania gélida e cortante agrediu sua face, como uma pessoa furiosa. Seus cabelos estavam ensopados e grudavam-se em seu rosto. Sua roupa estava encharcada e ela entrou na sala pingando como um chuveiro.

A lembrança das palavras de Raul pelo telefone foi tão forte que ela, em vez de seguir para o banheiro a fim de tomar um banho quente, atirou-se na cama, molhada como estava, sem ao menos descalçar as botas ensopadas de água. Estava tão desnorteada que não conseguia raciocinar com lucidez.

As ameaças de Raul a deixaram muito assustada. E se ele realmente fosse conversar com um juiz, que a proibisse de telefonar para os filhos enquanto estivesse em tratamento? Do jeito que Raul estava doido, ela não duvidava de que ele pudesse cumprir a promessa, assim como já cumprira tantas outras. Se perdesse definitivamente o contato com suas crianças, então não haveria motivo para viver.

Deitada na cama, começou a tremer. Não saberia dizer se era devido ao frio e ao fato de estar molhada ou se tremia de puro medo da reação de Raul. Começou a tossir violentamente e o gosto do sangue que subiu por sua garganta não lhe pareceu tão amargo. Devagar, tirou as roupas e as botas molhadas, jogando-as no chão, ao lado da cama. Seu corpo estava gelado e úmido, enquanto seu peito parecia explodir de dor.

Sabia que havia feito algo muito perigoso. Tomara chuva com uma infecção grave nos pulmões. Fizera uma loucura, contudo, o que Raul dissera a cegara, e ela praticamente perdera o norte.

Ele dissera que ela deveria morrer e, se isso acontecesse, talvez não fosse tão ruim. Sabia que deveria lutar pelos filhos, mas sentia-se tão cansada, tão desiludida, tão enfraquecida, que a morte era bem-vinda.

Ela dormiu, acordou e tornou a dormir. Teve sonhos estranhos e inquietantes em que Raul e uma mulher sem rosto levavam as crianças para longe, enquanto ela permanecia parada no mesmo local, como se estivesse presa ao chão. Pôde ouvir as gargalhadas de Raul e de sua nova namorada, e quando Luna olhou para trás, ela enxergou as lágrimas grossas que escorriam pelo rosto da filha.

Quando abriu os olhos mais uma vez, Linda consultou o relógio e se assustou ao ver que já era madrugada. Dormira o dia todo e a noite também. Seu corpo continuava encharcado, mas a quentura em sua pele fê-la entender que agora era o suor característico da febre que a envolvia. Não comera o dia inteiro e continuava sem fome.

Tentou se sentar, porém, uma tontura violenta a obrigou a permanecer deitada, ao mesmo tempo em que uma sessão de tosse rouca e seca a acometia. Ela continuou a expelir sangue, sem se dar ao trabalho de ir até o banheiro. As palavras de Raul voltavam à sua mente. Vinham distorcidas, como se ela ainda estivesse sonhando. Linda estava delirando, sem ter consciência disso. Não distinguia a fantasia da realidade.

Sentiu o coração disparar e os pulmões se comprimirem. Tornou a sonhar e, dessa vez, alguém a sufocava com um travesseiro. Teve um rápido vislumbre do rosto de Raul sorrindo enquanto pressionava o travesseiro sobre o rosto dela. Ele dizia algo sobre amar outra mulher e que ela nunca mais veria as crianças. Sentindo o ar acabar a cada momento, Linda se debateu e esperneou, mas não era párea para a força de Raul.

Em seus delírios, ela não entendia que estava sufocando devido aos pulmões estarem violentamente infeccionados. Ela sentiu sangue na boca mais uma vez, porém, parecia algo tão comum agora que ela não se abalou. E, no momento seguinte, ela estremeceu com força, como se tivesse recebido um choque, enquanto três espíritos vestidos de branco, parados ao lado da cama, auxiliavam no desprendimento de seu espírito do corpo físico.

Levaram o corpo astral de Linda para um posto de socorro localizado sobre a cidade de Campos do Jordão, e o corpo físico da moça, sem vida, jazia estirado na cama, no silêncio e na escuridão da casa.

Foi o senhorio que alugara a casa para Linda que deu a notícia a Raul no dia seguinte. O homem explicou que a esposa havia ido visitar a enferma a fim de verificar se ela estava precisando de algo, quando estranhou o fato de Linda não abrir a porta. Ela achou que a moça tivesse saído e, quando retornou, à tarde, não obteve resposta novamente. Ela avisou o marido, que apanhou uma cópia da chave da casa e, momentos depois, eles descobriam o corpo sobre a cama. Ele contou, com voz lamentosa, que ela estava nua e que parecia adormecida. Entretanto, os policiais que eles chamaram constataram o óbito da jovem.

Raul não saberia dizer ao certo o que sentiu ao ouvir a notícia. A princípio, chegou a imaginar que Linda havia se suicidado. No dia anterior, ele havia insinuado que ela devia morrer para lhe dar paz, e agora ela aparecia morta. Achava, também, que suicídio era coisa para covardes e que não era do feitio de Linda fazer isso. A hipótese mais provável era a de que ela havia sucumbido à doença. Agora nada mais podia ser feito.

Quando a autópsia constatou que ela realmente morrera devido a uma onda violenta de febre aliada às dificuldades respiratórias, Raul quase soltou um suspiro de alívio. Ao menos, não teria motivos para sentir remorso.

Ele providenciou todos os preparativos para o enterro de Linda. Imaginou que ela gostaria de ser enterrada em sua cidade natal e pagou para que o corpo fosse removido até o cemitério local. Ele avisou que não desejava velório. Parecia estar com muita pressa em se livrar da esposa. O caixão fora lacrado e, às quatro da tarde, Linda foi enterrada. As únicas pessoas presentes no enterro, além dos coveiros, eram Raul e Rose, que viera a pedido dele. Ela não tivera a oportunidade de conhecer o rosto da esposa do seu amante, mas sabia que haveria outras oportunidades, através das fotografias que encontraria espalhadas pela casa.

Ao voltar para casa, Raul se preparou para uma difícil missão: explicar aos filhos que a mãe partira. Marli já fora avisada superficialmente, e ele lhe pedira silêncio. Queria ele mesmo dar a notícia. Rose, ao seu lado, apertava-lhe o ombro de vez em quando, como a lhe transmitir conforto e coragem para enfrentar as crianças.

Ele encarou os três rostinhos ansiosos à sua frente e sentiu um frio no estômago. Todos pareciam tão pequeninos e inocentes. Como dar uma notícia tão amarga, principalmente para Luna, que sempre fora tão apegada à mãe?

— Aconteceu algo muito triste e eu quero que vocês saibam — começou Raul, trocando um discreto olhar com Rose, que o encorajou a continuar com um gesto das mãos. — Vocês já sabem que a mamãe não está muito boa de saúde, não é?

Henri e Luna assentiram, enquanto Ana Carolina parecia achar os brincos de Rose mais interessantes do que a conversa. Ela os fitava atentamente.

— Acontece que a mamãe piorou. Seu estado ficou muito grave — disse Raul, detestando-se por ficar prolongando o assunto. — E recebi uma notícia muito dolorosa.

— O que aconteceu com ela? — perguntou Luna, torcendo as mãos nervosamente. — Ela foi internada de novo? — sem perceber, ela tocou na correntinha que a mãe lhe dera, enquanto as lágrimas ameaçavam pular de seus olhos.

— Não — a voz de Raul tremeu. — A mamãe... se foi.

— Se foi? Foi aonde? — era Luna novamente.

— A mamãe morreu, querida. Sinto muito — revelou Raul, empalidecendo juntamente com a filha mais velha.

Henri abriu a boca e começou a chorar. Ana Carolina, sem entender muito bem, copiou seu exemplo e pôs-se a chorar também. Porém, para espanto de Raul, Luna não chorou. Seus olhos estavam rasos d'água, mas espantosamente ela não derramou uma única lágrima. E reagiu furiosamente:

— Foi você quem matou a mamãe.

Raul levou um susto e tornou a olhar para Rose, como que pedindo auxílio. Ela interveio:

— Não, minha flor. Seu papai também está muito triste com tudo isso. Não foi culpa dele o que aconteceu. Ele não matou ninguém porque não é um assassino. Sua mãezinha morreu porque o Papai do Céu quis assim.

Luna a encarou com ódio no olhar e se levantou, parecendo muito mais velha e madura do que os seus nove anos.

— Isso não é verdade. Pensam que eu não sei? Você matou a mamãe porque queria ficar com essa daí — ela apontou para Rose. — Jogou a mamãe num lugar bem longe para que ela morresse de tristeza, sozinha e sem amigos. E ela morreu, como você queria. Eu odeio você. Odeio vocês dois — e, dizendo isso, Luna girou nos calcanhares, quase derrubou Marli ao passar e se trancou no banheiro.

Raul respirou fundo, sentindo as costas cobertas de suor. Jamais pensara que enfrentar a filha seria pior do que encarar um criminoso armado. Ele olhou para Henri e Ana Carolina, como que pedindo desculpas pela atitude da irmã mais velha.

— Luna está muito triste com a morte da mamãe, mas vocês não devem acreditar no que ela disse. Sabem que eu sempre quis bem à mamãe, não sabem? Como Rose disse, o Papai do Céu quis levar a mamãe para transformá-la em uma estrela brilhante, lá no céu.

— Vou poder ver a mamãe quando ficar de noite? — perguntou Henri, parecendo mais conformado com a situação.

— Sim, é claro que vai. Hoje mesmo, à noite, nós vamos olhar para o céu e procurar entre as estrelas. Aquela que for mais brilhante será a mamãe.

— Eu também quero ser uma estrela — pediu Ana Carolina, chorosa. — Tia Rose, posso ser uma estrela?

— Claro, só não me chame de tia. A partir de hoje, eu serei sua madrasta.

Raul a olhou e apertou sua mão, grato por ela estar ao seu lado em um momento tão difícil como aquele. Além disso, tinha que terminar as benditas estatuetas do magnata indiano para a próxima sexta. Não podia se dar ao luxo de ficar em casa, como um viúvo sofrido lamentando a partida de Linda. Intimamente, ele até estava satisfeito com o ocorrido. Sem Linda por perto, ele poderia assumir Rose definitivamente e inseri-la em sua casa, em sua vida e na vida dos seus filhos.

Nos dias seguintes, lentamente, a situação pareceu voltar ao habitual, embora Luna não conversasse com o pai ou com a madrasta. Na quinta-feira, Rose pediu para falar com Raul, assim que ele fez uma pausa durante o trabalho com uma bela estatueta quase finalizada. Ele se virou, sorrindo, lavou as mãos e pediu que ela se sentasse em uma cadeira, mal contendo o suspiro quando ela cruzou as pernas esguias e bem torneadas.

— Tenho observado que sua filha mais velha está muito aborrecida com nós dois, principalmente com você. Não acho que você deva continuar levando a situação como se nada estivesse acontecido. Precisa ter uma conversa franca com ela.

— Não agora. Eu compreendo o abalo e a pressão pela qual ela vem passando. Nunca me perdoou pelo fato de eu ter transferido a mãe dela para Campos do Jordão, e agora usa a morte de Linda contra mim como se fosse culpa minha.

— E vai deixar que ela mande em você? — embora estivesse louca por um cigarro, Rose sabia que Raul não permitia que ninguém fumasse dentro do seu galpão.

— Não se trata disso, Rose. O que acontece...

— O que acontece é que ela vai usar isso como pretexto para se tornar uma menina malcriada e turrona. Você é um ótimo pai e, sinceramente, acho que deve colocar um freio nessa garota antes que seja tarde demais.

Raul permaneceu alguns segundos em silêncio considerando aquela sugestão, enquanto se perguntava o que Linda faria se ouvisse algo daquele tipo. Só que Linda estava morta e não podia fazer mais nada. Quem podia agir era ele.

— Acho que você tem razão, Rose. Luna herdou a teimosia e a obstinação da mãe. Linda era assim. Discutia comigo em quase todos os assuntos. Surpreende-me o fato de permanecermos casados por tantos anos.

— Sabe o que eu sugiro? Leve seus filhos hoje, logo mais à noite, até minha casa. Vou preparar uma deliciosa refeição para vocês e prometo fazer gelatina de morango para agradá-los. Dessa forma, eu tentarei me aproximar aos poucos de cada um deles. Se eu conquistar a amizade de Luna, farei com que ela me veja como uma amiga e não como uma substituta de sua mãe. O que acha?

O que Rose queria era que Raul a enxergasse como uma boa companheira e amiga dos seus filhos. Assim, era provável que ele se casasse com ela, para que nunca mais precisasse voltar a vender seu corpo em troca do dinheiro dos seus clientes.

— Meu Deus! Você, além de espetacular, é deliciosamente criativa e inteligente. Que ideia fantástica! — concordou Raul, rindo e inclinando o corpo para beijar Rose nos lábios.

No momento seguinte, as carícias aumentaram e eles se despiram, jogando cadeiras e objetos no chão, enquanto se amavam loucamente.

CAPÍTULO 18

Por volta de sete horas da noite, Raul bateu na porta da casa de Rose. Desde que tinham se conhecido, ele ainda não tinha ido até lá. Sabia que o bairro Defonte, em que ela morava, tinha fama de ser um local bastante perigoso. Mesmo assim, ela parecia tranquila ali, dizendo que mantinha amizade com toda a vizinhança e que jamais fora assaltada ou prejudicada por alguém.

A casa dela era pequena. Possuía apenas um dormitório e o maior cômodo era a sala. Apesar do tamanho, tudo era arrumado e organizado. Raul imaginou que ela seria uma excelente dona de casa. Talvez ela tivesse o mesmo zelo para cuidar de três crianças órfãs de mãe.

Assim que a viu, Ana Carolina se desprendeu das mãos do pai e correu velozmente com suas pernas miúdas, enquanto estendia os bracinhos para que Rose a pegasse. Henri também correu, e Rose foi agraciada com um beijo molhado no rosto, dado pelo garoto. Luna permaneceu em pé, parada ao lado do pai, olhando tudo com uma frieza apavorante. Momentos antes, ela dissera a Raul que não queria jantar na casa de Rose, mas o pai a obrigara a acompanhá-lo, pois Marli fora dispensada mais cedo, e ele não queria que a filha ficasse sozinha em casa.

— Venha me dar um beijo também, bonequinha — pediu Rose a Luna, ainda sendo agarrada por Henri e Ana Carolina.

— Eu não. Sabe que não gosto de você — retrucou Luna, com voz clara e objetiva.

"O mesmo tom frio e impessoal da mãe", refletiu Raul. Luna parecia ter adotado todos os trejeitos de Linda depois que ela se fora.

Rose disfarçou a raiva com um sorriso de boas-vindas. Aquela menina era muito boca-dura e, se não fosse Raul estar ali, teria dado uns gritos com ela.

O jantar estava pronto, e Raul comentou que estava ansioso para experimentar a comida de Rose. Ela tinha feito carne de panela, e o arroz soltinho e bem temperado o agradou muito. Havia ainda uma salada simples, à base de alface e tomate, que também estava saborosa. Ela estava aprovada como cozinheira.

— Quem comer toda essa comida vai ganhar uma deliciosa gelatina de morango. Quem vai querer? — perguntou Rose, sorridente.

— Eu! — disseram Henri e Ana Carolina ao mesmo tempo.

Luna apenas brincava com a colher, passando a comida de um lado a outro do prato. A menina confessou a si mesma que Rose cozinhava bem, porém, não chegava nem perto da comida de sua mãe. Até mesmo Marli fazia um arroz melhor do que aquele.

— E você, Luna, não está gostando da comida? — quis saber Raul, olhando para o prato intocado da filha.

— Sim, só estou sem fome — replicou Luna, triste por ver aquela mulher estranha conversando com seu pai e com seus irmãos como se fosse alguém da família.

Então ouviu a bomba que Raul soltou:

— Crianças, quero dar uma boa notícia. Querem que a Rose seja sua nova mamãe? O papai está pensando em se casar de novo.

Até mesmo Rose foi pega de surpresa. Acreditava que ele fosse pedi-la em casamento, só não imaginava que acontecesse tão rápido. Linda morrera na madrugada da segunda-feira e agora era quinta, da mesma semana. Ele não estaria avançando depressa demais?

— Eu quero que a Rose seja minha mamãe — desejou Ana Carolina, batendo com a colher no prato. Ela estava linda usando um babador, com a boca toda suja de comida.

— Eu também — reforçou Henri. Pensar que a mãe verdadeira havia morrido no início daquela semana não deixava o garoto de cinco anos tão transtornado.

Luna não respondeu, como era de se esperar. Jamais imaginara que fosse receber tantas notícias desagradáveis de uma só vez. Primeiro a morte da mãe e agora o casamento do pai com aquela bruxa. O que mais faltava acontecer?

— Você não diz nada, Luna? — sondou Raul.

Ela apenas balançou a cabeça negativamente. Quando voltou para sua casa e se deitou na cama, Luna pensou na mãe e chorou copiosamente, dizendo em voz alta:

— Mamãe, por que você me deixou sozinha? Deixe-me morrer junto com você. Não quero mais ficar aqui.

O silêncio que se seguiu às palavras da menina, deixou-a ainda mais triste. Ela tirou a correntinha do pescoço, acariciou o pingente em formato de sol e o abriu para ler a mensagem contida ali dentro.

— O sol sempre vai brilhar — ela leu. Aprendera a ler desde os seis anos de idade, e agora podia ler frases inteiras sem tropeçar nas palavras. — Acho que isso não é verdade.

Tornou a prender a correntinha no pescoço. A mãe usara aquela peça durante toda a existência de Luna. Ela deveria continuar a usá-la, como prometera a Linda. Só não entendia o sentido que aquela frase possuía, pois Luna, em vez do sol, apenas enxergava tempestades e furacões em sua vida.

Na manhã seguinte, Raul finalizou a produção das sete estatuetas que o magnata da Índia encomendara. Seu secretário viria buscá-las no galpão às cinco horas da tarde, e ele queria concluir alguns detalhes. Cada peça representava uma das esposas do magnata, que havia deixado com Raul um retrato de corpo inteiro de cada uma delas para referência e, como sempre, as esculturas estavam absolutamente perfeitas.

Ele deixou as estátuas enfileiradas sobre um balcão de madeira. Além delas, havia outras obras esculpidas, espalhadas pelo galpão. Algumas já possuíam dono, e as outras, ele pretendia colocar à venda. Raramente, uma pessoa endinheirada e que apreciasse uma obra de arte recusaria seus objetos de argila.

Enquanto arrumava tudo, Raul pensava em Rose. Como ele gostava de estar com ela. Era algo admirável e fascinante. Parecia a época em que se apaixonara por Linda, quando os dois eram jovens e sonhadores. A vida os encaminhara para rumos diferentes, e o casamento se desintegrou ao longo dos anos. Agora ele achava que faria a coisa certa se casando com Rose. Tinha certeza de que ela seria uma excelente esposa e uma boa mãe para seus filhos.

Ao pensar nela, Raul sentiu uma vontade súbita de possuir o corpo esbelto e sensual da mulher. Costumavam se encontrar no período da noite, porém, seu desejo não o permitiria esperar tanto. Ele deu mais uma conferida nos materiais. A argila da última estátua não estava totalmente seca. Fazia frio, e Raul achou que alguma corrente de vento deveria estar penetrando o interior do seu galpão, embora ele não sentisse nada.

— Só me falta essa argila não endurecer e secar. Não posso perder essa venda por nada nesse mundo — murmurou consigo mesmo, pensando em uma alternativa.

Lembrou-se de uma vela de sete dias que havia comprado para levar ao túmulo de Linda e que nunca chegara ao seu destino. Ele apanhou uma caixinha de fósforo e acendeu a vela, aproximando-a da estatueta, que ainda estava meio mole. Sabia que o procedimento correto seria expô-la ao sol, só que o céu encoberto de inverno não permitiria. Poderia colocá-la no forno especial, contudo, como queria se encontrar com Rose com urgência, não podia tomar conta. A vela seria a única opção.

Ele terminou todos os preparativos, trancou o galpão e saiu às pressas até a casa de Rose. Encontrou-a assistindo a um desenho animado, e ela sorriu ao vê-lo entrar.

— O que faz aqui a essa hora, meu amor?

Ele a beijou sofregamente, e Rose imediatamente entendeu o que ele fora procurar ali. Ela tirou a roupa dele enquanto Raul deslizava as mãos pelo corpo macio e quente de Rose. Amaram-se por horas e, quando consultou o relógio, Raul deu um pulo.

— Santo Deus, são quase quatro horas? Tenho uma encomenda para entregar às cinco. Como fui me esquecer?

— Fazíamos coisas muito mais interessantes — sorriu Rose preguiçosamente, esticada na cama.

Raul já estava se trocando no momento em que batidas fortes soaram na porta.

— Você estava esperando visitas? — tornou ele desconfiado. Era só o que faltava os ex-clientes de Rose virem atrás dela, em sua residência.

— Não, não aguardo ninguém — como ela ainda estava nua, pediu para Raul atender a porta. — Seja quem for, despache. Não estou a fim de falar com pessoa alguma.

Ele abriu a porta e se espantou ao ver um rapaz, de uns catorze anos, fitando-o assustado.

— O senhor é o dono do galpão? — ele perguntou.

— Sim, sou eu mesmo. Como me achou aqui? — devolveu Raul, tentando imaginar se o garoto era algum representante do magnata indiano.

— Eu vim perguntando e me disseram que eu acharia o senhor na casa de sua... hum... namorada. Vim avisar que está pegando fogo.

— O que está pegando fogo? — tornou Raul, sentindo um mal-estar associado a um péssimo pressentimento.

— É o seu galpão, senhor. Está sendo consumido por um incêndio terrível. Os bombeiros já foram chamados e estão procurando pelo dono. É melhor ir pra lá imediatamente.

CAPÍTULO 19

Quando Raul chegou, já era tarde demais e nada podia ser feito. Três carros de bombeiros haviam sido utilizados para conter as chamas. Uma coluna de fumaça densa e escura subia em direção ao céu. O que sobrou de seu galpão jazia em meio às cinzas, madeiras destruídas e ruínas.

O garoto conduziu Raul até um dos bombeiros e o apresentou como sendo o dono do galpão. O bombeiro chamou seu superior, que informou a Raul que nada pudera ser aproveitado. O fogo havia consumido por igual toda a extensão do local em menos de uma hora. Há tempos, eles não presenciavam um incêndio tão devastador.

— As suspeitas iniciais recaem sobre a possibilidade de um curto-circuito na fiação elétrica do galpão — informou o tenente do corpo de bombeiros.

Raul sacudiu a cabeça negativamente, enquanto se lembrava da maldita vela que deixara acesa para endurecer a estatueta. Em poucas palavras, explicou ao tenente o que havia acontecido, e o homem confirmou que o fogo podia ter se originado a partir daí.

— Se o senhor deixou a vela acesa, provavelmente ela caiu e queimou a madeira. Notamos que o piso também era de madeira, o que facilitou a propagação do fogo. O senhor possuía seguro do imóvel?

Raul não queria mais ouvir, enquanto sacudia a cabeça negativamente. Não interessava o que havia provocado o incêndio e sim o prejuízo que isso lhe acarretaria. Todos seus materiais de trabalho, toda a sua produção, todas as suas encomendas estavam trancadas naquele maldito galpão. Como ele pudera ser tão tolo a ponto de se descuidar dessa forma?

— Quando vou poder entrar aí? — ele perguntou ao tenente.

— Não tão cedo, senhor. O que deseja lá de dentro?

— Eu tinha uma encomenda de algumas peças que seriam entregues na tarde de hoje. Minhas estátuas são feitas de argila, então, acredito que os danos que o fogo possa ter lhes causado sejam reparáveis. Eu preciso vê-las.

Ao terminar de falar, virou o rosto para o lado e quase chorou ao ver um dos bombeiros sair do galpão segurando diversas peças escuras e fragmentadas, que jogou de qualquer jeito do lado de fora. Raul reconheceu os pedaços de suas obras. Todas quebradas, todas destruídas, todas perdidas.

Foi quando um terrível pensamento o assaltou. Levou um susto tão grande que o tenente chegou a perceber. Raul empalideceu sobremaneira e sua respiração tornou-se entrecortada.

— O senhor está se sentindo mal? — perguntou o bombeiro.

Era esperado que proprietários de imóveis consumidos por um incêndio passassem mal devido ao choque da notícia, e eles já dispunham de uma equipe de paramédicos de plantão.

— Não — Raul conseguiu responder com voz rouca. — Eu estou bem.

Ainda sem reação, ele viu que Rose se aproximava correndo. Ele saíra na frente dela assim que fora avisado pelo garoto. Ela o tocou no ombro, enquanto olhava desolada para o que sobrara do galpão.

— Não sei o que dizer, Raul — ela sussurrou. — Como isso foi acontecer?

Ele não respondeu e a guiou para trás de um dos caminhões dos bombeiros. Foi soltando o ar devagar ao confessar:

— Eu perdi tudo, Rose.

— Eu sei, meu amor, mas tudo pode ser solucionado. Creio que a argila não seja um material muito caro e você pode comprar tudo de novo. Peça mais um prazo aos seus clientes e...

— Você não está entendendo. Eu perdi tudo o que eu tenho. Meu dinheiro estava lá dentro.

113

— É o que eu acabei de dizer. Terá que começar do zero. Você é suficientemente capacitado para...

— Rose — ele tomou as mãos dela entre as suas, que estavam frias e trêmulas. — Todo o meu dinheiro estava em um cofre lá dentro. Eu havia tirado toda a quantia que disponho do cofre que guardava em casa, porque Linda sabia onde ficava, e eu acreditei que ela pudesse aparecer em casa e me roubar quando eu não estivesse lá. Levei tudo para o galpão e perdi o que tinha — ele arregalou os olhos, e o terror estampou-se neles. — Sem aquela quantia, eu não sou ninguém. Estou na miséria e levei meus filhos para a lama comigo. Como vou recomeçar se nem dinheiro eu tenho?

— Você tem uma boa casa, boas roupas. Comece vendendo tudo o que tem. Pode morar comigo se quiser. Já conheceu a minha casa e acho que ela comporta você e as crianças. Dispense os serviços de Marli, venda tudo o que possui e mude-se para lá.

O tenente dos bombeiros tornou a chamar Raul e ele foi atendê-lo. Rose permaneceu parada no mesmo lugar, assustada e muito nervosa diante do acontecido, lamentando profundamente por Raul.

As crianças não pareceram muito preocupadas quando souberam de notícia. Ana Carolina começou a cantarolar uma nova cantiga que aprendera na escola com a palavra fogo na letra. Raul foi bastante sincero com Marli e comunicou sua dispensa. Disse que pagaria seus direitos aos poucos, já que estava praticamente falido. Mais tarde, as crianças choraram muito quando souberam que a criada iria embora.

— Vai mandar a Marli embora, papai? — perguntou Henri.

— Eu gosto da Marli — ajuntou Ana Carolina.

— Quem vai ficar com a gente? — indagou Luna. Todos eles pareciam muito inseguros.

— O pai de vocês venderá esta casa, porque todos vão morar comigo — anunciou Rose. — Minha casa é pequena, e teremos que economizar.

— O que é economizar? — perguntou Henri.

Enquanto Rose explicava, Luna se aproximou do pai e o olhou bem de perto. Para sua surpresa, Raul parecia ter envelhecido vinte anos em apenas um dia. Estava com a testa enrugada, a boca franzida e os olhos baços e sem vida. Luna sentiu vontade de abraçá-lo, mas conteve o impulso. Ainda não o perdoara pela morte da mãe e achava que nunca iria perdoá-lo. Se ele estava sofrendo era bem feito, porque antes fizera Linda sofrer também.

Os dias seguintes se arrastaram para Raul. Ele caminhava e agia como um robô. Era Rose quem estava conduzindo a negociação da venda da casa e foi ela quem encontrou um possível comprador. Ele ofereceu uma quantia bem menor do que a casa valia, entretanto, disse que pagaria à vista, e como Raul estava sem nenhum provento, aceitou a proposta imediatamente. Fecharam a venda dois dias depois. Raul prometeu desocupar o imóvel para entregá-lo ao seu novo dono em duas semanas.

O dia da mudança foi o dia mais triste para ele, depois do incêndio. Deixar aquele lar no qual vivera por tantos anos era uma verdadeira tragédia. Passara ali boa parte de sua vida com Linda, embora ela tivesse sido a primeira a partir. Agora ele partia também, praticamente com uma mão na frente e outra atrás. Estudara, trabalhara, se aperfeiçoara e tudo para nada. Toda a sua carreira engolida pelo fogo em questão de minutos.

Rose o consolava, porém, ele não queria escutar. Parecia humilhante ter que recomeçar do zero. Que exposição chamaria um escultor falido, que deixara um cliente na mão, embora não tivesse culpa pelo prejuízo? Sabia que não seria tão fácil retornar ao ápice da fama. Talvez nunca mais voltasse, e isso simplesmente o apavorava.

As crianças se acomodaram na sala da casa de Rose da melhor forma que foi possível. Raul dividiu o quarto com ela. De repente, nem mesmo Rose, com toda a sua sensualidade à flor da pele o atraía. Tudo o que ele queria era que aquele pesadelo acabasse e só havia uma única forma de pôr um fim a tudo. Esperava que fosse rápido e indolor e que, no instante seguinte, ele mergulhasse numa escuridão eterna e silenciosa. A escuridão da morte.

As crianças haviam ido para a escola, e Rose fora ao mercado. Ele estava sozinho em casa, mas não faria aquilo ali. Seus filhos não mereciam o pai covarde que tinham, e ele deveria honrar o lar em que Rose o abrigara. Sabia que estava fugindo de um problema, de um dever, de um desafio, e que não estava preparado para lutar.

Certa vez, Linda dissera que ele era um fraco, e talvez ela estivesse certa. Ele era fraco e covarde e, provavelmente, nunca fora um grande escultor como pensava que era. No passado, gostara de futebol e poderia tentar a vida com isso outra vez, porém, era algo que não lhe traria tanto dinheiro. Além disso, já estava com 32 anos. Sentia-se velho e ultrapassado. Havia outros jogadores muito melhores do que ele atualmente. Não haveria espaço para ele nessa área.

Raul caminhou devagar pelas ruas da cidade até se deter diante do seu galpão. Já fazia mais de um mês que tudo se consumira no incêndio, e ele ainda sentia o coração se apertar quando se lembrava. Não tinha superado esse baque e sabia que nunca superaria. Aquilo fora demais para ele. Não encontrava forças para enfrentar aquela situação.

Lentamente, ele tocou no cabo do revólver carregado que trazia no bolso do casaco. Havia anos, ele comprara aquela arma e a mantinha escondida em seu armário. Jamais precisara fazer uso dela, mas achava-a necessária para a segurança de Linda e das crianças. Agora ela teria uma utilidade. Serviria para colocar um ponto final em sua vida desgraçada.

Ao lado de Raul, no astral, havia uma verdadeira horda de espíritos, ansiando pelo seu suicídio. Invisíveis a eles, três seres do astral superior proferiam singela prece, para que Raul não cedesse aos seus desejos e preservasse a vida.

Embora não tivesse consciência da presença deles, Raul se sentia bem sendo abraçado pelos vultos sombrios. Ocorria uma transmissão de energia que parecia beneficiar ambos os lados. Era como se ele necessitasse das palavras dos espíritos das sombras, mesmo sem saber que eles estavam ali.

— Pense nas crianças, Raul. Não pode abandoná-los — pediu uma mulher, do grupo da luz. — Você precisa encaminhá-los para um futuro digno e honesto.

Raul não a escutou. Tirou a arma do bolso e a destravou. Até chegou a pensar nas crianças. Acreditava, no entanto, que Rose faria um bom trabalho com elas. Agora nada importava e aquilo tinha de ser feito. Seus filhos não ficariam desamparados. Rose iria amar e cuidar bem de cada um deles.

Suspirando, ele encostou a arma na têmpora, ali mesmo, de pé, parado na calçada diante do galpão queimado.

— Linda, eu vou me encontrar com você — ele sussurrou, fitando o vazio.

E o estampido ecoou por todo o quarteirão.

As crianças tornaram a chorar muito quando souberam da tragédia que acometera o pai. Rose tentou amenizar as notícias, dizendo que o pai se sentira mal de repente e que morrera no mesmo instante. Ela estava absolutamente transtornada e mal conseguia raciocinar. Como Raul pudera fazer aquilo? O que dera em sua cabeça para suicidar-se no meio da rua? Como ele pudera deixar para trás os três filhos pequenos?

Ela organizou os preparativos para o enterro. Quase não pudera enterrar Raul no cemitério da cidade, porque o padre ficou sabendo e disse que um suicida não podia ser enterrado ali. Mas o prefeito, que era inimigo político do padre, concedeu a autorização apenas para enfurecê-lo.

O caixão fora lacrado, porque o crânio de Raul estava deformado depois do tiro. Rose deixou as crianças em casa, pois não queria que elas ficassem chocadas. Era verdade que ela não gostava delas, mesmo assim, não era preciso fazê-las sofrer mais do que já vinham sofrendo.

Assim que a última pá de terra foi jogada sobre o caixão de Raul, uma violenta onda de raiva se apoderou de Rose. Ela poderia ter conquistado um homem muito melhor do que ele. Não perdera seu tempo com ele porque o amava. Ela nunca o amou. Escolhera-o porque Raul era atraente e rico, e lhe prometera um casamento e boa vida. E o que ele tinha lhe deixado? Dívidas e três crianças mimadas e impertinentes, principalmente a menina mais velha. Agora, como faria para alimentar tantas bocas?

Deixara a vida nas ruas ao conhecer Raul, e como não sabia fazer outra coisa, decidiu que a única opção seria voltar a se prostituir. Pelo menos, não ficaria sem dinheiro e poderia sustentar os filhos dele até decidir o que fazer com cada um. Não ficaria com eles para a vida toda, embora eles ainda fossem muito pequenos para que ela os tirasse de sua casa. Sempre viveram no conforto e no bem-estar, e não conheciam outra forma de vida.

— Agora eles vão conhecer — murmurou Rose para si mesma, enquanto entrava em casa.

Avistou os três irmãos sentados, muito juntos, no sofá estreito e desconfortável da sala. Eles a olharam aterrorizados e todos estavam chorando. Luna sentava-se no meio e segurava a mão dos menores, como se pudesse tranquilizá-los com esse gesto. Ela mesma estava muito temerosa diante do destino que Rose poderia lhes dar.

— Muito bem — Rose começou a dizer. — Agora vocês morarão comigo, porque não tem mais ninguém que os queira. Já aviso que nesta casa tem regras, e vocês terão que obedecê-las. Farão tudo o que eu mandar, se não quiserem que eu fique brava.

A ameaça foi clara e evidente. Eles se encolheram ainda mais. Não havia mais a mãe, nem o pai e nem Marli para protegê-los. A única pessoa responsável por eles seria Rose, e Luna sabia que teria que rezar muito para que ela não fosse tão má quanto pensava e que os tratasse com carinho.

CAPÍTULO 20

Rose nascera pobre e sempre ambicionara se tornar rica. Fora criada pelos avós e, após a morte deles, passou a cuidar de si mesma. O único bem material que eles lhe deixaram fora a casa na qual morava até agora. Como nunca precisara trabalhar pelo próprio sustento, já que era sustentada pelas aposentadorias dos avós, ela não sabia fazer muita coisa, exceto lavar, passar e cozinhar, mas decidira que serviços domésticos estavam muito aquém da sua capacidade.

Então optou pela única função que, acreditava ela, qualquer pessoa estaria apta a desenvolver, desde que quisesse. Prostituir-se era uma forma fácil de ganhar dinheiro, embora fosse uma tarefa extremamente perigosa e cansativa.

Quando conheceu Raul, Rose teve esperanças de que sua vida passaria por uma reviravolta. E, de certa forma, havia passado, só que de uma maneira negativa. Ela continuava na mesma pobreza de antes, com três crianças praticamente desconhecidas a tiracolo. Ela sempre soube que não poderia desempenhar o papel de mãe. Agora, a vida lhe trazia os filhos de outras pessoas, sendo que ela não tinha nada a ver com eles e nenhuma responsabilidade pelos seus cuidados.

Uma semana havia se passado desde o suicídio de Raul e parecia que, aos poucos, tudo estava se encaixando em seus devidos lugares. Rose ainda pensava nele e na forma repentina com que ele extirpara a própria vida. Acreditava que ele havia cometido aquele ato insano como uma forma de fugir da situação. O processo de reconstrução de todo o seu trabalho pareceu muito mais difícil do que simplesmente se matar.

Rose já tinha programado que, na noite seguinte, deveria voltar às ruas. Ela e outras sete garotas trabalhavam para um cafetão conhecido como Alberto, embora ela soubesse que esse era um nome falso. Ele era jovem e até bonito, e raramente procurava diversão sexual com as meninas que trabalhavam para ele.

Tinha muitos contatos e os indicava para as garotas, que os levavam para pequenos hotéis na região, pertencentes a alguns amigos de Alberto. No final, elas dividiam o dinheiro do programa meio a meio com ele. Alberto as mantinha protegidas de qualquer ataque nas ruas, já que o bairro em que faziam ponto era frequentado por pessoas barras-pesadas. Elas rachavam o lucro, e todo mundo saía feliz. Cada um fazia seu trabalho, ganhava seu dinheiro e ponto final.

Alberto não gostou muito quando Rose o informou que pretendia abandonar sua vida como garota de programa. Ela jamais lhe dera trabalho, e ele até compreendia que ela tivesse se cansado daquela rotina. Contou-lhe que tinha se apaixonado por um homem, que não era um dos seus clientes e que pretendia formar família com ele.

Alberto gargalhara, mas não contestou, embora estivesse contrafeito. Concedia esse tipo de liberdade às meninas, mesmo para aquelas que eram sozinhas no mundo, como Rose. Ele só lamentava pelo fato de perdê-la, já que ela tinha um rosto gracioso e um corpo que excitava qualquer homem. Nunca passava uma noite sem fazer algum programa e ganhava um bom dinheiro desse jeito.

Por isso, Alberto mal acreditou quando Rose surgiu diante dele no motel que ele dizia administrar. Ela dissera que o homem de quem estava gostando havia se suicidado. Não quis mencionar o fato de que Raul era dono do galpão das estátuas de argila que pegara fogo, mas duvidava que Alberto já não soubesse. Ele sempre sabia de tudo.

— E então, Alberto? Posso voltar? — ela perguntou, avaliando-o. Ele era realmente bonito, aparentando cerca de 30 anos. Os cabelos eram claros e os olhos, esverdeados. Passaria facilmente por um rapaz de família rica e ninguém jamais imaginaria qual era sua verdadeira forma de trabalho.

— Achou mesmo que eu recusaria você, Rose? — ele abriu seu belo sorriso. — Você é uma das melhores, minha pequena.

— Posso voltar ainda hoje, à noite?

— Quando quiser. As ruas estarão sempre abertas para você, meu bem — ironizou ele, soltando uma gargalhada.

Ela também sorriu, demonstrando certo nervosismo, e Alberto percebeu.

— O que você tem? Parece que está preocupada com alguma coisa. O que é?

— Já contei pra você que o homem que me tirou das ruas se matou. Acontece que ele deixou seus filhos comigo.

— O quê? E o que você tem com isso? Deixe-os vivendo com a mãe deles.

— Pois é, Alberto, aí está o problema. Eles são órfãos. O pai era a única pessoa viva da família.

— Não interessa. Não pode manter três crianças em sua casa. Livre-se deles o quanto antes — sugeriu Alberto, friamente.

— Eu não posso fazer isso. A menina mais velha tem apenas nove anos.

— Não vá dizer que está apaixonada pelos filhos de outras pessoas.

— Claro que não. Eu nem gosto deles. Acontece...

— Você já disse tudo — cortou Alberto, passando um dedo pela barba alourada sem fazer havia três dias. — Se não gosta deles, mande-os embora de sua casa e ponto final.

— Eu não posso, Alberto — repetiu Rose. — Sei que não tenho obrigação nenhuma com eles. São três pequenos estorvos que surgiram em minha vida. Só não acho certo colocá-los na rua.

— Ninguém falou em rua. Existem orfanatos para isso — vendo Rose parecer hesitante, Alberto desfechou: — É simples, querida. Coloque-os na porta de uma igreja, e o padre ou alguma freira velhinha irá acolhê-los. Seu pesadelo termina dessa forma. Se não colocá-los pra fora, não quero que volte a trabalhar comigo.

Como Alberto parecia ter dado o assunto por encerrado, Rose voltou para casa pensativa. Assim que destrancou a porta, encontrou Luna penteando os cabelos da irmã menor. Henri assistia à reprise do desenho do Piu-Piu na televisão em preto e branco.

— Quem mandou você pegar minha escova? — gritou Rose, tirando a escova de cabelos com violência das mãos de Luna. — Quer passar piolhos para mim?

— Minha irmã não tem piolhos — defendeu-se Luna.

— Desligue essa porcaria de televisão — ordenou Rose. No instante seguinte, ela mesma desligou o aparelho. — Não estou nadando em dinheiro para vocês gastarem energia. Aqui é minha casa e não sou rica como seu pai era.

— Minha mamãe me deixava ver o Piu-Piu — lamentou Henri, fazendo biquinho que prenunciava choro.

— Sua mamãe morreu, e vocês estão morando comigo agora. Já falei desde o primeiro dia que aqui existem regras a serem cumpridas. Fui clara? — informou Rose, falando com uma voz assustadoramente firme e objetiva.

Ninguém respondeu. Eles se sentaram no sofá, e Luna os abraçou com carinho. Ana Carolina batia com os pezinhos no sofá, e Rose mandou que ela parasse, mas a menina não parou e continuou com os movimentos. Rose repetiu a ordem:

— Está me irritando com esse barulho. Dá para ficar quieta?

Luna encostou os lábios no ouvido da irmãzinha e sussurrou:

— Pare, Carol. Não a deixe mais nervosa.

A menina obedeceu. Henri encostou a cabeça nos ombros de Luna, indagando:

— Ela vai bater na gente?

— Eu não sei... — cochichou Luna de volta. — Se formos bonzinhos, eu acho que ela não bate, não.

Eles ficaram acompanhando os movimentos de Rose, que andava de um lado a outro, pensando no que Alberto dissera. Ele fora explícito ao dizer que não a aceitaria enquanto ela não desse um fim nas crianças. Por outro lado, por mais que os achasse chatos e insolentes, pensava que não faria a coisa certa se simplesmente os abandonasse em uma igreja mais afastada ou na porta de um orfanato.

— Eles precisam ficar, Rose — alertou o espírito Euclides, que estava parado ao lado da mulher. — Seu coração é bom, e sabe que não se perdoará se mandá-los embora de sua casa.

— Alberto não vai me deixar trabalhar com ele se souber que as crianças continuam comigo — refletiu Rose, como se estivesse dialogando com sua própria consciência, sem saber que havia um espírito de luz ao seu lado, tentando lhe incutir bons pensamentos.

— Ele não precisa saber — continuou Euclides. — Pelo menos, não por enquanto. Deixe-os em seu lar. Abra seu coração para que Deus possa plantar uma sementinha de amor aí. Mostre a estas crianças que elas não estão sozinhas, apesar de todas as coisas tristes pelas quais elas passaram.

Rose continuou pensando, avaliando os lados positivos e negativos da questão. Por fim, resolveu que as crianças ficariam, pelo menos por mais algum tempo. Sabia, também, que seria vigiada por Alberto.

Desde a morte do pai, eles não iam mais à escola, e Rose sabia que não voltariam tão cedo, já que era uma instituição particular bem cara. Agora, com Alberto em seu encalço, era melhor que eles não saíssem de sua casa para nada. Quando a poeira assentasse, ela veria o que faria com os três irmãos.

Quando anoiteceu, ela se arrumou, após tomar banho e se perfumar. Usava roupas justas e muita maquiagem no rosto. Luna perguntou discretamente:

— Você vai sair?

— Não ia me arrumar dessa forma para ficar em casa — ela retrucou, azeda. Das três crianças, ela gostava menos de Luna. Achava a menina chata e arrogante.

— E nós?

— Fiquem aqui. Você arruma a cama dos seus irmãos aqui na sala para dormirem.

— Chama aqueles colchões de cama? — perguntou Luna, apontando para os colchonetes velhos e finos nos quais Luna e os irmãos se deitavam na sala. — São duros e dão dor nas costas.

— Mentira. Dá para dormir muito bem. Agora preciso ir. Não tenho hora para voltar, portanto, não me espere acordada — ela olhou para Henri e Carol, que brincavam com bonecos de montar na porta da cozinha. — Tem comida pronta nas panelas que estão na geladeira. Se ficarem com fome, você pode esquentar para os seus irmãos.

— Esquentar? — Luna pareceu horrorizada. — Minha mãe sempre me dizia que as crianças não podem mexer no fogão.

— Ou você aprende a mexer no fogão, ou vão passar fome. Não vá pensando que eu vou cozinhar para vocês. E se não estiver satisfeita, a porta da rua é aquela ali.

Luna baixou a cabeça sentindo vontade de chorar. Rose era má, e ela sempre imaginou que fosse assim. Sua mãe a tratava com amor e carinho, mas aquela mulher não ligava nem um pouco para ela ou para os seus irmãos. Chegava a ser ainda pior do que Raul. Pelo menos, o pai tinha dinheiro e podia pagar Marli para cuidar deles.

Rose apanhou a bolsa e saiu, pedindo que Luna trancasse a porta por dentro, pois ela estava levando uma cópia da chave na bolsa. A menina obedeceu e sentiu o estômago roncar. Não comera nada o dia inteiro e sabia que seus irmãos também deveriam estar famintos.

— Vocês estão com fome? — ela perguntou aos menores.

— Eu estou com muita fome — respondeu Henri.

— Eu estou com muita fome — repetiu Ana Carolina, rindo.

Luna sorriu e entrou na cozinha. O cômodo era pequeno e apertado, com a geladeira grudada no fogão, que ficava encostado na pia. Entretanto, era tudo arrumado e muito limpo. No geral, a casa de Rose era limpa, e Luna já percebera isso.

Ela abriu a geladeira e encontrou três panelas nas prateleiras. Além das panelas, havia alguns ovos na porta, um pote de manteiga e algumas frutas estragadas na gaveta, embaixo. O congelador estava explodindo de gelo e Luna descobriu uma jarra com um resto de suco de laranja atrás de uma caneca com leite.

Ela colocou as panelas sobre a pia e as destampou. Uma com arroz, outra com algo escuro que parecia ser feijão e, na terceira, havia uns pedaços de peixe. Nada parecia estar estragado, e Luna as colocou sobre o fogão, como vira tantas vezes Marli fazer. Ela mexeu no botijão e abriu a válvula do gás. Os irmãos, percebendo a movimentação na cozinha, se aproximaram.

— Vai mexer no fogão, Luna? — perguntou Henri, preocupado. — Rose vai ficar brava.

— Ela me deixou esquentar a comida.

— E se pegar fogo? — tornou Henri. — Papai ficou triste porque pegou fogo nas estátuas dele. E ele morreu.

— Luna vai morrer? — questionou Ana Carolina.

— Ninguém vai morrer nem vou colocar fogo em nada. Vou esquentar essa comida porque estamos com fome.

Ela encontrou uma caixinha de fósforos em cima do armário e riscou um palito, depois de abrir o gás. Ficou com medo de aproximar o palito da boca do fogão e quase queimou o dedo.

Henri e Carol começaram a rir quando Luna jogou o palito incandescente no chão e pisou por cima.

— Não tem graça — ela reclamou.

Riscou outro palito e finalmente acendeu uma das bocas. Repetiu o procedimento com as outras bocas e logo pôs as panelas sobre os pequenos fogos azuis.

— Acho que tem que mexer — murmurou Luna consigo mesma.

— Tem, sim. A Marli mexia pra lá e pra cá — lembrou Henri.

— É verdade — Luna abriu uma gaveta do armário e encontrou uma colher de pau. Mexeu vagarosamente as panelas e, quando achou que tudo estava bem aquecido, ela fechou o gás e anunciou: — Deu certo. Vamos comer comida quentinha.

— Ebaaaa! — entoaram Henri e Ana Carolina.

Pouco depois, Luna serviu a comida em três pratos que ela achou na parte de cima do armário, e eles se sentaram à mesa para comer. Ana Carolina e Henri estavam famintos e chegaram a repetir a comida. Quando todos ficaram satisfeitos, Luna lavou a louça, mas acabou derrubando um dos pratos, que se quebrou dentro da pia. Ela limpou os cacos e os jogou no lixo, certa de que Rose brigaria com ela quando visse o incidente.

Depois disso, Luna forrou os colchonetes estreitos e esburacados com dois lençóis amarrotados. Como travesseiro, Rose lhes dera as almofadas duras do sofá. Ninguém reclamou. Ela vestiu os pijamas nos irmãos e, em seguida, se trocou. Luna não sabia que destino fora dado às suas roupas, pois o que viera parar na casa de Rose era menos da metade de tudo o que eles tinham.

— Boa noite, Luna! Boa noite, Carol! — desejou Henri no momento em que Luna apagou as luzes.

— Boa noite, Luna! Boa noite, Henri! — tornou Ana Carolina, sempre imitando o irmão.

— Boa noite, meus amores! — respondeu Luna.

Ela os beijou na testa como a mãe sempre fizera. Ainda não entendia por que a mãe tinha que ter morrido. Se ela estivesse ali, eles se sentiriam seguros e confortados. Porém, Linda partira, e Luna chorava todas as noites, depois que os irmãos dormiam, lembrando-se da mãe. Tinha muita saudade e sabia que Linda jamais voltaria. Ela se fora para sempre, para algum lugar muito distante dali.

Enquanto era vencida pelo sono, Luna não imaginou que houvesse uma mulher sentada ao lado dos seus irmãos, com o rosto enterrado entre as mãos, chorando profundamente.

CAPÍTULO 21

Rose estava em companhia do seu primeiro cliente da noite. Tratava-se de um velho obeso e resfolegante, que parecia prestes a morrer a qualquer minuto. Ela já transara com ele em outras ocasiões. Detestara-o como homem e como pessoa. Sabia que ele era um ex-banqueiro falido, que contava apenas com sua aposentadoria para bancar seus divertimentos libertinos. Ele era nojento e pedia para Rose fazer coisas na cama das quais ela não gostava. Como ele pagava bem, ela nunca reclamou.

— Eu senti sua falta, florzinha — gemeu ele, amassando com seu peso o corpo de Rose, enquanto a possuía. — Agora que eu sei que você voltou, virei todas as noites procurá-la.

Ela não respondeu, e ele prosseguiu:

— Quero fazer umas coisas com esses lindos seios que você possui — ele saiu de cima dela e colocou sua mão gorda e faminta sobre um dos seios de Rose.

— Tire a mão — ela protestou, afastando a mão dele com um solavanco.

— O que é isso? Voltou cheia de frescura? Eu sempre brinquei com seus seios, e você nunca me impediu — ele tornou a avançar com a mão, e Rose a beliscou. — Estou pagando por essa palhaçada. Não gosto de mulher que fica reclamando — ele aproximou a boca sebosa, e ela o repeliu outra vez. — Diabo, o que deu em você, menina?

— Você me paga para que eu seja sua por alguns momentos. Apertar meus seios ou fazer outras coisas com eles não está na sua lista de permissões — avisou Rose, segurando a mão dele pelo pulso e empurrando-a para longe.

— Assim não dá. Até perdi a vontade agora. Vou dar queixa ao Alberto. Você não serve mais pra mim.

— Você é quem não serve pra mim, seu gorducho vagabundo!

Sem perder tempo, ela se levantou de um salto da cama e correu até a calça dele, que jazia pendurada sobre o encosto de uma cadeira. Sabia que era ali que ele guardava a carteira e não teve dificuldades para encontrá-la. Com gestos rápidos e precisos, ela abriu o zíper e apanhou várias cédulas de uma vez.

— Você está me roubando! — rosnou ele, tentando se levantar, só que o peso de sua imensa barriga redonda o fez permanecer deitado. — Devolva meu dinheiro.

Rose já estava vestindo as roupas. Assim que terminou, guardou o dinheiro do homem em sua bolsa e abriu a porta do quarto do motel para onde ele a levara, saiu no corredor e pôs-se a gritar. Imediatamente, outra garota de programa surgiu no final do corredor, às pressas. Atrás dela vinha Alberto, o rosto tenso e contraído.

— Que berreiro é esse, Rose? — ele perguntou. — O que houve?

— Esse velho louco disse que não ia pagar meu programa. Então não deixei que ele me tocasse.

— Mentirosa! — gritou o velho, surgindo na porta totalmente nu. — Ela roubou todo o dinheiro da minha carteira, Alberto. Faça-a devolver.

— Isso é verdade, Rose? — duvidou Alberto, desviando o olhar da nudez horrorosa do idoso.

— O dinheiro que está na minha bolsa é meu.

— Reviste a bolsa dela, Alberto, ou vou chamar a polícia — prometeu o homem, e seu rosto bexiguento ficou rubro de raiva.

A palavra "polícia" surtiu o efeito desejado, e Alberto, disposto a evitar confrontos com policiais, arrebatou a bolsa de Rose num puxão violento. Não tardou a encontrar as cédulas que pertenciam ao velho.

— Que papelão, Rose! — repreendeu Alberto, devolvendo o dinheiro ao cliente enfurecido. — Além de prostituta, também é

127

ladra? A propósito, você nem me disse se conseguiu se livrar daquelas crianças idiotas.

Como o assunto não interessava mais ao velho, ele tornou a entrar no quarto para se vestir, e Alberto mandou a outra garota, que assistia à cena em silêncio, afastar-se.

Rose lançou um olhar gélido para Alberto e respondeu entredentes:

— Não precisa me ofender. Ele queria machucar meus seios.

— E desde quando uma prostituta pode fazer restrições durante o sexo? Se o homem está pagando, ele faz o que bem quiser com você — como ela não respondeu, ele prosseguiu: — Ainda não me disse o que fez das crianças.

— Hoje eu os deixei com o padre da paróquia central. Ele me disse que vai saber o que fazer com eles — explicou Rose.

— Tem certeza? Sabe que eu tenho meios de descobrir se isso é verdade. E se você estiver mentindo, sabe bem o que pode acontecer com você, não sabe? — a ameaça era clara e pessoal. Rose tentou ignorá-la.

— Não estou mentindo...

— Não mesmo? — sondou Alberto. — Amanhã vou mandar apurar essas informações. Se você mentiu para mim, e as crianças ainda estiverem em sua casa, elas vão sair bastante machucadas devido a essa mentira.

Rose empalideceu. Encarou Alberto com um olhar glacial.

— Não vou deixar que você os machuque.

— Então eles ainda estão com você? Não falei que você teria que se livrar deles se quisesse voltar a trabalhar comigo? Você voltou muito relapsa, Rose. Está roubando, mentindo, ocultando os fatos. Não estou gostando.

— As crianças podem continuar em minha casa enquanto eu venho para cá. Eles não sabem o que eu faço — comentou Rose, com voz pausada.

— Livre-se deles, Rose. Ou eu mesmo darei um jeito nesses órfãos — prometeu Alberto com a voz seca e cortante.

Quando voltou para casa, as palavras de Alberto ainda faziam eco em seus ouvidos. Não era porque não gostava das crianças que permitiria que o cafetão lhes fizesse mal. Ela não era tão fria a ponto de consentir com tudo o que ele quisesse fazer sem reagir em momento algum.

Passava das quatro da manhã. Sua primeira noite fora um fiasco. Ela destrancou a porta de casa, sem acender a luz da sala. Permaneceu por alguns segundos olhando os três corpinhos deitados muito unidos nos colchonetes estreitos que ela lhes cedera. A sala estava fria, e eles se cobriam apenas com uma manta fina. Talvez isso explicasse porque estivessem com tanto frio.

Ela seguiu para a cozinha e acendeu a luz. Seus lábios se repuxaram num sorriso ao deparar com as panelas limpas e lavadas sobre a pia, ao lado da louça. Notou também os cacos de vidro do prato que fora quebrado. Ela estava com fome, mas não ficou brava por ver que eles haviam comido tudo o que ela lhes deixara. Pensou em fazer uma macarronada, porém, estava cansada e assustada com as ameaças de Alberto, e resolveu deixar pra lá. Tomaria uma ducha rápida e cairia na cama no instante seguinte.

Enquanto estava debaixo do chuveiro, ansiosa por se ver livre do suor e do cheiro do velho asqueroso, Rose se lembrava do que Alberto lhe falara. Ela não ia deixar que ele fizesse nada de mau com as crianças. Elas não valiam sua vida, é claro, mas também não era justo colocá-las na rua para agradar a um capricho de Alberto. Até que decidisse o que seria feito deles, todos permaneceriam em sua casa.

Ela se enxugou e arrumou a cama. Já estava se deitando quando se lembrou de algo. Abriu o armário do seu quarto e apanhou um edredom grosso e forrado. Voltou à sala e estendeu-o sobre as crianças. Henri soltou um suspiro profundo, sem abrir os olhos. As meninas não se moveram. Ela tornou a observá-los em silêncio e, finalmente, se trancou em seu quarto.

Não notou o vulto da mulher que a observava do cantinho da sala. A mulher, secando as lágrimas do rosto, sentou-se no chão, ao lado das crianças, e agradeceu:

— Obrigada, Rose. Obrigada por cuidar dos meus filhos.

CAPÍTULO 22

Ela ainda se lembrava de como tudo acontecera e de como fora parar ali. Nem parecia que os meses haviam corrido tão depressa. Para Linda, era como se as coisas tivessem acontecido ontem.

Ela não se lembrava de tudo nitidamente. Em sua memória, havia a lembrança do momento em que telefonara para Raul e que ele lhe fizera diversas ameaças, insinuando que levaria o caso aos tribunais para que um juiz a proibisse de manter contato com os filhos. Depois, ela voltara para casa debaixo de chuva. Abalada como estava, não se dera ao trabalho de despir as roupas molhadas e tomar um banho quente.

Deveria ter sido mais zelosa com seu corpo, visto que andava tão doente. Em algum momento, ela havia tirado todas as roupas, continuando sob os cobertores. Sentiu algo estranho e teve a sensação de estar sendo puxada e levada para longe.

As recordações seguintes mostravam o momento em que ela acordou num local parecido com um hospital. Chegou a pensar que tinha sido internada por ter apanhado chuva, mas uma senhora simpática lhe explicou que seu corpo físico, já adoentado, não suportara o efeito da febre muito alta, e que ela viera a desencarnar. Seu corpo fora enterrado havia duas semanas, mesmo que ela tivesse despertado tanto tempo depois.

Linda achou aquela explicação engraçada e deu boas risadas. Mais tarde, notando a seriedade da senhora que lhe falava, percebeu que não se tratava de uma brincadeira. Ao reencontrar os espíritos dos pais, ela teve certeza de que realmente estava no astral.

— E os meus filhos? — foi a primeira pergunta que veio à mente de Linda tão logo ela se conformou com sua nova situação.

— Eles ficarão bem. Continuarão na matéria por muitos anos, pois todos eles ainda têm muito que aprender como encarnados — explicou Euclides, seu pai.

— E Raul?

— Raul está seguindo em frente. Ele está na companhia de uma mulher com a qual pretende reconstruir sua vida — informou Ivone, mãe de Linda.

Linda se lembrava de Rose e do que Luna dissera sobre ela. Imediatamente, sentiu uma raiva atordoante brotar dentro de si. Nunca permitiria que uma estranha que, segundo Luna, era muito chata, cuidasse dos seus filhos nem que a substituísse.

— Não há razão para se preocupar, Linda — tornou Euclides, lendo os pensamentos da filha. — A sabedoria da vida é grande demais para que haja qualquer tipo de falhas. Ela se encarregará de cuidar de suas crianças. Você precisou deixar a matéria e agora passará a viver no astral. Quando estiver preparada, nós a levaremos para visitá-los. Garanto que você ficará satisfeita em revê-los.

Linda não se contentou com a explicação do pai. Quando viva, Raul e a tuberculose a afastaram do convívio com seus filhos. Agora que estava morta, ou em outra condição de vida, eles lhe falavam para permanecer longe deles novamente?

— Eu quero ver os meus filhos — respondeu Linda, nervosa e aflita. — Não podem me segurar aqui. Eu quero estar ao lado deles.

— Você ainda não tem preparo suficiente para isso, minha querida. As energias do plano físico são muito densas. Seu espírito ainda não está...

— Não interessa, mãe. Eu quero ir embora. Não vou ficar aqui sabendo que aquela mulher pode maltratar minhas crianças. Não é justo. Se vocês me amam, não me impeçam de ficar com eles.

— É justamente por amá-la que pensamos em seu bem. Será muito arriscado você regressar sozinha ao mundo corpóreo. Por lá vagam toda sorte de espíritos e alguns são muito mal-intencionados. Você não sabe como se defender de um possível ataque — justificou Ivone, segurando as mãos da filha a fim de lhe transmitir energias revigorantes.

— Eu sei me virar. Já estou morta mesmo, então o que de pior pode acontecer comigo? Não separem uma mãe dos seus filhos. Eu imploro.

— Se você se aproximar deles, poderá perturbá-los ainda mais. Em vez de ajudá-los, você abalará todos eles. Temos certeza de que não é o que deseja.

— Vocês acabaram de dizer que existem outros espíritos vagando na matéria. Por que permitem que eles fiquem por lá enquanto querem me prender aqui? Não é justo. Não há justiça nesse mundo? Esperava que aqui, no astral, como vocês chamam, as coisas fossem diferentes. Eu me enganei. Deus só quer o nosso sofrimento.

— Isso não é verdade, Linda — contestou Euclides, tocando-lhe os cabelos negros. — Deus só quer o melhor para nós. Também temos que fazer a nossa parte mostrando o quanto podemos ser bons, o quanto podemos aprimorar nossas condutas, melhorando o nosso desempenho e o nosso modo de ver a vida. Como você pôde perceber, a morte, ao contrário do que muitos pensam, não representa o fim e sim o início de novas oportunidades de progresso. É prazeroso para o espírito poder vivenciar novas situações, já que estamos sempre passando por um eterno aprendizado.

— Eu não estou sentindo prazer nenhum em estar morta — queixou-se Linda, franzindo o cenho.

— Não pode negar que está se sentindo muito melhor do que antes — contrapôs Ivone. — Seu corpo físico estava contaminado por uma doença contagiosa. Você sentia dores, febre e tossia sempre. Agora está se sentindo tão saudável quanto antes.

— E a saudade, onde fica? Os vivos choram por aqueles que morreram e sentem sua falta. E nós, que estamos aqui? Temos apenas que nos conformar? Não temos direito de sentir saudade daqueles que deixamos para trás?

— Claro que temos o direito de sentir saudades, afinal, nós somos seres humanos e possuímos sentimentos — justificou Euclides. — Pensa que sua mãe e eu ficamos felizes quando nos informaram que tínhamos desencarnado naquele acidente e que você tinha ficado aos cuidados do meu irmão Haroldo? Por mais que ele tenha sido uma ótima pessoa, nós gostaríamos de ter continuado ao seu lado por mais tempo.

Linda ficou pensativa, sem se deixar convencer pelas palavras do pai.

— E os meus tios Haroldo e Lucimara?

— Eles estão bem. Residem em outra cidade astral. Vamos aguardar que eles nos façam uma visita muito em breve.

— Já basta, pai. Não vou ficar aqui. Quero beijar e abraçar meus filhos de qualquer forma. Se eu perceber que estou prejudicando-os, vou me afastar. Antes, porém, quero ter certeza de que um espírito pode mesmo prejudicar uma pessoa encarnada ou ajudá-la. Desculpe se estou sendo grosseira, mas não vou mudar de opinião. Espero que vocês me compreendam e que respeitem minha decisão.

Disposta a encerrar a conversa, Linda se deitou e cobriu a cabeça com o travesseiro. Mentalizou o rosto de Ana Carolina, Henri e Luna. Sentiu um aperto muito forte no coração, seguido por um desejo de revê-los, ainda que fosse por uns poucos instantes. De repente, teve uma sensação estranha, como se estivesse se deslocando. Ao reabrir os olhos, os pais e o quarto de hospital haviam desaparecido e, em seu lugar, estava a sala de uma casa, com seus três filhos sentados juntos no estofado.

Linda não queria saber como fora parar ali, e, se aquilo fora uma ajuda dos seus pais, ela seria grata a eles. Decidiu não pensar neles por ora, e sim em concentrar a sua atenção nas crianças. Os três pareciam muito tristes e desolados, enquanto observavam a televisão em preto e branco transmitindo um programa infantil.

Linda imediatamente se aproximou e beijou a testa de cada um. No mesmo momento, Ana Carolina começou a chorar e disse para Luna que estava com saudades de sua mãe. Henri imitou a irmã e também abriu o berreiro enquanto Luna procurava consolá-los.

— Não fiquem tristes. A mamãe está junto do Papai do Céu. Ela continua nos amando.

Lágrimas brotaram dos olhos de Linda, principalmente ao notar a correntinha e o pingente no pescoço de Luna. Sua filha cumprira a promessa e continuava usando o adorno como ela lhe pedira para fazer.

Também percebeu que sua aproximação deixou os filhos chorosos e inquietos. Afastou-se, observando-os do canto da sala, embora sua energia impregnasse o ambiente. Eles ficaram mais chorosos e agitados, e Linda refletiu se o que seus pais haviam lhe dito era mesmo verdade. Queria ficar ao lado deles, mas sem lhes fazer mal.

Alguns dias depois, ela ainda continuava residindo na casa de Rose. Já dera pela falta de Raul e não entendia o motivo de nunca mais tê-lo visto. Teria ele brigado com Rose e deixado as crianças com ela?

Como não tinha para quem perguntar, Linda resolveu ir até o galpão em que Raul trabalhava a fim de apurar informações. E ficou

133

muito surpresa ao encontrar uma montanha de ruínas queimadas no local onde o marido esculpia suas obras. Que tragédia havia acontecido ali? Teria Raul morrido no incêndio? Isso explicaria a ausência dele.

Prestou atenção em duas senhoras, que estavam paradas na calçada em frente ao galpão. Linda teve suas dúvidas respondidas ao ouvi-las.

— Não me conformo que aquele rapaz tão novo tenha se matado por causa desse galpão. Ele tinha dinheiro, poderia ter comprado outro lugar melhor que esse — alegou uma das senhoras.

— Exatamente. Ele se matou, e o padre nem queria deixar que ele fosse enterrado no cemitério da cidade. Cruz-credo, o coisa-ruim deve ter atentado para que ele fizesse o que fez — completou a outra senhora.

Linda não quis escutar o restante. Raul se suicidara? Aquilo parecia totalmente distante da personalidade do seu marido. Por que ele se mataria e deixaria as crianças aos cuidados de uma amante? Seria remorso por tê-la deixado morrer sozinha em Campos do Jordão? Provavelmente, não.

Por outro lado, ela não estava preocupada com Raul e sim com seus filhos. Temia que Rose os expulsasse dali, pois, se isso acontecesse, eles não teriam outro lugar para ficar e com certeza seriam levados para adoção, o que lhes traria muito sofrimento.

Linda estava presente na noite em que Luna esquentou a comida para os irmãos. Ela chorou, emocionada, observando a filha mais velha lidando tão bem com o fogão.

— Você já é uma mocinha, meu amor. Eu a amo muito por cuidar dos seus irmãos — sussurrou Linda, mesmo sabendo que Luna não a ouviria.

Quando viu a menina forrando os colchonetes para os irmãos, ela não resistiu e caiu em pranto, enterrando o rosto entre as mãos. Emocionava-se ao ver como os três estavam unidos por laços fraternais.

Também foi Linda quem pediu para Rose cobrir seus filhos quando ela chegara tarde da noite, pois eles estavam com frio. Pelos trajes de Rose, ela já concluíra qual era a sua fonte de renda. O que importava era que ela continuasse a cuidar bem dos seus filhos. Quando Rose foi intuída por suas sugestões e cumpriu seu pedido, Linda não resistiu e, secando as lágrimas, agradeceu, mesmo depois de a mulher já estar trancada em seu quarto:

— Obrigada, Rose. Obrigada por cuidar dos meus filhos.

CAPÍTULO 23

O dia seguinte surgiu ensolarado, e Rose espreguiçou-se gostosamente. Consultou as horas e viu que já passava do meio-dia. Como ainda estava sonolenta, resolveu que poderia dormir mais um pouco. Lembrou-se de que as crianças não deveriam ter comido nada no café da manhã.

— Como se não bastassem todas as minhas preocupações, agora tenho que esquentar a cabeça com os filhos dos outros. Que saco! Que droga! — resmungando, ela se levantou e calçou os chinelos de borracha.

Encontrou os três observando-a fixamente. Eles haviam retirado os colchonetes do piso para escondê-los atrás do sofá. O edredom, a manta e os lençóis haviam sido dobrados e estavam cuidadosamente colocados sobre o sofá.

— Bom dia! — cumprimentou Luna timidamente. — Foi você quem nos cobriu com o edredom?

Rose pensou em ignorar a pergunta, antes de retrucar:

— Sim, fui eu. E daí?

— Nada... Obrigada — agradeceu Luna.

Sem responder, Rose começou a se afastar quando ouviu:

— Obrigado, tia Rose.

Ela se virou para Henri, que proferira o agradecimento.

— Já disse que não sou sua tia. Não voltem a me chamar de tia — ela seguiu para o banheiro e quando voltou havia trocado de roupa. — Vocês estão com fome?

Eles hesitaram, e Luna sacudiu a cabeça negativamente. Henri e Ana Carolina repetiram o gesto.

— Não estão com fome mesmo?

— É que você deixou comida pra gente ontem à noite, e eu esquentei — contou Luna, em voz baixa.

— Eu vi. Vocês quebraram um dos meus pratos.

Luna se assustou, contudo, Rose não parecia estar brava. Rapidamente pediu desculpas, e ela agitou a mão.

— Tá bem, tá bem. Da próxima vez, você toma mais cuidado. Agora vou à padaria comprar pães. Vocês estão com fome sim, só não querem me falar.

— Eu quero um biscoito recheado de morango — pediu Henri, sorrindo, e somente agora Rose notou que um dos seus dentes de leite caíra.

— Não acha que está pedindo muito? — tornou Rose.

— Peça desculpas para a dona Rose, Henri — interferiu Luna.

Tudo o que ela menos queria era conflitos com Rose. Sabia que seus irmãos iriam para a rua quando aquela mulher se cansasse deles.

— Não precisa. A voz de vocês é irritante, às vezes. Deveriam passar mais tempo calados.

Quando Rose voltou, parecia mal-humorada. Ela levou os pães à cozinha e disse que as crianças poderiam se servir.

— Luna, você pode esquentar leite para os seus irmãos, se eles quiserem. Já aviso que não vou passar manteiga no pão de ninguém. Vou comer no meu quarto. Ah, Henri, mandaram algo para você — e ela apontou para uma sacola sobre a pia.

Ela saiu mordendo o pão, e Luna começou a cortar os pães para seus irmãos comerem. Ao olhar dentro da sacola, viu um pacote de biscoitos recheados de morango.

Assim como havia feito na noite anterior, Rose se arrumou com esmero e espargiu uma deliciosa fragrância pelo corpo. Usava uma tintura labial muito vermelha e um vestido igualmente vermelho, colado, como uma segunda pele. Antes de sair, ela se virou para Luna:

— Eu deixei macarrão na panela. Se quiser, esquente para você e para seus irmãos.

Luna balançou a cabeça em concordância, e Rose saiu, trancando a porta por fora com sua chave.

— É melhor vocês tomarem um banho — avisou Luna aos irmãos. — Depois disso, vou esquentar o macarrão que ela deixou para a gente comer.

— Oba! Eu estou com uma fome desse tamanho — fez Henri abrindo os braços para mensurar a grandeza de sua fome.

— Eu sei. Por isso, peguem os pijamas, porque depois do jantar nós vamos dormir — completou Luna, esboçando um leve sorriso, sentindo-se, de repente, como se fosse a mãe daquelas crianças e não sua irmã mais velha.

As circunstâncias atuais haviam-na obrigado a se comportar como uma pessoa muito mais adulta do que os seus nove anos. Tivera que aprender a esquentar a comida para os irmãos, vesti-los, colocá-los para dormir, ajudá-los a escovar os dentes e pentear os cabelos. Era Luna quem preparava as camas para dormirem e era ela quem arrumava tudo pela manhã, antes de Rose acordar. Lavava a louça usada durante o jantar e já pensava em varrer toda a casa no dia seguinte. Sabia que o importante seria agradar Rose o máximo que pudesse, do contrário, seu destino e o dos irmãos seria a rua.

Henri já estava se dirigindo ao banheiro quando ouviram batidas vigorosas na porta. Os três se entreolharam. Henri e Ana Carolina encararam Luna, esperando pela decisão que ela tomaria. Obedeciam a irmã cegamente e faziam tudo o que ela lhes ordenava.

— Quem é? — perguntou a pequena Carol em voz baixa, olhando para Luna.

— Eu não sei. Vou ver. Fiquem aqui — pediu Luna.

— A dona Rose disse que não deveríamos abrir a porta para ninguém — reforçou Henri, recordando-se das palavras de Rose. — Ela tem a chave.

— Eu sei. Só vou perguntar quem é. Não vou abrir — prometeu Luna, caminhando devagar até a porta, sendo seguida pelos irmãos. As batidas se repetiram, e ela perguntou em voz alta: — Quem é?

137

— Preciso entrar. Sou amigo da Rose — respondeu uma voz masculina do outro lado. — Vocês são as crianças que estão morando com ela, não é mesmo? Ela pediu que eu viesse lhes dar um recado.

Luna soltou um suspiro de alívio. Ingenuamente, ela pensou que, se o visitante era amigo de Rose e sabia sobre eles, então era uma pessoa de confiança, que não ofereceria perigo algum para ninguém.

Rapidamente, ela destrancou a porta e deparou-se com um sujeito bem-vestido e atraente, olhando-a com curiosidade.

— Boa noite, garotinha! — ele sorriu com seus belos dentes. — Posso entrar?

Ele não parecia ser um homem mau, e ela recuou um passo para que ele entrasse. As crianças menores não desgrudavam os olhos dele, e Carol retribuiu o sorriso que ele lhe ofereceu.

— Vocês são crianças muito bonitas, como Rose me disse que eram — olhando um por um, ele se sentou no sofá. — Onde está a mãe de vocês?

— Ela morreu — explicou Henri, solícito. — Ficou doente, e o Papai do Céu pediu que ela morasse lá em cima.

— Ah, claro. E seu papai? — perguntou o desconhecido, intrigado.

Alberto viera conferir pessoalmente as misteriosas crianças que Rose vinha mantendo em sua casa. Ele a avisara de que deveria se livrar dos garotos, se quisesse continuar a trabalhar, mas Rose estava sendo bastante rebelde. Ela já estava em sua segunda noite de trabalho após o longo recesso e até agora as crianças pareciam bem acomodadas ali.

— Também está no céu — ajuntou Henri. — Papai do Céu chamou todo mundo.

Alberto ia responder quando olhou vivamente para o canto da sala, julgando ter escutado algum barulho. Acreditava que Rose deixava as crianças sozinhas.

— Há alguém aqui na casa, além de vocês?

— Não, senhor — respondeu Luna. — Qual recado a dona Rose pediu para o senhor nos trazer?

— Ela pediu que eu viesse aqui conhecê-los. Parabéns, vocês são crianças muito bonitas — comentou Alberto com certa malícia.

Lançou um olhar cheio de luxúria para a camisolinha de tecido fino que Luna usava. Sem conseguir disfarçar, ele baixou os olhos para as coxas da menina. Constrangida com os olhares do estranho, Luna contornou o sofá e postou-se atrás dele.

Ele ia se levantar para observá-la melhor quando tornou a olhar para o canto da sala. Não havia nada ali, mas ele se aproximou lentamente da parede. Estava certo de ter percebido algum ruído vindo dali, mesmo que não visse nada.

Parada a poucos centímetros diante do seu rosto estava o espírito de Linda, observando-o com olhos cheios de fúria. Ela não o perdera de vista desde o momento em que ele entrara. Nunca o tinha visto antes. Sabia que ele viera até ali com segundas intenções.

— Vá embora — ordenou Linda, entredentes. — Saia daqui ou vai se ver comigo. Deixe meus filhos em paz.

— Essa casa é estranha — falou Alberto em voz alta, sentindo um arrepio lhe percorrer a espinha. Nem mesmo quando a polícia fazia uma batida em seus motéis ele era acometido por aquela sensação incômoda e inquietante.

— O senhor vai demorar? — perguntou Luna.

— A garotinha quer que eu vá embora?

— É que meus irmãos estão com sono. Eles vão tomar banho, jantar e dormir.

— Entendi — respondeu Alberto, caminhando para trás do sofá.

Henri e Ana Carolina não perceberam, mas Luna viu perfeitamente quando ele passou a língua pelos lábios, enquanto tornava a olhar para as pernas da menina. Ela não entendeu muito bem o que aquele gesto significava, embora não parecesse ser coisa boa.

— É melhor o senhor ir embora — pediu Luna, recuando para manter o máximo possível de distância do estranho.

Se não fosse a sensação de estar sendo observado, que o arrepiava a cada segundo, Alberto teria ficado ali com segundas intenções. Pensou em retrucar a sugestão de Luna, quando teve a certeza de ouvir uma voz ao seu lado dizer:

— Saia desta casa! Agora!

O coração do homem acelerou, e ele caminhou rapidamente na direção da porta.

— Não precisam dizer nada para a Rose que eu estive aqui, senão ela vai ficar brava com vocês. Ela não gosta de crianças fofoqueiras — alertou Alberto, antes de sair.

Assim que ele se foi, Luna correu para trancar a porta. Henri e Ana Carolina já não pareciam tão amistosos agora e até demonstravam certo medo.

— Eu não gostei dele, Luna — murmurou Henri, olhando para a porta fechada.

— Eu também não. Vamos nos esquecer desse homem e tomar banho. Quem chegar por último, vai ter que beijar um sapo — brincou Luna, correndo na frente dos irmãos.

Depois de se banhar e ajudar os irmãos, Luna esquentou a macarronada que Rose lhes preparara. Depois de deixar tudo lavado e arrumado, ela preparou os colchonetes e acomodou os menores.

— Boa noite, Luna! — disse Henri, fechando os olhos.

Ana Carolina, que estava ainda mais sonolenta, nem cumprimentou a irmã. Luna se inclinou e os beijou na testa, como a mãe sempre fazia.

— Eu amo vocês — sussurrou Luna.

Ela se deitou, só que o sono não veio com facilidade. Momentos depois, a menina ouviu um ruído na porta e se sentou no colchão. Pensou que pudesse ser o homem novamente e só se tranquilizou quando viu Rose entrar na sala escura.

— O que está fazendo acordada, menina? — perguntou Rose, com evidente irritação. Sua segunda noite fora pior do que a primeira. Era impressionante como o tempo em que ficou afastada causou impacto em sua clientela. Vários homens com quem costumava sair já haviam se ajeitado com outras garotas e não demonstraram interesse em ver que ela estava de volta.

— Preciso falar com você — cochichou Luna, levantando-se. — É importante.

— E que assunto importante uma menina de nove anos tem para tratar com uma mulher às três da manhã? — revidou Rose, apoiando-se no braço do sofá para descalçar os sapatos de salto agulha.

— Um homem veio aqui depois que você saiu — explicou Luna.

A informação deixou Rose interessada e alerta. Sem responder, ela puxou Luna pelo braço e a guiou até seu quarto. Ali, acendeu a luz e ordenou que a menina se sentasse em sua cama.

— Do que você está falando? Quem veio aqui?

— O seu amigo. Ele não falou o nome.

— Que amigo é esse? Como ele é? Fale de uma vez, criatura.

140

— Ele era alto e bonito. Tinha os olhos verdes. Apesar de ser bonito, eu não gostei dele — revelou Luna.

"Alberto", pensou Rose, sentindo a raiva fervilhar em seu peito. "Que audácia a dele vir à minha casa na minha ausência".

— Você não o deixou entrar, não é mesmo?

— Deixei sim, porque ele disse que era seu amigo e que tinha um recado para nos dar — confidenciou Luna, começando a se assustar ao perceber que Rose estava ficando nervosa.

— E o que ele fez? Ele disse alguma coisa?

— Ele... ele ficou...

— Vamos, menina, desembucha logo.

— Ele se sentou no sofá e depois ficou olhando... pra mim.

— Olhando pra você?

— Ele... — Luna sentiu as bochechas esquentarem e foi em frente. — Ele ficou olhando para as minhas pernas.

Rose sentiu algo pulsar em seu interior e soube que aquilo era ódio. Aquele Alberto era mesmo um desgraçado. Ia até sua casa constranger uma criança.

— Ele a tocou? Ele colocou a mão em seus irmãos?

— Não. Depois disso, ele foi embora. E falou que eu não podia contar para você. Desculpe.

Rose bufou, olhando para o teto, e baixou o olhar para Luna novamente.

— Eu ia ficar muito mais brava se você não me contasse nada. Está morando em minha casa e quero ser informada de tudo o que acontece quando não estou aqui. Está entendido?

— Sim, senhora.

— E nunca mais abra a porta para estranhos. Fui clara?

— Foi sim, senhora.

— Ótimo. Agora volte para sua cama.

Luna saiu devagar do quarto, enquanto Rose espumava de ódio. Acendeu um cigarro que tirou de sua bolsa, mas desistiu de fumá-lo antes mesmo da primeira tragada. Sem conseguir conter a raiva, ela calçou um sapato sem salto, pôs a bolsa no ombro, passou pelas crianças na sala e bateu a porta ao sair.

CAPÍTULO 24

Sabendo que encontraria Alberto na recepção do motel, Rose cruzou a porta de entrada feito um furacão. Ao vê-la, ele abriu um sorriso encantador, o que fez a raiva dela se multiplicar.

— O que você foi fazer em minha casa, Alberto?

— Eu? — ele fingiu surpresa. — Acho que está me confundindo com outro, afinal, existem tantos homens em sua vida.

— Você sabe do que estou falando. Você deixou as minhas crianças apavoradas.

— Suas crianças? — ele alçou a cabeça para trás e soltou uma gargalhada. — Ora, e não é que a velha Rose está ficando sentimental? Vai mesmo defender os bastardinhos?

— Luna me disse que você ficou olhando para as pernas dela. Não se envergonha, Alberto? É apenas uma criança.

Ele saiu de trás do balcão da recepção, contornando-o, e parou diante de Rose. Ergueu a mão e deslizou o polegar suavemente pelo seio de Rose. Ela não o deteve.

— Aposto que ela estava gostando. Não me pareceu tão infantil assim. Ela ia adorar sentir isso aqui — ele riu, tocando na própria virilha.

— Seu porco! Como pode ser tão vil? Sabe que molestar crianças dá cadeia, não sabe? Se eu souber que você está rondando-as, vou denunciá-lo. Juro que vou.

Ela soltou um grito quando ele deu um apertão fortíssimo no seio pelo qual deslizava o dedo. Antes que ela abrisse a boca para reclamar, ele avisou:

— Você é muito bonita para perder a vida de bobeira. Sabe do que eu sou capaz, então, cuidado com o que diz. Se tentar me prejudicar, vai se arrepender.

Ela ficou lívida. Ainda assim tentou não demonstrar medo. Sabia da reputação de Alberto e que, apesar de sua aparência de bom moço, ele era frio e cruel. Tinha amizade com capangas e bandidos da pior espécie, que faziam qualquer tipo de serviço por um valor irrisório. Ela já soubera de pessoas que haviam perdido a vida de maneira misteriosa, enquanto outras faleceram em supostos "acidentes". Todas as vítimas, claro, tinham alguma pendência ou algum débito não quitado com Alberto. O que ouvia agora era uma ameaça clara e direta.

— Você não teria coragem de me fazer mal — ela sussurrou, com a voz falhando.

— O galpão do seu amante suicida pegou fogo, não é mesmo? Já imaginou se acontecesse algo parecido com sua casinha, estando os três órfãos dormindo como anjinhos lá dentro?

Rose empalideceu ainda mais e precisou se apoiar no balcão da recepção para não ir ao chão. O olhar macabro de Alberto pareceu se suavizar e sua voz assumiu um tom mais brando.

— Não vamos pensar em coisas desagradáveis, Rose. Sei que nós somos amigos, e que você jamais voltará a me ameaçar com a polícia. E agora, para mostrar o quanto somos amigos, o que acha de subir comigo até um quarto?

Não era costume de Alberto transar com suas garotas, porém, Rose não queria contrariá-lo agora. Assentindo com a cabeça, ela o acompanhou até o segundo andar do edifício, e ele destrancou uma porta, empurrando-a para dentro.

Ele se despiu, e Rose avaliou o corpo bem definido do cafetão. Não sentiu nenhum tipo de prazer sexual durante as duas horas em que ficaram na cama. Quando terminaram, ele a beijou no queixo e ordenou:

— O dia já clareou. É melhor você ir para casa. Quero dormir um pouco.

Ela não respondeu. Levantou-se e vestiu a roupa, sob os olhares atentos de Alberto. Quando ficou pronta, ele lhe acenou e fechou os olhos tranquilamente para dormir. Rose se afastou dali a passos largos.

Embora esperasse novas visitas de Alberto em sua casa durante os dias seguintes, Luna afirmou que ninguém apareceu, e Rose acreditou nela. Via-o de vez em quando durante seu turno nas ruas, e eles mal conversavam. A ameaça dele fora incontestável, mas Rose sabia que, de certa forma, também o havia ameaçado com a polícia. Só imaginava qual dos dois cumpriria com a palavra primeiro.

O mês de agosto fez pouco frio e custou uma eternidade para passar. No fim de setembro, Luna completou 10 anos. Na noite anterior ao seu aniversário, pouco antes de Rose sair, Henri perguntou:

— Amanhã você vai ficar mais velha?
— Farei 10 anos. E você logo vai fazer seis.
— O que você vai ganhar de presente?
— Meu maior presente seria ter a mamãe de volta. Acontece que ela morreu e não vai voltar mais. Eu queria ganhar um vestido bem bonito, de preferência azul, que é minha cor preferida — uma sombra de tristeza passou pelos olhos de Luna. — Só que eu não vou ganhar nada. Não tenho dinheiro. Não tenho amigos e ninguém nem me conhece. Não saímos de dentro desta casa para nada. Nunca mais fomos à escola. Claro que a dona Rose não vai gastar comigo.

O que Luna não sabia era que Rose estivera na escola particular em que as crianças estudavam e expusera à diretora o ocorrido com Raul, acrescentando que não tinha condições de pagar as mensalidades. À época, não havia órgãos importantes, como o Conselho Tutelar, criado somente em 1990 junto com o Estatuto da Criança e do Adolescente, de forma que a diretora, para evitar prejuízos financeiros à sua instituição, desligou as crianças de seu corpo discente, confiando nas palavras de Rose de que as colocaria em uma escola pública, o que jamais aconteceu.

Enquanto eles continuavam conversando, Rose, que ouvira a conversa de dentro do quarto, abriu sua gaveta de peças íntimas e apanhou uma pequena bolsinha cor-de-rosa. Retirou algumas cédulas e recolocou a bolsinha no mesmo lugar. Ao sair, passou pelas crianças sem nem ao menos se despedir, como se não as visse ali.

No dia seguinte, Luna acordou com beijos e abraços dos irmãos, desejando-lhe feliz aniversário. Linda, a um canto, observava-os tristemente, mas não quis se aproximar. Já percebera que, quando chegava muito perto, suas energias densas deixavam as crianças sensíveis e chorosas. Jamais desejaria prejudicá-los.

A porta do quarto foi aberta, e Rose surgiu trazendo um pacote de presente embrulhado e decorado por uma linda fita azul. Estendeu o pacote para Luna.

— Mandaram para você.

Luna mal acreditou naquilo. No ano passado, ela ganhara muitas coisas bonitas dos seus pais, mas agora os dois tinham morrido, e ela achava que nunca mais ganharia um presente em sua vida, muito menos vindo de Rose.

— Não vai abrir? — perguntou Rose.

Luna soltou a fita, enquanto os irmãos ajudavam a rasgar o papel colorido. Uma caixa bem enfeitada surgiu, e Luna a destampou. Soltou um gritinho de excitação ao avaliar a peça dobrada dentro da caixa.

— Uma roupa! — ela desdobrou o tecido e gritou de alegria ao deparar com um dos mais belos vestidos azuis que já vira. Era lindo e se parecia com o de uma princesa.

— Tem outro na caixa — apontou Henri.

Luna rapidamente apanhou o outro vestido. Este era rosa, e Luna o achou tão lindo quanto o outro, embora gostasse mais da cor azul. Seus olhos se encheram de lágrimas, e ela se virou para Rose.

— Obrigada, dona Rose.

— Não fui eu que comprei os...

Rose interrompeu a fala quando Luna a abraçou pela cintura, e ambas se surpreenderam com o gesto. Henri e Ana Carolina também a abraçaram, e ela se sentiu subitamente corada e sem jeito.

— Vocês vão me derrubar se continuarem me agarrando.

145

Linda sorria em silêncio. Rose não era tão má quanto ela pensara no início.

Quando conseguiu se ver livre dos braços das crianças, Rose fez um discreto sinal para Luna segui-la até seu quarto, ordenando que os dois menores ficassem na sala assistindo a um desenho.

— Pode ligar a televisão? — Henri quis confirmar. — A senhora não vai ficar brava?

— Hoje é o aniversário da sua irmã, e não estou a fim de brigas. Sinto-me boazinha e prometo não ficar brava — garantiu Rose, enquanto entrava em seu quarto.

Luna fechou a porta assim que entrou. Acompanhava os movimentos de Rose com o olhar e viu quando ela subiu na cama para ter acesso ao maleiro do guarda-roupa. De dentro dele, ela retirou uma pasta de plástico preta. Quando desceu da cama, estendeu a pasta para Luna.

— Abra — ordenou.

Luna não fez perguntas enquanto puxava o zíper da pasta. Arregalou os olhos ao ver a quantidade de notas que estavam dobradas ali. Dava para ter uma noção de que era muito dinheiro.

— Isso é dinheiro — concluiu Luna.

— Claro que é dinheiro, menina. São todas as minhas economias. Venho juntando esse dinheiro há anos. Parte dele foram meus avós que deixaram para mim.

Luna ficou curiosa a respeito da vida de Rose, já que não sabia praticamente nada sobre ela. Entretanto, pensou que se fizesse alguma pergunta nesse sentido, ela poderia se irritar.

— Deve dar para comprar muitas coisas — comentou Luna, fechando o zíper e esticando os braços para devolver a pasta.

— Sim, dá para comprar bastante coisa com esse dinheiro. Eu não o uso, sabe? A casa é minha, então não pago aluguel. Minhas despesas são baixíssimas. Com o meu trabalho, ganho para me sustentar. E tudo o que sobra eu coloco nesta pastinha.

Rose abriu uma gaveta do guarda-roupa e pegou uma bolsinha cor-de-rosa, a mesma de onde tirara o dinheiro para comprar os dois vestidos de Luna. Sem dizer nada, ela entregou a bolsinha para a menina.

— Nesta bolsa também tem dinheiro, só que na pasta tem muito mais.

— A senhora nem precisa trabalhar então. É muito rica — espantou-se Luna, ficando ainda mais surpresa quando viu Rose dar o primeiro sorriso para ela desde a morte de Raul.

— Não. Eu não sou rica. Mas esperava ficar rica um dia, sabia? Eu queria me casar com seu pai para ficar rica.

Luna não contestou o comentário. Devagar, ela colocou a pasta e a bolsinha sobre a cama de Rose.

— É melhor guardar esse dinheiro, dona Rose. E se algum ladrão entrar aqui e o encontrar? — questionou Luna.

— Ninguém sabe que tenho esse dinheiro. Você é a primeira pessoa para quem estou contando. E quem vai guardar esse dinheiro é você.

— Sim, senhora. Posso subir na cama para colocar a pasta lá em cima, no guarda-roupa?

Rose sorriu de novo, intrigando a menina cada vez mais.

— Não, você não entendeu. Quero que esse dinheiro fique com você. Você irá guardá-lo em um lugar bem seguro e não precisa me dizer onde o colocou — vendo Luna ficar assustada, Rose prosseguiu: — Não precisa ter medo. Este dinheiro não é um presente que estou te dando. É apenas uma maneira de garantir seu futuro e o dos seus irmãos por algum tempo. Não deve gastar tudo em sorvetes, está bem?

— Dona Rose, não é certo...

— Não seja chata, menina. Guarde bem esse dinheiro. Tenho certeza de que um dia você vai precisar dele — antes que Luna fizesse mais perguntas, Rose apontou para a porta. — Já me cansei de olhar para essa sua cara de boba. Vamos, caia fora.

Aturdida com aquilo, Luna apenas cumpriu a ordem, segurando a pasta preta e a bolsinha cor-de-rosa. Foi até o armário que havia no banheiro, onde suas roupas e as roupas dos irmãos ficavam guardadas e revirou as peças até encontrar o que queria.

Ali, achou uma grande imagem de São Benedito, de plástico, que Marli lhe dera no dia de sua despedida. A imagem do santo tinha um fundo que se abria e, sem pensar duas vezes, Luna apertou todo o dinheiro que continha na pasta e na bolsinha no espaço oço. Quando fechou o fundo, ninguém desconfiaria de que houvesse tanto dinheiro ali. Luna aprendera a fazer contas de adição na época em que frequentava a escola e contara uma soma exorbitante dali. Pelo menos, para ela, tinha muito dinheiro.

Recolocou o santo no lugar quando ouviu batidas na porta da sala. Saiu depressa do banheiro e fez um gesto para Henri, que já estava se adiantando até a porta.

— Já não falei que não deve abrir a porta sem antes perguntar quem é? — repreendeu Luna em voz baixa. Ela virou o rosto para trás, mas Rose continuava trancada no quarto. Finalmente perguntou: — Quem é?

— Preciso falar com a Rose. É o irmão dela. Vim de longe e não posso ficar aqui fora com as malas — disse uma voz masculina, em tom forçado e estranho.

Luna hesitou por alguns instantes. Nunca ouvira Rose dizer que tinha um irmão, porém, não sabia nada sobre ela. Já ia abrir a porta quando teve uma ideia melhor. Voltou ao quarto de Rose e bateu na porta.

— Vieram me encher a paciência, é? — gritou Rose do lado de dentro. — Estou com uma dor de cabeça dos diabos, então, acho melhor vocês me darem um tempo.

— É que o irmão da senhora acaba de chegar e está batendo na porta.

Em menos de cinco segundos, a porta foi aberta, e Rose passou pelas crianças como um furacão. Sem se deter, ela parou diante da porta e perguntou:

— Quem está aí?

— Seu irmão caçula — respondeu a voz, ironicamente.

Furiosa, pois havia reconhecido a voz de Alberto, ela abriu a porta, pronta para lhe dizer umas verdades. E a raiva morreu em sua garganta quando viu a pequena pistola que ele empunhava. Seus olhos estavam muito vermelhos e de sua boca saía um hálito fétido de álcool.

— Gostou da visita, meu amor? — perguntou ele, falando arrastado.

— Pelo o amor de Deus, Alberto. Você enlouqueceu? Guarde essa arma ou vai assustar as crianças.

— É melhor entrar, ou suas crianças vão virar comida de urubu — ele fez um gesto com a arma, indicando que Rose deveria recuar para que ele entrasse.

Henri e Ana Carolina nem se deram conta do objeto que ele trazia na mão, mas Luna reconheceu o brilho da arma e abafou um grito. Era o mesmo homem que ficara olhando para suas pernas havia algumas semanas.

— Vá embora daqui, Alberto, ou...

— Ou o quê, minha querida? Vai chamar a polícia para mim? Então chame. Quero ver se você tem coragem.

Rose virou a cabeça para trás, tentando fazer um sinal para que as crianças se trancassem em seu quarto. Inesperadamente, Alberto golpeou seu queixo com a coronha da arma. Henri gritou, e Ana Carolina começou a chorar.

— Vou fazer essa menina calar a boca — continuou Alberto, desviando o cano da arma para o rosto da pequena Carol. — Vai ficar quieta em um segundo.

Ele ia apertar o gatilho quando sentiu um violento torpor, que atribuiu ao excesso de bebida. Sem que soubesse, Linda o agarrava pelo pescoço, enquanto proferia uma série de ofensas.

— Você não vai fazer mal aos meus filhos, seu maníaco. Antes, eu mato você. Juro que mato você.

Rose também não demorou a reagir. Apanhou um pequeno vaso de cerâmica que ficava sobre um móvel de madeira e atirou-o contra a testa de Alberto. Ele perdeu o equilíbrio, mas manteve a firmeza na mão armada.

— Rose, Rose... A culpa disso tudo é sua. Por que tinha que ser mentirosa? Por que tentou me enganar? Ninguém mente pra mim e continua vivo para contar história. Você me desafiou, insistiu em ficar com essas crianças nojentas. Agora você vai se arrepender por ter me feito de tolo. Vai pagar por ter machucado minha cabeça.

Houve um estrondo, e as crianças gritaram achando que Alberto tinha atirado em Rose. Contudo, o barulho fora de um trovão, anunciando uma grande tempestade.

— Você está bêbado. Por favor, pare de assustar as crianças.

Como Ana Carolina continuava a chorar a plenos pulmões, Alberto tornou a apontar a arma para ela. De repente, como num *flash*, ele vislumbrou diante dos seus olhos a imagem de um rosto feminino, encarando-o com ódio e rancor. Tonto e assustado com a brevíssima visão, ele perdeu a reação por alguns segundos. Rose partiu pra cima dele tentando desarmá-lo.

Houve uma gritaria geral. Henri e Ana Carolina berravam, de mãos dadas, e Luna olhava para todos os lados à procura de algo com que pudesse defender Rose. Ela estava indo à cozinha apanhar uma faca quando ouviu outro estrondo. Desta vez, o barulho veio da sala.

Com as lágrimas quentes lhe embaçando a visão, Luna voltou à sala a tempo de ver Alberto e Rose se olhando mutuamente. Os dois vieram ao chão ao mesmo tempo, como em uma dança sincronizada. Quando caíram, Luna correu para acudir.

Ela viu sangue na roupa de ambos. Viu o furo certeiro da bala que perfurara o peito de Rose. Também viu o corte feio e sangrento na garganta de Alberto, e o estilete comprido e afiado que Rose ainda segurava. Ela não tinha percebido que Rose também estava armada. Em uma fração de segundo, compreendeu tudo. Alberto atirara nela após ter sido atacado com o estilete, ou vice-versa. Ele já estava com os olhos vidrados, só que a preocupação de Luna era com Rose, que ainda respirava com dificuldades.

— Eu não disse? — ela falou devagar. — Estava adivinhando que ia morrer.

— Não, dona Rose. A senhora não pode morrer. Por favor — pediu Luna, chorando muito.

Olhou para trás e gritou para os irmãos saírem à rua e pedir socorro, porém, a chuva, finalmente, havia desabado, e eles pareceram receosos de sair.

— Não adianta... socorro. Sei o que vai... acontecer... comigo — a voz de Rose começou a enfraquecer, e Luna se apavorou.

— Não morra, por favor. Apesar de tudo, eu gosto da senhora. Quem vai cuidar dos meus irmãos?

— Você! — como se quisesse mostrar seu melhor lado nos últimos momentos, Rose abriu um lindo sorriso. — Terá que me prometer... que vai cuidar muito bem deles.

— A senhora vai ficar bem. Vou chamar um médico.

— Já sabe... o dinheiro... — ela fechou os olhos e permaneceu por um longo tempo com eles fechados. Luna já ia gritar quando do Rose reabriu-os. — Use bem o dinheiro... me perdoe se... não fui boa... com vocês. Eu... eu...

150

— A senhora foi muito boa. Deu-nos casa e comida. Por favor, fique viva.

— Luna... a sua mãe foi uma mulher... de sorte por... por ter tido vocês. Agora saia daqui e... peça ajuda... ajuda. Cuide... seus irmãos... cuide...

Lentamente, Rose fechou os olhos de seu corpo físico pela última vez. Luna abaixou a cabeça e chorou por um longo tempo. Henri se aproximou hesitante, olhando para o corpo de Alberto, temendo que ele fosse se levantar e matar todos eles. Luna apenas apertou a mão do irmão sentindo o corpo todo tremer.

No final, Rose lhe dissera mais ou menos a mesma coisa que Linda lhe pedira na última vez em que a vira com vida. Que ela deveria cuidar dos irmãos, afinal, eles eram a única coisa que restara de sua família. Todos se foram, e os três agora formavam uma pequena e solitária família.

— Vamos embora daqui — anunciou Luna.

Era esperta o bastante para saber que a polícia chegaria a qualquer momento e ela não queria esperar por eles. E se achassem que fora ela quem matara os adultos?

Como estava com pressa, encheu apenas uma sacola de pano com algumas poucas peças de roupas dos irmãos. No fundo da sacola, colocou a imagem de São Benedito. A única maneira de sobreviver estava dentro daquele santo.

Henri e Ana Carolina ainda choravam, e a chuva não passara. Luna sabia que era preciso partir. Sem dizer nada, ela segurou os irmãos pelas mãos e os guiou até a porta, que o vento abrira. Sentiu-se mal por deixar o corpo de Rose caído tão perto do homem que a matara, mas não havia nada que pudesse fazer. Somente deveria se afastar dali e manter seus irmãos por perto, como Rose pedira e também sua mãe, antes dela.

CAPÍTULO 25

As três crianças saíram correndo pela calçada molhada e escorregadia. Com a sacola pendurada no ombro, Luna segurava as mãos dos irmãos com firmeza. Eles corriam como podiam e as roupas logo ficaram grudadas no corpo com o fluxo da água. Ana Carolina começou a se queixar de dor na perna, mas Luna não podia carregá-la no colo. Pediu que a menina aguentasse um pouco até que pudessem parar em algum lugar para descansarem.

Linda seguia ao lado dos filhos, chorando e orando ao mesmo tempo. Ela ainda estava estarrecida com o desenrolar das cenas na casa de Rose. Não podia acreditar que duas pessoas houvessem morrido de forma tão tola e inesperada. E isso resultara no abandono total dos seus filhos. Suas crianças tão amadas estavam entregues à própria sorte, correndo no meio da chuva sem saber para onde ir.

Assustada, Linda se recordou de que morrera daquela mesma forma. Era verdade que ela estava bastante doente, porém, apanhara chuva em excesso e ficara com a roupa molhada por um longo tempo. Por isso, ficou preocupada com a ideia de que as crianças pudessem adoecer também. Quem cuidaria delas agora? E ela? O que podia fazer para ajudá-las? Ela sabia rezar, contudo, seu nervosismo era tão grande que mal conseguia se concentrar em uma oração.

Viu quando Luna guiou os irmãos até um coreto, em uma praça. O dia transformara-se em noite, os relâmpagos serpenteavam pelo céu e os trovões rugiam de forma assustadora. Linda continuava correndo com os filhos e sentia que estava ficando tão molhada quanto eles.

Uma luz clareou a manhã chuvosa. Linda chegou a pensar que um raio tivesse caído bem perto dali. Observou dois seres envoltos em luminosidade saírem daquela luz e reconheceu seus pais, Ivone e Euclides. Eles se aproximaram devagar de Linda, transbordando paz, serenidade e consolo.

— Viemos buscá-la, minha filha — começou Ivone, e sua voz acalmou o nervosismo de Linda por alguns instantes. — Viemos pedir que nos acompanhe para o local que servirá como sua nova morada. E eles — ela apontou para as crianças, que tremiam abraçadas sob a cobertura do coreto — encontrarão mãos amigas para ampará-los no momento certo. Suas crianças não ficarão abandonadas, aliás, nós nunca somos abandonados pela espiritualidade.

— No entanto, Linda — prosseguiu Euclides —, você será de muita utilidade no astral. Lá há muito a ser feito, e sua presença é fundamental.

Linda desviou o olhar para os filhos, sem responder. Euclides apoiou a mão com suavidade sobre o ombro da filha e continuou:

— Sabemos que você está preocupada com eles. Só que persegui-los não vai auxiliar ninguém. Você, em sua atual condição, tornou-se limitada em muitas coisas no que se refere a interferências terrenas.

— Eu os amo tanto — lamentou Linda, chorosa.

— Não precisa nos dizer que os ama. Sabemos disso melhor do que ninguém, afinal, fomos seus pais — interveio Ivone. — Eu sei o quanto você está sofrendo por eles, assim como eu sofri por tê-la deixado para trás. Como eu disse, a vida se encarrega de colocar alguém em nossas vidas para nos amparar em nossa caminhada. Você foi criada pelos meus cunhados, Haroldo e Lucimara, e tornou-se uma moça boa, honesta e educada. Agora, é a vez de essas crianças seguirem o caminho delas.

— Vocês estão me pedindo para abandonar minha família? Eles são a minha família — Linda estava inconformada.

— Os laços de sangue não são importantes, e sim o amor que une as pessoas. Todos somos espíritos e, como tal, precisamos da companhia dos outros para seguir em frente. É essa relação de troca, quando positiva, que constitui a verdadeira família. Uma família composta por amigos e companheiros de jornada.

— E o que isso tem a ver com os meus filhos, pai?

— O que você precisa compreender, Linda, é que eles são espíritos livres, que renasceram com diferentes projetos de vida. Você foi a peça-chave para que eles pudessem reencarnar. No entanto, não está mais entre eles. Precisa seguir seu caminho para que eles sigam o deles. A caminhada é sempre a mesma, só as paisagens que permeiam essa viagem é que vão mudando.

— Não é fácil para mim, como mãe, deixá-los à mercê da sorte. Luna, que é a mais velha, tem apenas 10 anos completados hoje. É muito ingênua ainda. Eles estão molhados e desamparados. Não têm nem um teto para passar a próxima noite. E quando sentirem fome, onde irão se alimentar?

— Não sofra por antecipação. Não deduza o que você acha que vai acontecer para não aumentar as preocupações e as angústias. A humanidade precisa aprender a confiar mais na vida — Ivone sorriu para Linda, que desviou o olhar.

A chuva não dava uma trégua, e Linda olhou com pena para os filhos sentados no chão, abraçados e trêmulos.

— Eu queria muito confiar na vida, mas como eu posso ter certeza de que ela vai ajudar meus filhos? Não vou virar as costas e deixá-los para trás. Que espécie de mãe eu seria? Sei que desencarnei, porém ainda me sinto a mãe deles. Não tem como mudar isso.

Antes que Ivone ou Euclides respondesse, eles ouviram sons de passos chafurdando nas poças d'água. As crianças também perceberam uma movimentação e ergueram a cabeça. Tudo o que conseguiram ver foi um vulto caminhando apressadamente sob um guarda-chuva na direção do coreto. Linda arregalou os olhos:

— Vejam. Aí vem uma pessoa que pode representar perigo para os meus filhos. Entendem o que eu digo? Confio na vida, mas também preciso confiar em mim mesma. Sei que se estiver por perto, poderei vigiá-los e cuidar para que ninguém lhes faça mal.

— Linda, não se iluda — interrompeu Euclides educadamente. — Acho que você já teve provas de que as coisas não funcionam da forma como está dizendo. Volto a dizer: os espíritos podem interferir na vida dos encarnados, é verdade, contudo suas ações são restritas e limitadas. Não é vista, nem ouvida e nem percebida, a não ser que entre em contato com uma pessoa cuja sensibilidade seja mais aflorada. Se a pessoa que está se aproximando tiver más intenções, o que pretende lhe fazer?

— Eu iria agredi-lo como fiz com Alberto — garantiu Linda.

— Com isso, conseguiria, no máximo, atordoar o encarnado e ainda perder muitas energias com o esforço despendido. Criaria um vínculo de ódio que não é conveniente para seu estado.

Linda não respondeu, pois prestava atenção ao homem que caminhava até as crianças. Viu que se tratava de um senhor calvo, com cabelos brancos nas laterais da cabeça. Sua batina quase tocava a água que molhava o chão.

— Um padre! — concluiu Linda. — O que ele poderia querer com meus filhos?

O padre subiu os degraus do coreto e fechou seu guarda-chuva, agitando-o para escorrer a água. Luna se levantou e encarou o sacerdote fixamente, como se estivesse disposta a desafiá-lo, se necessário, para defender os irmãos.

— Pelo manto do Senhor, são três crianças! — surpreendeu-se o padre, como se falasse consigo. Aproximou-se mais alguns passos e olhou ao redor, antes de deter seu olhar em Luna. — O que vocês estão fazendo aqui no coreto, durante uma tempestade? Não deveriam estar em casa? — perguntou ele, sorrindo com carinho. — Ah, já sei. Estavam brincando e, com a chuva, ficaram presos aqui.

— Não. Nós não temos para onde ir — confessou Luna e, à sua última palavra, seguiu-se o ribombar de um trovão.

Ana Carolina e Henri também haviam se levantado e agora seguravam as mãos da irmã com força. Depois de Alberto, qualquer estranho poderia oferecer perigo a eles.

— Você está falando sério? — o padre duvidou. Se não fosse a sacola de pano pousada no chão ao lado de Luna, ele teria achado graça, pensando se tratar de uma brincadeira infantil. Entretanto, algo no olhar de Luna o fez ver que ela estava dizendo a verdade. — Onde estão seus pais?

— Morreram — respondeu Henri. — O Papai do Céu quis os dois perto Dele.

— E vocês não têm outros parentes? Tios, primos, amigos ou vizinhos? Não é possível que tenham ficado à mercê do mundo

155

— ele já lidara com órfãos antes, mas nunca vira nada parecido com aquela situação. — Vocês são irmãos, eu imagino.

— Somos — afirmou Henri. — O que é mercê?

O padre sorriu e se aproximou devagar, pois percebera que eles estavam assustados e receosos. Como pareciam limpos e corados, apesar de molhados, era mais certo pensar que eles pudessem ter fugido da casa dos pais. Não podiam estar vagando pelas ruas há muito tempo, conservando aquela aparência de crianças bem cuidadas.

Enquanto o vigário explicava a Henri o significado da palavra mercê, Linda se virou para os pais e perguntou:

— Este padre é um homem bom? Ele não é o padre da nossa cidade. E se quiser fazer mal às crianças?

— Trata-se do padre Vitório — explicou Euclides. — Realmente sua paróquia fica em Piracicaba. Veio aqui visitar o padre local. Estava seguindo para seu carro quando desviou o olhar para o coreto ao avistar alguém abrigado da chuva. Ele é um homem de coração nobre e boa índole, e quis trocar algumas palavras com a pessoa que estava se protegendo da chuva ali. Teve uma grande surpresa quando viu as três crianças tão pequenas. Eles estarão seguros nas mãos do padre Vitório.

— Vocês o conhecem, pelo visto — atalhou Linda.

— De longa data. Apesar de ter sido criado no seio católico, tem uma mente bastante aberta para as verdades da vida e, por isso, tornou-se um homem espiritualizado. Particularmente, ele acredita que os espíritos existam, mas guarda isso para si mesmo. Amigos espirituais o intuíram para que olhasse na direção do coreto e socorresse seus filhos — quando Euclides terminou de falar, abriu um sorriso que convidava a filha para um abraço.

Ela não o abraçou. Em vez disso, quis saber:

— Quem são esses amigos? Achei que somente vocês dois estivessem nos ajudando.

— Há outros, minha filha. São muitos os amigos espirituais que agem a serviço do bem. No devido tempo, será reapresentada a eles — garantiu Ivone.

— Se esse padre Vitório é uma pessoa boa, fico mais tranquila — Linda olhou para a chuva grossa e persistente. Para saciar a curiosidade, quis saber: — Eu acompanhei meus filhos enquanto eles seguiam na chuva e também fiquei molhada. No entanto, vocês estão secos e também passaram pela água. Como isso é possível?

— Nós temos consciência de que mudamos de plano e que agora vivemos em outra dimensão. A água da chuva que molhou as crianças não pode nos atingir. Porém, você ainda está presa às ilusões da matéria e se recusa a aceitar a morte. Não quer admitir que não faz mais parte do mundo corpóreo. Como os reflexos do corpo físico ainda são muito fortes em você, continuará sentindo a água molhando seu corpo. Muitos espíritos iludidos e desorientados, que vagam por aí, temem grandes tempestades e também buscam abrigos, assim como os encarnados o fazem.

— Vejo que existem muitas coisas curiosas e interessantes a serem aprendidas vivendo como um espírito — Linda suspirou e deu de ombros. — Agora preciso ouvir o que o padre está dizendo a eles — completou, parando atrás do sacerdote.

De repente, Ana Carolina olhou vivamente para ela e sorriu. Linda estremeceu e fitou os pais, que lhe fizeram um gesto de que tudo estava sob controle.

— A mamãe chegou! — exclamou Ana Carolina com sua vozinha macia.

Luna sorriu e se agachou, beijando-a no rosto.

— Eu também tenho muitas saudades da mamãe, Carol, mas ela não está mais aqui. Agora ela mora no céu.

— A mamãe mora aqui. Olha ela ali — indicou Carol.

Luna, Henri e até mesmo o padre Vitório olharam na direção indicada e não viram nada. Carol mantinha seu dedinho em riste, apontando na direção em que via a mãe.

— Mamãe está triste. Ela vai chorar — preocupou-se Carol. — Por que ela tá chorando, Luna?

Sem responder, Luna começou a chorar, enquanto abraçava a irmãzinha com firmeza. Henri juntou-se a elas no abraço, e padre Vitório argumentou:

— Se a mamãe de vocês veio visitá-los, ela vai ficar realmente entristecida se ficarem chorando. Não acha que seria melhor se vocês sorrissem pra ela?

Luna e Henri não acreditaram muito no que o padre falou, mas para Carol isso pareceu importante e ela sorriu para a mãe mostrando os dentinhos de leite.

Linda chorava abertamente e teve que desviar o rosto para se fazer de forte.

— Ela me viu? Como pode ser?

— Crianças com menos de sete anos têm grandes chances de verem espíritos. A mediunidade é bastante desenvolvida até essa idade, quando, então, a personalidade é formada, e a sensibilidade tende a diminuir na maioria das pessoas — orientou Euclides.

— Por que ela nunca me viu antes? Eu estive todos os dias ao lado deles na casa de Rose. E Henri? Deveria ter me visto também, não?

— Inconscientemente, você deve ter desejado ser vista pelos seus filhos e concentrou toda a sua energia nisso. Muitos espíritos inferiores, que desejam instilar o pânico nos encarnados, usam este processo para se materializar e mostrar que estão ali, dispostos a aterrorizá-los. Sua intenção, certamente o oposto disso, se deu pela mesma forma — interveio Ivone.

— Claro que Ana Carolina talvez trabalhe a mediunidade no futuro. Não sabemos o que a vida reservará para cada um deles — completou Euclides.

Enquanto isso, Luna contava em poucas palavras ao padre Vitório tudo o que acontecera na casa de Rose e do fato que resultou na tragédia. Disse que havia reunido algumas poucas peças de roupas dos seus irmãos, além da certidão de nascimento de cada um e fugido, deixando os corpos para trás. O padre ficou horrorizado com os fatos narrados pela menina e garantiu que resolveria a situação.

— Vocês não podem ficar andando a esmo por aí. Precisam de um lugar para comer e dormir. Olhem como estão molhados. Podem pegar um resfriado ou algo pior.

— A mamãe ficou doente, por isso morreu — revelou Henri. Ele olhou para Carol com curiosidade e perguntou: — Ainda está vendo a mamãe, Carol?

— Não. Acho que o Papai do Céu a chamou para almoçar — para Ana Carolina, todos os pais tinham que chamar seus filhos para comerem na hora certa.

Aos pouquinhos, a chuva grossa foi se transformando em garoa, e os trovões amainaram. Quando a chuva cessou, o padre pediu a Luna que o levasse à sua casa, mas a menina pareceu meio perdida. Não conhecia muito bem o bairro de Rose e nunca mais saíra às ruas depois que fora morar com ela. No entanto, sabia o endereço de cor, e o padre disse que conversaria com a polícia.

Eles seguiram a pé pelas ruas encharcadas. Embora o padre Vitório tivesse se oferecido para carregar a bolsa de Luna, a menina não cedeu. Temia que o padre roubasse a imagem do santo para pôr na igreja, carregando todo o dinheiro consigo. Linda, Euclides e Ivone os seguiam devagar.

Quando encontraram a casa de Rose, a polícia também estava lá. Os corpos já haviam sido removidos. O delegado contou ao padre que uma vizinha, que fugia da chuva, estranhou ao ver a porta da casa de Rose escancarada. Aproximou-se e viu os indivíduos caídos no chão, rodeados de sangue. Imediatamente, ela foi a um telefone público chamar a polícia, que estava na casa naquele momento.

As crianças foram levadas à delegacia, acompanhadas por padre Vitório. O delegado fez algumas perguntas de praxe, e Luna explicou detalhadamente tudo o que acontecera. Contou sobre a morte dos pais e do porquê de estarem morando com Rose.

O delegado conhecia Rose. Havia alguns meses, fizera um programa com ela. Conhecia também Alberto e sabia de sua péssima fama. Nunca encontrara provas suficientes para prendê-lo. Agora já não seria mais necessário. O homem também estava penalizado com a situação dos órfãos.

E em sua mente havia uma única pergunta: o que aconteceria com aquelas três crianças?

CAPÍTULO 26

O delegado repetiu a pergunta ao padre Vitório e, após muito pensar, o sacerdote respondeu:

— Eu conheço um bom orfanato mantido por freiras perto de Piracicaba. Conheço também a madre superiora. Já pedi que ela acolhesse alguns órfãos, que foram abandonados em minha igreja. Creio que ela poderia acolher essas pobres criaturas também. Ao menos, eles teriam um teto sobre suas cabeças até o cair da noite.

O delegado, após conferir os documentos das crianças, concordou com a sugestão do padre. Quanto menos complicação para ele, melhor. Que o padre Vitório solucionasse o problema daquelas crianças e boa sorte para todos! Dos corpos de Rose e Alberto, ele cuidaria.

— Acho que as coisas vão começar a se ajeitar para vocês. Aposto que irão gostar do orfanato de madre Rebeca. Farão muitos amigos por lá — prometeu padre Vitório, enquanto guiava as crianças até seu fusca azul. Como eles já confiavam no padre, não se recusaram a entrar no veículo com ele.

A viagem até o orfanato levou pouco mais de duas horas e, finalmente, o sacerdote deteve seu carro diante da porta da instituição. Saltou, e as crianças desceram em seguida. Luna continuava mantendo a sacola de pano nos ombros sem soltar das mãos dos irmãos, como se temesse perdê-los.

Uma simpática freira abriu a pesada porta de madeira e sorriu ao reconhecer a figura do padre Vitório. Ele pediu para falar com a madre superiora Rebeca e foi prontamente encaminhado para a sala dela. Luna, Henri e Carol olhavam atentamente ao redor, encarando as freiras com curiosidade.

A madre Rebeca era uma senhora de idade avançada, porém, seus olhos azuis transmitiam segurança e confiança. Sem perder tempo, o padre relatou o motivo de estar ali. Falou sobre a tragédia que envolvera Rose e os pais das crianças anteriormente. Perguntou se a madre poderia aceitá-los ali.

— Sei que já trouxe muitas outras crianças abandonadas em minha igreja, e a senhora jamais dispensou nenhuma. Seria muito importante para mim saber que os manterá confortáveis.

— Jurei servir ao próximo quando fiz meus votos. É meu dever cuidar dos desamparados, afinal, aqui é um orfanato. Como poderia recusá-los? — ela se levantou e sorriu para as crianças, que a olhavam assustadas. — Além disso, eles são tão lindos.

Logo depois, a madre chamou padre Vitório a um canto de sua sala e confessou:

— Há um problema, padre. Sabe que eles serão colocados para adoção. E sabe também que não posso garantir que uma família aceitará adotar os três juntos. Já são poucas as pessoas de bem que buscam crianças aqui, e não podemos dispensá-las. Além disso, muitos não dispõem de condições financeiras para sustentar três crianças de uma vez. A mais velha já está bem grande, e creio que será mais difícil conseguir um lar para ela.

— Tem certeza de que não poderá mantê-los juntos? — padre Vitório se apavorou diante da ideia de que as crianças pudessem ser separadas. Linda, que ouvia a conversa, também entrou em pânico.

— Infelizmente, não posso garantir isso para o senhor. Como Deus é nosso Pai de luz, sei que Ele tocará com Sua mão abençoada o coração dos futuros pais dessas crianças. Que surja uma família que concorde em adotar os três juntos, pois isso evitaria sofrimento para todos eles. São tão pequenos e, pelo o que o senhor me disse, já passaram por muitas coisas ruins.

O padre assentiu e pouco depois se despediu das crianças. Carol o beijou e Henri o abraçou com firmeza. Padre Vitório se emocionou diante da carência daquelas crianças. Como eles queriam ser abraçados e beijados. Eles necessitavam urgentemente de uma família que os amasse, mas deveriam permanecer unidos.

Luna também se despediu do padre, embora fosse mais contida que os irmãos. Quando ele partiu, madre Rebeca chamou uma freira e lhe pediu que acompanhasse as crianças até seus novos dormitórios.

— Viu como a vida trabalha de forma maravilhosa, Linda? — tornou Ivone. — Ela nunca deixa ninguém abandonado. Seus filhos ficarão em segurança aqui. A partir de hoje, eles seguirão seus caminhos conforme haviam planejado antes do reencarne. Você fez a sua parte, e agora a convidamos para que nos acompanhe.

Linda ficou observando as crianças sumirem no final de um longo corredor e só então se lembrou de uma pessoa:

— Soube que Raul se suicidou. Onde ele está agora?

— Ele está em um local em que terá a chance de desenvolver a consciência, refletindo sobre suas atitudes — contou Euclides. Esticou a mão para a filha. — É chegado o momento de você partir, minha querida. Vamos?

Linda olhou para a mão estendida sem se mover. Pensou então na expressão de tristeza e de desconsolo que vira estampada no rosto dos filhos. Euclides e Ivone tentavam de todas as formas lhe explicar que teria que deixar os filhos viver a vida deles, só que ela não aceitaria isso com tanta facilidade. Era mãe e os amava. Sentia que não estava pronta para seguir em frente, deixando os três sozinhos, com um futuro incerto.

— Eu não vou, papai — ela avisou com lágrimas escorrendo dos olhos. — Por favor, não insistam. Não podem me obrigar. Se eu tenho direito de escolha, peço que não interfiram. Meu coração materno me diz que farei a coisa certa ficando com eles. Sinto muito.

Sem esperar por resposta, Linda saiu correndo pelo corredor largo e comprido na direção em que vira os filhos desaparecerem. E, quando olhou para trás, os seus pais também haviam desaparecido.

As crianças, logo após tomarem banho e trocar as roupas molhadas, foram apresentadas aos outros internos por uma freira, que se apresentou como irmã Janaína. Foi ela quem mostrou as instalações do orfanato e explicou rapidamente algumas normas que eles tinham ali.

— Todos devem estar deitados às nove da noite e sentados à mesa do refeitório às sete da manhã. Dois professores darão aulas para vocês, um no período da manhã, e outro, no período da tarde. Como podem ter notado, temos muitas crianças de idades variadas, de zero a 18 anos. Ao completar 18 anos, os internos devem deixar nossas instalações.

Henri e Ana Carolina olhavam para a freira sem entender as palavras difíceis que ela estava usando. Luna entendia perfeitamente, só não quis fazer perguntas. Tinha medo de ouvir o que não queria.

Irmã Janaína explicou que cada um deles teria que pernoitar em um quarto junto com outras crianças da mesma faixa etária e do mesmo sexo. Ana Carolina armou o maior escândalo quando soube que teria que se afastar dos irmãos, embora os quartos das meninas fossem lado a lado. Henri até se entristeceu, contudo, logo se enturmou com os garotinhos de sua idade e acabou se esquecendo das irmãs.

Luna se mantinha séria e taciturna, e nem mesmo o contato com as outras meninas do seu quarto a animaram. Ao todo, havia 12 meninas, e ela seria a décima terceira. A mais nova daquele grupo tinha oito anos, e a mais velha, 12.

— Naqueles armários da parede você poderá guardar sua bagagem — explicou irmã Janaína. — Gostaria que você me deixasse ver o que carrega em sua sacola.

Relutantemente, Luna lhe entregou a bolsa de pano. A freira esvaziou seu conteúdo sobre a cama em que a menina ficaria. Não viu nada de interessante. Recolheu as certidões de nascimento, pois as guardaria nos arquivos da madre Rebeca, mesmo que a maior parte das crianças, que eram deixadas lá, não possuísse nenhum tipo de documentação.

— Fico muito feliz em saber que você é católica — comentou irmã Janaína, avaliando a imagem de São Benedito. — Era da sua mãe e você guardou de lembrança?

— Não. Minha mãe me deixou isso — disse Luna, abaixando a gola da blusa para que a freira pudesse ver a correntinha com o pingente de sol.

— É muito bonita. No entanto, a madre Rebeca não autoriza que as crianças usem nenhum tipo de adorno ou de enfeite — revelou a freira. — Sei que essa correntinha deve lhe trazer muitas recordações de sua mãe, mas, infelizmente, você terá que me entregá-la. No dia em que deixar o orfanato, ela lhe será devolvida.

Luna se sentou sobre a cama e desviou o olhar para as demais meninas, que a olhavam com curiosidade. Tornando a encarar irmã Janaína, Luna fechou o pingente na palma da mão num claro sinal de que não entregaria a peça.

— Não sou eu que estou pedindo isso. São as normas da casa. Não queremos que a madre Rebeca se chateie, não é mesmo? — a voz de irmã Janaína fluía macia e tranquilizadora, na tentativa de apaziguar os nervos abalados de Luna. Ela se sentou na cama ao lado da menina e estendeu a mão.

— Não entregue a correntinha, meu amor — interveio o espírito de Linda, também sentada sobre a cama. — Este é o único símbolo material que ainda nos une. Não se separe do pingente, por favor.

Luna não ouviu nenhuma palavra do que a mãe dizia. Nem fazia ideia de que Linda estava ali, em espírito. Apesar disso, ela sacudiu a cabeça para os lados, lutando para não chorar diante da freira.

— Não posso lhe dar. Era da minha mãe, e ela pediu que eu guardasse. Por favor, não tire isso de mim — sua voz soou triste e quase inaudível.

— Se a madre notar você usando isso, eu e as outras irmãs seremos repreendidas. Por favor, minha criança, vamos tornar as coisas mais fáceis. Entregue-me essa correntinha.

— Por favor — repetiu Luna, as primeiras lágrimas brotando dos seus olhos castanhos. — Eu prometo tirá-la do pescoço para que ninguém veja. Não vou deixar a madre ver, eu juro.

Irmã Janaína sabia que estaria infringindo umas das mais importantes regras daquela instituição. No entanto, ela não via nenhum problema se a menina continuasse de posse da correntinha, que era até bonita. Luna era a mais velha dos irmãos e, com 10 anos, certamente seria responsável por seus objetos pessoais.

— Tudo bem. Você venceu. Pode ficar com a peça, mas não deve deixar que as outras crianças ou mesmo as irmãs vejam você usando isso. Será um segredo nosso.

Feliz por ter seu desejo realizado, Luna se curvou e beijou o rosto de irmã Janaína. Ela, comovida, ajeitou o hábito, acenou para as outras meninas e saiu em seguida.

Linda também estava emocionada. Pouco depois, percebeu que algumas mulheres entraram no quarto das meninas. Elas não usavam hábitos nem trajes religiosos. Apesar das vestes comuns, cada uma delas se aproximou de uma menina. Eram seis no total. Uma senhora morena ergueu os olhos na direção de Linda e sorriu. Ela, contente pelo fato de ter sido vista, retribuiu o sorriso sem entender que todas aquelas mulheres também estavam desencarnadas.

Não é incomum a presença de espíritos em orfanatos ou instituições para crianças desamparadas. Muitos foram mães ou pais das crianças que estão ali. Ao desencarnarem e tomarem conhecimento de que seus filhos haviam sido acolhidos em orfanatos ou abrigos para posterior adoção, algumas dessas mães e pais permanecem ao lado de suas crianças, como se pudessem consolá-las com sua presença, ainda que não fossem vistos. Assim como Linda, que não desejava se afastar de seus três filhos, havia outras mães com pensamento semelhante. Não queriam seguir em frente sem ter garantido o destino que seus rebentos teriam.

De repente, adentrou o dormitório uma mulher negra, com roupas vermelhas e cabelos revoltos. Linda percebeu quando as outras mulheres se encolheram como se temessem a recém-chegada. Ela se aproximou de uma menina igualmente negra e pousou a mão sobre a cabeça dela. A menina fechou os olhos e apontou na direção de Luna.

A senhora morena levantou-se da cama da filha e se aproximou de Linda rapidamente.

— Vejo que você é nova por aqui, então, vou logo avisando. Aquela é Jéssica. Ela acha que manda aqui e gosta de nos assustar. A filha dela consegue vê-la e ouvi-la e cumpre todas as ordens que a mãe lhe dá. Jéssica ordena que a filha aterrorize as meninas novatas, assim como a mãe dela nos amedronta. Tenha cuidado com elas.

A recém-chegada percebeu o murmurinho e gritou:

— O que você está dizendo para ela, Dolores?

— Nada, Jéssica. Desculpe — apavorada, Dolores se afastou de Linda e tornou a se sentar perto de sua filha.

Jéssica olhava para Linda com atenção. Calmamente, ela caminhou pelo corredor que separava as duas fileiras de camas e seguiu na direção de Linda, que ficou em pé e cruzou os braços. Só agora havia compreendido que todas as outras mulheres também eram espíritos. Quando ficaram frente a frente, Jéssica provocou:

— É melhor você ser boazinha comigo, se não quiser que eu mande minha filha bater na sua. Paloma pode me ouvir e me ver, e sempre faz o que eu mando.

— E por que as freiras não intervêm? — devolveu Linda.

Jéssica jogou a cabeça para trás, e sua gargalhada pareceu o grasnar de uma ave. Ao encarar Linda novamente, seus olhos arregalados brilharam de forma ameaçadora.

— Eu mando nesta porcaria de orfanato, está me entendendo? Acho melhor você falar a minha língua, se não quiser que sua filha saia machucada.

Linda descruzou os braços e retrucou calmamente:

— Se a sua pirralha encostar um dedo na minha filha, faço você experimentar uma segunda morte.

As demais mulheres quase arfaram com a provável discussão que sairia dali. Jéssica tornou a gargalhar e respondeu:

— Você é muito engraçada. Sabe do que eu sou capaz?

— E você? — rebateu Linda, com tranquilidade. — Sabe do que eu sou capaz? — antes de Jéssica falar, Linda prosseguiu: — Eu estou aqui em paz, Jéssica. Você também é mãe e como tal deseja o melhor para sua filha. Além de Luna, tenho outras duas crianças que estão aqui. Vamos nos poupar de problemas e evitar discussões desnecessárias, tudo bem?

Jéssica avaliou Linda por alguns instantes em silêncio. Gostava de arranjar encrencas, mas algo no olhar da novata a fez calar. Antes de sair dali, Jéssica avisou:

— Vai ter briga se você invadir meu terreno.

Linda não respondeu. Havia outras preocupações por ora. Vendo que Luna estava acomodada, ela foi procurar os outros filhos para ver como eles estavam.

166

CAPÍTULO 27

As semanas seguintes transcorreram sem novidades. Linda permanecia ao lado dos filhos dia e noite. Apesar dos olhares turvos e ameaçadores que Jéssica lhe lançava, Linda não teve nenhum problema com ela. Paloma, a filha da mulher, não conversava com Luna. Por enquanto, uma bandeira branca fora estendida entre as duas desencarnadas.

Henri e Ana Carolina tinham feito vários amigos e quase não sentiam falta da irmã mais velha. Durante os horários de recreio, que ocorria pela manhã e à tarde, em que os menores saíam para brincar na área externa do orfanato, Luna costumava observá-los da janela do seu quarto. Depois que as crianças menores se recolhiam, era a vez dos maiores saírem, embora eles já não sentissem tanta atração pelos balanços ou pelo gira-gira.

Diferentemente dos irmãos, Luna não fizera amigos. As meninas do seu quarto até tentaram convidá-la para algumas brincadeiras, ao que ela sacudia a cabeça negativamente e agradecia com um sorriso educado.

Raul havia lhe tirado a pessoa que lhe era mais preciosa, e Luna acreditava que ninguém jamais substituiria o vazio interior que sentia. Ainda amava a mãe e, quando pensava em Linda e na saudade que sentia dela, trancava-se no banheiro e chorava silenciosamente.

Sem saber que o espírito da mãe a acompanhava, Luna chorava durante todas as noites antes de dormir. Apertava o pingente na mão e lembrava-se das palavras que sua mãe lhe dissera na última noite em que haviam dormido juntas: "Eu quero que você passe a usá-la, Luna. Sempre que se sentir em dificuldades ou quando estiver solitária, pense em Deus para que Ele ajude você e reflita sobre estas palavras que estão dentro do sol. E o mais importante: quero que você jamais se separe dos seus irmãos. Quero que todos fiquem juntos e que você cuide deles. Promete que fará isso, meu amor?".

Luna tentava se concentrar nas orações para que Deus a ajudasse, só que nunca conseguia. Começava a chorar no meio da oração e perdia todo o raciocínio.

— Eu amo você, mamãe — choramingou Luna, deitada toda encolhida em seu leito. — Não me deixe sozinha.

Linda respondeu, enquanto enxugava as próprias lágrimas:

— A mamãe nunca vai sair de perto de você, meu amor. Sempre estaremos juntas. Sempre.

Na manhã seguinte, Luna encontrou os irmãos durante o café da manhã. As refeições aconteciam no grande refeitório e eram coletivas. Era o único momento em que todos os internos se encontravam, desde os pequenos até os adolescentes. Ela se aproximou de Henri, que brincava animado com um menino ruivo, de rosto pontilhado de sardas.

— Oi, Luna — ele cumprimentou ao ver a irmã.

— Oi, meu amor — ela o beijou e se curvou sobre a mesa para beijar o rosto de Vítor, o amigo de Henri. — Oi, Vítor.

— Tudo bem? — perguntou Vítor. Sem esperar pela resposta, ele continuou a brincar alegremente com Henri.

Luna sorriu e se afastou procurando Ana Carolina. A irmã estava em uma mesa menor, com diversas menininhas de sua idade. Entre as crianças, as freiras se revezavam, auxiliando os menores com o alimento e orientando os maiores para que não furassem a fila.

— Luna, eu já comi o pão — contou Carol, orgulhosa do seu feito. — E tinha manteiga. Eu comi tudo.

— Parabéns! Vai ficar muito forte quando estiver do meu tamanho.

— Luna, eu também comi o pão inteiro — respondeu uma amiguinha de Carol.

— E eu também — disse outra.

Para elas, era importante obter a aprovação de uma criança maior como Luna, e todas invejavam Carol por ter mais dois irmãos ali. Quase todos contavam unicamente com o apoio das freiras e com a amizade das outras crianças. Ter irmãos, como Carol, era quase uma dádiva ou um privilégio.

— Quero ver se na hora do almoço vocês vão ter esse estômago de leão. Quem comer mais, vai ganhar um beijo meu — avisou Luna, rindo. As meninas começaram a discutir entre si apostando quem teria mais apetite.

Luna percebeu que quase todo mundo virou a cabeça na direção contrária, e ela se virou também. Viu a madre superiora entrar acompanhada de um elegante casal. Nunca os vira ali e pelo o que aprendera, quando uma família vinha para adotar uma criança, esta era levada até o escritório da madre para que todos os detalhes fossem acertados. Ali, madre Rebeca guardava um livro com fotos de todas as crianças. Quando os futuros pais se decidiam por alguma, uma freira acompanhava a criança escolhida para que eles pudessem vê-la de perto.

Madre Rebeca falava em voz baixa e não dava para escutá-la, apesar do súbito silêncio que pairou no refeitório. Todos olhavam para os estranhos com curiosidade. Algumas crianças praticamente haviam crescido ali e quase não tinham nenhum contato com o mundo externo, isoladas como freiras carmelitas.

O casal ouvia a madre em silêncio, assentindo com a cabeça. Eles olhavam atentamente para as crianças, e Luna soube que eles estavam escolhendo um filho adotivo. Não sabia por que a madre os trouxera até ali, mas poderia jurar que eles estavam conferindo rosto por rosto à procura daquele que levariam para sua casa[1].

---

1 Cabe ressaltar que nessa época o processo de adoção de uma criança dava-se de forma bem mais simples de como conhecemos atualmente, principalmente em orfanatos católicos de pequenas cidades, onde havia certo interesse de que as crianças fossem remanejadas para novos lares. Através da Lei 4.655, de 1965, promulgada durante um regime ditatorial, os chamados juízes de menores, tendo em vista a conveniência das crianças, expediam a sentença de adoção com a

Luna sentiu um arrepio na coluna quando eles baixaram o olhar na direção das meninas do quarto de Carol. A mulher parou e lançou um olhar analítico para elas, e Luna desejou poder tirar a irmã dali e escondê-la, como uma gata protegendo sua cria. Para seu horror, a mulher se agachou diante do rosto de Carol e perguntou:

— Como você se chama, bonequinha?

— Ana Carolina — ela respondeu sem hesitar.

— Que nome lindo! Meu nome é Neusa, e este é o meu marido, Agnaldo — apresentou-se a mulher.

— Você é bonita! — elogiou Carol, sorrindo.

— Você também é linda — admitiu Agnaldo.

Ele cochichou algo no ouvido da esposa, e ela assentiu. Agnaldo se aproximou da madre e tornou a murmurar algo em seu ouvido, e Luna, que havia se aproximado disfarçadamente para melhor ouvi-los, escutou a madre Rebeca dizer:

— Esta menina tem uma longa história. Queiram me acompanhar ao meu escritório, por favor.

Antes de sair, Neusa deu um beijo no rosto de Carol e seguiu a madre. Assim que eles partiram, Luna acercou-se da irmã, tentando acalmar o coração.

— Você vai ficar comigo. Ninguém vai tirá-la de mim — prometeu Luna.

Carol apenas assentiu e abraçou a irmã. Logo depois, ela já estava se distraindo com as amigas, parecendo ter se esquecido da visita do casal.

Contudo, eles não haviam se esquecido dela e, naquele momento, ouviam madre Rebeca contar que Ana Carolina tinha outros dois irmãos mais velhos do que ela, e que também se encontravam disponíveis para adoção.

— Talvez vocês queiram conhecê-los — sugeriu a madre. — O irmão tem quase seis anos e Luna tem 10. São tão lindos quanto

---

maior brevidade possível, desde que todos os documentos apresentados pelos adotantes estivessem legalizados. Essa prática de visitar um abrigo e escolher a criança desejada a partir daquelas disponíveis não é mais utilizada atualmente, para evitar constrangimento e exposição dos menores. A legislação atual que rege o processo de adoção nos dias de hoje ocorre de forma totalmente diferente. Para mais informações, vale consultar o site http://www.cnj.jus.br/programas-e-acoes/cadastro-nacional-de-adocao-cna/passo-a-passo-da-adocao.

a irmã. Como o padre Vitório me pediu para não separá-los, peço-lhes, encarecidamente, que tentem adotar as três crianças.

— Isso não será possível, madre — cortou Agnaldo. — Temos condições financeiras para ficar com os três, claro, mas obtivemos autorização do juiz para adotar apenas uma criança. Se entrássemos com outro recurso, demoraria muito. Neusa não está disposta a esperar tanto. Gostamos dessa menina e queremos adotá-la. Infelizmente, não poderemos levar os irmãos dela.

— Já temos um quartinho cor-de-rosa todo decorado, madre — comunicou Neusa. — Quando vi aquele rostinho, soube que ela seria minha filha. Não se recuse a deixá-la conosco. Por favor...

Madre Rebeca ainda tentou convencê-los por mais meia hora, sem sucesso, porém. Agnaldo e Neusa estavam decididos. Pretendiam levar Carol e mais ninguém. A madre que os perdoasse.

— Muito bem. Peço que voltem na próxima semana. Assim, terei tempo para preparar o espírito da irmã mais velha. Ela é muito apegada aos irmãos e vai sofrer muito com essa separação.

— Não queremos que nos veja como vilões, madre. Só não podemos ficar com os três. Sinto muito — reforçou Agnaldo.

Depois que eles partiram, a madre pediu à irmã Janaína que levasse Luna até ela. Diante da menina, sentiu o coração apertado com a notícia que lhe daria.

— Luna, querida, como você sabe, aqui é um orfanato, e as pessoas que gostariam de ter um filho vêm até aqui à procura de uma criança. Hoje, veio um casal que...

— Por favor, madre — interrompeu Luna com voz chorosa. Antes mesmo de a madre terminar de falar, ela já sabia do que se tratava aquela conversa —, não deixe que eles levem minha irmã. Eu vi o modo como aquela mulher olhou para ela. Eles querem levá-la, não é?

— Não vou mentir para você. Sim, eles querem adotá-la — o coração de madre Rebeca tornou a se oprimir. — Meu amor, você deve entender que a vida que sua irmã terá com a nova família será muito melhor do que aqui. Lamentavelmente, os futuros pais dela não quiseram ficar com você e com o Henri. Eles escolheram apenas a sua irmã. Virão buscá-la na terça-feira.

Agora foi o coração de Luna que se apertou. Ela não iria com a irmã? A madre pretendia separar seus irmãos? Ela nunca permitiria que Carol fosse levada dali.

— Eu não vou deixar que levem minha irmã embora, madre. Minha mãe me fez prometer que cuidaria deles — lágrimas grossas desceram por seu rosto. — Rose disse a mesma coisa. E até o padre Vitório nos deixou juntos. A senhora não pode fazer isso. Tenha piedade.

— Luna, não cabe a você decidir isso. Não gostaria de dizer essas coisas para você, porém, fico de mãos amarradas. Eu pedi que levassem você e o Henri também, mas eles não quiseram. E não há nada que nós possamos fazer.

Luna começou a gritar e a espernear. Foi preciso que duas freiras interviessem antes que ela agredisse a madre superiora. Levada ao seu quarto, ela se deitou na cama e chorou até o anoitecer. A menina se recusou a jantar e continuou chorando.

Linda, que não sabia o que fazer, apenas orou, pedindo a Deus que não deixasse seus filhos serem separados.

Luna procurou passar os dias seguintes próxima da irmã, como se temesse perdê-la a qualquer minuto. Na véspera da terça-feira, ela encontrou a irmã no refeitório. Chorava ao dizer:

— Carol, meu amor. Você sabe que eu a amo muito, não sabe?

— Sei.

— E sabe que a mamãe queria que ficássemos juntas.

— Sei. Não vamos ficar mais? Você vai morrer, Luna? — perguntou Carol. Em sua inocência de quase quatro aninhos, uma conversa entre lágrimas podia representar a morte.

— Não, eu não vou morrer. Só acho que talvez a gente não se veja mais.

— Nem no sábado? — tornou Carol.

— Nem no sábado, minha florzinha. Nunca mais... — as lágrimas de Luna desceram por seu rosto e ela se lembrou da mãe. Sentia como se fosse a própria Linda se despedindo dos filhos. A única diferença era que estava saudável.

— Por que, Luna? Vamos ficar de mal?

— Não... é que você vai ganhar uma nova mamãe e um novo papai — explicou Luna.

— Obaaaa! — aplaudiu Carol. Não eram todos os dias que se ganhava pais novos, então aquilo precisava ser comemorado. — Você e o Henri vão ganhar também?

— Não. Por enquanto, não. Acontece que você vai ter que ir embora daqui. Não vai mais nos ver, nem o Henri e nem a mim.

— Lá vai ter bonecas? — para Carol, tudo parecia ser um mar de rosas.

— Vai sim. Muitas delas.

— Então eu quero ir. As bonecas daqui estão sem cabeça — confessou Carol em tom de confidência, e Luna teve que sorrir em meio às lágrimas.

— Você vai ser feliz. Eu tenho certeza disso. E nunca se esqueça de que existem e existiram pessoas que amaram você.

Na manhã seguinte, no primeiro horário, Neusa e Agnaldo apareceram para buscar Ana Carolina. Toda a documentação estava em ordem, o casal tinha autorização judicial para retirar a criança. A assistente social que faria o acompanhamento do caso estava com eles. Logo, Carol veio acompanhada da irmã Janaína. Neusa carregava um imenso urso de pelúcia, o que fez Carol gritar de excitação. Nunca tivera um urso tão grande.

Como ela estava feliz, deu a mão à nova mãe enquanto tentava abraçar o ursão com a outra. O casal agradeceu à madre, que se colocou à disposição para tudo o que eles precisassem. Quando se dirigiram para a porta de saída, Carol, sem saber o porquê, olhou para trás. E viu Luna e Henri que a observavam da outra extremidade do corredor. Eles haviam se despedido da irmã naquela manhã, e Henri havia chorado muito ao receber a notícia. Agora espreitavam a distância para um último adeus. Sabiam que provavelmente jamais veriam a irmã novamente. Ela seguiria por caminhos desconhecidos e seria feliz vivendo sua nova vida.

Naquela noite, Luna chorou por horas e, em pensamento, pediu perdão à mãe por não ter cumprido a promessa. Linda desejou ter acompanhado Neusa e Agnaldo para conferir se eles realmente seriam bons pais, contudo, achou que Luna precisava mais de sua companhia naquele momento, embora a filha nem se desse conta de que ela estava ali.

— Você não é culpada de nada, meu amor. Fez o melhor que pôde. Cuidou da sua irmã até onde foi possível. Agora, ela estará nas mãos de Deus — sussurrou Linda, com a voz enfraquecida pela tristeza.

Desde o dia em que a irmã partiu, Luna se tornou ainda mais calada e só era vista conversando com o irmão, no refeitório. As meninas que dividiam o quarto com ela haviam contado para as freiras que Luna chorava o tempo todo e que evitava conversar com elas. A própria madre Rebeca tentou consolar a garota várias vezes, mas ela parecia não ouvir nenhuma palavra e só conseguia chorar. Por mais que se esforçassem, ninguém conseguia fazer nada para agradá-la ou distraí-la.

O mês de novembro passou voando e, na primeira semana de dezembro, as freiras fizeram com as crianças alguns trabalhinhos natalinos, representando o nascimento do menino Jesus e a comemoração do Natal. Luna não quis participar da confecção dos trabalhos, e as freiras foram obrigadas a respeitar sua decisão.

Várias crianças tinham sido adotadas nas últimas semanas. O período em que havia uma procura maior por filhos adotivos era no final do ano e no mês de maio, talvez devido ao Dia das Mães. Quase sempre a procura era por crianças recém-nascidas ou, no máximo, crianças com a idade de Carol. Eram raras as crianças maiores que conseguiam encontrar um lar.

Porém, Otaviano e Flávia não estavam buscando crianças pequenas. Havia dois anos, o filho deles, na época com quatro anos de idade, morrera devido a uma forte pneumonia. Embora tivessem boas condições financeiras, nada pôde ser feito para salvar o garoto. Eles haviam sofrido muito com a morte do único filho e, após passar por vários terapeutas, o casal havia decidido ter outro filho.

Queriam alguém que substituíssem o vazio deixado pelo pequeno Leandro, e a melhor forma encontrada para isso foi a adoção. Buscavam um menino que tivesse a mesma idade que seu filho teria agora, ou seja, seis anos. E descobriram que estavam no lugar certo enquanto observavam as fotos dos meninos da faixa etária que procuravam, no escritório de madre Rebeca. Em dado momento, Flávia apertou firmemente o dedo indicador sobre uma fotografia e mostrou-a ao marido.

— É ele! Meu Deus, Otaviano, tem que ser esse menino. Veja como se parece com o nosso Leandro. Ele estaria assim se não tivesse... — sua voz embargou.

Otaviano assentia enquanto olhava para a foto. De fato, o menino, chamado Henri, era mesmo muito semelhante a Leandro, salvo o formato do nariz e do queixo. Até pareciam irmãos, e Otaviano confirmou com a madre que era aquela criança que eles desejavam adotar.

— Bem, Henri é um lindo menino e não faz muito tempo que está aqui — explicou madre Rebeca. — Ele veio junto com a irmã, que é quatro anos mais velha do que ele. Eu gostaria de saber se os senhores não teriam interesse em adotá-la também. Vou mostrar a fotografia dela para...

— Não é necessário, madre — cortou Otaviano gentilmente. — Buscamos apenas um garoto com a idade que nosso filho teria para amá-lo muito. Entretanto, não temos espaço para outra criança. Sentimos muito por isso.

Desta vez, a madre não insistiu tanto como fizera com Neusa e Agnaldo. Mais uma vez, Luna perderia um irmão, e a freira superior temia pelo que pudesse acontecer à menina depois disso. Era bem provável que ela até adoecesse. Segundo a história que padre Vitório lhe contara, aquelas crianças já haviam sofrido muitas perdas, e Luna seria a única que restaria daquela família. Por ser a mais velha, provavelmente guardaria as recordações dos irmãos com mais intensidade.

Mais uma vez, Luna foi chamada ao escritório de madre Rebeca e, para espanto da freira, Luna não derramou uma única lágrima enquanto ouvia que Henri seria adotado também. Ela observou os olhos azuis da madre em silêncio. E quando a senhora terminou de dar a trágica informação, irmã Janaína conduziu Luna lentamente ao seu quarto.

— Quer que eu fique aqui com você, Luna? — ofereceu-se irmã Janaína.

Luna balançou a cabeça para os lados. A freira deu de ombros, fez o sinal da cruz e beijou o alto da cabeça de Luna.

175

— Sinto muito por tudo, Luna. Se precisar de alguma coisa, pode me chamar.

Luna não respondeu. Encostou a cabeça no travesseiro enquanto olhava para o vazio. Ela perderia Henri também. Fora tola e incompetente a ponto de não proteger os irmãos. Não fora capaz de realizar o último desejo de sua mãe. Sua família fora separada para sempre e agora não haveria conserto.

— Não pense assim, Luna — pediu Linda, ao lado da filha. — Você não podia fazer nada para ajudá-los e agora cada um vai seguir com a própria vida. Não se culpe. A mamãe ama você. Saiba que você é a minha heroína.

Luna não a ouviu, mas sentiu uma espécie de consolo, uma estranha sensação de paz. Não ficou mais calma ou menos triste, só que pelo menos não sentiu tanta vontade de chorar. Tudo o que queria era ficar sozinha e achava que ficaria para sempre.

CAPÍTULO 28

Luna cobriu o irmão de beijos e afagos na manhã de sua partida. Ele chorara muito ao saber que teria que se separar de Luna, Por outro lado, a perspectiva de ter uma casa com pais que o amassem o deixava menos preocupado. Ele simpatizou com Flávia e Otaviano assim que os viu, e o casal ficou ainda mais surpreso ao constatar de perto as muitas semelhanças entre Henri e o filho morto. Estavam confiantes de que Henri seria muito feliz vivendo com eles e que a ausência de Leandro seria amenizada aos poucos.

Luna não quis ver o momento em que Henri partiria. Achava que sofreria muito mais. Os irmãos foram levados sem que ela pudesse agir contra isso. Agora era tarde demais. Não pudera resolver os problemas.

Depois de ver o filho partir ao lado dos pais adotivos, Linda fechou os olhos e fez uma prece, breve e sentida:

— Meu Deus, sei que nunca fui muito de orar e só o fiz nos momentos de necessidade, mas se puder ser atendida agora, peço que o Senhor envie Seus anjos para me acalentar e, principalmente, à minha filha Luna, que está se sentindo culpada pela partida dos irmãos. E, se possível, que Seus anjos possam cuidar de Henri e de Ana Carolina por mim, porque agora preciso ficar com Luna.

Linda não se assustou quando viu dois seres radiantes se materializarem ao seu lado. Jéssica e os espíritos das outras mães se amedrontaram e correram para outro lado do cômodo. Linda se limitou a sorrir ao reconhecer a figura dos seus pais.

— Vocês são os anjos de Deus? — brincou Linda.

— Ainda estamos muito longe disso, minha filha — respondeu Euclides. — Os amigos espirituais, ou os anjos, como você mencionou, buscam sempre dar o melhor de si na busca pelo progresso da humanidade e pelo auxílio aos entes queridos.

— As orações são sempre atendidas tão depressa?

— Algumas, sim, quando o pedido é feito com fé e amor — retrucou Euclides.

— Todas as orações não são feitas com fé?

— Nem todas — respondeu Ivone, sorrindo. — Às vezes, as pessoas fazem pedidos estranhos, como desejar a morte do próximo, conquistar a esposa alheia, vencer o bolão da aposta de futebol ou ganhar na loteria.

— Estávamos próximos de você e viemos atender ao seu pedido — sorriu Euclides, acariciando os cabelos de Linda. — Quero avisá-la de que Henri e Ana Carolina estarão seguros. Como já dissemos, ninguém está desamparado.

Linda agradeceu pelas palavras tranquilizadoras do pai com um aceno de cabeça enquanto observava o trabalho que Ivone fazia. Ela estendeu ambas as mãos para frente, com as palmas abertas viradas para baixo, na direção de Luna. Fechou os olhos e de suas mãos começaram a sair pequenos raios azulados, quase invisíveis, que penetravam no peito e na cabeça da menina. Luna revirou na cama, fechou os olhos e adormeceu.

— Luna precisava de algumas energias reparadoras — explicou Ivone, diante do olhar indagador de Linda. — Para finalizar o processo, eu lhe apliquei um passe revigorante. Tenho certeza de que, apesar das situações que ela vem passando, nesta noite conseguirá ter um sono mais tranquilo.

— Obrigada — agradeceu Linda, olhando de Ivone para Euclides. — Muito obrigada por serem tão bons.

— Sei que é uma pergunta tola, Linda, mas não seria melhor para você e para Luna se nos acompanhasse? — indagou Euclides. — Continua agindo como se estivesse encarnada. Precisa ter consciência de sua nova forma de viver.

— Só quero ficar ao lado da minha filha — contestou Linda. — Quero que ela saiba que não está sozinha neste orfanato. Ela está sofrendo, e eu preciso fazer alguma coisa por ela — a voz dela começou a falhar, avisando que um pranto surgiria em breve. — Não sou uma mãe desnaturada. Elas também não são — apontou na direção das outras mães. — Amamos nossos filhos e tudo o que queremos é estar ao lado deles. Mãe que é mãe e ama aquele a quem deu à luz, jamais se afastará. Sinto muito se estou agindo errado.

Apesar de estar nervosa, Linda percebeu que Ivone e Euclides não se abalaram com seu súbito desabafo. Pelo contrário, eles continuavam irradiando a paz de sempre. Ivone esperou pacientemente que Linda terminasse de falar e, então, enxugou uma lágrima de seus olhos, respondendo:

— Se essa é a sua decisão, nós não podemos proibir. Não cabe a nós dizermos se você está agindo certo ou errado, pois o erro e o acerto dependem dos olhos de quem os vê. Queremos que saiba que você sempre terá ajuda, principalmente se encontrar dificuldades. Aos poucos, sua condição de desencarnada a fará enxergar a vida de outra forma e pode até ser que mude de opinião.

— Faça aquilo que acredita ser o certo e confie na vida — acrescentou Euclides. — Que a Divina Presença possa guiar seus passos e os de nossa adorável netinha!

Instantes depois, Ivone e Euclides desapareceram. Linda sorriu para a filha:

— A mamãe sempre estará por perto, Luna. Sempre.

Aquele foi o Natal mais triste da vida de Luna. As freiras ensaiaram com os internos uma bela canção natalina para uma apresentação no coral na igreja da cidade, no dia 24 de dezembro. Luna, naturalmente, não quis participar dos ensaios, e ninguém a pressionou ou tentou convencê-la a mudar de ideia.

Ela se lembrava de que no Natal passado sua mãe lhe presenteara com um lindo vestido de seda amarela com um laço para os cabelos da mesma cor. O pai lhe dera um par de botas novas, iguais as que Luna vira numa loja no centro da cidade e pelas quais se apaixonara. Henri ganhara vários carrinhos de corrida, e Ana Carolina se divertira com as novas bonecas. Luna ajudara a mãe a decorar a árvore enquanto os irmãos auxiliavam o pai a enfeitar a porta da frente da casa. Marli achava tudo muito engraçado, e todos riam felizes.

Luna sabia que aquela fora uma época de ouro, que jamais voltaria. Um ano antes, sua mãe não estava doente, e seu pai não tinha outra mulher. Luna estava junto de seus irmãos, e ninguém poderia imaginar como seria o futuro.

Agora, enquanto caminhava pelos corredores semidesertos do orfanato, pois as crianças tinham ido para o coral, Luna pensava em quantas coisas haviam mudado. Linda, Raul e Rose estavam mortos. Henri e Ana Carolina foram embora para sempre. Todas as pessoas das quais ela gostara haviam partido. Tudo o que lhe restou de recordação era a medalhinha que a mãe lhe deixara. Nem mesmo tinha uma fotografia dos seus irmãos ou dos pais. Tudo o que lhe era precioso lhe fora tirado, e Luna apenas gostaria de compreender o porquê disso.

Irmã Janaína, que não fora à apresentação do coral, aproximou-se ao ver Luna sentada num banco de madeira, no pátio da instituição. Fazia calor, apesar de ela abraçar o próprio corpo como se sentisse frio. A freira sentou-se ao seu lado:

— Não quis ir ao coral?

— Não — respondeu Luna sem virar o rosto.

— Aposto que você gosta do Natal, não é mesmo?

— Tanto faz — tornou Luna, olhando fixamente para frente.

— Sua voz deve ser bonita, porque a minha é horrível — brincou irmã Janaína, na tentativa de fazer com que aquela criança sorrisse. Afinal, era véspera de Natal.

— Não sei cantar.

— Diz isso porque não me ouviu cantando. Ouça — divertida, irmã Janaína pigarreou e entoou: — Noooite feeliiiz, noooite feeliiiz, óóó Senhooor...

— Chega — sorriu Luna, tapando os ouvidos.

A freira também sorriu ao notar o pequeno progresso em Luna e não desistiu:

— Que tal essa? Papai Noel, o que trazes pra mim?

— Essa é a do Coelhinho da Páscoa — corrigiu Luna.

— Como estamos no Natal, e a música é minha, canto do jeito que eu quiser.

Luna tornou a sorrir e finalmente se virou para irmã Janaína. Ela era jovem e bonita, com belos olhos negros e seu hábito contrastando com a cor clara de sua pele.

— Bem, agora é a sua vez de cantar — ela propôs.

— Não, obrigada.

— Se não cantar, vai sofrer um castigo — ameaçou irmã Janaína, brincando.

E antes que ela respondesse, começou a fazer cócegas na barriga da menina. Luna achou graça, revidou as cócegas e riu ainda mais quando derrubou a freira do banco.

— Caiu! Caiu! Bem feito — riu Luna.

— Ah, é? Isso vai ter troco — feliz e aproveitando a ausência da madre superiora, irmã Janaína se levantou e intensificou as cócegas em Luna. No instante seguinte, as duas rolavam no chão. Quando se cansaram, a menina estava suada, e o hábito da freira, todo encardido e sujo de terra. — É esse o seu presente de Natal para mim?

— É — respondeu Luna, ainda rindo. Até que a brincadeira com a freira lhe fizera bem. Não se lembrava da última vez em que se divertira tanto.

— Pois agora eu vou te pegar e fazer você lavar meu hábito, sua danadinha — retrucou irmã Janaína, correndo atrás de Luna, que disparou na direção do seu quarto. Luna conseguiu chegar primeiro e bateu a porta antes que a freira a alcançasse.

— Bem feito de novo. Ficou pra fora — a risadinha de Luna do outro lado da porta foi música para os ouvidos de irmã Janaína. Pelo menos conseguira quebrar um pouco do gelo e romper com as barreiras da tristeza que cercavam aquela menina.

Horas depois, elas tornaram a se encontrar, e irmã Janaína explicou para Luna porque decidira ser freira. Em breves palavras, contou que havia sido abandonada pelo noivo no dia do seu casamento, pois ele fugira com uma moça rica e poderosa que morava em outra cidade. Decepcionada com os homens e com a vida amorosa, irmã Janaína encontrou consolo na Bíblia e nos textos religiosos. Tornar-se freira foi a solução para seus problemas.

Luna se sentiu feliz pelo fato de irmã Janaína ter compartilhado seu passado com ela. Isso significava que uma amizade estava nascendo entre uma criança de 10 anos e uma mulher de 22. Para irmã Janaína, isso já era um bom começo.

No dia do Natal, as crianças tiveram um almoço especial, e irmã Janaína se emocionou ao ler a pequena carta que Luna lhe deu como presente, dizendo que estava grata por terem se tornado amigas. A freira adorava a menina, fosse pela sua história triste e trágica, fosse pela afinidade que sentiam uma pela outra.

Naquela noite, depois que todas as meninas haviam adormecido, irmã Janaína foi até a cama de Luna, que também dormia. Ajeitou seu cobertor e a beijou carinhosamente, sob os olhares atentos e aprovadores de Linda. Notou o brilho dourado da correntinha de Luna. Era a única que sabia daquele acessório. Segurou a peça e analisou o pequeno sol. Viu que ele se abria em duas partes e acendeu rapidamente a luz do abajur para ler a mensagem gravada no ouro. Em seguida, recolocou-o devagar por dentro da camisola de Luna.

— Você ainda é muito pequena para compreender a mágica da vida. Um dia você será aquecida pelo brilho pleno e reconfortante do sol, que todos os dias nasce para nos mostrar o quão bela é a vida, apesar das dificuldades pelas quais passamos. Confie em Deus, Luna. Peço que Ele a ilumine agora e sempre.

Irmã Janaína havia falado em voz baixa, porém, ao perceber que algumas meninas estavam se remexendo, ela desligou a luz do abajur, beijou Luna novamente e saiu dali.

Alguns dias depois, Luna seguia pelo amplo corredor principal em direção ao escritório da madre superiora, acompanhada por uma freira negra e simpática. Não sabia por que havia sido chamada e temeu que madre Rebeca fosse repreendê-la por algum motivo. As únicas vezes em que fora chamada tinham sido para ser informada de que os irmãos seriam adotados. Como não havia mais irmãos, não pôde imaginar o que a madre desejava com ela. Será que estaria brava por ter feito amizade com irmã Janaína?

Ao entrar, soube imediatamente que o motivo da convocação não tinha sido esse. Ela olhou fixamente para o casal que estava de pé, diante da madre. A mulher esboçou um sorriso fraco para Luna, enquanto o homem a olhava com intensidade. Luna não gostou dos dois e torceu para que eles não quisessem nada com ela.

— Luna, serei breve — anunciou a madre. — Quero apresentá-la aos senhores Paulo e Fátima. Eles querem conhecê-la melhor, pois pretendem adotá-la.

Luna estremeceu e sentiu que o sangue fugiu do seu rosto. Fátima era baixinha e magra como uma vareta. Os olhos eram castanhos e pareciam desprovidos de vida. Usava os cabelos escuros presos num coque frouxo. Apesar da aparência feia, ela estava bem-vestida, assim como o homem que a acompanhava. Paulo era alto, forte e orelhudo, com um queixo interminável e dentes salientes. Também se vestia com certa classe, e Luna notou que seus sapatos engraxados brilhavam como novos.

— O que achou de nós, Luna? — perguntou Fátima, com uma voz que se parecia com a do personagem Pica-Pau, e a menina teve vontade de rir, apesar de estar tensa e nervosa.

— Pretendemos dar um novo lar para você, criança — prometeu Paulo. Ele cuspia enquanto falava e sua chuva de saliva atingiu em cheio o rosto de Luna, que se encolheu de nojo e de repulsa diante daquele estranho casal.

— Não quero ir — determinou Luna.

Desde a primeira lei sobre adoção, a criança deveria consentir em ser adotada. No caso de bebês, a concordância deveria ser dada por seu representando legal: tutor, curador, ou os próprios pais biológicos, se houvesse.

Porém, madre Rebeca poderia tentar persuadi-la e quase sempre isso dava certo. O casal possuía uma liminar judicial autorizando a adoção. Embora parecessem estranhos, garantiram à madre que amariam muito a menina que pretendiam acolher. Ademais, madre Rebeca sabia que eles seriam acompanhados por uma assistente social pelo período mínimo de um ano.

— Luna, minha querida, você precisa conhecer uma nova família. Não vai poder ficar aqui para sempre — a madre Rebeca se orgulhava de sua sinceridade. — Além disso, você já está com 10 anos, e as crianças de sua idade não costumam ser procuradas. Vamos, tenho certeza de que será muito bem tratada.

Irmã Janaína foi informada da provável adoção de Luna e ficou muito triste, embora disfarçasse seus sentimentos diante da menina. Amava Luna e não desejava que ela partisse. Sabia também que sua vontade não valia coisa alguma ali dentro.

Na primeira semana de fevereiro, Fátima e Paulo voltaram com mandado assinado pelo próprio juiz ordenando que buscassem a criança escolhida em, no máximo, vinte e quatro horas. Sua documentação estava em ordem e tinham o perfil adequado para adotarem uma criança. Madre Rebeca não teve como discordar e disse que Luna seria obrigada a partir com eles.

— Tenho mesmo que ir? — ela perguntou, a voz trêmula e apagada. Na realidade, ela não era obrigada a partir com o novo casal, não queria ser adotada por ninguém, porém, era esperta o bastante para saber que isso aconteceria cedo ou tarde. Eram poucos os órfãos que permaneciam na instituição até os 18 anos.

Ali, ela estava confortável, segura e ainda era amada por irmã Janaína. Madre Rebeca lhe dissera em segredo que eles teriam que levá-la, frequentemente, a um juiz pelo período de um ano e que se alguma coisa estivesse errada, ela deveria contar a ele, que a mandaria de volta ao orfanato. Como a proposta pareceu adequada, Luna aceitou o acordo, e seus pais adotivos disseram que viriam buscá-la naquela mesma noite.

Ela e irmã Janaína arrumaram uma pequena bagagem com seus pertences. Praticamente, ela levava em sua sacola de pano todas as roupas que trouxera. As roupas dos irmãos haviam ficado com ela, pois os pais de ambos haviam dito que comprariam trajes novos e bonitos para recomeçarem a vida.

— Cuidado com o São Benedito — brincou irmã Janaína, entregando-lhe a imagem do santo. — Ele é bem pesado.

— É, sim — concordou Luna, guardando o santo com bastante cuidado no fundo da sacola. Ele ainda era sua única esperança, já que guardava dentro dele todo o dinheiro que Rose lhe deixara.

Quando terminou de arrumar tudo, Luna se despediu das companheiras de quarto, que choraram com sua partida, inclusive Paloma, a menina com mediunidade desenvolvida que via e conversava com o espírito da mãe. Todas disseram que sentiriam muita falta de Luna, embora ela não interagisse com as demais.

Antes de partir, ela chorou quando irmã Janaína se agachou diante dela e lhe estendeu um papel, dizendo:

— Esta é uma cartinha que eu fiz para que se lembre de nossa amizade. Sempre que quiser, volte aqui para me visitar, está bem? Se vier no Natal, posso cantar lindas canções para você.

— Eu a amo, irmã Janaína. Amo muito.

— Eu também amo você, Luna — retribuiu a freira, beijando a menina com ternura. — Sempre seremos amigas, não é mesmo?

Luna assentiu, e irmã Janaína secou uma lágrima. Não costumava se apegar tanto às crianças como se apegara àquela menina. Esperava que Luna fosse feliz com a vida que teria de agora em diante. Fez uma rápida oração pedindo para Deus acompanhá-la. Esperava que agora Luna encontrasse a felicidade de que ela tanto necessitava.

Fátima e Paulo já a aguardavam no escritório da madre e disseram que o carro os esperava do lado de fora. Luna beijou a madre com carinho, fazendo esforço para não chorar. Ficara naquele orfanato por quase cinco meses, mas parecia que estava lá desde sempre. Agora um novo caminho a esperava e ela estava receosa de percorrê-lo.

Luna lançou um último olhar para as paredes de pedra do orfanato e seguiu com o casal para o belo carro que eles possuíam. Antes de entrar no veículo, Paulo se ofereceu para guardar a sacola de Luna no porta-malas, contudo, ela segurava seus pertences como se fosse a própria vida e ficou aliviada por eles não insistirem.

O espírito de Linda acompanhava a filha de perto. Também não simpatizara com aquelas pessoas, porém, não gostava de julgar ninguém pela aparência. O importante era que amassem sua filha e dessem todo o amor que Luna merecia.

Assim que todos se acomodaram no interior do carro, Fátima avisou:

— Nós seremos muito felizes, querida. Acredite nisso.

E Luna acreditou.

CAPÍTULO 29

Seis anos depois...

A chuva batia no vidro da janela com menor intensidade agora. Chovera durante toda a madrugada, e ela não tinha tomado consciência do fato. Estava amanhecendo, prenunciando que o dia seria chuvoso e frio, pois o céu continuava carregado e escuro. A jovem, que observava a chuva através da janela do seu quarto, pouco se importava com o clima lá fora, já que tinha que se preocupar com o pesadelo que vivia dentro daquela casa.

Uma trovoada roncou a distância, e o vidro da janela vibrou. Ela se afastou dali e, com certa dificuldade, caminhou devagar até a cama. Sabia que sentiria dores caso se sentasse, mas ficar em pé não mudaria nada. O lado interno de suas coxas continuava tingido de sangue, e os arranhões nos braços, pernas e pescoço ardiam como se estivessem em brasa. A virilha latejava, assim como sua cabeça, que parecia querer explodir a qualquer instante. Com muito custo, ela se sentou sobre o colchão duro e gemeu quando conseguiu se deitar.

Sabia que um novo domingo estaria amanhecendo e que provavelmente eles estariam na missa. Sempre fora assim. Religiosamente, eles passavam toda a manhã do domingo na igreja, que ficava a duas quadras da casa. E quando voltavam para casa, o inferno recomeçava, como se eles estivessem retornando de um templo maldito em vez de terem pisado em solo sagrado.

Outro trovão rugiu ao longe, porém ela nem pestanejou. Virou o rosto no travesseiro para que as mordidas em suas bochechas não ardessem tanto. Sabia que estava toda roxa, embora eles tivessem retirado os espelhos do seu quarto. Quem se importaria? Quem viria salvá-la? Ninguém nem sequer sabia que ela existia. As pessoas que a amavam haviam partido e somente as más a rodeavam agora. Como não havia nada a ser feito, além de lamentar pelo o que lhe fora imposto, Luna sentiu as lágrimas quentes banharem seu rosto ferido até que seu choro veio à tona e as memórias retornaram.

Não fora sempre daquela forma. Houve uma época em que Luna realmente pensara que seus pais adotivos iriam amá-la, como prometeram diante de madre Rebeca. Naquela época, então com 10 anos, ela era ingênua demais para ter percebido o que a esperava. Agora, aos 16, após haver perdido toda a ingenuidade e migrado da infância para a adolescência de um modo violento, ela sabia que, na vida, existiam pessoas realmente cruéis, que se satisfaziam com o sofrimento alheio e sentiam um macabro prazer nisso. Fátima e Paulo eram exemplos dessa crueldade.

Madre Rebeca cumprira sua palavra. Durante o decorrer daquele ano, o casal foi obrigado a comparecer mensalmente em uma audiência em companhia de Luna, para que o juiz observasse se a menina estava sofrendo alguma espécie de maus-tratos. Luna era sincera. Fátima e Paulo eram maravilhosos com ela. Tratavam-na como uma rainha. Compravam-lhe brinquedos, roupas e sapatos de marcas conhecidas.

Dinheiro eles tinham à vontade e não faziam cerimônia para gastar com a menina a quem diziam amar. Luna fora matriculada no melhor colégio particular da cidade, e Fátima a colocou também para fazer aulas particulares de balé e de natação. Era tudo o que uma menina da idade de Luna sonhava. Ela ainda sentia muita falta dos irmãos e, às vezes, chorava pensando neles, mas havia muitas distrações para sua mente.

O juiz e a assistente social, que acompanhavam o caso, não perceberam nada que soasse suspeito e, quando inquirida, Luna respondia sem hesitação que estava satisfeita com a vida que Fátima e Paulo lhe proporcionavam. Seu quarto era lindo, repleto de todas as coisas que ela jamais tivera, nem mesmo quando seus pais eram vivos, e Fátima desdobrava-se de todas as formas tentando demonstrar amor por Luna.

Entretanto, treze meses depois da oficialização da adoção, eles foram dispensados do acompanhamento judicial. Não seria mais necessário que Luna fosse levada à presença do juiz e nem visitada pela assistente social. Eles poderiam, se quisessem, até mudar de cidade. E essa foi a primeira decisão que eles tomaram. Fátima e Paulo venderam a casa e se mudaram para outra cidade menor na semana seguinte.

Para espanto de Luna, eles compraram uma casa muito menor do que aquela que possuíam, em um bairro deserto e sinistro, na periferia. O carro importado tinha desaparecido, e todas as coisas bonitas de Luna foram sumindo aos poucos. Ela não ganhava mais presentes nem mimos, e os gestos amorosos foram rareando. Todavia, um mês depois de estarem morando na nova cidade, o inferno realmente começou.

Luna nunca se esqueceu do dia em que foi atacada pela primeira vez. Era um domingo, e eles estavam almoçando logo após terem voltado da igreja, como sempre faziam. Era Fátima quem cozinhava, e Luna admitia que sua comida era gostosa. Todos estavam comendo em silêncio quando a menina, inocentemente, comentou:

— Já faz um mês que estamos morando aqui nesta casinha pequena e ninguém me disse por que venderam a outra casa, que era grande e bonita. Além disso, vocês também venderam o carro e quase todas minhas roupas e meus sapatos. O que aconteceu? Vocês ficaram pobres?

Ela mal terminou de falar quando o copo de vidro que Paulo segurava foi atirado na direção de seu rosto, por pouco não acertando os olhos da menina. Luna gritou com o impacto, enquanto a dor começava a se irradiar por toda a sua cabeça.

— Você nunca mais vai abrir essa boca para nos fazer perguntas, está me entendendo? — bradou Paulo engrossando a voz para causar terror na garota. — Aqui você é apenas a porcaria de uma adotada.

— E acho bom você obedecer ao que Paulo diz — reforçou Fátima, observando o sinal roxo que começava a se formar no rosto de Luna. — Não queira vê-lo nervoso.

Durante o restante daquele dia, Luna trancou-se no quarto que lhe fora destinado e chorou por um longo tempo, sem entender o motivo que levara seu pai adotivo àquela loucura repentina. Ela tentou lembrar se havia feito algo de errado que pudesse deixá-lo tão chateado, mas não conseguiu pensar em nada.

Isso foi apenas o começo. Durante o decorrer daquela semana, Paulo voltou a agredi-la por duas vezes. Em uma das ocasiões, após o jantar, Paulo puxou os cabelos dela com violência, porque Luna dissera que não gostava de bifes de fígado, que era o prato daquele dia.

— Sua idiota! Pensa que estamos naquele orfanato indecente ao qual você era acostumada? — gritou Paulo. — Você já tem 11 anos, portanto, deixou de ser criança. Além disso, morando em minha casa, não pode ter luxos. Se precisar, vai comer pedra.

— Por que você está me batendo? — choramingou Luna. — Eu não fiz nada.

— Ele já não mandou você se calar? — interveio Fátima.

— Essa menina é uma abusada. Vai ter o que merece — e dizendo isso, Paulo começou a desafivelar o cinto da calça, enquanto Luna saía disparada para seu quarto, trancando-o por dentro.

Ela começou a tremer, enquanto o ouvia esmurrar a porta do lado de fora.

— Abra a porta, sua delinquente. Vamos, quero mostrar o que acontece com alguém que me responde.

Luna não abriu a porta, no entanto, sabia que cedo ou tarde teria de sair do quarto. E acreditava que Paulo não teria se esquecido da raiva. Ela nem sequer conhecia o motivo de tanto ódio. Parecia que eles haviam enlouquecido da noite para o dia.

Ela apertou a correntinha no pescoço enquanto pensava na mãe. A única coisa que eles não haviam lhe tirado era aquele objeto, que Linda lhe deixara. Parecia incrível que Luna tivesse passado por tantos lugares diferentes, vivido tantas situações distintas e ainda preservasse consigo a correntinha e a imagem de São Benedito com o dinheiro em seu interior. Pelo menos Paulo e Fátima nunca haviam se interessado em vasculhar seus pertences pessoais.

— Mamãe... Por favor, se estiver ouvindo, me ajude.

Luna não sabia que já fazia alguns meses que o espírito de sua mãe finalmente havia partido. Linda permanecera ao lado da filha durante todo o primeiro ano da adoção e tinha ficado mais do que satisfeita observando o modo com que aquele casal tratava sua filha. Eles eram gentis, carinhosos e atenciosos com ela e lhe davam coisas bonitas e interessantes. Luna tirara a sorte grande ao parar naquela casa, e Linda rezava a Deus muitas vezes agradecendo-O pelas coisas boas que dera à sua filha.

Informada por Ivone e por Euclides que seus outros filhos também estavam bem, Linda aceitou partir de vez para o astral, confiando nos poderes do invisível para proteger sua menina. Agora poderia conquistar a paz e adquirir mais conhecimento ao lado dos espíritos de seus pais.

Porém, desde que passou a ser agredida por Paulo, Luna começou a invocar a mãe em pensamento. Acreditar que, de alguma maneira, Linda pudesse socorrê-la, deixava a garota mais confortada. Ela chorava quando ficava sozinha e tinha que dissimular para que Paulo e Fátima não notassem nada. Eles eram completamente doidos e perigosos. Só Deus sabia as coisas que poderiam fazer com ela.

Duas semanas depois desses acontecimentos, a situação piorou. Luna fora obrigada a lavar a louça do jantar e, como não tinha muita prática, já que só fizera esse tipo de trabalho quando morara na casa de Rose, acabou quebrando um prato de porcelana. Seu coração disparou enquanto milhares de pequenos cacos se espalhavam pelo piso sujo da cozinha.

— Eu sinto muito por isso — desculpou-se Luna tremendo. — Vou varrer o chão agora mesmo.

Ela estava seguindo até a vassoura quando Fátima se adiantou a ela e empurrou-a para trás. Luna gritou quando a mulher pegou a vassoura e a brandiu no ar.

— Eu pedi desculpas, por favor — gritou Luna, temendo ser agredida outra vez. — Eu vou limpar tudo isso, juro.

— Fez isso de propósito — reclamou Paulo, levantando-se da mesa para ficar ao lado da esposa. — Você é uma pequena vadia, sabia?

— Deixe-a comigo — interveio Fátima. — Minha mãe nunca me deixou quebrar nada quando eu lavava louça, e agora essa vagabunda quer fazer gracinhas aqui? Não vai mesmo — para mostrar o que pretendia fazer, Fátima tornou a erguer a vassoura, enquanto Luna corria até seu quarto, trancando-o por dentro.

— Mamãe — gemeu baixinho, ignorando as ordens para que a porta fosse aberta. — você disse que nunca iria me abandonar. Por favor... me ajude.

Luna chamava a mãe com tanta força que Linda, no astral, começou a se sentir incomodada. Aflita com aquelas sensações repentinas, foi à procura de Ivone e de Euclides e, após explicar o que vinha sentindo, perguntou:

— Por que isso está acontecendo? De onde vem essa inquietação que parece abalar todo o meu corpo?

— Seremos sinceros, minha filha. Achamos que você deve saber a verdade. Porém, antes que tome qualquer decisão precipitada, quero lhe explicar rapidamente algumas coisas — avisou Euclides. Seu rosto estava sereno, porém sério.

— O que foi que houve, papai? — preocupada, Linda olhava de Euclides para Ivone sem entender. — Algo aconteceu com meus filhos? Eles estão bem?

— Henri e Ana Carolina estão muito bem. Gostam dos novos pais e conseguiram se adaptar à nova realidade rapidamente. O problema é com Luna.

— Luna? — cada vez mais inquieta e nervosa, Linda quis saber: — O que aconteceu com ela? Digam-me a verdade.

— Você já está consciente dos riscos de permanecer na Terra por conta própria sem o acompanhamento de espíritos com mais conhecimento do que você?

— O senhor já me disse isso quando decidi ficar próxima dos meus filhos. E confesso que nada me aconteceu.

— Agora a situação é outra — completou Ivone. — Luna está passando por um grande desafio. Por mais injusto que possa parecer diante dos olhos humanos, é preciso compreender que o trabalho divino é perfeito e que não existe injustiça.

— Já entendi que Luna não está bem. O que há com ela? Por acaso adoeceu? Está internada?

— Eu vou explicar — continuou Euclides. — O casal que adotou Luna mudou o comportamento de uns tempos pra cá. Ambos são pessoas com mediunidade aflorada, mas não sabem disso. Desconhecendo sobre a espiritualidade, eles são alvos de espíritos maldosos, que buscam um meio de vingança. Essas criatura viram em Paulo e em Fátima a porta aberta de que precisavam para alcançar seus objetivos.

— Quem são esses espíritos?

— Inimigos de Luna, de outra época. Finalmente a reencontraram, reconhecendo-a no corpo de criança, e querem se vingar. Paulo e Fátima são o acesso deles para extravasar todo o ódio que sentem por Luna. Ela tem chamado você em pensamento, o que explica as sensações que você tem.

— Não posso mais ficar aqui — decidiu Linda. — Luna está precisando de mim. Tenho que voltar à matéria.

— Linda, desta vez, você estará lidando com espíritos perigosos e não tem preparo ou conhecimento para enfrentá-los. Se for capturada por um deles, poderá ser levada para as prisões que eles mantêm no astral inferior.

— Não tenho medo. Eu vou e ponto final. Já que vocês não parecem muito dispostos a ajudá-la, eu mesma farei isso. Uma mãe que ama seu filho nunca o deixaria sozinho para sofrer nas mãos de desconhecidos. Estou disposta a enfrentar qualquer um, encarnado ou desencarnado, que tentar prejudicar minha filha.

Linda fechou os olhos e mentalizou a imagem de Luna com tanta força que, quando tornou a abri-los, estava em uma casa estranha e desarrumada. Não era a residência em que estivera pela última vez, mas isso não importava. A menina que jazia sobre a cama, trêmula e encolhida, era o que importava.

Luna ainda não estava adormecida, pois o medo impedia o sono de chegar. Eles haviam desistido de entrar no quarto, porém, ela sabia que estariam espreitando do lado de fora como lobos famintos.

Apesar da pouca luminosidade, Linda notou o rosto machucado da filha.

— Meu Deus, meu amor. O que fizeram com você? — sussurrou, apavorada.

CAPÍTULO 30

Luna só deixou o dormitório quando sentiu vontade de ir ao banheiro. No retorno, deu de cara com Fátima. A mulher trazia nos braços um punhado de roupas amassadas e encarou a criança com olhar hostil.

— Dobre estas roupas que acabei de tirar do varal. Ainda são oito da noite e sei que não vai dormir agora — ordenou Fátima com sua voz do personagem Pica-Pau.

Acreditando que a mãe adotiva houvesse se esquecido de lhe dar a surra anterior, Luna apressou-se a concordar com a cabeça.

— Eu vou dobrar. Pode ser amanhã?

— Claro que não. Paulo saiu, só que eu também mando aqui e posso ser ainda pior do que ele. Trate de dobrar as roupas agora mesmo. Eu não me esqueci da sujeira que você fez na cozinha.

Luna acendeu a luz e entrou no quarto seguida por Fátima, que depositou a pilha de roupas sobre a cama. Com a claridade, Linda viu melhor os sinais da agressão nos lábios e no rosto da filha.

— Vou ficar aqui observando você trabalhar — riu Fátima, arreganhando os dentes num sorriso macabro.

Luna demorou quase meia hora para terminar de dobrar as roupas, e, ao final, Fátima alertou:

— Deveria dar-se por satisfeita, pois eu poderia mandar você passar todas estas peças hoje. Como sou generosa, você vai passar tudo amanhã bem cedo.

Luna murmurou um "sim" em voz baixa. Paulo irrompeu quarto adentro, e Fátima apontou para as roupas dobradas.

— Acho bom deixar a preguiça de lado, sua cretina — rosnou Paulo, tentando ameaçar a filha adotiva.

Linda estava boquiaberta. Paulo e Fátima estavam completamente mudados, agindo como loucos violentos. Ivone e Euclides haviam lhe alertado sobre a presença de espíritos perigosos na casa, contudo, Linda ainda não tinha visto nenhum.

— Eu passei só para deixar o dinheiro com você — disse Paulo a Fátima. — Está no lugar de sempre. Vou ter que voltar agora, mas prometo chegar antes da meia-noite.

Fátima o beijou nos lábios, e Paulo tornou a sair. A mulher aproximou-se de Luna e acertou o rosto dela com um tapa fortíssimo.

— Sua vadia! — gritou Fátima, descontrolada. — Acha que não vi o modo como olhou para meu marido? Ele é meu homem, está entendendo? Ele é meu... Ai — de repente, Fátima interrompeu a frase e levou ambas as mãos à garganta. Ficou pálida, e Luna achou que ela fosse desmaiar. — Estou ficando sem ar — gemeu.

Envolvida numa onda de ódio que nunca sentira antes, Linda tinha se agarrado ao pescoço de Fátima como uma erva daninha e achou que estava sendo movida à raiva e ao rancor. Quem aquela mulher maluca pensava que era para agredir sua filha? Ninguém poria as mãos em Luna enquanto ela estivesse ali.

Todavia, Linda foi afastada de Fátima e jogada para trás, caindo no chão. Viu diante de si três homens negros, horrendos e mal-encarados, cujos olhos vermelhos soltavam fagulhas de ódio. O maior e mais forte deles foi o primeiro a falar:

— Quem é você? Como ousa interferir em nossos planos?

— Não sei do que estão falando. Se os planos de vocês envolverem Luna, aviso que não vai funcionar — Linda se levantou e encarou os três fixamente.

— Ela vai pagar por tudo o que nos fez, sua idiota. Você não sabe dos nossos motivos, portanto, mantenha a boca fechada — ameaçou o homem da esquerda. — Se tentar se intrometer de novo, vamos lhe ensinar umas coisas.

O terceiro homem se aproximou de Fátima e abraçou seu corpo por trás, transmitindo-lhe energias nocivas, incentivando-a a agredir Luna novamente. Linda, desesperada, na tentativa de impedir que a menina tornasse a apanhar, gritou a plenos pulmões:

— Luna, fuja daqui, minha filha. Fuja e procure a polícia.

Luna não ouviu as palavras da mãe, no entanto, sua mente captou-as como se fossem seu próprio pensamento. E decidiu que se fosse à polícia e contasse o que estava acontecendo com ela, a situação mudaria. Fátima e Paulo seriam presos, e ela voltaria ao orfanato para reencontrar madre Rebeca e irmã Janaína.

Embora estivesse fraca, desta vez, Luna reagiu quando Fátima tentou estapeá-la. Fátima era uma mulher miúda, cujo corpo tinha mais ossos do que carne, e Luna, que era praticamente do seu tamanho, não teve muitas dificuldades para segurá-la pelo braço magro.

— Ei, me solta, sua imbecil! Vou contar tudo ao Paulo quando ele voltar — prometeu Fátima, surpresa pela súbita reação de Luna. Não estava contando com aquilo.

— Faça isso, sua bruxa. Vou contar para a polícia o que vocês me fizeram — garantiu Luna. E antes de partir pela janela do quarto, temendo encontrar com Paulo se saísse pela porta da frente, Luna fechou a mão em punho e usou todas as forças para esmurrar o nariz de Fátima que, atordoada com a falta de ar que Linda lhe proporcionara momentos antes, perdeu o equilíbrio e caiu de costas no chão.

Depois de Luna sair, um dos negros segurou Linda pelo braço e a deteve antes que ela saísse no encalço da filha. Linda tentou se safar do aperto, mas ele era mais forte e a imobilizou completamente. Antes que pensasse em gritar, o porta-voz do grupo se acercou dela, dizendo:

— Vamos ensinar uma lição a você por ter metido o bedelho em nossos assuntos. Aquela menina já causou muito mal às pessoas, no passado, e deve ser castigada.

— E quem você acha que é para decidir isso? Está pensando que é Deus? — furiosa, Linda olhou para os outros dois e se sentiu encorajada a continuar ao notar que eles a observavam com atenção. — O que vai ganhar vendo minha filha sofrer? Não me diga que vai ficar feliz, pois nenhuma vingança traz felicidade a quem a pratica.

— Vai me dar lições de moral? — ele ainda a segurava pelo braço.

— Não. Só acho que o mal não nos leva a nada. Quando encarnada, eu poderia ter me vingado do meu marido. Raul me iludiu e, depois que nos casamos, ele se transformou em outra pessoa. Vivia apenas pelo dinheiro que ganhava com suas esculturas, deixando nossos filhos e eu em segundo plano. Se nessa época eu tivesse me vingado dele, como muitas vezes pensei em fazer, hoje estaria aí, lamentosa e arrependida, já que o sofrimento atrai ainda

195

mais sofrimento. Provavelmente, eu teria destruído minha vida e meus filhos poderiam me ver como uma assassina.

— Que historinha mais chata! — com ar de cansaço, ele soltou o braço de Linda e recuou para perto de seus amigos. — Sabia que poderíamos usá-la como escrava? Além de ser bonita, agradaria aos nossos companheiros. Estamos em maior número e podemos facilmente prender você.

— Não vão fazer isso. No fundo, estou percebendo que vocês não são pessoas más. Veem Luna como uma pessoa cruel, e eu a vejo apenas como uma criança inocente.

— Diz isso porque desconhece o que ela fez. Sua linda protegida me fez matar uma pessoa inocente e me prometeu liberdade. Por culpa dela, todos nós fomos presos. Até a morte do meu sobrinho aconteceu por interferência dela. É justo que sofra agora, não é mesmo? — O homem bradava e sua voz, antes fria e ameaçadora, soou triste e aflita. — Esse casal serviu bem para nossos objetivos. Eles captam nossas ideias facilmente e fazem com essa assassina tudo o que lhes ordenamos.

— Independentemente do que Luna tenha feito em suas vidas passadas, agora seu espírito está encarnado num corpo de criança. Ela não se lembra de mais nada. Nem tem noção de que já viveu outras vidas antes. Deixem-na viver como a criança que é agora. Se ela tiver algum reajuste a ser feito, será com a própria consciência e não com vocês.

— Quer saber? Você já me esgotou a paciência com toda essa conversa mole. — Irritado, ele se virou para os seus auxiliares e gritou: — Levem-na até nossas celas. Com ela fora do caminho, ficaremos em paz até acabarmos com tudo.

Os dois homens prenderam Linda, e uma sensação de medo a acometeu enquanto se lembrava dos alertas de seus pais, avisando-a dos perigos de permanecer na Terra por sua própria conta e risco. Entretanto, o maior medo de Linda não era com o que poderiam lhe fazer como escrava e sim com a ideia de deixar a filha sozinha, vivendo naquele antro de loucos, com espíritos sedentos de vingança ao seu redor. Sabia que Ivone e Euclides estariam atentos, olhando por Luna, só que ela também desejava estar lá. Por isso, tentou controlar o choro e contornar o rumo da conversa:

— Ouça, não sei como você se chama, porém, quero lhe pedir desculpas por tê-lo desafiado. Prometo ficar aqui, quietinha no meu canto. Só não me separem da minha filha. Por favor, eu imploro.

— Meu nome não importa, mas sou conhecido como Adonias. E agora é tarde demais para arrependimento. Pensasse nisso antes de atravessar meu caminho. Vamos, podem levá-la daqui.

Ela começou a espernear, entretanto, eles a imobilizaram com uma energia tão densa e sufocante que ela quase perdeu os sentidos. Instantes depois, os dois levaram o espírito semiadormecido de Linda para as áreas mais escuras do submundo astral.

∿∿♡∿∿

Após ter pedido informações para duas pessoas, Luna finalmente se deteve diante da entrada da delegacia. Estava descalça, e o vento frio a balançava tanto quanto as bandeiras afixadas em mastros altos nas laterais da delegacia. Enchendo-se de coragem, ela entrou.

Mal conteve o alívio ao perceber que lá dentro estava quente. Mesmo assim continuou sentindo frio, como se estivesse sendo congelada por dentro. Sua cabeça e seu rosto doíam, assim como o restante do corpo.

Um policial magro e jovem se aproximou. Parecia cansado devido as olheiras profundas sob os olhos. Fitou Luna com curiosidade e perguntou:

— O que veio fazer aqui, menina? E ainda descalça?

— Preciso falar com o delegado — informou Luna, lembrando-se de quando padre Vitório a levara com seus irmãos para prestarem depoimento na delegacia de sua cidade.

— O que você quer com ele?

— Preciso mostrar isso — nervosa, Luna indicou os hematomas ao policial.

— Meu Deus! Onde você se machucou assim? Aliás, quantos anos você tem?

— Tenho 11. Por favor, chame-o depressa.

— O delegado já partiu. Em seu lugar, temos o doutor Vasconcelos. Ele pode cuidar de você.

Luna concordou com a cabeça e foi levada por um corredor deserto até chegar a uma sala maior. Viu um homem sentado próximo a uma janela conversando sobre futebol com outro, que se sentava atrás de uma mesa.

— Doutor Vasconcelos, esta garotinha deseja falar com o senhor.

Surpreso com a visitante inesperada, Vasconcelos se levantou. Tinha mais de 60 anos e seus cabelos brancos contrastavam com sua pele cor de chocolate. Tinha olhos frios e penetrantes, lapidados por muitos anos de profissão.

— Ora, ora. Uma menininha. Como se chama?

— Luna. Moço, você precisa me ajudar — abalada demais, ela começou a chorar. — Eles estão batendo em mim. Quase todos os dias, eles batem em mim.

— Quem são eles? — tornou Vasconcelos, intrigado com a história que aquela menina vinha lhe contar.

— Paulo e Fátima. Não sei o nome da rua em que moram, pois nunca me deixam sair de casa. Só sei que é perto daqui. Vi que em frente à casa havia um ponto de ônibus. Não posso continuar morando lá. Não posso.

O policial acomodou Luna numa cadeira, e ela narrou detalhadamente tudo o que seus pais adotivos haviam lhe feito depois da mudança. Chorava e tremia ao se lembrar dos ataques violentos e inesperados que vinha sofrendo. Explicou que, muitas vezes, apanhava sem nem saber o motivo.

Vasconcelos ouvia tudo atentamente, por vezes trocando olhares com o policial e com o escrivão. Quando Luna terminou de contar, ele ponderou:

— O que me contou é muito grave, menina. Quero que você aguarde na sala ao lado. Lá tem uma cama e uma televisão para distrair você. Vou pedir ao meu policial para investigar tudo o que me contou. Prometo resolver seu problema.

Luna mostrou um sorriso fraco como agradecimento. O escrivão a guiou até a sala que o investigador mencionara, e ela se deitou sobre a cama lentamente, ignorando a televisão. O cansaço finalmente a venceu e ela pegou no sono.

Não teve ideia de quanto tempo dormiu. Ao abrir os olhos, viu Vasconcelos fitando-a atentamente. Luna se sentou e ia abrir a boca para fazer uma pergunta quando empalideceu. Atrás dele estavam Paulo e Fátima, olhando-a com uma raiva mal disfarçada. Paulo se adiantou, dizendo:

— Ainda bem que acordou, minha filhinha — voltando-se para o investigador, Paulo prosseguiu: — Foi muito bom o senhor ter nos trazido até aqui. Luna não aceita ter sido adotada e agride a si mesma para nos incriminar. Não falta nada para ela, doutor. O senhor pode conferir em casa, se quiser.

— Não é preciso, senhor Paulo. Sei como são essas crianças adotadas. Acham que têm o rei na barriga. Logo vi que era mentira. Nenhuma pessoa, em sã consciência, agrediria uma menina de 11 anos sem razão — expôs Vasconcelos. — Recomendo que tomem cuidado com ela. Uma criança que faz tantas coisas ruins a si mesma pode ser perigosa. Se aceitam uma sugestão, eu a devolveria ao orfanato.

— Nós a amamos tanto — alegou Fátima. — Pena que Luna não reconhece isso.

Luna reagiu do seu torpor. Não conseguia acreditar nas palavras que ouvia. Como Vasconcelos pudera pensar que ela mentira? Será que não vira todos os sinais em sua pele? E ainda chamara aqueles monstros para buscá-la?

— Eles estão mentindo! — tentou Luna. — Se eu for com eles, vão me bater de novo. Por favor, moço, deixe-me ficar aqui. Não quero apanhar mais.

— É muito feio mentir assim, mocinha. Já tem idade suficiente para dizer as coisas certas — repreendeu Vasconcelos. Ele não gostava de crianças turronas e mentirosas. — Ademais, já está tarde. Os senhores podem levá-la se quiser.

Paulo se adiantou para tocá-la. Luna se deitou na cama e tentou chutá-lo. Fátima interpôs:

— Está vendo como ela faz? Tudo o que queremos é o bem dessa menina e ela nos trata assim, com violência.

Luna começou a gritar, esmurrando o ar, mas Vasconcelos pessoalmente a deteve para que Paulo pudesse levá-la embora. Já estava tarde, e o delegado queria sossego.

Uma vez na rua, Luna tentou correr para escapar das mãos de Paulo, sem sucesso. Ao entrarem em casa, Paulo tirou o cinto da calça, ameaçando:

— Que papelão! Achou que ia escapar de nós? Fátima, segure-a pra mim.

Fátima prendeu Luna com o corpo, enquanto Paulo a surrava com o cinto. Cada golpe parecia rasgá-la ao meio e ela desejou morrer naquele instante. Quando terminaram e saíram do quarto, ela estava caída no chão, como uma boneca quebrada. Não sentia mais forças para chorar e achava que sua vida finalmente chegara ao fim.

CAPÍTULO 31

Eles a mantiveram trancada no quarto. Paulo martelou uma placa de madeira do lado de fora da janela para evitar outra fuga. Luna mal comia e, ao cair da noite, seu estômago estava roncando.

Aquela situação continuou pelos anos seguintes. Luna emagrecera tanto que os ossos das costelas ficaram salientes. As surras haviam diminuído, embora continuasse sendo agredida verbalmente. Eles a ofendiam com diversos nomes, mesmo que ela nem se importasse mais. Só não entendia o que havia feito para que aquele tormento não tivesse fim.

Os espíritos mantinham-se ali dia e noite, em êxtase com o sofrimento de Luna. Linda continuava detida em uma prisão no astral inferior. Ela dava bastante trabalho aos seus captores, mas conseguiam domá-la. Perdida nas brumas da raiva, Linda havia se esquecido de rezar e de acreditar na força do bem para sair daquele lugar. Ela só pensava em fugir para ajudar Luna à sua maneira.

Quando Luna completou 16 anos, o inferno tornou-se ainda pior. Durante uma noite, Paulo chegou bêbado em casa. Seguiu direto para o quarto de Luna, e o primeiro estupro aconteceu. Ela chorou durante toda a semana por ter perdido a virgindade com aquele homem nojento. E coisas piores vieram depois. Havia vezes em que Paulo violentava Luna na frente da esposa, enchendo a menina de nojo e revolta. Havia momentos em que Fátima também participava da sinistra orgia e, se eles não sentissem o prazer desejado, Luna apanhava até sangrar.

Ela estava com o corpo todo mordido e arranhado. A região da virilha latejava dia e noite. Apesar de seus 16 anos, possuía compleição frágil e pequena. Pouco havia se desenvolvido desde que saíra do orfanato, seis anos atrás. Ela atribuía a falta de crescimento às torturas e à violência contínuas que era obrigada a suportar.

Agora, achava-se deitada em sua cama, remoendo as lembranças dos momentos com aquele casal maluco. A chuva forte continuava castigando o vidro de sua janela. Eles haviam saído para a igreja, só que logo estariam de volta. Para evitar comentários da vizinhança, Paulo removera a placa de madeira que encobria a janela, mas a mantinha lacrada com os pregos que fixara por dentro e por fora. Não havia a menor possibilidade de fuga, e Luna estava ciente disso.

Foi então que um pensamento cruzou sua mente. Ansiosa com a nova ideia, ela se sentou na cama, olhando fixamente para o piso. O que havia pensando era algo completamente insano e doentio, e que talvez fosse a única forma de se livrar daquela situação. Havia anos, estipulara um objetivo em sua vida: reencontrar os irmãos. Precisava vê-los de novo, tinha que se unir a eles novamente. Fora esse o último pedido de Linda e também o de Rose, então ela o cumpriria. Já estava farta de ser torturada e sabia que as coisas poderiam ficar piores. Só teria fim no dia em que eles a matassem.

— Eu não vou esperar por isso — balbuciou Luna, alimentando seu novo pensamento. Seria sua única saída ou sua vida estaria perdida para sempre.

Eles voltaram da igreja e, como sempre, estavam raivosos e mal-humorados. Fátima passou pelo quarto de Luna para dizer que já tinham chegado e que iria preparar o almoço quando foi surpreendida com o pedido da garota:

— Eu posso ajudar? Por favor, não aguento mais ficar trancada no quarto.

Fátima, embora espantada com Luna, que mal lhe dirigia a palavra nos últimos meses, respondeu:

— Sabe que Paulo não quer que você saia do quarto. Nunca nos esquecemos de quando você tentou nos ludibriar, fugindo daqui.

— Eu fiquei muito arrependida e sei que mereci todo o castigo que me deram. Só que eu quero me sentir útil. Prometo não quebrar nada na cozinha — implorou Luna com a voz quase chorosa.

Fátima ainda considerou o pedido por alguns instantes. Na verdade, achava mesmo que Luna tinha que ajudar no trabalho doméstico como fazia antes, contudo, desde que tentara fugir, Paulo a proibira de sair do quarto. Luna tinha que ficar lá à disposição dele.

No começo, Fátima não gostara dessa ideia, mas concordou que era bastante prazeroso fazer sexo a três. Ela não sentia prazer com o corpo da menina, entretanto, excitava-se vendo seu marido possuí-la com um animalismo cruel.

— Bem... Paulo está na cozinha. Vamos lá falar com ele.

Luna baixou o olhar para que Fátima não visse o brilho de vitória que surgiu em seus olhos castanhos enquanto seguia a mulher até a cozinha. Paulo estava sentado à mesa, lendo um versículo da Bíblia, e coçou uma das orelhas, desviando o olhar para elas.

— O que ela faz fora do quarto, Fátima?

— Está se oferecendo para fazer o almoço. Vamos, Paulo, deixe-a ficar. Que mal pode haver? Além disso, estou cansada de fazer todo o serviço sozinha, tendo essa desocupada que fica naquele quarto o dia inteiro, sem fazer nada — Fátima cruzou os braços em sinal de protesto.

— Está bem. Não é para se acostumar — autorizou Paulo, voltando à leitura da Bíblia enquanto aguardava pelo almoço.

Quem o visse ali, compenetrado no estudo do livro sagrado, pensaria estar diante de um homem culto e religioso, e não de alguém capaz de abusar da filha adotiva.

Fátima foi passando algumas instruções para Luna, e ela obedecia cegamente. Porém, disfarçadamente, ela corria o olhar pela cozinha à procura do objeto de que necessitava para seus planos. Como não encontrou nada, foi abrindo as gavetas até localizar os talheres.

Viu que Paulo estava concentrado na leitura enquanto Fátima, de costas para ela, mexia em uma panela no fogão. Num gesto rápido, Luna enfiou uma faca comprida e afiada debaixo da roupa. Ficou satisfeita ao ver que ninguém percebeu nada.

O almoço foi servido. Depois, Luna lavou as louças com todo o cuidado. Como sobremesa, Fátima tinha feito pudim de coco. Paulo foi taxativo:

202

— O pudim é meu e de Fátima. Para você, não tem nada. Agora caia fora antes que eu me arrependa.

Sem discutir, ela seguiu para o quarto e deitou-se na cama, colocando a faca cuidadosamente dentro da fronha do travesseiro. Sabia que cedo ou tarde Paulo voltaria para violá-la, e, desta vez, ela teria uma surpresa pra ele. Se o ferisse, provavelmente ele nunca mais a tocaria.

Antes que o dia terminasse, ela ouviu a porta do quarto sendo aberta e viu dois vultos deslizando para perto de sua cama. Fingindo dormir, ela sentiu Paulo e Fátima contornarem sua cama, cada um por um lado. Abriu os olhos.

— O papai está a fim de brincar — sorriu Paulo com sarcasmo, ansioso pelo sexo despudorado que praticava com Luna e com sua esposa.

Luna fingiu medo como sempre fazia. Fátima afastou suas pernas enquanto Paulo montava sobre ela, suspendendo sua camisola. E, ao senti-lo invadindo-a, seus dedos, lentamente, seguiram na direção da fronha.

Paulo a possuiu com força como sempre acontecia, e Luna mordeu os lábios para não gritar. Fátima lhe prendia as pernas, mas as mãos de Luna, que estavam livres, alcançaram o cabo da faca. Como ninguém tinha acendido a luz, não notaram os movimentos lentos da menina. Nem perceberam quando ela retirou o objeto debaixo do travesseiro.

Paulo curvou o corpo e beijou Luna nos lábios, sua língua explorando a boca da criança como uma cobra cega. Segundos depois, ouviu-se um gemido intenso, e Fátima achou que o marido atingira o clímax. Já estava abrindo um sorriso quando notou algo escuro fincado nas costas de Paulo.

— Mas o que... — começou Fátima.

Luna desenterrou a lâmina e tornou a cravá-la contra as costas daquele que tanto mal lhe causara. Paulo estremeceu e desabou sobre ela, gemendo baixinho até silenciar.

Como era magra, Luna não teve dificuldades de se esquivar do corpo de Paulo. Fátima gritou ao ver Luna empunhando a faca e soube que a menina matara seu marido.

— O que você fez? Você machucou o Paulo?

— Machuquei — respondeu Luna e sua voz soou assustadoramente gélida. — E vou machucar você também, assim como vocês me machucaram nos últimos quatro anos.

Fátima nem teve tempo de se defender. A lâmina afiada acertou em cheio o seu peito e ela desabou no chão. Após constatar que os dois estavam mortos, Luna tirou a roupa suja de sangue e finalmente acendeu a luz.

Ver os dois corpos caídos no chão a deixou indiferente. Ela sabia que fizera algo muito errado, mas agira em defesa própria. Sua mãe sempre lhe ensinara que somente Deus poderia tirar a vida das pessoas, porém, gente como Fátima e Paulo não eram pessoas e sim monstros.

"Deus tem muitos outros filhos para se preocupar do que com esses dois", pensou Luna, vestindo uma roupa limpa.

Procurou um par de sapatos confortáveis e os calçou. Enfiou a mão embaixo da cama e pegou um saco preto de plástico. Dentro dele, ela jogou outras peças de roupas. Apanhou a imagem de São Benedito, que ficava pousada ao lado de sua cama, e a beijou.

— Por se dizerem católicos, eles nunca tentaram tirar o senhor daí. Agora, finalmente, vou precisar do dinheiro — rapidamente ela soltou o fundo falso da imagem e apanhou as cédulas da herança deixada por Rose. Recolocou o fundo falso no lugar e pousou o santo sobre sua mesinha de cabeceira novamente.

Achando que nada mais tinha a fazer ali, Luna lançou um último olhar para os corpos que estava deixando para trás. Eles ficariam ali, mortos. Ela ainda tinha muito pelo o que viver.

❧

— São dois corpos, senhor — constatou o policial, que acompanhava Vasconcelos e o delegado local. Já havia amanhecido. Luna, ao fugir, deixara a porta de saída aberta propositadamente, para que alguém estranhasse o fato de a casa estar destrancada e comunicasse à polícia. E foi exatamente isso que aconteceu. — Nós já localizamos os documentos. Fátima e Paulo Neves. Entre a documentação dos dois, encontramos alguns papéis sobre uma filha adotiva. A menina está desaparecida.

— Claro que ela está desaparecida — atestou Vasconcelos, irritado. Considerava que sua maior qualidade era sua boa memória. Nunca se esquecera de quando a filha adotiva daquele casal fugira até sua delegacia. Ele recomendara que eles a devolvessem ao orfanato de onde a tiraram, mas por não terem seguido suas orientações, agora estavam mortos. — A suspeita é a própria filha adotiva. Como uma criança pode fazer algo assim? Esfaquear as pessoas que lhe deram casa e comida? Maldita ingrata.

— Temos que ir atrás dela — interveio Moraes, o delegado. — Se ela realmente for a assassina, tem que ser detida o quanto antes. É muito perigosa, uma ameaça à sociedade.

— É isso mesmo o que faremos — Vasconcelos analisou as mãos por alguns instantes e concluiu: — Vamos caçar essa mocinha e colocá-la na cadeia. Aposto que ela não está muito longe. Não é mais esperta do que a polícia.

CAPÍTULO 32

Linda não tinha noção de quanto tempo permanecera detida naquela cela escura e fria. Nesse período, passou por momentos de ira, solidão e frustração. Pensava constantemente nos filhos, principalmente em Luna, a quem vira sofrer nas mãos dos pais adotivos. Gostaria de saber como ela estava passando, física e emocionalmente.

De repente, ela escutou vozes se aproximando e apurou a audição. A cela em que se encontrava presa foi aberta. As amarras que imobilizam seus braços à parede foram soltas. Os três negros estavam parados diante dela olhando-a com mal disfarçada curiosidade.

— Por que estão me soltando? — ela perguntou quando, finalmente, reagiu da surpresa.

— Porque você já não é útil para nós. Aliás, nunca foi — resmungou o líder, enquanto outro capanga ajudava Linda a se levantar.

Linda se ergueu com dificuldades sem entender muito bem o que estava acontecendo. Sabia que já fazia algum tempo desde que fora trazida até ali à força, por se intrometer nos planos daquele homem. Ele havia lhe dito que precisava se vingar de Luna, pois ela fora responsável pela morte de outras pessoas numa vida anterior, incluindo a do sobrinho dele. Linda achava que, se a soltavam agora, era porque aqueles espíritos infelizes haviam concretizado sua vingança. Ela estremeceu ao pensar que coisas ruins poderiam ter acontecido com sua filha.

— Vocês conseguiram o que queriam? — ela indagou.

— Não importa. É melhor você ir embora daqui antes que eu mude de ideia — respondeu Adonias, mal-humorado.

— Não sei voltar à Terra — avisou Linda.

— Laurindo poderá ajudá-la a chegar lá.

Antes que Linda pudesse fazer mais perguntas, sentiu um puxão violento no braço e ficou zonza por alguns segundos. Quando se recompôs, notou que estava parada ao lado de uma jovem oculta atrás de um grosso tronco de árvore, vasculhando o interior de um saco plástico.

Laurindo havia sumido. Linda apalpou o próprio corpo, mas não sentiu nada de estranho. Era como se ela nunca tivesse sido presa. Voltar a ver a luz solar foi o único fato que a surpreendeu um pouco.

— Como pode ver, Deus nunca abandona ninguém, Linda — lembrou uma voz masculina atrás dela.

Linda se virou e viu seus pais. Ivone lhe sorria, e Euclides lhe estendeu a mão, como já havia feito tantas outras vezes.

— Desta vez, Ele me abandonou, papai — subitamente emocionada por reencontrá-los, Linda se atirou nos braços dos pais, soluçando profundamente. — Fiquei presa naquele lugar horrível, passando todo tipo de privações.

— Não me parece que você está tão mal assim — interveio Ivone, ainda sorrindo. — Está tão bem quanto antes.

— Eu fiquei sozinha, e nenhum de vocês foi me visitar. Eu só queria que...

— Aí é que você se engana, minha filha — corrigiu Euclides. — Sua mãe e eu jamais saímos de perto de você. Acompanhamos atentamente o período em que você ficou reclusa no umbral.

— E como que eu não os vi por lá? — duvidou Linda.

— Porque nós não queríamos ser vistos — tornou Ivone, apertando as mãos da filha para transferir-lhe energias revigorantes. — Você preferiu agir por conta própria quando quis deixar nossa cidade, embora a tivéssemos alertado dos riscos que correria no plano físico. Quando você foi levada, permanecemos ao seu lado, ministrando-lhe passes fluídicos e orando para que não se sentisse tão só. É por isso que você está tão bem. Fizemos o possível para que seu espírito não sofresse nenhum tipo de dano. Linda, nós a amamos.

Quando Ivone terminou de falar, Linda não conteve as lágrimas, que desceram livremente por seu rosto. Ela desviou o olhar para a jovem que continuava agachada revirando o conteúdo do saco plástico. Então perguntou:

— Por que eles me soltaram?

— Porque compreenderam que a vingança traz uma falsa sensação de vitória. Quando alguém toma atitudes movidas pelo ódio e o utiliza para prejudicar outras pessoas, afasta de si as oportunidades de crescimento que a vida oferece. Só o bem nos leva ao progresso e ao desenvolvimento interior. Adonias e seus amigos entenderam, mesmo após tantos anos, que a Luna de hoje não é mais a assassina de seu sobrinho e sim uma criança em busca de uma mão amiga, lutando para não se desiludir com o mundo que a cerca. Ele decidiu que você seria a pessoa adequada para auxiliar Luna em sua trajetória e a soltou. Amigos espirituais estarão a postos para ampará-lo, pois acreditamos que, em breve, ele pedirá ajuda para deixar as trevas.

Linda ouvia atentamente o que Euclides dizia e pensou em uma pessoa. Sabia que jamais deveria pensar nele, só que era impossível simplesmente esquecê-lo.

— E Raul? Também se encontra em condições de sair de onde está?

— Ainda não. Ele já tomou consciência de que não morreu como esperava. Entendeu que atirar contra si mesmo, além de ter sido um ato impulsivo, gerou ainda mais sofrimento. Pensar que a vida vai terminar com a morte é a maior ilusão em que os encarnados acreditam. Raul mergulhou na tristeza e na aflição, e é a força de sua consciência que o mantém no astral inferior. Ele se culpa e acredita ser merecedor de sua atual situação.

— Um dia eu... — ela hesitou — poderia visitá-lo?

Linda ainda não sabia ao certo quais eram seus sentimentos por Raul. Será que o odiava por tudo o que lhe fizera, por tê-la abandonado à própria sorte em Campos do Jordão e apresentado uma namorada aos filhos naquela mesma semana? Ou será que amava aquele rapaz sorridente e apaixonado que a pedira em casamento quando ela ainda trabalhava na casa dos tios?

Para Linda, o amor e o ódio caminhavam numa linha paralela, tão próximos um do outro que se misturavam em sua cabeça, impedindo-a de formar uma opinião.

— Poderá visitá-lo quando tiver o preparo adequado para isso — confirmou Ivone.

— E depois dizem que os mortos descansam em paz — Linda olhou para a jovem à sua frente e comentou: — Essa menina me lembrou de Luna. Eu queria vê-la.

— Tem certeza de que não está reconhecendo a própria filha? — perguntou Euclides, rindo com bom humor.

Uma expressão de espanto tomou conta do rosto de Linda enquanto ela se aproximava da garota. Sentiu o coração disparar quando a menina ergueu o rosto. Ali estava Luna. Um pouco mais velha, mas era sua garotinha tão amada.

— Meu Deus! — exclamou Linda, se emocionando. — Por quanto tempo eu fiquei presa? Luna está tão crescida.

— Seis anos — respondeu Ivone. — Luna está com 16 anos agora.

— Isso significa que Henri está com 12, e Carol com quase 10. Santo Deus, como o tempo pode ter passado tão depressa?

Ela sorriu quando viu brilhar a correntinha no pescoço da filha.

— Ela não tirou meu presente. Ela ainda a usa como eu lhe pedi um dia. O sol sempre vai brilhar, diz ali. É como se a luz do sol brilhasse e mantivesse minha filha aquecida nesse tempo todo — murmurou Linda, falando mais consigo mesma do que com seus pais.

Ao reparar nos hematomas no rosto da filha, a mulher parou de falar. Percebeu que o olhar de Luna estava triste, e que ela fitava atentamente todos os lados como se estivesse fugindo de alguém.

— Por que ela está tão machucada? Quem a feriu? Foram os pais adotivos?

— Luna não vive mais com eles — informou Ivone.

— Ela fugiu? É por isso que ela está carregando esse saco preto? Se ela fugiu, fez muito bem.

— Paulo e Fátima desencarnaram — continuou Ivone. — Luna tomou algumas decisões e agora quer trilhar seu caminho com as próprias pernas.

— Eles morreram? Bem feito!

— Luna os matou — revelou Euclides. — Essa foi a decisão que ela tomou como forma de se livrar da vida que tinha ao lado deles. Não seremos nós que diremos se ela agiu de forma certa ou errada.

— Ela agiu certo. Se eu estivesse viva, teria feito a mesma coisa. Ela é apenas uma criança inocente. Cresceu um pouco, é verdade, mas ainda é tão infantil quanto sempre foi. Só digo que ela tomou a mais sábia das decisões. E nem me perguntem o que pretendo fazer e onde quero ficar, pois sabem minha resposta.

Como Luna estava se afastando, Linda se distanciou dos pais para alcançá-la.

Luna entrou em uma loja de artigos de fantasia. Esperava que ali encontrasse tudo o que procurava. Gastou parte de seu dinheiro, achando que tinha feito um bom negócio. Ao sair, segurando agora três sacolas, ela entrou na padaria do outro lado da rua. Seguiu diretamente para o banheiro, evitando encarar as pessoas ao redor.

Por sorte, o banheiro estava vazio. Ela parou diante da pia e se contemplou no espelho. Sabia que estava sendo procurada na cidade inteira pelos homens de Vasconcelos. Se ela nunca se esquecera dele, certamente ele também se recordava dela, uma vez que moravam num município pequeno, onde poucas coisas aconteciam.

Ele nunca acreditaria nela se dissesse que matara os pais adotivos por legítima defesa. Ele já duvidara dela uma vez e duvidaria de novo.

— Nesta cidade pequena, logo vão me encontrar — balbuciou Luna em voz baixa, falando com seu reflexo no espelho. — Preciso fazer alguma coisa.

Ela apanhou uma tesoura que acabara de adquirir. Seria penoso ter de fazer aquilo, mas não via outra solução. Aproximou o objeto dos cabelos e começou a tosá-los. A cada mecha que caía na pia do banheiro, Luna sentia vontade de chorar. Porém, sua liberdade era mais importante do que ter cabelos longos. Vasconcelos procurava por uma menina de cabelos pretos e compridos, e não se importaria com uma jovem com os cabelos tão curtos quanto os de um menino.

Ela se achou horrível quando terminou. De fato, parecia um garoto. Como não tinha tempo para sua beleza, Luna recolheu os cabelos cortados e atirou-os no cesto de lixo. Em seguida, trancou-se num dos compartimentos e trocou de roupa. Comprara uma blusa

210

preta com bolinhas brancas, muito usada no Carnaval. Também tinha comprado calças e sapatilhas da mesma cor. O importante era descobrir um jeito de encontrar o orfanato de madre Rebeca para que tudo aquilo tivesse fim.

Assim que terminou de se aprontar, ela apanhou uma mochila que também tinha comprado e jogou todo o conteúdo das outras sacolas dentro dela. A mochila estufou e ficou pesada. O sacrifício valeria a pena. Colocou a bagagem nas costas e, ao se contemplar no espelho mais uma vez, pensou estar bem diferente de quando entrara. Esperava que pudesse despistar Vasconcelos daquela forma.

Luna pediu algumas informações, sempre evitando olhar as pessoas diretamente, até que avistou a rodoviária. Ainda tinha bastante dinheiro e seria suficiente para comprar sua passagem. Contudo, teve dúvidas se conseguiria embarcar, afinal, era menor de idade e estava desacompanhada. O único documento que trazia era a sua certidão de nascimento.

Pediu informações no guichê e o bilheteiro lhe informou o que ela já supunha. Somente poderia viajar estando acompanhada dos pais ou de um responsável maior de idade. Em último caso, seria aceita uma autorização judicial que a liberasse para viajar sozinha, porém Luna não tinha nenhuma das opções. Desiludida, ela recuou e se sentou no banco de pedra da rodoviária. Como faria para ir embora agora? Se ao menos soubesse o telefone do orfanato, daria um jeito de ligar para madre Rebeca vir buscá-la.

Após matutar um pouco, decidiu que uma boa alternativa seria tentar conseguir uma carona. Pediria para que a deixassem o mais perto possível de sua cidade natal. De lá, ela daria um jeito de pedir outra carona até o orfanato de madre Rebeca.

Quando chegasse, perguntaria à madre se poderia visitar os seus irmãos. Vê-los já seria motivo suficiente para acalmar o coração inquieto e angustiado de Luna. Também seria honesta e contaria o que fizera com Paula e Fátima, e as razões que a levaram ao ato extremo. Ao contrário do investigador, sabia que a madre acreditaria em suas palavras.

Caminhou por mais de duas horas, escolhendo cuidadosamente as pessoas a quem pedia informações. Agradeceu aos céus quando avistou diversos carros passando em alta velocidade por uma pista. Finalmente havia chegado à estrada. Agora, bastava conseguir carona para se distanciar da polícia o máximo que pudesse.

Luna se postou no encostamento da estrada e começou a agitar o dedo. Como vários veículos passaram sem se deter, ela achou que não conseguiria nada. Não disfarçou o alívio quando um pequeno caminhão parou diante dela. Luna se aproximou da porta da cabine e abriu-a, sorrindo.

— Eu gostaria de uma carona, por favor.

O motorista era um negro de idade avançada, que parecia não oferecer nenhum risco. Ele concordou com a cabeça, e Luna se sentou ao seu lado, colocando a mochila sobre o colo. Ele deu partida no caminhão e se virou para ela.

— Aonde vai, mocinha?

— Gostaria de ir para qualquer cidade perto de Piracicaba. Estamos muito longe de lá?

— Não muito. Acontece que Piracicaba está totalmente fora do meu roteiro.

— Eu posso lhe pagar — ofereceu-se Luna, abrindo a mochila e apanhando algumas notas. Mostrou-as ao motorista. — Acha que é suficiente?

— É... parece muito bom. Pode jogar no banco de trás.

Luna obedeceu e eles seguiram o percurso em silêncio. Ela estremeceu ao notar um posto da polícia rodoviária na estrada e se esforçou para dissimular o medo.

— Não gosta dos tiras? — perguntou o motorista, que havia percebido a inquietação de sua passageira. — Meu nome é Perlo e o seu?

— Eu me chamo... Clara — mentiu Luna. — Realmente, eu não gosto dos policiais. Acho que mentem e roubam mais do que os bandidos.

— Nisso nós estamos de acordo. Também não gosto deles, só que não podemos fazer nada a respeito. Você gosta de músicas? Tenho toca-fitas no meu carro e algumas fitas no porta-luvas. Pode escolher alguma, se quiser.

Perlo ligou o rádio, que estava sintonizado em um canal de notícias. Uma voz masculina dizia:

— A polícia ainda está à procura de uma adolescente conhecida como Luna Ferraz, acusada de assassinar os pais adotivos. O crime chocou a cidade e até o momento não há pistas sobre o paradeiro da suspeita — a seguir, o locutor deu algumas informações sobre a descrição física de Luna. — Qualquer novidade sobre Luna Ferraz, a polícia deverá ser imediatamente notificada.

Luna cruzou uma mão na outra para que elas não tremessem. Perlo desligou o rádio, virou-se para ela e sorriu:

— Se os seus cabelos fossem longos eu estaria seriamente preocupado.

Ela exibiu um sorriso repleto de tensão e esforçou-se para distraí-lo com outros assuntos. Soltou um suspiro de alívio quando Perlo deteve o caminhão no centro de sua cidade natal. Ela se viu parada diante da pracinha com o coreto, a mesma em que se abrigara com os irmãos durante a chuva, logo após terem fugido da casa de Rose. Já havia anoitecido, mas como achara que Perlo fora muito generoso, Luna lhe deu mais algum dinheiro. Ele lhe acenou com um sorriso, vendo-a descer da cabine.

— Boa sorte, Clara. Vá com Deus.

Ela retribuiu o sorriso enquanto se afastava rapidamente.

Luna adoraria permanecer por mais tempo em sua cidade natal. Sabia, entretanto, que isso não seria possível. Quando esteve no orfanato, algumas crianças mais velhas haviam lhe contado que havia prisões para adolescentes que cometiam coisas erradas. Ela sabia que não agira da melhor forma, mesmo que fosse por legítima defesa. Também sabia que Vasconcelos não a perdoaria quando fosse capturada.

Como se o pingente que carregava no pescoço lhe transmitisse energias, Luna foi em frente, embora não soubesse ao certo o que deveria fazer. A noite já caíra por completo, e ela estava faminta. Não queria entrar em uma lanchonete ou em um bar para se alimentar. Por um instante, pensou em voltar à casa em que morara com os pais e obter informações com os vizinhos sobre o endereço de Marli. Sabia que sua ex-babá ficaria feliz em revê-la e ainda lhe trataria bem. Por outro lado, isso seria exposição demais. Não queria ser presa de bobeira.

Ao avistar uma bicicleta descascada apoiada em uma árvore, Luna se aproximou. A bicicleta não estava amarrada à árvore e o guidão estava meio enferrujado. Ela apertou os pneus e sorriu ao perceber que eles não estavam murchos. Sem pensar duas vezes, ela se sentou sobre o banco duro e manuseou a bicicleta para fugir dali.

— Acho que além de assassina, eu também sou uma ladra agora — confessou ela em voz baixa, como se falasse com o vento.

Quando firmou os pés nos pedais e se preparou para pegar impulso, ouviu o som de passos atrás de suas costas. Um calafrio atravessou sua espinha e fez disparar seu coração ao ouvir alguém ordenar:

— Não me mexa! Saia da bicicleta agora mesmo. Peguei você!

CAPÍTULO 33

Euclides e Ivone seguiam lado a lado devagar, aspirando com prazer a suave brisa que agitava o ar. Na imensidão daquele vasto jardim, era possível divisar a luz do luar refletida nas águas ondulantes de uma fonte pequena.

Já fazia alguns anos que eles residiam naquela cidade astral. Ali, se recuperaram de seu desencarne trágico, estudaram, aprenderam e ampliaram o conhecimento. Agora tentavam auxiliar Linda e Luna.

— Há momentos em que eu me pergunto se Linda não está agindo de forma correta ao permanecer ao lado da filha — comentou Ivone, de repente. Ela indicou um banco de madeira, e ambos se sentaram. Ficaram de frente para a fonte e era possível acompanhar o movimento cadenciado da queda de suas águas. — Claro que nós temos aprendido que o amor é um sentimento sublime que guia a humanidade e que o apego tende a ser prejudicial. No entanto, quem determina o erro e o acerto?

— Ivone, a questão principal não é considerar os fatores do erro e do acerto, pois não cabe a nós julgar as atitudes que Linda vem tomando. Por um lado, sabemos que se ela continuar a acompanhar todos os passos da filha, inconscientemente, poderá prejudicar Luna, sugando suas energias, sugerindo decisões e interferindo no livre-arbítrio da menina.

Euclides pausou e retomou sua explicação:

— Por outro lado, Linda faz tudo isso em nome do amor maternal. Nós dois sabemos que ela não aceitará vir para cá enquanto não tiver certeza de que Luna está segura. E ela também vai querer rever os outros dois filhos que, de acordo com o planejamento ocorrido antes do reencarne, seriam separados ainda na infância. Henri e Ana Carolina têm outros projetos com as famílias que os adotaram. Eles também já se conheciam de vidas passadas e, diferentemente de Paulo e Fátima, esses pais adotivos são abnegados e se dedicam de corpo e alma às crianças que acolheram — elucidou Euclides.

— Fico curiosa em saber o porquê de Henri e Carol terem sido adotados por famílias de posses e boa situação financeira, enquanto Luna, que cuidou dos irmãos menores como a própria Linda teria feito, tornou-se uma fugitiva da polícia, sem um teto, sem família e sem amigos. Ela sofreu muito nas mãos de Paulo e Fátima.

— Ivone, o que nós chamamos de sofrimento é apenas um desafio a ser superado, uma experiência a ser adquirida, uma necessidade do próprio espírito para crescer e aprender. Luna está na Terra para aprender muitas coisas.

— Cada vez, ela se mostra mais decepcionada com a vida e com as pessoas que a cercam. Aos poucos, parece que ela está perdendo a confiança nos outros. Também está deixando de acreditar no bem e no amor.

— É o que muitos precisam superar. É necessário que a humanidade compreenda, aceite e acredite nos grandes poderes que regem o universo. A vida se prontifica a ajudar aquele que também faz a sua parte. A verdadeira mudança só acontece de dentro para fora.

— Luna, aparentemente, está sem amigos, Euclides. Conta apenas com a ajuda da mãe, embora a própria Linda também esteja necessitando de auxílio. Como ambas vão progredir assim?

— Ivone, não vamos nos esquecer de que ninguém está realmente sozinho na caminhada terrena. Os amigos são como sementes: se regados e tratados com carinho, eles germinam, nascem e florescem. Os amigos são instrumentos que nos impulsionam para frente, mas o sucesso é individual, o mérito é pessoal e o progresso é intransferível.

Assim que terminou de falar, Euclides apontou na direção da fonte, e Ivone virou a cabeça para acompanhar seu olhar. Viram uma senhora sorridente caminhando na direção do banco em que eles estavam sentados. O brilho da lua parecia deixar seus cabelos prateados. Quando ela parou diante deles, Euclides e Ivone se levantaram e lhe deram um abraço forte e afetuoso.

— É um prazer poder vê-la, Conceição — saudou Euclides, apertando com carinho as mãos da senhora. — Como está sempre ocupada na ala dos idosos, quase não conseguimos encontrar tempo para conversar.

— Eu também fico muito feliz em poder falar com vocês — respondeu Conceição, sempre exibindo um sorriso repleto de ternura. — Vamos nos sentar. Eu preciso lhes dizer algumas coisas interessantes.

Os três se sentaram no mesmo banco. Conceição olhou para Ivone e Euclides com atenção e comentou:

— Cada vez mais eu me sinto grata por estar trabalhando na ala responsável por receber os espíritos que desencarnaram em idade avançada, principalmente os que faleceram em asilos, assim como eu mesma.

Ivone e Euclides assentiram. Eles conheciam a história da última vida de Conceição na Terra. Sabiam que, alguns anos antes de desencarnar, ela vivera sob a tutela de duas filhas que a desprezavam e ignoravam sua presença, como se ela não existisse. Fora Linda quem cuidara dela com carinho, mesmo estando grávida de Luna. Quando as filhas a levaram para o asilo, Conceição manteve esperanças de que Linda fosse visitá-la. Infelizmente, quando isso aconteceu, já era tarde demais.

Todavia, ao desencarnar e tomar conhecimento de sua nova situação, Conceição dirigiu seus pensamentos à primeira pessoa que lhe veio à mente: Linda. Tinha aprendido a amá-la como se ela também fosse uma de suas filhas. Guardara uma correntinha para Linda e agora já sabia que era Luna quem a vinha usando, exatamente como ela pedira que acontecesse na carta que deixara.

— Nada é mais gratificante para um ser humano do que se sentir útil e ser reconhecido em seu trabalho — opinou Euclides. — Sei que a senhora é muito benquista pelos espíritos que precisam de companhia, na ala em que trabalha.

217

— Sim, é verdade. Muitos se encontram com amigos e familiares assim que estão em condições para isso, mas há outros cujos parentes já encarnaram novamente e se sentem bastante sozinhos. Assim como eu tive a companhia de Linda, que sempre acreditou em mim e em minha consciência, nunca dando ouvidos às palavras maldosas de minhas filhas, eu quero ser a companhia destas pessoas. O bem sempre deve ser retribuído com o bem. Estou muito feliz trabalhando ali — informou Conceição, sorrindo. — A bondade de Deus é tão ampla, tão magnífica, que permite que nós, mesmo tendo o corpo físico morto, possamos continuar a trabalhar, a auxiliar o próximo. Pode haver algo mais esplêndido?

— Na Terra, as pessoas, ao tomarem conhecimento da morte de outra, dizem: "que descanse em paz" — Ivone também sorriu e prosseguiu: — A vida aqui no astral é justamente o contrário. Não há descanso eterno, porque seria estático e tudo está sempre em movimento, em transformação, em mudanças. A vida continua sim e sempre vai continuar, pois se Deus é vida, então tudo é vida.

— É justamente pelo fato de eu ser tão grata a Linda que fui buscar mais algumas informações sobre ela no Departamento de Reencarnação. E hoje recebi permissão para vir até vocês compartilhar o que me informaram há algum tempo. Acho que a história que vão ouvir responderá a algumas questões que vocês possam ter formulado — orientou Conceição, acenando para duas mulheres que passaram conversando. Elas retribuíram o aceno, cumprimentando-os.

— Nós estávamos falando sobre isso — tornou Euclides, trocando um olhar com Ivone. — Ficaríamos muito gratos se pudesse nos dizer o que sabe sobre Linda.

— Na verdade, o passado já uniu Linda e Luna, e o presente tornou a juntá-las. Vou lhes narrar somente a última vida em que elas estiveram na Terra, já que também desconheço sobre as outras. Assim como todos nós, elas tiveram outros nomes nessa vida, mas, para facilitar o entendimento, vou continuar a chamá-las pelos nomes atuais, o que acham?

— Perfeito, Conceição — Ivone cruzou as mãos. — Confesso que estou bastante curiosa para saber mais.

— Bem, a história é meio longa e vou tomar um pouco do tempo de vocês. Quis aproveitar esse pequeno intervalo de descanso com os meus queridos idosos para lhes contar sobre o passado, por isso, serei o mais sucinta possível.

Conceição suspirou e olhou para a lua no céu escuro, que estava rodeada de estrelas brilhantes.

— Na encarnação anterior, elas estavam aqui mesmo no Brasil. Corria o ano de 1860, e vivíamos o período da escravidão. Luna nascera em uma fazenda e tinha com irmãos mais velhos Ana Carolina e Henri. Acreditava que não era amada pelos pais, pelo menos não como eles amavam os filhos mais velhos. Sempre se esforçara para ser uma pessoa boa e agradá-los o máximo que conseguia, mas em troca achava que recebia apenas desprezo mal disfarçado.

"Em seus momentos de solidão, costumava caminhar até um pequeno regato que corria nas terras da fazenda. Luna sentava--se à margem, com o vestido enrolado acima dos joelhos, o chapéu descansando sobre a grama rasteira e os pés mergulhados na água fria. Esse era seu ritual para tentar se esquecer da realidade. Ela não tinha amigos, e seus pais a proibiam de manter qualquer tipo de relacionamento com os escravos. Aliás, ela sabia que seria severamente castigada se fosse vista caminhando na região da "grande senzala".

Ivone e Euclides a fitavam atentamente. Conceição prosseguiu:

— Nessa época, ela também era filha de Raul. A mãe falecera durante o parto. Às vezes, questionava-se se esse seria o motivo de seu pai e seus irmãos a ignorarem. Queria entender porque eles a viam como culpada em algo que ela não tinha culpa. Quando ela estava com três anos, seu pai se casou novamente e transformou Rose na nova sinhá da fazenda. Rose nunca se importou em ser chamada de mãe pelos filhos de Raul. Até mesmo os dois mais velhos, Henri e Ana Carolina, tratavam-na como mãe e, com o passar dos anos, Rose se mostrou uma mulher boa, dedicada ao lar e amada pelo marido e pelos enteados.

Uma ave cruzou o céu noturno, voando velozmente para o oeste.

— Em uma tarde, Rose reuniu a família e informou que receberia dois sobrinhos, que passariam uma temporada na fazenda. Segundo ela, os dois rapazes estudariam na capital e permaneceriam na casa apenas durante os fins de semana. Ordenou que tanto Luna quanto Ana Carolina conservassem respeito e dignidade, mantendo-se longe dos visitantes, que eram bonitos e solteiros. Eles chegaram uma semana depois. Fisicamente, os dois irmãos eram bastante parecidos. Cristiano, o mais velho, tinha os cabelos e os olhos cor de mel, e Thales, que era mais baixo e mais magro, herdara os olhos escuros do pai. No demais, ambos se assemelhavam bastante. Cristiano não se fez de rogado e, em nenhum momento, disfarçou os olhares que lançava na direção de Luna, embora Ana Carolina acreditasse que ela era alvo do interesse do rapaz. Como não podiam demonstrar nada que sugerisse reciprocidade, as moças tentavam evitá-lo de todas as formas possíveis.

— Nós conhecemos esses dois na encarnação atual? — interrompeu Ivone. — Que nomes eles têm agora?

— Mantêm os mesmos nomes, e vocês os conhecerão em breve — elucidou Conceição, continuando: — Cristiano não desgrudava os olhos de Luna, e ela se perguntou se ninguém mais estaria reparando naquilo. Temeu que pensassem que ela estava correspondendo ao interesse do rapaz. Quando ele puxava um assunto com ela, sentia as bochechas esquentaram como brasas e fazia o possível para se manter neutra e calma. Ana Carolina não se cansava de elogiá-lo, e Luna desejou que eles pudessem se acertar para que Cristiano a deixasse em paz. Após o horário do almoço, Luna deu uma de suas costumeiras escapulidas até o pequeno córrego. Com os pés mergulhados na água fria, ela meditava sobre os visitantes. Distraída, ela se sobressaltou ao ouvir passos se aproximando atrás de suas costas. A poucos metros dela estava Cristiano, mantendo um sorrisinho de deboche no rosto. Luna nem quis perder tempo tentando imaginar se ele a seguira até ali. Imediatamente, se pôs de pé, colocou o chapéu e tentou passar por ele para fugir dali. Quando ele a deteve pelo braço com uma firmeza espantosa, Luna sentiu vontade de gritar, quase prevendo o que estava por acontecer.

Conceição encarou a fonte antes de se voltar para o casal de amigos e continuar:

— Ele usou as mãos para abafar os gritos da garota enquanto a possuía com força, machucando-a. Quando finalmente terminou, ele estava satisfeito com a pele macia que apertara e mordera. Já Luna sentia o lado de dentro das coxas ensanguentadas e as dores internas pareciam querer explodir todos seus órgãos. Ao retornar para a casa-grande, pronta para denunciá-lo, percebeu que Cristiano fora mais rápido. Ele havia acusado um escravo de ter abusado de Luna. Ela gritou diante de todos que o negro era inocente, que fora violentada pelo próprio Cristiano, porém ninguém lhe fez caso. Cego de ódio, Raul espancou o negro até a morte. Quando soube que o escravo inocente havia perdido a vida, Luna se desesperou por não ter feito nada para ajudá-lo. Quando acusava Cristiano, ninguém lhe dava crédito. Ele passou a evitar olhá-la para não levantar suspeitas. Como era esperto, foi rápido em pedir a Raul a mão de Ana Carolina em namoro. Raul consentiu, já que gostava do rapaz. Alguns meses depois, houve outra notícia que deixou todos horrorizados: Luna descobriu que estava grávida.

— Imagino que ela abortou a criança — refletiu Ivone.

— Ao contrário — respondeu Conceição. — Luna queria que o bebê nascesse para que todos vissem que sua pele era branca. E então, ela daria início à vingança contra Cristiano. Ele pensava que tudo tinha sido esquecido, porém, Luna jamais se esquecera do que ele fizera com ela. Entretanto, às vésperas do parto, ela foi acometida de uma forte febre e a criança nasceu morta, com o corpo todo arroxeado. Mesmo assim, Luna tentou mostrá-la para que todos vissem a semelhante do bebê com Cristiano. Para seu espanto, não foi levada a sério, pois achavam que ela não estava em seu juízo perfeito devido à morte do filho. Três meses após o parto de Luna, Cristiano pediu Ana Carolina em casamento. Luna ficou furiosa quando via seus familiares se movimentando para organizar os preparativos para o matrimônio. Pouca importância fora dada à morte de seu bebê. Eles o viam como fruto do estupro de um escravo, um ser que não merecia viver. Por isso, ela preparou um plano de vingança contra Cristiano, que tentaria pôr em prática no dia do matrimônio. Ele não teria o gostinho de se casar com sua irmã. Raul e Rose ainda iriam acreditar nela, mesmo quando fosse tarde demais.

CAPÍTULO 34

Quando Conceição fez uma pausa em sua narrativa, Ivone e Euclides se entreolharam. Ambos estavam com muitas dúvidas sobre a história que ouviram da amável senhora. Ela, percebendo a curiosidade dos dois, observou:

— Imagino que vocês estejam se perguntando se Luna conseguiu levar avante seu plano de vingança.

— Não somente isso, mas outras coisas também. — Ivone apertou uma mão na outra, um gesto que trouxera de sua última encarnação quando ficava ansiosa com alguma coisa. — Luna sentia-se desprezada pela família e ficou rechaçada em segundo plano após a morte de seu filho. Ela não aceitava a morte da criança e o fato de Cristiano permanecer impune pelo que fizera com ela. Sabemos que todo estupro é um ato de crueldade contra a mulher.

— Sim, de certa forma — Conceição apertou as mãos da amiga com carinho. — O estupro em si é uma ação violenta da parte de quem a pratica, mas a criança não pode ser vista como o resultado dessa crueldade. Se a mulher engravidar, como foi o caso de Luna, o espírito que está chegando tem direito à vida. Todavia, a mulher que aborta também não pode ser julgada ou vista como uma assassina. É por isso que cada vez mais o tema de nossas palestras aqui no astral tem sido sobre o aborto. Quantas mães gestantes não têm vindo assistir a tais palestras durante o sono, quando seu espírito liberta-se temporariamente do corpo?

— Eu entendo seu ponto de vista, Conceição, mas você há de convir comigo que cada vez que uma mãe olhar para seu filho, verá em seu rostinho traços do homem que a violentou. Isso teria acontecido se o bebê de Luna não tivesse nascido morto. Pode haver, inclusive, rejeição à criança, não?

— Pode sim, Ivone, mas nós não sabemos qual a programação que a espiritualidade havia planejado para esse espírito que reencarnou, assim como para a mulher que lhe deu à luz. Imaginem vocês o que teria acontecido se Maria, naquela época, tivesse tomado ervas abortivas? Como Jesus teria nascido? Quantos ensinamentos maravilhosos nós deixaríamos de ter conhecido se aquela criança houvesse morrido ainda na barriga de sua mãe?

— A morte prematura do filho de Luna também havia sido planejada pela espiritualidade? — foi Euclides quem perguntou. — Qual é o sentido do reencarne de uma criança que já nasce morta?

— Os sentidos são muitos. Muitas vezes, um espírito precisa vir à Terra para, de alguma forma, auxiliar seus pais. O filho de Luna, na encarnação anterior, era um espírito de esferas elevadas, que nem precisa mais usar a vestimenta física. Tentou impedir que Luna ficasse desacreditada da vida. Quis mostrar a ela que sempre há novas oportunidades para recomeçar e que ela poderia tornar a ser mãe no futuro. Porém, isso não funcionou. Ela se revoltou, e todos os dias idealizava sua vingança. Seu coração, até então puro e desprovido de sentimentos negativos, foi cedendo espaço para a ira, para a revolta, para a raiva e, principalmente, para o ódio.

Conceição pareceu reflexiva por alguns segundos antes de prosseguir:

— Assim como na encarnação atual, Luna precisava compreender que a vida não traz sofrimentos e sim desafios, que as coisas que parecem estar erradas, na verdade, é o que de melhor poderia ter acontecido e que depois de uma tempestade o sol sempre vai brilhar.

A bondosa senhora exibiu um sorriso gentil e concluiu:

— Eu dei a Linda um pingente no formato de um sol contendo essa frase. Um dia, tanto ela quanto Luna, que herdou o pingente, entenderão o sentido dessa mensagem, que explica claramente que, apesar dos revezes, dos momentos de solidão, revolta, desespero, dor ou frustração, o amor de Deus é mais forte e poderoso, e que como o próprio sol sempre vai aquecer nossos corações e iluminar nossos caminhos.

Seguiu-se um breve silêncio às belas e sábias palavras de Conceição. Foi Euclides quem fez a pergunta seguinte:

— E Linda? A senhora não a mencionou nessa encarnação. Onde ela estava?

— Ela estava lá, sim. E como sempre, já mantinha uma relação de amor com Luna. Bem, acho que é importante terminar de contar a história — Conceição suspirou e continuou a contar: — Luna estava decidida a tirar Cristiano de seu caminho usando as próprias mãos. Achava que sua família tinha grande parcela de culpa também. Acreditando ser desprezada por todos eles, Luna colocou seu plano sórdido em prática...

Parecia perfeito e nada sairia errado. Matar Cristiano no dia de seu casamento seria uma lição para ele e para a irmã dela.

Havia alguns dias, Luna fora até a cidade, sem avisar aos pais, em busca de um poderoso veneno comercializado numa espécie de mercado negro. Ela pagara para alguns escravos lhe darem a dica e, quando conseguiu adquirir o líquido mortal, sentiu-se satisfeita. O vendedor lhe dissera que algumas poucas gotas já seriam suficientes para matar uma pessoa, se misturada à comida ou à bebida. Luna pensou em adicioná-lo ao bolo de casamento, mas não desejava prejudicar os convidados. Resolveu que mataria Cristiano quando ele fosse ingerir um vinho ou algum refresco. Ana Carolina seria viúva minutos após estar casada.

Na véspera do casamento, à noite, Luna ouviu suaves batidas à porta de seus aposentos. Já estava deitada, porém, acordada, embora fosse bem tarde. Ela pensou que fosse Rose ou a irmã querendo comentar sobre a festa do dia seguinte. Mas quando abriu a porta, ergueu as sobrancelhas ao deparar com o tímido e calado Thales, o irmão mais novo de Cristiano. Ele estava em trajes de dormir, embora parecesse estar sem sono.

— Você? O que deseja comigo a essa hora?

— Desculpe se a acordei — sussurrou ele, como se temesse despertar os demais. — Eu precisava falar com você, e meu assunto é urgente.

— Não é de bom tom recebê-lo dentro do meu quarto.

— Sugere outro local em que possamos conversar?

Como estava curiosa e sem muito tempo para adiar a conversa, ela o segurou pelo punho e o conduziu ao interior do quarto, pedindo que ele trancasse a porta. Depois de fazer isso, Thales se virou para ela e a encarou em silêncio.

— Bem, estamos aqui. O que queria falar comigo?

Thales baixou o olhar para o chão e sentiu que a face estava ficando vermelha. Percebendo a indecisão do rapaz, Luna incentivou:

— Pode dizer, não sou mais nenhuma moça pura, você sabe. O que era tão urgente?

— Eu sei que aquele escravo não fez mal a você. Sei que foi meu irmão Cristiano — admitiu Thales, falando tão baixo que Luna teve dificuldades para ouvi-lo.

— O quê? Você sempre soube? Como? Por que nunca me ajudou a acusá-lo quando todos achavam que eu era louca, ou perturbada, ou mentirosa? Sabe como tenho sofrido com isso?

— Posso imaginar, mas me entenda, por favor. Cristiano me expulsaria daqui se eu tivesse dito algo contra ele — como estava nervoso, Thales se sentou na beirada da cama de Luna, e ela, atenta ao que ele dizia, sentou-se também.

— Como assim, ele o expulsaria? Não estou entendendo.

— Cristiano sempre foi mandão e manipulador. Eu sempre vivi à margem dele, sabe? Ele detém o brilho, e eu sou apenas seu reforço. Ele é bonito, e eu não sou nem atraente. Talvez por tudo isso, somado ao fato de ele ser mais velho, sempre fui obediente a ele. A ideia de estudar na cidade também foi dele e de nossa mãe. Apesar de tudo, ele sempre confiou em mim e nunca me escondeu nada, nem mesmo seus segredos mais obscuros. Entre esses segredos, estava o que ele fez com você às margens do regato. Ele tinha me contado, e eu jurei silêncio.

Ao ouvir aquilo, Luna teve vontade de esmurrá-lo. Como Thales, que parecia ser tão bom, pudera ter compactuado com a sordidez e as mentiras do irmão? De qualquer forma, se ele estava ali, mostrando-se arrependido, era preciso saber ouvi-lo.

— Fui covarde, Luna, e admito isso. Deveria ter enfrentado a soberba e a posição dominante de Cristiano. Talvez se eu tivesse feito isso, você veria em mim um amigo e pudesse corresponder ao... — ele hesitou — amor que sinto por você.

225

Aquelas palavras deixaram Luna ao mesmo tempo furiosa e sensível. Estava revoltada com o silêncio que Thales mantivera por todos aqueles meses. Por outro lado, era a primeira vez que ouvia alguém dizer que a amava. Nunca escutara essas palavras, nem mesmo dos lábios do pai, e isso enterneceu o coração de Luna.

— Você está dizendo que me ama?

— Sim, desde quando a conheci. Eu também tinha notado que Cristiano estava interessado em você e fiquei com medo. Já tenho idade suficiente para enfrentá-lo, porém, muitas vezes, o medo paralisa nossas atitudes e não conseguimos fazer aquilo que achamos ser o certo.

— Eu... não sei o que dizer — era verdade. As palavras haviam faltado no vocabulário de Luna. Thales também era bonito, todavia, ela nunca vira nele a imagem de um possível pretendente. Tanto que sua revelação a pegara desprevenida.

— E é em nome do amor que sinto por você, e que estou confessando tardiamente, que peço, aliás, imploro, que desista de seus planos. Matá-lo não vai aliviar seu coração.

Luna deu um salto, ficando ainda mais assustada. O que Thales era, afinal? Um bruxo que sabia ler seus pensamentos? Como podia saber de seus objetivos?

— Não sei do que está falando — ela tentou disfarçar.

— Sabe, sim. Estou falando do veneno que você comprou há alguns dias na cidade. Imagino que você vá usá-lo contra Cristiano. Não me espantaria se o fizesse amanhã, no dia em que ele se casa — Thales a olhava sério e entristecido.

Luna ainda pensou em negar mais uma vez, mas sabia ser inútil. Então perguntou como ele soubera do veneno, e Thales revelou que a seguira naquele dia, pois tinha decidido se declarar para ela. Ela seguira a pé para a cidade, num longo trajeto, na estrada, e Thales fora atrás.

Ficou surpreso quando a viu comprando algo das mãos de um velho malvestido e, mantendo-se oculto, aguardou pela saída de Luna para indagar o homem. Ofereceu dinheiro ao velho, que confessou sem demora ter vendido um forte e perigoso líquido capaz de matar uma pessoa com uma mínima quantidade. Ele suplicou para que Thales não o denunciasse, e ele só não o fez por que

226

não queria que o velho também delatasse Luna para as autoridades locais. Além disso, queria descobrir se o veneno seria dado ao seu irmão, embora isso parecesse quase certo.

— Por que quer defender Cristiano? — perguntou Luna quando Thales terminou de falar. — Se ele saísse do seu caminho, você mostraria sua presença com mais vigor, não? Passaria a ser notado e deixaria de viver à sombra dele.

— Essa seria a escolha mais fácil, no entanto, não seria a correta. Meu irmão pode ter todos os defeitos, já que é um ser humano, e mesmo assim eu o amo. Não quero vê-lo morto.

— Você ainda o defende? Saia do meu quarto — Luna apontou para a porta. — Não preciso do seu amor. Se você vai ficar do lado dele, então também é meu inimigo.

Thales não discutiu. Levantou-se devagar e saiu dos aposentos de Luna. Ela, entretanto, não conseguiu dormir sossegada. O rapaz frustrara sua ideia. Se ela matasse Cristiano, ele a delataria.

Resolveu que outra atitude deveria ser tomada e com urgência. Ela abriu uma gaveta onde guardava o dinheiro que recebia do pai, vestiu um casaco grosso e saiu do quarto silenciosamente. Em rápidas passadas, chegou ao alpendre. Todos pareciam estar dormindo, e ela tomou o cuidado de reparar se Thales não a seguia novamente. Como não viu ninguém, seguiu na direção da senzala.

A porta pesada de ferro estava aberta, e alguns escravos conversavam em voz baixa enquanto a maior parte estava adormecida. Ao percebê-la parada na porta, as vozes cessaram. Um negro forte, de ombros largos, se aproximou:

— 'Noite, sinhazinha. Qué arguma coisa dos nego?

— Você se lembra de que meu pai atirou em um escravo? Aquele que foi acusado de me violentar? — perguntou Luna, falando em murmúrios.

— O nego alembra. Ele era o meu subrinho.

Luna descobriu que acertara de primeira.

— Você sabia que ele era inocente? Quem fez aquilo comigo foi outro branco, aquele que vai se casar com minha irmã amanhã. Seu nome é Cristiano.

Apesar da semipenumbra, Luna viu um brilho de raiva percorrer os olhos escuros do escravo.

— Tonho era hóme bão. Num merecia a morte daquele jeito. Seu pai foi mardoso com ele.

— Eu sei disso. É por isso que estou disposta a dar o troco em Cristiano e vou precisar de sua ajuda — ela olhou para os pares de olhos que brilhavam na escuridão. — Pode chamar outros se quiser, desde que me garanta que vai dar um fim em Cristiano. Quero que ele morra, assim como meu filho morreu, assim como seu sobrinho também está morto. Acha que vai poder me ajudar?

O negro não hesitou:

— Ajudo, sinhazinha. Mas seu pai vai butá eu no tronco dispois. Vou morrer tumém.

— Não vai. Veja — ela mexeu nas dobras do vestido e apanhou um maço de notas, que depositou na mão imensa do escravo. — Aí tem bastante dinheiro. Deve dar para você e mais um ou dois ajudantes fugirem para longe daqui até encontrarem um quilombo. Tudo o que precisam fazer é matar Cristiano. E quero que seja amanhã, antes ou depois do casamento dele com minha irmã. Também quero garantia do seu serviço — como queria deixar o escravo irritado, Luna acrescentou: — Lembre-se de que Tonho era inocente e pagou com a vida no lugar de Cristiano. Ele merece o troco agora, não acha?

O negro concordou com a cabeça enquanto apertava as notas na mão. Luna, antes de partir, acrescentou:

— Não quero que me conte como vai matá-lo. Faça como achar melhor, desde que Cristiano não escape com vida. E depois que tudo estiver feito, fuja imediatamente da fazenda antes que os feitores do meu pai o capturem.

Ele assentiu novamente, e Luna voltou para a fazenda. Ela mal podia esperar pelo dia seguinte, que prometia muitos acontecimentos.

Ao amanhecer, Luna agiu com o máximo de naturalidade. À mesa do café, evitou trocar olhares com Thales. Os criados da casa e os escravos estavam finalizando os detalhes da festa de casamento. O matrimônio seria na catedral na cidade e de lá os noivos retornariam à fazenda para os festejos, momento em que Luna esperava pela ação do tio de Tonho.

Eles seguiram para a cidade em duas carruagens. Ana Carolina estava lindíssima no vestido branco, demonstrando ansiedade e excitação. Cristiano havia pernoitado num hotel na capital e, segundo os costumes, só veria a noiva na igreja.

O casamento transcorreu de forma bonita e marcante. Ele estava todo sorridente e aparentava estar vivendo momentos de plena felicidade ao lado de sua esposa. Henri estava orgulhoso em tê-lo como cunhado. Raul e Rose estavam satisfeitos, certos de terem encontrado um homem perfeito para a filha.

Voltaram para a fazenda. A comida estava farta, e as bebidas, deliciosas. Quase todos os fazendeiros das regiões vizinhas haviam comparecido, pois aquele casamento era um dos eventos do ano. Cristiano e Ana Carolina eram alvos da atenção dos convivas.

Quando viu Thales caminhando sozinho pela festa, Luna o chamou a um canto. Quando ficaram a sós, distantes do vozerio das pessoas, ela lhe entregou o frasquinho contendo o veneno.

— Thales, suas palavras ontem à noite me fizeram refletir e enxergar o tamanho do erro que eu cometeria se matasse seu irmão. Acho que minha consciência me cobraria esse crime até o fim da minha vida. Você me mostrou que agir no ódio não é o melhor caminho. É por isso que estou lhe entregando o veneno. Quero que você o tire do meu caminho, para que eu não caia em tentação.

Com um suspiro de alívio, Thales notou que a embalagem ainda estava lacrada. Ele a abriu e despejou seu conteúdo na grama, jogando o frasco vazio atrás de algumas moitas. Sorrindo, ele não se conteve e abraçou-a.

— Fico muito feliz por ter desistido, Luna. Seu gesto só me fez amar você ainda mais pela pessoa maravilhosa que é.

Ela não respondeu, permitindo-se ser abraçada. Lamentava estar mentindo para ele, mas seus ideais falavam mais alto. Quando se lembrava do sorriso cínico de Cristiano, olhando-a caída no chão, cheia de dores e vergonha, sentia crescer o desejo de matá-lo. Esperava que os escravos não demorassem a agir. Queria vê-lo morto o mais depressa possível.

Ao virar o rosto, viu Ana Carolina dançando com o cunhado, enquanto Cristiano dançava com Rose. Ela viu o tio de Tonho se aproximar de Thales por trás e teve tempo de ver o brilho do punhal que ele trazia nas mãos. Foi tudo tão rápido que as pessoas nem tiveram tempo de refletir sobre o motivo de aquele escravo estar caminhando entre os convidados do casamento, assim como Luna não teve tempo para avisá-lo de que aquele não era Cristiano.

Ela sentiu a própria carne doer quando o punhal perfurou as costas de Thales com uma violência assustadora. Não conteve um grito agudo quando o sangue jorrou pelo paletó novo que ele usava. Thales tombou de bruços enquanto Ana Carolina só conseguia gritar. Luna sentiu a própria cabeça rodar enquanto o escravo fugia em desabalada carreira na direção do matagal.

As horas seguintes foram como um verdadeiro inferno para Luna. Ela viu a expressão de sofrimento que tomara conta do rosto de Cristiano, mas não se sentiu satisfeita. Não era aquilo que desejava. Thales estava morto e tudo por culpa dela. A única pessoa que declarara amá-la de verdade fora morta por um erro dela. O tio de Tonho certamente o confundira com o irmão e, agindo impensadamente, decidiu matar aquele a quem julgava o responsável indireto pela morte do sobrinho.

Ana Carolina tinha desmaiado e fora levada para a casa-grande. Rose chorava enquanto Raul tentava acalmá-la. Os convidados estavam traumatizados e permaneciam estáticos. Uma festa que tinha tudo para ser bela resultara numa tragédia. Cristiano gritava abraçado ao corpo do irmão, tentando entender o motivo de o escravo tê-lo assassinado. Thales nunca fizera mal a ninguém, sempre fora um rapaz decente e bondoso. Qual a razão de ter sido atacado pelas costas por um escravo da fazenda de Raul?

Em meio a tantas lágrimas e desespero, Luna apenas acompanhava o desenrolar das cenas. Não tinha coragem de se aproximar de Thales. Não queria vê-lo sem vida e achava que não era digna para tanto. De tantas pessoas que não mereciam viver, ela matara justamente um amigo.

CAPÍTULO 35

Thales foi enterrado no dia seguinte, num terreno pertencente à fazenda de Raul. A mãe dele e de Cristiano fora chamada e mostrava-se inconsolável. Todos só queriam entender o que se passara na cabeça daquele escravo para cometer tal ato de loucura. Ele não fora capturado, e Raul descobriu mais tarde que outros dois haviam fugido com ele.

Luna tremia só de pensar que os demais escravos acabariam por denunciá-la. Se contassem que a viram conversando com o negro na véspera do crime, Raul ligaria os pontos. Se a família já a ignorava, quando descobrissem que ela era também uma assassina, não hesitariam em denunciá-la para a polícia.

Ela chorou quando viu o último monte de terra ser jogado sobre o corpo de Thales. Seu pranto era verídico, porque ela sentia o coração partido e a dor do remorso atormentando sua consciência. No dia anterior, ele a abraçara e sorrira dizendo estar feliz com a atitude dela em devolver o veneno. E agora estava entregue à terra.

Os dias seguintes foram de luto, dor, pesar e sofrimento. Cristiano se recusava a comer, e sua recém-esposa estava muito abalada para consolá-lo, já que Thales estava dançando com ela no instante em que fora golpeado. Quando cruzavam pelos corredores da casa, um mal conversava com o outro. Henri mantinha-se calado. Raul e Rose viviam abraçados, como se temessem perder um ao outro. Luna evitava sair do quarto, e todos imaginavam que ela estivesse sofrendo pela recente perda do amigo.

Ela tornou a entrar em pânico, quando, uma semana após o ocorrido, Raul comunicou que daria reinício às buscas aos escravos fugitivos e reforçaria as investigações sobre a morte misteriosa e repentina de Thales. Quando disse que começaria pela senzala, Luna quase desmaiou. Seria delatada, estava certa disso. De que lhe adiantara ter tentado se vingar de Cristiano? Era como se a maldade que planejara para os outros tivesse voltado com toda força sobre ela, arrastando pelo caminho a vida inocente de Thales.

Cada vez que ela via o pai sair de casa, era envolvida pelos tentáculos do medo. Sabia que a prisão seria uma punição leve pelo seu crime. Tirar a vida de Thales não tinha perdão, ela pensava. Arcar com as consequências de seus atos não repararia o que ela fizera.

Luna nunca se esqueceria daquele dia em que estava deitada em seu quarto, com o rosto lavado pelas lágrimas do arrependimento quando bateram à porta. Ela autorizou a entrada, mas não quis voltar o rosto para ver quem era. Ouviu a voz do pai chamando-a e, finalmente, o encarou. Viu que, além dele, ali também estavam Cristiano, Rose, Henri e Ana Carolina, todos com uma expressão acusadora no olhar. Então Luna soube que eles já tinham descoberto.

— Alguns escravos me disseram que ouviram você conversando com o negro que matou Thales. Ele era o tio do escravo que morreu no tronco. Eles viram quando você deu dinheiro a ele — Raul falava em voz baixa e fria.

— Por quê? — foi tudo o que Cristiano perguntou.

Luna quis gritar que fizera aquilo como vingança, mas não se sentiu motivada. Nunca acreditaram nela antes, e esta não seria a primeira vez. Além disso, ela participara da elaboração de um crime, em conluio com escravos. Jamais seria ouvida. Para sempre seria odiada por eles.

Estranhamente, ela não chorou quando entrou na cela de detenção pela primeira vez, na delegacia da cidade. Era a única prisioneira ali dentro, e a solidão não a assustou. Achava que sua vida estava perdida, aos 26 anos de idade. Foi julgada e condenada a quinze anos de prisão. Foi transferida para outro lugar, onde ficou em companhia de outras duas mulheres, que a ignoravam completamente.

Nunca recebeu uma visita de nenhum dos seus familiares. Imaginava que eles tinham decidido esquecê-la, pois ela lhes causava vergonha e humilhação. Antes, havia tido um filho de um escravo, conforme supunham, e agora fora acusada encomendar a morte do próprio cunhado. Ela não os culpava por abandoná-la.

Por isso, quando disseram que havia uma visita para ela, quase oito meses após sua condenação, Luna pensou ter ouvido mal. Quem desejaria vê-la? Será que ainda havia alguém que se importava com ela?

Ficou ainda mais curiosa e surpresa ao deparar com uma freira de aspecto jovial a aguardando. Ela tinha lindos olhos e um sorriso que transmitia esperança. Luna nunca a vira antes e imaginou o que a levara até lá.

— Você é Luna? — ela perguntou, estendendo a mão.

— Sim, sou eu. Acho que não conheço você.

— Bem, nós nos conhecemos apenas de vista. Eu sou freira em um convento localizado na capital. Acompanhei o caso do assassinato de seu concunhado, que Deus o tenha.

— E veio aqui me avisar dos meus pecados?

— De forma alguma — ela abriu novamente aquele lindo sorriso, que fazia Luna confiar nela. — Vim apenas saber como você está passando.

Luna a olhou, desconfiada. Aquela conversa estava muito estranha. Porém, os olhos da freira transmitiam bondade e ela parecia estar sendo sincera.

— E por que a senhora se interessaria por mim? Sou uma desgraçada e Deus deve me odiar pelo o que fiz.

— Jamais pense assim, minha criança. Antes, quero me apresentar. Eu sou a irmã Linda.

Pela primeira vez, em tantos meses, Luna sorriu:

— E é linda mesmo.

A freira também sorriu.

— Obrigada. Quero deixar claro que pretendo ser sua amiga. Imaginava o quanto você estaria sozinha nessa prisão, sendo tão jovem ainda. Tanto insisti que consegui permissão da madre para visitá-la frequentemente, isto é, se você consentir. Eu posso ler para você alguns versículos da Bíblia e, se não quiser ouvir, também podemos conversar sobre outros assuntos. Quero apenas que me veja como uma companhia e que entenda que Deus nunca abandona Seus filhos. O que você fez não é motivo para se considerar um bicho malvado. Deus vai amá-la da mesma forma que amava antes, mais ainda, se você conseguir superar seu ato, perdoar quem lhe inspirou a fazer o que fez e seguir em frente, confiando na ação da vida.

As palavras de irmã Linda eram tão agradáveis que Luna imediatamente simpatizou com ela, desejando saber mais. Infelizmente, o tempo de visita era curto, porém, a freira retornou nos dias seguintes, sempre trazendo palavras consoladoras para Luna. Com o passar das semanas, ela ficava contando os minutos para a chegada dela. Às vezes, elas estudavam a Bíblia juntas, às vezes falavam sobre Deus ou simplesmente discutiam sobre a vida. Luna se sentia tão bem com ela que até se esquecia do motivo de estar presa.

Irmã Linda também trazia notícias ocasionais da família de Luna. Ela conseguira apurar que Henri saíra de casa e fora morar com uma namorada em Minas Gerais. Ana Carolina e Cristiano continuavam juntos, mas eram vistos brigando e discutindo por vários motivos. Quando iam juntos à cidade, a freira os via. Pareciam dois estranhos dividindo uma vida em comum. Raul e Rose estavam bem, todavia, a ausência forçada de Luna e o motivo que levara a isso os deixaram bastante entristecidos, embora continuassem tocando a vida.

As visitas de irmã Linda continuaram por mais quatro anos. Ao final desse prazo, uma havia criado um vínculo de amizade e amor tão forte com a outra que pareciam mãe e filha. Ao longo de sua vida, essa era a primeira vez que Luna sentia que alguém a amava com sinceridade e se importava com ela. Irmã Linda a tratava com carinho e delicadeza, coisa que seus pais ou os irmãos nunca lhe fizeram. Contar com a presença da freira fazia os dias na prisão passarem mais depressa para Luna.

Houve, no entanto, um dia em que irmã Linda não compareceu. Ela nunca faltara ao longo de todos esses anos, e Luna se perguntou se ela adoecera. Nos dias seguintes, ela também não veio, o que deixou a moça preocupada. Pediu a uma guarda para que tentasse descobrir algo sobre a freira. A carcereira, mesmo de má vontade, prometeu buscar notícias.

E as notícias não eram nada boas. Numa disparada de palavras, a mulher contou a Luna que o convento das irmãs pegara fogo no início da semana. A maior parte das freiras havia conseguido escapar. A madre superiora, além de outras duas freiras, entretanto, tinham sucumbido. E uma delas era Linda. Luna gritou, chorou e se desesperou, mas não havia nada que pudesse fazer. Achava que a vida mais uma vez estava sendo cruel com ela, levando embora outra pessoa amada e querida.

Luna, a partir desse dia, tornou-se uma pessoa calada e triste. Cumpriu religiosamente a sua pena e, quando ganhou a liberdade, estava com 41 anos. Soube que seus pais haviam morrido, Henri se casara e se mudara para o exterior, e Ana Carolina e Cristiano ainda permaneciam juntos. Os dois viviam um casamento de aparências, sem amor. Não tiveram filhos e não pareceram felizes quando souberam que Luna fora solta. Cristiano ainda a acusava pela morte do irmão, embora ela já não o odiasse pelo que ele lhe fizera às margens do rio, muitos anos atrás.

Conceição parou de falar, e Ivone e Euclides souberam que a história chegara ao fim. Ambos estavam emocionados com o que tinham ouvido, e a própria Conceição não conseguiu impedir que duas lágrimas descessem de seus olhos. A lua ainda continuava brilhando intensamente no céu e pequeninos vagalumes dançavam ao redor deles, pequenos pontos de luz servindo de testemunha para a narrativa de Conceição.

— Que história triste! — exclamou Ivone, após controlar a emoção do momento.

— Não é uma história triste e sim justa. Se observarmos melhor, veremos que Luna teve muitas opções na vida para conquistar a felicidade, só que não optou por nenhum dos caminhos. Ela usou seu livre-arbítrio para o que achava ser o certo.

— Ela sofreu muito. A vida lhe cobrou um preço alto por seu ato, não? — retrucou Ivone.

— Não, pois a vida não é credora. Uma das primeiras coisas que Luna poderia ter feito era perdoar Cristiano, ou pelo menos tentado. Como eu disse antes, o bebê era um espírito muito instruído e não permaneceria reencarnado de qualquer forma. Porém, Luna teria vivido muito melhor se tivesse se livrado do rancor e da raiva que a ligava a Cristiano. Thales teve oportunidade de lhe mostrar o caminho do amor, que ela também não aceitou. Preferiu enveredar pela maldade. Desistiu de envenenar Cristiano, mas havia combinado os detalhes com o escravo. A hora do desencarne de Thales seria aquela de qualquer maneira. Ele também é um ser amadurecido espiritualmente. Nutre um carinho especial por Luna e sempre a acompanha em suas reencarnações, embora eles não permaneçam juntos por muito tempo, como aconteceu nessa encarnação.

— E Cristiano? — interessou-se Euclides, atento às explicações.

— Cristiano ainda surgirá na vida dela, e Luna precisará compreender a importância do perdão para sua própria vida — expôs Conceição.

— Ela também se encontrará com Thales? — Ivone perguntou. — A senhora disse que ele sempre a acompanha durante suas jornadas terrenas.

— Ah, sim. Esse encontro acontecerá muito em breve. Diferentemente do que Luna pensava, Thales jamais a odiou após desencarnar. Como eu disse, ele é um espírito com bastante conhecimento e pôde perdoá-la sem guardar nenhum resquício de rancor. Ele a ama muito, porém sabe que Luna precisará se entregar ao verdadeiro amor. Existe outro espírito que também a acompanha há várias encarnações. Eles se amam muito e será em nome desse amor que ele tentará fazer com que Luna não cometa as mesmas atitudes de antes.

— E quem é ele?

— Ele foi o mentor de Luna durante essa encarnação que lhes contei. Agora, ele está reencarnado e, dentro de alguns anos, está previsto um reencontro entre eles. Vamos ficar no positivo para que tudo dê certo.

— O escravo que assassinou Thales foi preso? — indagou Euclides, ansioso. — Ele também está reencarnado na vida atual?

— Ele foi capturado e morto alguns anos após ter matado Thales. Luna já estava detida nessa época e não tomou conhecimento. Esse escravo, chamado Adonias, revoltou-se ao desencarnar. Sabia que tinha assassinado o rapaz errado, mas direcionou sua ira para Luna. Ele a encontrou na cela da prisão, contudo, não conseguia se aproximar devido às energias benéficas e salutares que eram emitidas por meio das orações da freira Linda.

Ivone e Euclides assentiram, esperando que Conceição continuasse:

— Ela deixou o corpo físico aos 50 anos, nove anos depois de ter sido solta. Vivia mergulhada na tristeza e na solidão, acreditando que seu sofrimento era um castigo divino. Essa foi a porta que Adonias e os dois escravos, que o seguiam, encontraram para se vingar dela — Conceição fez uma pausa enquanto olhava para as próprias mãos. — Lembram-se de Paulo e de Fátima, o casal que adotou Luna na vida atual? — vendo Ivone e Euclides assentirem novamente, Conceição prosseguiu: — Havia alguns espíritos com eles, desejosos de ver Luna sofrer as torturas que o casal lhe impunha.

— Eles prenderam Linda em uma cela — recordou-se Ivone.

— Eles eram os escravos. Ainda assim, chega um momento em que até o coração mais rígido e impenetrável é tocado pela luz divina. Mesmo tendo transcorrido tantas décadas, Adonias ainda achava que Luna merecia pagar por ter destruído a vida dele, além de julgá-la responsável também pela morte de seu sobrinho. Porém, estranhamente, ele notava que ver Luna sofrer não lhe trazia tanta satisfação. Decidiu perdoá-la e libertou o espírito de Linda das masmorras do submundo astral. Ele e seus amigos pediram perdão e foram encaminhados para outros locais. O sobrinho dele, Tonho, é quem está cuidando da recuperação do tio e dos demais escravos.

— E Henri e Ana Carolina? Reencarnaram mais uma vez como irmãos de Luna, assim como Raul foi o pai novamente.

— Sim, Euclides. Notem como a vida trabalha de uma maneira maravilhosa, sempre buscando a melhor forma de equilibrar todas as coisas. Henri e Ana Carolina não gostavam de Luna, e ela sentia que era desprezada por eles. Quando todos se encontraram no astral, fizeram uma promessa de que, se tornassem a voltar como irmãos, amariam Luna incondicionalmente.

— Eles não vão mais se encontrar nesta vida?

— Tudo dependerá da própria Luna. Se ela buscar o caminho da sabedoria, tomando atitudes diferentes do que fez anteriormente, poderá encontrar Henri e Ana Carolina de novo. Raul também queria fazer melhor como pai, mas, infelizmente, ainda não foi dessa vez. Rose obteve alguns avanços, pois o progresso não cessa.

— E Alberto, o cafetão que a matou?

— Alberto é um antigo desafeto de Rose. Ambos também precisam se perdoar e, aí, uma nova história recomeça.

Conceição se calou, e eles permaneceram quietos, observando os movimentos sutis dos vagalumes. Ela sabia que eles ainda tinham uma pergunta a fazer, talvez a mais importante de todas. Foi Euclides quem finalmente quebrou o silêncio, indagando:

— E Linda? Ela é uma alma adorável a quem tivemos o privilégio de sermos pais — ele sorriu para Ivone. — Acho que ficou bastante claro o motivo de ela estar tão apegada à filha agora. Elas criaram um vínculo muito forte quando Linda foi freira e Luna estava presa. Ouso dizer que Linda gosta mais da filha mais velha do que dos menores.

— Não há como negar que muitos pais e muitas mães têm predileção por um filho, ao passo que gostam menos de outros. Linda ama os três, mas seu vínculo com Luna é ainda maior. Isso a mantém perto da filha, mesmo vivendo como espírito. Linda sempre foi uma pessoa generosa. Na vida passada, quando freira, por um descuido seu, o convento se incendiou, e ela, outra freira e a madre superiora morreram no local. Linda não conseguia se perdoar, por isso, foi-lhe sugerido um reencarne como mãe de três crianças. Ela teria que aprender a libertá-los quando chegasse o momento certo, só que não consegue. Não se sente preparada para se libertar definitivamente dos laços materiais. É o que temos visto até agora.

— Eu torço muito pelas duas — enfatizou Ivone — e quero muito que elas saiam vitoriosas. Essa união de amor entre as duas é mágica.

— Os amigos espirituais sempre ajudam a todos nós, embora nem sempre consigamos perceber tal intervenção. Uma simples palavra de carinho, uma pequenina distração reconfortante, a leitura de um livro ou uma prece singela podem ser sinais da espiritualidade, mostrando que a vida foi feita para ser vivida com alegria, harmonia e paz.

— A reencarnação é um grande presente divino — considerou Ivone, pensativa.

— Com certeza. A reencarnação é uma oportunidade maravilhosa de equilíbrios, recomeços e segundas chances — confirmou Conceição. — É por isso, meus queridos, que iremos vibrar para que Luna obtenha sucesso em todas as etapas pelas quais precisará passar.

Euclides e Ivone concordaram e deram um abraço apertado em Conceição. Eles se levantaram, e Euclides finalizou, dizendo:

— Hoje estou muito feliz, pois soube que meu irmão, Haroldo, virá me visitar. Com ele, virá minha cunhada, a Lucimara. Ambos foram verdadeiros pais na criação de nossa Linda e só temos a agradecer.

Conceição sorriu feliz:

— Eu adoraria conhecê-los. Posso?

— Claro que sim — Ivone ofereceu o braço para a amiga. — A senhora será nossa convidada de honra.

Felizes, os três foram caminhando devagar e passaram perto da fonte, que continuava a jorrar a água em movimentos lentos e cadenciados, como se mostrasse que a paciência também é uma grande virtude.

CAPÍTULO 36

De volta à encarnação atual, Luna estava montada em uma bicicleta para fugir de sua cidade natal quando ouviu uma voz atrás de suas costas:

— Não me mexa. Saia da bicicleta agora mesmo. Peguei você.

Ela não se mexeu, não pela ordem e sim pelo medo repentino que invadiu todo o seu corpo. Apesar de tantos sacrifícios, ela fora pega pelos policiais. Imaginou que haveria armas apontadas para ela e que, quando se voltasse, depararia com o sorriso de vitória de Vasconcelos.

— Não vou falar de novo — tornou a mesma voz. — Saia da bicicleta e trate de se explicar.

Com movimentos lentos, como se seus membros estivessem ficando paralisados, Luna desmontou e tornou a apoiar a bicicleta na árvore. Então, reunindo toda a coragem do mundo, ela ergueu a cabeça e encarou seu interlocutor. Tanto ele quanto Luna ficaram surpresos.

Diante dela não estava Vasconcelos com seus policiais. Ali havia apenas um adolescente com cerca de 17 anos, mantendo uma expressão furiosa, que se tornou mais suave ao encarar o rosto machucado de Luna. Ele foi o primeiro a recobrar a fala, logo após se recompor do susto.

— Você não é um moleque. É uma menina com cara de moleque.

— E você não é um policial. É um garoto com cara de bravo — devolveu Luna, serenando o coração aos poucos.

— Claro que estou bravo. Você estava tentando furtar a minha bicicleta — ele encarou Luna de cima a baixo e apoiou as mãos no guidão. — Deveria ter imaginado que ela tinha dono, não acha?

— É que ela estava toda estragada — Luna deslizou os dedos pelo banco, cuja espuma estava esburacada. — Achei que ela estivesse no lixo.

— Sei — ele olhou para a bicicleta com carinho. — Aliás, nunca vi você por aqui. Se não prestasse atenção, diria que é um menino.

Luna conseguiu sorrir e descobriu que essa ação era um santo remédio.

— Eu preciso parecer um menino.

Ele fez uma expressão confusa, e ela riu novamente. Por fim, ele também sorriu e esticou a mão para frente.

— Podemos nos apresentar? O meu nome é Thales.

— Que nome engraçado! — ela apertou a mão dele. — Eu me chamo Luna.

— Nunca tinha ouvido. Esse nome também é engraçado. Ainda não me disse por que queria roubar minha bicicleta nem por que parece um garoto. Você tem irmãos?

— Tenho — ela tornou a levantar a cabeça e o fitou nos olhos. — Eles não moram comigo.

— E eles moram em que lugar? Ou morreram?

— Acho que não. Sei que eles estão vivos em algum lugar. Não sei onde é.

Thales piscou, desconfiado. Aquela criatura estranha à sua frente não estava falando coisa com coisa.

— Acho que você está mentindo para mim, sabia?

— Você acha? — ela tentou sorrir. Desta vez, não conseguiu. — Pode acreditar, essa é a verdade. Meus pais morreram, e meus irmãos foram adotados por outras famílias, que os levaram embora.

— E você mora em qual rua?

— Eu não moro mais nessa cidade. Já morei aqui antes, agora não moro mais. Eu não tenho casa, nem lugar para onde ir.

— Acho que você está mentindo para mim de novo — afirmou Thales mantendo um tom bem-humorado na voz.

241

Na realidade, estava impressionado com as coisas que aquela menina estava lhe dizendo. Ou ela era louca ou estava realmente dizendo a verdade, o que tornava tudo ainda mais maluco. Ele nunca ouvira nada parecido com aquela conversa. Onde já se viu alguém não ter casa, nem família, nem ninguém?

— Você estava vindo de algum lugar, certo? Está limpa e bem vestida. E ia montar em minha bicicleta para ir a outro lugar. Acho que não acredito em você.

Luna ia responder quando dois policiais dobraram a esquina e seguiram na direção em que ela e Thales estavam. Sem pensar duas vezes, Luna o puxou pela nuca e o beijou. Colou seus lábios aos dele da mesma maneira que Paulo, seu pai adotivo, fazia com ela. Porém, desta vez, ela não sentiu raiva ou nojo.

Um dos soldados, ao ver a cena, cutucou o outro com o cotovelo, murmurando com expressão de repulsa:

— Antigamente, nesta cidade, não havia tantas bichas, mas agora elas estão aparecendo aos montes. Veja só aqueles dois. Que pouca-vergonha!

— E parecem ser tão novinhos, coitados. Esse mundo está mesmo perdido — retrucou o outro policial, dando de ombros. Continuaram caminhando, pois sua função deles naquela noite e talvez nas próximas era encontrar e prender Luna, fugitiva de outra cidade. O que menos tinham era tempo para observar um casal de homossexuais.

Luna se desprendeu de Thales somente depois que eles se afastaram. A menina percebeu que ele estava com o rosto afogueado e corado.

— Por que fez isso? Você me beijou — declamou ele, parecendo espantado e divertido.

— Nunca deu um beijo numa menina?

— Só umas *bitoquinhas*. Acontece que você não se parece com uma menina — percebendo que ela acompanhava com o olhar os dois policiais que já seguiam adiante, acrescentou: — Você fez isso só para disfarçar. Não queria que eles a vissem. Se não fosse essa rua ser tão escura, acho que eles teriam notado que você não é um garoto — ele cruzou os braços. — Ou você me diz tudo direitinho ou eu mesmo vou chamar a polícia para você.

Luna assentiu com a cabeça. Após uma breve hesitação, ela perguntou:

— Você tem um lugar para podermos conversar em paz?

Eles entraram numa espécie de galpão, cerca de vinte minutos depois. Era um espaço pequeno, atulhado de móveis abandonados e objetos quebrados. Thales acendeu uma pequena lâmpada elétrica, encostou a bicicleta ao lado de uma cúpula de abajur e indicou para Luna uma cadeira com o encosto solto.

— Pode se sentar aí. Você está com fome? Sobrou um pedaço do meu sanduíche com cebola, ovos e creme de morango, porque eu acabei não comendo. Quer experimentar?

A sugestão do lanche pareceu horripilante, mas como estava bastante faminta, Luna não quis reclamar.

— Eu quero.

Foi somente com a claridade da lâmpada que ela pôde avaliar melhor o rosto de Thales. Ele era magro e bem mais alto do que ela. Tinha os olhos castanhos e os cabelos cor de mel, crespos e cortados à escovinha. Uma penugem negra em seu queixo anunciava uma barbicha precoce. Nas bochechas e na testa havia várias espinhas, e seus dentes eram brancos e bem enfileirados. Ela olhou em volta.

— Você mora aqui?

— Aqui é a minha segunda casa. O dono deste lugar foi embora da cidade há dois anos e ficou tudo abandonado. A prefeitura tomou posse, mas nunca se importaram também. Quando eles quiserem o galpão, eu devolvo.

A súbita menção à palavra galpão fez Luna se recordar do local em que seu pai produzia as estatuetas de argila anos atrás. Fora por causa daquelas peças que ele se esquecera de sua mãe e de seus irmãos. Talvez até tivesse deixado de amá-los, principalmente depois de ter conhecido Rose. Contudo, de nada havia adiantado ser tão ganancioso, e Luna percebia isso agora. Embora só tivesse 16 anos, estava aprendendo a viver e a se comportar como uma pessoa adulta.

— Você mora com seus pais?

Thales pareceu triste quando respondeu:

— Moro com minha mãe e meu padrasto. Depois que meu pai morreu, ela conheceu e namorou esse homem. Agora que eles se casaram, ele acha que manda em mim. Não gosto dele. Ele não é e nunca vai ser o meu pai — Thales cuspia as palavras, parecendo amargurado. — Depois que ele se mudou para casa, eu não gosto mais de morar lá. Ele é chato, mandão e encrenqueiro. Quando bateu em mim, minha mãe não fez nada para me defender. Descobri que ele também está batendo nela. Quando eu pergunto, ela diz que caiu e se machucou, ou que bateu o rosto na porta do armário. Fica mentindo só para defender aquele cafajeste.

Ele fez uma pausa e fitou Luna, que o olhava em silêncio.

— Foi aí que um amigo meu me falou do galpão, e eu vim aqui conferir. Estava trancado, mas nós dois conseguimos quebrar o cadeado — ele sorriu do seu feito. — Ele me ajudou a limpar tudo, e eu consegui ligar essa lâmpada elétrica. Meu pai era eletricista, e aprendi muitas coisas com ele. Avisei minha mãe que passaria as noites fora de casa, e ela nunca se importou em saber onde ou com quem eu estava dormindo. Acho que ela deixou de me amar quando conheceu aquele homem.

Sentindo um elo instantâneo com Thales, Luna se levantou e o abraçou com carinho. A história dele, de certa forma, assemelhava-se à dela. Ela também achava que o pai fora o responsável pela morte da mãe após tê-la feito se mudar para Campos do Jordão e que ele amava mais as estátuas do que os três filhos.

— Você é filho único? — ela perguntou, e ele assentiu. — Deve ter sido difícil para você suportar sozinho a morte do seu pai. Quer conversar sobre isso?

— Não tenho muito o que falar. Meu pai era um homem bom e trabalhador, que morreu de repente. Estava trocando a fiação de um poste de luz durante uma tempestade, a serviço da companhia de eletricidade para a qual trabalhava. Ele foi atingido em cheio por um raio. O ajudante que trabalhava com ele ficou ferido, mas sobreviveu. Isso aconteceu no começo do ano passado. Eu ainda sinto muito a falta dele.

— Eu também sinto a falta da minha mãe, sabe?

Como achava que Thales merecia saber mais sobre sua história, Luna fez um resumo sobre tudo o que lhe acontecera após a morte de Linda. Contou sobre a mudança para a casa de Rose, o suicídio do pai, o crime que vitimou Rose dentro de sua própria casa e a fuga desesperada em uma manhã chuvosa em companhia

244

de Henri e Ana Carolina. Falou sobre padre Vitório, que a levara para o convento de madre Rebeca. Contou sobre o carinho que recebera de irmã Janaína. Então, finalmente, criou coragem para falar sobre a adoção dos irmãos, chorando em meio à narrativa.

Por fim, falou sobre Paulo e Fátima e sobre o que eles faziam com ela. Não escondeu que ela sofria abuso dos pais adotivos, além de apanhar e ser maltratada. Como já confiava em Thales, ela acrescentou que os matara, decisão que tomou havia muito tempo.

— A polícia descobriu que eu os matei e está me procurando. Eu fugi da cidade em que morava com eles, mas já devem saber que estou aqui. Tudo o que eu quero, Thales, é ter tempo para descobrir onde estão os meus irmãos. Quero apenas descobrir que eles estão bem e ter certeza de que não foram adotados por pessoas tão más como Fátima e Paulo — ela fez uma pausa e enxugou as lágrimas. — Minha mãe me fez prometer que eu cuidaria deles. Rose disse a mesma coisa pouco antes de morrer. Só que eu não pude cumprir a promessa, pelo menos não até agora.

Thales tinha se emocionado tanto com a história de Luna que se controlou para não chorar diante dela. Ele queria se mostrar forte, para que ela confiasse nele.

— Foram seus pais adotivos que fizeram isso com você? — ele perguntou indicando os hematomas na pele dela.

— Sim, foram eles. Eu tenho outras marcas pelo corpo que não dá para mostrar agora — ela sacudiu a cabeça negativamente, como se quisesse mudar de assunto. Tirou a pequena corrente do pescoço e a depositou na palma da mão de Thales. — Minha mãe me deu isso. Repare que o pingente é um sol. Ele se abre e dentro dele tem uma frase. Sempre quando estou triste, gosto de ler o que diz, embora já tenha decorado faz tempo.

Thales leu a frase e devolveu a correntinha para Luna.

— Às vezes, eu acho que minha mãe está comigo. Ela me amava muito — as lágrimas voltaram a pingar dos olhos dela. — Acho que era a única pessoa que gostava de mim de verdade. Não queria que ela tivesse morrido.

Thales a abraçou e desistiu de impedir o próprio choro.

— Meu pai também me amava. Só queria que ele soubesse que sinto tanta falta dele. Eu queria muito poder abraçá-lo de novo e ouvir suas piadas engraçadas. Ele sempre me dava presentes quando recebia o salário e me chamava de grande herói. Dizia brincando que eu deveria me casar com uma mulher bonita e rica, e, no dia do meu casamento, ele diria: "eu não disse, grande herói?" — ele tentou sorrir, mas acabou chorando ainda mais. — Só que ele não esperou isso acontecer. E eu só tenho 17 anos.

Os dois continuaram chorando abraçados, sem saber que não estavam sozinhos no galpão. Parada ao lado de Luna estava Linda, igualmente chorosa. Ela já tinha reparado no homem que se postara perto de Thales. Ele aparentava estar bem melhor do que Linda fisicamente, e ela soube que ele não estava vagando como ela vinha fazendo. Ele parecia ter vindo exclusivamente para visitar o rapaz. Linda o observava, enquanto ele dizia:

— Não quero que chore por mim, meu grande herói. Saiba que seu pai te ama muito também e sempre vai ser assim. Você foi o melhor filho que qualquer pai poderia desejar. E, se puder casar com uma mulher rica, faça bom proveito, desde que seja bonita, é claro — ele sorriu, contendo a emoção, e beijou o filho na testa.

Não era a primeira vez que o pai visitava o filho. Antônio era um espírito experiente e, logo que se refizera do seu desencarne violento, decidira voltar para rever Thales. Na primeira visita, seu mentor o acompanhou, auxiliando-o a controlar a frequência vibratória. Agora, Antônio já era capaz de fazê-lo sozinho.

Ele olhou para Linda, que só se tranquilizou quando o viu sorrir para ela.

— Você foi a mãe desta menina? — ele perguntou.

— Não fui, eu ainda sou — respondeu Linda. — Se estou me sentindo viva, ainda me considero a mãe dela.

— Thales foi meu filho. E digo isso no verbo passado porque sabemos que não mais pertencemos ao mundo material. É doloroso, é triste, é sacrificante, porém, temos que deixar nossos entes queridos viver a vida deles. Não quero que Thales continue pensando em mim somente para sentir saudade e sofrer. Quero que ele pense em mim com alegria. Saber que Thales tinha orgulho de mim, que me amava e me admirava me faz perceber que fui um excelente pai pra ele. Isso me deixa feliz e vejo que não preciso de mais do que isso.

— Pode até ser, porém Luna ainda vai precisar de mim mais um pouquinho — afirmou Linda. — Um dia, eu quero pensar que nem você. Por enquanto, desejo apenas que minha filha saiba que pode contar comigo.

— Minha querida amiga, não se iluda. Você sabe que isso não pode mais acontecer. Ela só pode contar com seu apoio através de vibrações positivas, orações e bons pensamentos. Essa é a melhor maneira de ajudarmos os encarnados agora. Além disso, não podemos fazer muito, pois vivemos no astral enquanto eles permanecem na Terra.

— Você está parecendo meus pais dizendo isso. Eu não vou embora — Linda cruzou os braços com ar de protesto. — Quero ficar ao lado de Luna, porque a amo. Não a ouviu dizendo que acha que estou com ela? Aos poucos, ela vai descobrir que eu não estou tão morta. Aliás, não estou morta nem um pouco.

Antônio acabou por sorrir e não insistiu. Se aquele era o livre-arbítrio de Linda, caberia a ele respeitar. Tornou a beijar a testa de Thales, acenou para Linda e partiu.

Luna e Thales continuavam abraçados, sem saber mais o que dizer. Parecia que eram amigos de longa data. Ela não se lembrava de ter se sentido tão bem ao lado de outra pessoa desde os tempos de irmã Janaína, no convento. Cada um tinha sua história, ambos perderam entes queridos e próximos e buscavam desesperadamente um porto seguro.

Luna foi a primeira a reagir. Secou as lágrimas do rosto e, em seguida, deslizou as costas da mão pelo rosto de Thales. Ele sorriu e apertou as mãos dela.

— Quantos anos você tem? — ele quis saber.

— Tenho 16. Por quê?

— Porque nós somos rápidos. Acabamos de nos conhecer, já nos beijamos, já nos abraçamos, contamos segredos ao outro e agora eu a trouxe para morar em minha casa. Parece até que somos casados.

Luna também sorriu.

— E tudo por causa da sua bicicleta velha.

— Ah, ela não é tão velha.

— É, sim. E cadê o lanche que você me ofereceu? Minha barriga está apertando de tanta fome.

— Já vou pegar — ele se levantou e abriu uma geladeira pequena, tirando algo embrulhado num plástico, que entregou a Luna. — Experimente. Aposto que nunca comeu nada igual.

Ela tirou o plástico e cheirou o lanche misterioso. Viu a carne, as cebolas, os ovos cozidos e cortados, e algo pastoso cor-de--rosa, que ela julgou ser o creme de morango. Embora parecesse estranho, ela achou divertido experimentar o sanduíche. Deu uma mordida, mastigou, revirou os olhos e engoliu.

— E então? — ele perguntou, após dar uma risada. As confissões angustiadas de momentos atrás estavam cedendo lugar a conversas mais alegres.

— É como comer algodão-doce coberto de cebola — considerou Luna, sorrindo. Para saciar a fome, ela acabou com o lanche exótico em quatro mordidas. — Até que não era tão ruim.

Eles riram e voltaram o rosto na direção da porta de madeira do galpão quando ouviram batidas fortes e ruidosas. Luna imediatamente empalideceu, e Thales levou o dedo indicador aos lábios, pedindo silêncio.

— Quem é? — ele perguntou, aproximando-se da porta.

— Sou da polícia. Meu nome é Vasconcelos — anunciou a voz do outro lado. — Abra a porta, quero ver o que tem aí dentro.

Luna começou a tremer, sem saber o que fazer. Como foi que Vasconcelos a encontrara ali? Após uma busca, não deveria ter tido dificuldades em descobrir a cidade natal de Luna, chegando à conclusão de que a menina iria até lá em busca de algum conhecido que a pudesse ajudar.

Thales também se desesperou e indicou um pequeno armário de madeira no chão, atrás de um sofá cheio de buracos e ao lado de um *freezer*. Sem hesitar, ela engatinhou até lá, abriu a porta toda ruída pelos cupins e se escondeu no interior do móvel. Thales retornou à porta do galpão.

Vasconcelos foi o primeiro a entrar, e Thales não gostou dele. O investigador negro, com ar de arrogância, lançou um olhar de desprezo ao redor. Outro homem entrou atrás dele, certamente o delegado, além de dois policiais uniformizados.

— Já me disseram que você está morando sozinho neste galpão, que pertence à prefeitura da cidade — começou Vasconcelos. — Você deveria estar morando com seus pais. Bom, isso não me importa. Antes de batermos, ouvimos sons de risadas. Quem estava aqui com você?

Thales sabia como manter a calma. Era assim que fazia quando seu padrasto o deixava muito irritado. Preferia não retrucar para não apanhar. Por isso, conseguiu responder sem perder a firmeza da voz:

— Eu estava rindo sozinho. É que hoje um amigo disse que vai ganhar de mim na partida de futebol que faremos no próximo domingo. Só que ele é um tremendo perna-de-pau. E ainda apostou dez *mangos* comigo, veja se pode?

Vasconcelos fez uma cara feia mostrando que não estava nem ligando para aquela história de futebol. Olhou em volta e não avistou nada de diferente. Já estava quase saindo, quando mudou de ideia. Virou para os policiais e ordenou:

— Realizem uma busca rápida por aqui. Olhem tudo, atrás do sofá, embaixo dessas mesas velhas e cheias de poeira, os armários etc. — olhou para Thales. — Como consegue viver no meio dessa sujeira como se fosse um rato?

— Desculpe, isso não é da conta do senhor — retrucou Thales sendo malcriado de propósito.

Vasconcelos ficou furioso e pensou em dar uns tapas nas orelhas daquele adolescente bocudo, porém, o delegado fez um gesto pedindo que ele não se importasse com aquilo.

Thales começou a entrar em pânico quando viu os dois guardas se dirigirem para trás do sofá. Discretamente, ele se aproximou, de olho no pequeno armário em que Luna estava. Os policiais deram de ombros e um deles avisou:

— Doutor Vasconcelos, não tem nada de mais aqui.

O homem também se aproximou, olhou ao redor e indicou o armário no chão.

— Só por curiosidade, abram este armário. Quero ir embora tranquilo.

Thales quase soltou um grito, tentando se interpor entre os policiais e o armário. Sabia que se o fizesse, seria preso também por cumplicidade. Já ouvira falar em coisas daquele tipo, que quem ajudava um bandido em fuga também era considerado culpado, só que Luna estava longe de ser vista como uma bandida. Agora era tarde demais. Um dos homens já estava abrindo a porta, e Thales

249

ficou apavorado ao pensar que sua nova amiga seria presa, e ele tornaria a ficar sozinho.

— O armário também está vazio, doutor.

O próprio Vasconcelos curvou o corpo para confirmar que não tinha nada ali dentro. Então deu de ombros, indicou a porta e saiu sem se despedir de Thales.

Ele trancou a porta e, quando ouviu as viaturas se afastando, chamou:

— Luna! Luna! Onde você está? Eles já foram.

A porta do pequeno *freezer* se abriu lentamente, e ela saiu dali com pequenos fiapos de gelo grudados em seus cabelos curtíssimos.

— Você tem uma blusa sobrando? Eu ia congelar se eles tivessem demorado mais. Essa foi por pouco, hein?

Soltando um grito de alegria pela esperteza da nova amiga, Thales se aproximou e a abraçou com força. Se na encarnação passada Luna se culpava pelo assassinato de Thales, agora, esquecidos dos acontecimentos anteriores, ambos buscavam despertar para a cooperação, a compreensão e, principalmente, para o amor, fatores fundamentais para a construção de uma grande e poderosa amizade.

CAPÍTULO 37

Eles continuaram por ali durante os três dias seguintes. Ela jamais saía de dentro do galpão e não parecia de importar em vestir as roupas de Thales, inclusive as cuecas, que ele trazia de casa. Ele contou que era engraxate de sapatos e era com o dinheiro obtido através de seus serviços que comprava comida para se manter. Não dependia da mãe ou do padrasto de forma alguma. Sabia que, quando completasse 18 anos, teria mais oportunidades de conquistar um emprego onde fosse mais bem remunerado.

Ele brincava dizendo que seu sonho era trabalhar na farmácia de um português, no centro da cidade. Gostava de lidar com remédios e já queria dominar os nomes de alguns medicamentos para se familiarizar quando entrasse numa faculdade e fizesse medicina.

— Quer dizer que você pretende ser médico?

— É o que eu mais quero, sabia? Quero ser um cirurgião, para salvar a vida das pessoas mais necessitadas. Nada me deixaria mais feliz do que saber que fui responsável por evitar que alguém morresse — enquanto conversava, Thales saboreava uma tapioca doce coberta com creme de amendoim. Luna achara a mistura esquisita mas, ao morder um pedaço, descobriu que era muito boa.

— Acho muito bonita essa sua vontade de ajudar os outros — confessou Luna. — Talvez seja por isso que nos demos tão bem.

Eles riram e continuaram conversando. Desde que chegara, Luna ainda não o vira dormir em sua casa. Sua mãe ou seu padrasto também não vinha procurá-lo ali. Luna não tinha nem ideia de como eles seriam fisicamente. Descobriu que esse afastamento deles em relação a Thales fazia com que o rapaz se sentisse abandonado e desprezado.

Não houve novas visitas da polícia ao galpão. Ainda assim, Luna tinha certeza de que Vasconcelos não havia desistido. Talvez ele até tivesse imaginado que ela partira daquela cidade e também já tivesse ido embora. De qualquer forma, a polícia local ainda estava à procura dela, caçando-a como se ela fosse uma assassina de alta periculosidade.

Ela ria dos temperos que Thales utilizava nos lanches que comprava. Desde o sorvete de caju coberto com pó de café ao cachorro-quente recheado de fatias de melancia, ele sempre a chocava e surpreendia com seu gosto um tanto inusitado para as refeições. Por mais que Luna estranhasse, sempre acabava gostando das misturas loucas que ele fazia. Ele comprava comida, pois no galpão não havia fogão. Ele dizia que não gostava de almoçar ou jantar em sua casa, pois não se sentia bem diante do padrasto.

Luna comia tudo o que ele lhe trazia, por mais estranho que fosse. Gostava da preocupação de Thales com ela e do carinho com que ele a tratava, como se fosse um irmão mais velho, zeloso e atencioso. Luna oferecia parte de seu dinheiro a ele, mas Thales garantia que ainda não estava precisando desse tipo de ajuda.

Porém, Luna sabia que não poderia viver para sempre daquela forma. Em algum momento, teria que voltar às ruas novamente. Precisava chegar ao orfanato de madre Rebeca para que ela lhe desse informações sobre as pessoas que levaram Henri e Carol. Quando comentou isso com Thales, ele questionou:

— Por que você acha que a polícia não a estará esperando na porta do orfanato? E mesmo que tudo desse certo, e você conseguisse as informações com a freira, como faria para ir até deles?

— Não sei... eu daria um jeito — na verdade, Luna só pensava em procurar os irmãos, contudo, nunca pensou como faria isso. Nem mesmo sabia se a madre Rebeca, por mais bondosa que fosse, abriria mão de informações confidenciais.

Thales a abraçou, transmitindo-lhe conforto e segurança. Ela ainda continuou ali por mais uma semana até que, finalmente, disse que teria de ir embora. Ele pareceu triste quando a ouviu dizer isso.

— Vai mesmo me abandonar? — ele perguntou com voz apagada. Apegara-se tanto a Luna que não sabia o que faria depois que ela partisse.

— Você sabe que eu não posso morar aqui para sempre. Em algum momento, a polícia vai me achar, e eles podem prender você também, já que me ajudou a mentir. E eu não quero que nada de mau aconteça a você.

— Eu sei me virar. Daqui a quatro meses, eu vou fazer 18 anos e então posso cuidar de você ainda melhor, porque vou conseguir o emprego na farmácia do senhor José. Tenha só mais um pouquinho de paciência — ele forçou um sorriso. — Quatro meses passam rápido, você vai ver.

— Eu sei. Já se passaram seis anos desde que me separei dos meus irmãos e, para mim, parece que foi outro dia. Só que já tomei a minha decisão, Thales. Preciso chegar ao orfanato de madre Rebeca de qualquer forma. Eu tenho que dar um jeito na minha vida.

— Parece até gente grande falando assim — brincou ele, pouco à vontade com aquela conversa.

A verdade era que Luna estava tão amadurecida quanto uma mulher adulta. Tivera sua infância interrompida em virtude dos acontecimentos, e agora se comportava de outra forma.

— Eu já resolvi. Amanhã é sábado. Assim que amanhecer, vou embora.

— Amanhã? — ele pareceu apavorado. — Eu não queria que você partisse.

— E eu não queria ir — ela apanhou algumas notas do bolso da mochila e as estendeu para ele. — Este dinheiro é para pagar tudo o que você fez por mim. Nem tenho como agradecer, Thales.

Ele não se moveu e pareceu ofendido com o gesto dela.

— Não quero seu dinheiro, você sabe disso. Fiz tudo porque eu gosto de você. Não vou cobrar nada. Guarde isso, acho que vai precisar mais pra frente.

Luna sorriu, guardou o dinheiro e o beijou no rosto. Thales não disse mais nenhuma palavra, e ela também ficou calada. Ambos sabiam que qualquer coisa que fosse dito poderia machucar. Pareciam pequenos adultos ou dois grandes amigos que não desejavam se largar.

253

Eles esticaram os colchões no chão e se deitaram. Sempre dormiam lado a lado e havia noites em que ficavam conversando até tarde. Era incrível como sempre tinham assunto. Só que agora estavam quietos, pensando em como seria o futuro.

No escuro, ela o ouviu sussurrar:

— Já está dormindo?

— Não, estou sem sono — ela respondeu também sussurrando.

— Posso segurar sua mão?

— Pode.

Sentiu a mão dele apertando a sua enquanto continuava observando o teto escuro. Eles nunca tinham dormido de mãos dadas, e ela imaginou que essa era uma forma de ele se despedir dela.

— Luna? — ele chamou, mantendo o mesmo tom de voz.

— O que foi? — ela atendeu, sem saber por que estavam falando em cochichos.

— Eu... posso dormir no seu colchão?

— Quer trocar de colchão? — ela quis saber.

— Não... eu posso me deitar com você no seu colchão?

Ela não viu nenhum problema naquilo e se afastou mais para a beirada. Ele rolou e se deitou ao lado de Luna, os ombros se comprimindo contra os dela. Ainda continuavam de mãos dadas.

— Eu quero ficar mais perto de você, já que essa é nossa última noite juntos — ele murmurou em seu ouvido.

Luna não respondeu. No escuro, o único som era a respiração cadenciada de cada um. O ambiente estava quente, e para eles tornou-se ainda mais abafado, já que estavam colados.

Thales desprendeu a mão da dela e acariciou o rosto de Luna. Ela permaneceu com os olhos fechados, sentindo a suave carícia. Ele deslizou a mão pelos cabelos tosados dela e massageou seu queixo com carinho. Foi quando virou o rosto dela de encontro ao seu e a beijou na boca.

Luna aprendera de uma forma horrível a respeito de sexo. Paulo e Fátima, quando se aproximavam dela, faziam coisas que ela nunca iria se esquecer. Por isso, ela soube, naquele momento, que Thales não estava querendo somente se despedir. Ele queria outra coisa, o que fez Luna quase recuar. Ela queria partir levando na mente a imagem de Thales como um bom amigo e achava que, se ultrapassasse esse limite, ambos poderiam sofrer. Entretanto, os toques em seu rosto haviam se intensificado, e Luna foi permitindo que ele a tocasse com as mãos. Perguntou-se se ele já fizera aquele tipo de coisa com outra menina. Tudo aquilo só deixava claro que nenhum deles era mais criança, apesar da pouca idade dos dois.

Luna descobriu que fazer amor com Thales era tão diferente, misterioso e estranho quanto os lanches que ele preparava. Mesmo aos 17 anos, ele sabia fazer tudo de maneira gentil. Foi amável, carinhoso, terno e sensível. Quando ele balbuciou em seu ouvido que a amava, Luna estremeceu, sem responder. Ele a beijava e ela correspondia, sentindo uma mistura confusa de sentimentos. Quando terminaram, Thales argumentou:

— Acho que depois disso, você não vai mais embora.

Ela sorriu e encostou o rosto no dele.

— Isso foi bom, mas não vai mudar nada, Thales. Assim que eu acordar amanhã, vou partir. Sinto muito por isso.

Ele assentiu na penumbra sem responder. Pouco depois, ambos pegaram no sono, cada um em seu colchão.

Thales acordou antes dela na manhã seguinte. Assim que ela se levantou, sorriu para ele e o abraçou com força. Ele tentou beijá-la nos lábios, e ela o evitou.

— Pare, Thales, é pior fazer isso. Estamos nos separando agora e... não?

Ele estava sacudindo a cabeça negativamente.

— Você está indo embora, porém, não vamos nos separar. Resolvi que vou seguir ao seu lado. Você é uma pessoa muito especial para que eu a deixe escapar — ele abriu um sorriso tímido. — Posso?

Luna permaneceu encarando-o sem responder. De repente, soltou um gritou e se jogou nos braços do rapaz, beijando-o repetidas vezes no rosto. Quando conseguiram se separar, ela, sem conter a alegria, exclamou:

— Essa é a melhor notícia que você poderia me dar! — parou, parecendo se lembrar de algo. — E sua mãe? Você não pode abandoná-la. Da maneira dela, sei que ela o ama.

— Minha mãe me abandonou quando levou aquele homem para dentro de casa. Ela prefere ficar com ele e não vai sentir minha falta. Ela não se importa realmente comigo — Thales olhou ao redor. — Vou sentir falta deste galpão. Também vou ficar triste por não poder trabalhar na farmácia do senhor José quando fizer 18 anos. Só que posso trabalhar na cidade em que seus irmãos estiverem. Eu não tenho muito dinheiro, porém, se juntar com o seu, podemos comprar coisas para comer. Posso levar meu caixote para engraxar os sapatos dos homens que encontrar pelo caminho.

Ele falava com expressão séria, e Luna ria. Nada a deixaria mais feliz e tranquila do que a presença de Thales, auxiliando-a, fazendo-lhe companhia e dando-lhe segurança, conforto e carinho.

Ela não tinha nada para levar, e Thales apanhou apenas o dinheiro, seu caixote de engraxate e sua bicicleta com guidão enferrujado. Era como se fossem fazer uma viagem que, no destino, haveria alguém os esperando. Quando estivesse bem longe dali, ele mandaria uma carta para a mãe dizendo que estava bem e que ela não deveria se preocupar com ele, coisa que achava difícil de acontecer.

E, antes de sair pela última vez do lugar que lhe servira como lar, Thales virou a cabeça. Sabia que não podia mais viver no passado. Agora era preciso pensar no futuro.

O espírito de Linda estava ali, invisível aos olhos dos dois. Ela estava contente pela atitude corajosa daqueles jovens e orgulhosa pela força de vontade de sua filha.

— Que Deus abençoe vocês! — ela murmurou sorrindo. — E que tenham muita fé e esperança, porque tenho certeza de que vão precisar.

CAPÍTULO 38

Antes de deixar sua cidade natal, Luna vestiu roupas que pertenciam a Thales. Vistos de longe, ambos pareciam dois meninos dispostos a dividir os lucros que pudessem conseguir com seu trabalho. Ela ficou aliviada ao notar que ninguém prestava atenção neles. Os hematomas em seu rosto e nos membros haviam clareado e quase não se notava mais nada. Ninguém tinha como associá-la à menina procurada por matar os pais adotivos.

Eles também repararam que os soldados que encontravam pelo caminho pareciam estar mais tranquilos, certos de que ela já estava muito longe dali. Desejou obter informações sobre Vasconcelos, mas certamente não poderia perguntar para nenhum policial. Preferiu acreditar que ele voltara para a cidade de origem.

Eles passaram por uma feira, onde cada um comeu um pastel e tomou um caldo de cana. Tinham que tapear o estômago, pois não sabiam quando poderiam comer novamente. Como Luna tinha mais dinheiro, foi ela quem pagou a conta.

Thales se sentou no assento da bicicleta e a acomodou no cano de ferro. Instantes depois, estavam na estrada, seguindo para qualquer direção até que obtivessem alguma informação.

Nenhum deles tocou no assunto do que acontecera durante a noite. Achavam que a amizade seria mais bem mantida se fingissem que nada aconteceu.

Eles pararam em estabelecimentos à beira da estrada, sempre perguntando sobre o orfanato de madre Rebeca. Luna não sabia o endereço da instituição, mas se lembrava do nome do lugar, o que deveria facilitar as buscas. Tomavam o cuidado de não se aproximar de viaturas ou de soldados que estivessem a pé. Era sempre melhor evitar o confronto direto.

Um garoto da idade de Thales, que vendia frutas no acostamento, lhes disse que finalmente tinham chegado. Ele também sabia onde ficava o orfanato e indicou o caminho pela entrada da cidade. Thales e Luna estavam exauridos. Pedalaram por quase três horas cortando caminho por atalhos, evitando seguir sempre pela estrada. O sol também estava ardido, o que só piorava as coisas.

Ambos seguiam a pé agora, empurrando a bicicleta. Luna olhava com curiosidade para todos os lados e assustou Thales com um grito agudo que soltou.

— O que foi? — alarmou-se ele.

— Lá está. Veja, Thales, veja como é lindo! — ela indicava para frente enquanto soltava gritinhos de animação. Embora eles ainda estivessem a cerca de um quilômetro de distância, Luna viu nitidamente a torre em cúpula da catedral que ficava ao lado do orfanato. Várias vezes irmã Janaína a levara lá, para que orasse pelos irmãos, e Luna jamais se confundiria. Sabia que estava chegando em casa, onde encontraria toda a segurança de que precisava. — Ao lado da torre daquela igreja está o orfanato de madre Rebeca. Não podemos ir pedalando para chegarmos mais depressa?

— Estou cansado — reclamou Thales. A verdade era que ele queria reter Luna o máximo que pudesse. Lamentaria muito ter que deixá-la para viver com as freiras. — Vamos andando mesmo. Agora que já chegamos, não tem como se perder.

Luna concordou e, enquanto seguiam pela calçada, ela contava para Thales o quanto irmã Janaína fora boa com ela e com seus irmãos até o momento em que eles foram adotados. Perguntava-se se a simpática freira ainda se lembraria dela e torceu para que tudo desse certo e que madre Rebeca a acolhesse novamente, como fizera no passado.

Toda a área da entrada principal do convento já estava sob vigilância de Vasconcelos e seus homens. Ele acionara o delegado local, que imediatamente se dispôs a colaborar. A fama da assassina de 16 anos já havia se espalhado pelos arredores, e capturá-la era uma questão de honra para a corporação policial.

258

Os policiais à paisana estavam armados, aguardando pela ordem de Vasconcelos, que chefiava aquela operação. Ele usava óculos escuros e gotas de suor molhavam sua pele cor de chocolate. Há tempos vinham montando campana diante do orfanato. O investigador sabia que, cedo ou tarde, Luna buscaria ajuda com as freiras. Era só uma questão de tempo, embora ele estivesse torcendo para que não demorasse muito. Se Luna não as procurasse, então, provavelmente, nunca mais a capturaria. Certamente se tornaria motivo de chacota diante de toda sua equipe, por não ter conseguido localizar e prender a adolescente.

A pouco menos de trezentos metros de onde Vasconcelos estava, Thales parou de caminhar ao olhar fixamente para frente. Fez um gesto discreto para Luna, que estremeceu ao reconhecer o investigador do lado de fora do veículo, conversando com outros dois policiais.

— Meu Deus, Thales, ele sabia que eu vinha para cá! Como não pensei nisso antes? Não posso mais ir para o orfanato — desesperada, ela olhou em volta e avistou alguns arbustos. — Deixe sua bicicleta aí. Precisamos nos esconder até eles irem embora.

Thales ainda estava pensando no que responder quando viu alguns policiais falarem algo com Vasconcelos e apontarem diretamente para a direção em que estavam. Ele gritou:

— Eles viram a gente, Luna! E agora?

— Vamos entrar neste mato — largaram a bicicleta no chão juntamente com os pertences que traziam. — Corre, Thales, depressa.

Ela o puxou pela mão e pouco depois os dois desapareceram por entre a vegetação alta. Mais à frente, Vasconcelos vinha correndo o mais depressa que podia. Quando parou diante do local em que Luna e Thales haviam fugido, ele chutou a bicicleta com força.

— Menina maldita dos infernos! — praguejando, Vasconcelos se aproximou da vegetação e se voltou para os demais policiais. — O que vocês estão esperando para entrar aí? Com o dia claro, eles não têm muitas chances de fuga.

Diversos policiais se embrenharam na vegetação e, contendo o fôlego, Vasconcelos seguiu atrás deles, os olhos esbugalhados girando para todos os lados, o dedo pressionando o gatilho da pistola.

— Que espécie de pequena floresta é essa? — ele perguntou ao delegado quando o alcançou. — A quem pertence este terreno?

— Pertence ao município. É apenas uma grande área verde de preservação ambiental. É um espaço imenso, de muitos hectares e não há construções por aqui — o delegado passou a mão sob o queixo para secar o suor que escorria por ali. — É bastante complicado encontrarmos duas pessoas nesta região.

— Isso não me interessa — cortou Vasconcelos, com a falta de educação que lhe era peculiar. — Quero essa menina presa ainda hoje. Não saio daqui enquanto não a tiver em minhas mãos.

O delegado não discutiu. Achava Vasconcelos muito ignorante e não queria bater boca com ele. Além disso, era preciso localizar os dois jovens rapidamente.

A tarde foi morrendo e não tiveram pistas dos dois. Vasconcelos pediu que o delegado seguisse até o convento e perguntasse à madre Rebeca se eles haviam chegado lá, e ela negou rapidamente. Nem ficou sabendo que a menina procurada era Luna.

Se eles não haviam sido localizados durante o dia, apesar das buscas constantes em todas as dimensões daquele terreno, Vasconcelos achava tarefa quase impossível encontrá-los durante a noite. Só não fora embora ainda porque, em seu íntimo, sentia que eles ainda estavam por perto. Podia jurar que ouvira o som da respiração assustada de cada um deles, como uma fera selvagem caçando suas presas. No entanto, não tinha a menor ideia de onde procurá-los.

Abaixados a poucos passos de Vasconcelos estavam Luna e Thales. Eles haviam se escondido nas profundezas de uma moita tão fechada que seus galhos finos já tinham arranhado a pele deles várias vezes. Por outro lado, era praticamente impossível serem vistos ali. Luna precisou de todo o seu autocontrole para não gritar cada vez que via as botas dos policiais passando a menos de um metro deles. Agora que anoitecera, bastaria aguardar a partida deles para que saíssem dali.

De repente, Vasconcelos se virou e baixou o olhar para a vegetação rasteira, como se tivesse encarando Luna através das folhas verde-escuras. Ela não ousou mover a cabeça temendo se denunciar, ao mesmo tempo em que se perguntava se Vasconcelos a vira. Ele não se moveu nem disse nada. Depois gritou:

— Eles fugiram. Vamos cancelar a operação. Já devem estar longe. Perdemos tempo aqui.

Furioso, Vasconcelos gesticulava com sua arma como se quisesse atirar em algo invisível. Esticou o braço armado e mirou

260

na direção de Luna, que se encolheu, sentindo Thales se pressionando ao seu lado. O estampido do tiro foi alto e pareceu ecoar por todo o matagal. Ela ouviu a bala rasgando as folhas e fechou os olhos.

— O que pensa que está fazendo? — repreendeu o delegado, olhando com frieza para Vasconcelos.

— Fiz isso apenas para relaxar. Essa menina está me dando muito trabalho — Vasconcelos tossiu e começou a caminhar. O delegado o seguiu, e eles foram andando pelo mesmo caminho pelo qual vieram.

Quando ouviu ruídos de veículos se afastando, Luna soube que eles haviam desistido e ido embora.

— Graças a Deus, Thales, eles já foram — ela murmurou. — Nunca passei tanto medo em minha vida, e você?

Não houve resposta. Ao virar a cabeça, não viu Thales ao seu lado. Tornou a chamá-lo bem a tempo de ouvir um gemido vindo do chão.

Com a cabeça coberta de sangue, contorcido na terra semi-úmida, estava Thales. Quando Luna compreendeu que a bala disparada por Vasconcelos não fora em vão, já era tarde demais. Ela não pensou em gritar, nem chorar ou pedir socorro. Simplesmente ficou parada, olhando Thales morrer aos poucos, como se sua vida estivesse indo embora com a dele.

— Lu-na... — ele gaguejou.

— Thales, fale comigo — ela finalmente saiu do torpor e começou a sacudi-lo. — Você foi atingido pelo tiro, não é?

A resposta era óbvia, só que Luna não queria aceitar. Aquilo era demais. Já perdera muitas pessoas amadas em toda a sua vida para que tudo se repetisse. Não obstante, desta vez, ela iria batalhar pela vida de Thales. Algo tinha que ser feito, não tinha? Ele era seu único amigo. Era seu protetor e seu companheiro. Não ia permitir que a morte também o levasse como fizera com Rose, seu pai, sua mãe e Haroldo e Lucimara antes deles, embora Luna tivesse poucas recordações do casal.

— Thales, por favor, continue falando comigo — ela pediu, lutando para que as lágrimas não embaçassem sua visão. — Só espere mais um pouquinho. Estamos quase em frente ao orfanato. Vou pedir ajuda às freiras. Os médicos já vão chegar.

— Luna... eu a... amo... — as palavras saíam pela boca dele com muito esforço. — Seja... feliz.

— Pare de falar assim. Seu pai o chamava de grande herói, então trate de ser um agora — Luna queria mantê-lo falando com ela. Se conseguisse, achava que ele não morreria. — Nós vamos sair dessa, você vai ver.

Luna procurou algo para limpar a cabeça dele, mas só encontrou folhas secas ao alcance. Ela o virou de lado e viu o furo escuro um pouco acima de sua orelha, de onde o sangue continuava escorrendo. A pele dele começou a ficar gelada numa rapidez impressionante.

— Thales, por favor, fale comigo. Só mais alguma coisa.

Contudo, Luna sabia que ele não ia dizer mais nada. Ele fechou os olhos devagar, e ela teve a impressão de que estava sorrindo, talvez para ela, talvez para alguém que ela não estivesse enxergando.

De fato, Thales, pouco antes de ter seu espírito desligado do corpo físico, pôde ver seu pai, Antônio, juntamente com três amigos espirituais que vieram buscá-lo. Linda chorava angustiada e se mantinha oculta atrás de uma árvore para que eles não a vissem. Não queria ser levada embora, justamente agora que Luna estava sozinha novamente, precisando de uma companhia.

— Isso estava previsto, minha querida — ela ouviu a voz sussurrar atrás dela. Virou-se rapidamente e deparou com seus pais. Ivone e Euclides pareciam tranquilos diante do ocorrido.

— Tudo o que é ruim sempre está previsto — Linda passou a mão pela testa. — Só quero que me digam até quando Luna vai sofrer. Por que todas as pessoas boas que se aproximam dela morrem? Isso é revoltante. Alguém precisa ajudá-la.

— Linda, pedimos que você entenda que...

— Não vou entender, não quero entender — ela cortou a voz do pai. — Deus do Céu, ela só tem 16 anos. Vocês tem ideia de quantas coisas ela já passou? Para que Deus quer mantê-la viva? Só para que ela continue sofrendo? Isso é o que vocês chamam de desafio, de aprendizado, de experiência?

— Lembre-se de que, apesar da aparência quase infantil, o espírito de Luna já viveu muitas outras vidas antes dessa. Já aprendeu muito, mas, assim como todos nós, ainda tem muito a aprender. É por isso que ela está aí. E o que você chama de sofrimento nada mais são que desafios necessários para o aprendizado de seu espírito.

Ivone se aproximou de Linda e a viu recuar. Continuou:

— Seu pai e eu também estávamos com essa mesma dúvida, até que uma pessoa muito querida, com quem você manteve uma bela amizade nessa última encarnação, nos explicou algumas coisas que nos trouxeram respostas. Deus não coloca fardos pesados em ombros frágeis. Quando os desafios chegam, é porque você tem condições de vencê-los.

— Quem seria essa pessoa tão querida? — Linda questionou, olhando com desconfiança para seus pais.

— Trata-se de Conceição. Está lembrada?

Ao ouvir o nome de sua amiga, o coração de Linda se enterneceu e ela desejou saber mais sobre Conceição. Queria dizer muitas coisas a ela, mas só depois que Luna estivesse feliz e tranquila, com uma pessoa boa ao seu lado para protegê-la. Linda já tinha se decidido que só iria atrás da própria felicidade quando sua filha mais velha também estivesse feliz.

— Eu me lembro. Foi ela quem me deu aquela correntinha que Luna está usando no pescoço. Foi ela quem lhes trouxe as respostas?

— Apenas algumas delas — interveio Euclides —, suficientes para que ficássemos certos de que a vida trabalha pelo melhor de cada um de nós. Um dia, você também encontrará suas respostas, querida.

— Eu não quero saber delas. Quero apenas ficar com Luna. Depois, vou procurar notícias dos meus outros filhos. Só então vou querer ouvir seus conselhos.

— E o que você pretende fazer? — indagou Euclides.

— Tudo o que eu puder, pai. Posso orar por ela e pedir que Deus a proteja. É o mínimo que Ele pode fazer por ela depois de tantas tragédias, não?

Ivone e Euclides se limitaram a fitá-la, enquanto Linda, sem esperar pela resposta, já corria atrás de Luna, que seguia adiante.

— Linda pede proteção para a filha, esquecendo-se de si mesma — lembrou Euclides. — Essa será nossa tarefa, Ivone. Fazer com que nossa filha entenda que sua vida não continua na Terra, que a conquista da felicidade é individual e que somente Luna poderá descobri-la se agir no bem e confiar nos poderes divinos.

Luna andava como uma máquina. Seu rosto estava seco e seus olhos inchados. Não continuaria chorando. Nada traria Thales de volta para ela. Nada faria com que ele revivesse para continuar a lhe preparar lanches estranhos e lhe dizer coisas que a faziam rir. Nada impedira sua morte.

Ela achou horrível ter que deixá-lo para trás, jogado no meio do mato como se fosse lixo. Não havia mais nada que pudesse fazer. Ele também a deixara. Mais uma vez Luna se via sozinha, sem casa, sem amigos, sem família. Para onde iria? Era ridículo continuar a fugir de Vasconcelos e nem se sentia mais motivada a isso. O convento de madre Rebeca estava agora a poucos passos dela, contudo, todo o desejo de chegar até lá também havia desaparecido. A vontade de rever irmã Janaína se extinguira.

Luna entendeu que não era para lá que devia ir. Não podia mais fugir da realidade. Havia outro lugar à sua espera. Um lugar para onde mandavam todos os assassinos. Quem sabe lá não fosse tão ruim. Ao menos, teria onde dormir e comida garantida. E achava que pagaria o preço de ter tirado a vida miserável de Paulo e de Fátima.

Ela parou diante de um orelhão e telefonou para a polícia. Nunca pensou que fosse fazer aquilo, porém, era tarde demais. Tudo parecia ser tarde demais. Quando um policial atendeu, ela se pronunciou:

— Meu nome é Luna Ferraz. Sou a menina que vocês estão procurando. Quero que venham me buscar. Estou na mesma rua do orfanato de madre Rebeca.

Sem dizer mais nada, ela desligou, sentou-se no meio-fio e enterrou o rosto nas coxas. Havia dinheiro em seu bolso. Do dinheiro que Rose lhe deixara, ainda havia sobrado muito. Porém, não precisaria mais dele. Não poderia comprar sua liberdade agora. Não tinha mais motivação para seguir em frente e nem mesmo a frase gravada dentro do pequeno sol em seu pescoço dava-lhe ânimo para continuar.

Ela não levantou a cabeça quando ouviu o som de uma sirene estridente. Ouviu a viatura parar e passos se aproximando dela com rapidez. Mãos firmes a seguraram pelos braços, e ela, finalmente, os encarou. Estava preparada para enfrentar o olhar de Vasconcelos, contudo, ele não estava ali. Eram apenas dois policiais, que logo a reconheceram pelo retrato falado que haviam recebido.

Viu-se empurrada para dentro da viatura. Ela não disse nenhuma palavra e, quando chegou à delegacia, continuou muda diante do interrogatório do delegado. Ele a avisou que Vasconcelos estava a caminho, entretanto, Luna não sentiu mais medo dele. Agora que já estava ali, não tinha por que temê-lo.

Vasconcelos chegou esbaforido e nervoso. Entrou na sala de depoimento e parou diante da menina. Ele lhe lançou um olhar repleto de rancor, e ela retribuiu com um olhar apagado, sem expressão ou emoção.

— Finalmente, eu peguei você — rosnou ele, mal controlando a vontade de esbofeteá-la. — Não sabe a raiva que estou sentindo de você, sua vagabunda!

— Você nunca ia me pegar — Luna esfregou uma mão na outra tentando esquentá-las. — Estou aqui por minha vontade. Cansei de fugir de você — ela desviou os olhos para o delegado. — Por favor, vocês precisam buscar meu amigo. Ele está... morto. Este homem o matou — indicou Vasconcelos.

— Eu matei? — ele retorquiu. — Você é a assassina. Já tem dois crimes nas costas e agora conseguiu um terceiro. Vai passar muitos anos na cadeia.

— Você atirou contra um arbusto, não se lembra? A bala atingiu a cabeça de Thales.

Vasconcelos estava tremendo, mergulhado na ira. Só o que faltava era ser acusado por aquela menina imunda.

— Nada vai acontecer comigo, cretina. Quanto a você, terá muito que sofrer. Não pode provar que eu matei seu amigo, e nosso delegado aqui presente não dirá nada contra mim, porque os policiais trabalham unidos.

— Tenho pena de você — revidou Luna. — É um pobre coitado que sonha ser um grande policial, mesmo agora que já está velho e louco.

Vasconcelos se aproximou e acertou um tapa violento contra a face de Luna. Ele abriu a mão para golpeá-la novamente, ao que foi repelido pelo delegado.

— Bater nela não vai resolver, Vasconcelos.

— Ninguém vai ficar sabendo. Dê-me licença, por favor.

Descontrolado, Vasconcelos estalou outra bofetada na bochecha de Luna, que apenas virava a cabeça para o lado, sentindo os

265

olhos se encherem de lágrimas. De repente, ele arregalou os olhos e recuou alguns passos. O delegado tentou ampará-lo, preocupado.

— O que foi, Vasconcelos? Está se sentindo bem?

Ele assentiu sem conseguir tomar fôlego. O espírito de Linda estava montado em suas costas, esmurrando a cabeça dele repetidas vezes.

— Pare de bater na minha filha, seu monstro. Nunca mais vai tocar em Luna, está ouvindo?

Ele não ouvia, contudo, sentia os golpes dela como pontadas violentas, como uma enxaqueca que estivesse chegando aos poucos. Sentiu tontura e falta de ar e precisou se apoiar na parede para não cair.

— É melhor sair, Vasconcelos — sugeriu o delegado. — Você está muito nervoso e abalado. É melhor descansar.

— Acho que você está certo. De qualquer forma, a minha parte já está feita. Boa noite — mais do que depressa, ele foi saindo, certo de que sua pressão caíra. Somente depois que ele saiu da delegacia foi que Linda se afastou dele.

Luna permaneceu por mais dois dias na delegacia, isolada num pequeno dormitório, até receber a notícia de que seria transferida para uma unidade da FEBEM[2], em São Paulo, aguardando por uma decisão judicial quanto à sua liberdade, o que, por ora, parecia apenas um sonho distante.

No dia de sua transferência, ela se lembrou de fazer uma oração. Pediu por Thales e que ele tivesse reencontrado seu pai do outro lado da vida. Pediu que sua pena não fosse muito extensa, embora estivesse preparada para tudo. Não sabia o que o futuro reservava para ela, mas esperava que não fosse pior do que tudo o que já passara até ali. Cedo ou tarde, as coisas teriam que melhorar, e que o sol iluminasse seu mundo.

---

2 Até o ano de 1975, na cidade da São Paulo, a instituição para menores, que ficou conhecida como FEBEM, era chamada de Fundação Paulista de Promoção Social do Menor (Pró-Menor). Foi somente em 1976, ano em que se desenrola a história, que a Secretaria de Promoção Social mudou a nomenclatura para FEBEM (Fundação Estadual do Bem-Estar do Menor) e que hoje é conhecida como Fundação CASA (Fundação Centro de Atendimento Socioeducativo ao Adolescente).

CAPÍTULO 39

Durante duas semanas, Luna permaneceu em uma área reservada da instituição na companhia de duas meninas, que mal lhe dirigiam o olhar. As três aguardavam pela posição da justiça. Luna não quis saber o motivo pelo qual elas estavam lá.

Nesse ínterim, ela passou por duas avaliações psicológicas, recebeu uma visita de uma médica psiquiátrica e duas de uma assistente social. Soava irônico notar que, quando ela mais precisara de alguma daquelas pessoas, não pôde contar com a ajuda de nenhuma delas.

A decisão do juiz que ficou responsável por seu caso foi rápida. Não chorou quando foi informada de que ficaria reclusa durante dois anos. Ela ficaria afastada das ruas até completar 18 anos. Certamente não acreditaram que ela assassinara duas pessoas por legítima defesa. Era Vasconcelos quem determinava as regras daquele jogo.

Cabe ressaltar que nessa época ainda não havia sido promulgado o Estatuto da Criança e do Adolescente. Luna não foi propriamente julgada, pelo fato de ser menor de idade, e sim avaliada de que o melhor para a sua condição seria mantê-la temporariamente afastada da sociedade, pois era esperado que na instituição ela aprendesse regras de comportamento e convivência social.

Quando ela foi transferida de setor novamente, soube que a situação não seria tão fácil. A primeira coisa que a desagradou foi a revista que fizeram em suas roupas. Não tinham uniformes, e ela notou que as internas usavam as roupas que os familiares traziam de casa.

— Aqui você se veste como quiser — avisou uma mulher gorda e mal encarada. — Não pode usar brincos ou enfeites. Vai precisar entregar essa joia que usa no pescoço.

Num gesto instintivo, Luna pressionou as mãos sobre o pingente.

— Não posso entregar isso. Pertenceu à minha mãe, e eu usei todos os dias depois que ela morreu. A senhora não pode me tomar — implorou Luna, pálida e nervosa.

— Garota, você acabou de chegar e já quer botar banca pra cima de mim? Aqui temos normas, está ouvindo? Não pense que este lugar será a sua segunda casa.

— E se vocês perderem? — questionou Luna, ainda indecisa sobre o que fazer.

— Temos muitos objetos pessoais das outras meninas guardados em nossos arquivos. No dia em que você sair, lhe devolveremos — prometeu ela esticando a mão, como se a saída de Luna não fosse acontecer somente dali a dois anos.

— Isso é o que me protege, senhora. Por favor...

— Me dê logo essa porcaria — com gestos bruscos, ela desprendeu a correntinha do pescoço de Luna e avaliou-a na palma da mão. — Ei, isso é ouro! Você não duraria um dia usando isso aqui dentro. Deve valer uma pequena fortuna.

Luna ia dizer mais alguma coisa quando outra mulher, aparentando ser ainda mais nervosa que a primeira, conduziu-a por um corredor comprido, onde lhe fizeram vários exames. Por fim, ela foi avisada de que conheceria seu dormitório.

Ela esperava que fosse ficar numa cela, como sabia que os adultos ficavam. Por isso, demonstrou surpresa quando viu que permaneceria num dormitório claro e arejado, composto de dois beliches e uma mesinha no centro. Parecia mais um alojamento e não uma espécie de prisão. Suas companheiras de quarto estavam ausentes, pois era horário de almoço, e Luna deveria comer também. Ela olhou para o dormitório, onde permaneceria pelos dois anos seguintes. Por fim, virou as costas e pediu informação a uma faxineira para chegar ao refeitório.

O local era um espaço amplo, e ela se lembrou do refeitório que havia no orfanato. A diferença era que só havia meninas ali, quase todas da mesma faixa etária que ela. Elas eram muitas e tagarelavam sem parar, como se estivessem em um clube feminino.

Quando Luna foi notada, o silêncio se fez como mágica. Muitos pares de olhos se voltaram na direção dela, que corou e baixou a cabeça envergonhada. Postou-se na fila atrás de uma ruiva sardenta, que a olhou fixamente, sem abrir a boca. Quando chegou sua vez, Luna ganhou um prato de plástico com uma porção de arroz, outra de feijão e uma carne gorda e dura, como um pedaço de couro velho. Recebeu ainda um copo com suco de laranja e, apesar das condições, ela se descobriu faminta.

Sempre agindo com timidez, Luna procurou uma vaga no banco comprido que acompanhava as mesas e se sentou entre duas meninas. À sua frente, sentava-se a menina ruiva, e Luna forçou um sorriso.

— Você chegou hoje, não é? — ela perguntou.

Luna cortou um pedaço da carne, que embora não estivesse com uma aparência muito boa, estava bastante saborosa.

— Sim, eu cheguei agora há pouco. E você? Faz tempo que está aqui?

— Não... eu cheguei no mês retrasado — ela deu de ombros. — O meu problema foi homicídio, e o seu?

— Eu preferiria não falar sobre isso — murmurou Luna.

A menina que se sentava ao seu lado virou a cabeça para acompanhar a conversa e, subitamente, Luna parou de falar. A ruiva não perguntou mais nada, e elas se calaram.

De repente, Luna percebeu uma inquietação à sua volta e tornou a fitar a ruiva, que olhava para frente com expressão de susto. A menina cutucou o pé de Luna por baixo da mesa para ganhar sua atenção.

— Cuidado com essas meninas que estão vindo para cá. Você precisa fazer tudo o que elas dizem, ou vai arranjar inimigas — ela falava rapidamente e em voz baixa. — Bárbara é a líder, e todas nós temos medo dela.

Luna se voltou na direção que a ruiva olhava e viu duas meninas se aproximando. Uma era morena com cabelos escorridos, e a outra era linda e loira, mais parecendo ser uma atriz mirim do que uma menor infratora. Foi ela quem parou diante de Luna e cruzou os braços.

— Você aí, fique de pé — ordenou.

O silêncio que se fez foi tão profundo que Luna poderia jurar que as demais meninas haviam parado até de mastigar a refeição. Ela olhou para Bárbara, ficou em pé e sorriu.

O empurrão que recebeu da outra foi tão forte que Luna desabou de costas sobre a mesa, caindo por cima do próprio prato de comida. Bárbara riu alto, e várias outras meninas a imitaram. Luna apoiou-se na mesa e a encarou novamente.

— Por que você me empurrou?

— Porque você é uma imbecil. Eu sou Bárbara, está entendendo? Você só pode sorrir quando eu mandar.

— E precisava me empurrar só por conta disso?

Bárbara apertou os lábios, acertou um tapa violento no rosto de Luna, e ela quase caiu sobre a mesa de novo. A menina ruiva estava em pé e olhava para a cena com horror. Bárbara a encarou com raiva.

— E você, está em pé por quê? Vai defender sua nova amiga, cabelo de fogo?

Houve mais risadas, apenas porque Bárbara estava rindo outra vez. Ela apertou o braço de Luna com tanta força que seu osso chegou a ranger.

— Agora nós já fomos apresentadas. Se quiser ficar em paz, basta obedecer tudo o que eu disser. Sendo assim, até podemos ficar amigas.

Ela deu um beliscão na orelha de Luna e se afastou. Pálida, Luna se sentou e olhou para o prato. Perdera o apetite e sentiu uma vontade imensa de chorar, não pelo o que Bárbara fizera ou dissera e sim por todo o horror de sua situação. Será que ela suportaria passar dois anos ali dentro se o primeiro dia começara daquela forma?

Quando voltou ao dormitório, sentiu o medo envolvê-la ao descobrir que uma de suas companheiras seria a própria Bárbara. Ela estava dando bronca nas outras duas meninas, que a olhavam confusas e atônitas.

— Já falei que é obrigação de vocês manterem minha cama arrumada e não me interessa qual das duas vai fazer isso — ela parou de falar quando percebeu a entrada de Luna. — Vocês podem dividir o serviço com a novata.

Luna não disse nada e, quando Bárbara se aproximou, ela se encolheu. Porém, a líder apenas passou e foi apanhar uma escova de cabelos para pentear suas longas madeixas.

— Vai ficar aí parada como uma boneca inútil? — ela gritou e olhou furiosa para Luna. — Sabe pelo menos fazer as unhas? — Luna fez que não com a cabeça. — Ah, não sabe? Então vai aprender. Marisol e Carla já aprenderam. Como você chegou hoje, vai fazer as unhas dos pés e das mãos de nós três.

— Eu disse que não sei. Nunca fiz isso — desculpou-se Luna.

Bárbara bateu a escova sobre a mesinha e se levantou. Antes que Luna pudesse prever, ela a empurrou novamente, com menos força do que da primeira vez.

— Isso é para você não se esquecer de quem manda aqui.

Luna não reagiu e não houve mais problemas durante o restante daquele dia. Também a deixaram em paz durante a noite. Linda permaneceu o tempo todo em vigília, pronta para afastar quem tentasse prejudicar a filha.

Um novo incidente aconteceu na semana seguinte. Luna estava tomando café da manhã ao lado da menina ruiva que conhecera no primeiro dia e que agora sabia se chamar Edilene. Ela não tinha amigas ali e era com Edilene que conversava raramente.

Luna estava saboreando um copo com leite quente quando viu Bárbara se aproximar por trás. Ela montou nas costas de Luna e pressionou a cabeça dela entre suas coxas. Como sempre, houve várias risadas. Quando desceu, Bárbara comentou para que todas ouvissem.

— Gostaram da minha égua? Vou montar nela todas as noites.

As gargalhadas ecoaram dessa vez. Bárbara continuou dizendo várias bobagens para Luna, que tentava se fazer de surda. Até que ouviu:

— Você nunca me falou de sua mãe. Onde ela está? É tão vagabunda e inútil quanto a filha?

Luna sentiu-se gelar. Levantou-se rapidamente do banco e a olhou com frieza. As risadinhas silenciaram.

271

— Eu mandei você se levantar?

— Peça desculpas pelo o que você falou da minha mãe — ordenou Luna com a voz trêmula de raiva.

— Você tá maluca? Com quem pensa que está falando? Eu sou Bárbara e mando aqui.

— Você é uma criançona que se acha adulta — retrucou Luna. — Você já me cansou, sabia?

Bárbara, por alguns segundos, ficou em silêncio. Nunca fora afrontada daquela maneira por nenhuma das outras garotas. Quando reagiu, acertou um tapa em Luna.

— É você quem vai me pedir desculpas. E vou falar de sua mãe o quanto eu quiser. Aposto que está na cama com dois homens ao mesmo tempo.

Aquilo já era demais. Luna girou o corpo, apanhou seu copo com leite e atingiu o rosto de Bárbara com a bebida quente. Ela gritou, e Luna aproveitou para empurrá-la para trás.

— Minha mãe era uma mulher muito boa e nunca vou deixar que você nem ninguém fale dela dessa forma — avisou Luna. — Você é uma idiota, Bárbara, e já estou cansada de você me fazer de besta.

Algo nos olhos castanhos de Luna parecia emitir faíscas, e fez Bárbara recuar alguns passos. Ela tinha certeza de que, se naquele momento tentasse algo contra Luna, sairia bastante machucada. Dando de ombros, ela continuou se afastando, enquanto limpava o leite do rosto.

— Vai ver só o que vou fazer com você à noite. Vai ser um pesadelo sem fim.

— Dividir o dormitório com você já é um pesadelo, Bárbara. Eu sempre tentei ser sua amiga, mas você nunca pôde notar isso porque é orgulhosa e mandona. Gosta de maltratar as outras porque se acha a mais forte — Luna olhou rapidamente em volta e viu que as demais garotas estavam prestando atenção. — Todas nós estamos juntas aqui, e os motivos não importam. Não seria mais fácil se todas nós fôssemos unidas? Para que odiar quando simplesmente podemos respeitar e valorizar a companhia uma da outra?

Ninguém disse nada. Luna seguiu diretamente para seu dormitório. Bárbara evitou falar com ela, e Luna se preparou para ver o que a outra lhe faria ao anoitecer.

Quando Marisol e Carla dormiram, cansadas de esperar por alguma emoção, Bárbara se aproximou lentamente da cama de Luna, que a aguardava acordada.

— Se você tentar me machucar, eu juro que vou gritar — prometeu Luna, falando em sussurro.

— Eu não quero brigar — Bárbara pareceu confusa ao dizer isso e se agachou ao lado da cama. — Podemos apenas conversar sobre algumas coisas?

Mesmo desconfiada, Luna se sentou.

— Eu queria te pedir um negócio — a voz de Bárbara soava quase inaudível, como se temesse acordar as outras. — Eu nunca fiz isso antes, mas vou me esforçar. Queria pedir desculpas por hoje. E pelos outros dias também.

Bárbara parecia ter tanta dificuldade de dizer aquelas palavras que Luna se viu forçada a sorrir.

— Não precisa se desculpar. Só não quero arrumar confusão com você.

— Acho que eu tenho sido um pouco má com todo mundo.

— Então experimente ser boa daqui para frente.

Luna a olhava com curiosidade. Elas nunca haviam trocado tantas palavras como agora. Desejou poder saber mais sobre Bárbara, que indagou:

— Seus pais estão presos? — os dela estavam. A mãe de Bárbara era prostituta, e o pai, traficante. Ela fora trazida até ali após tentar envenenar o namorado.

— Eles morreram — respondeu Luna e se assustou ao perceber que dizer isso já não a deixava tão abalada.

— E com quem você estava morando antes de vir pra cá? Com tios e primos?

— Eu fugi do casal que havia me adotado. Eles eram maus para mim, e eu reagi. É por isso que estou aqui.

273

Bárbara não pediu mais detalhes sobre isso e, quando perguntou se Luna tinha irmãos, percebeu que ela se entristeceu e fez um esforço para não chorar.

— Eles também foram adotados. Não sei onde estão vivendo agora. Aliás, nem sei se eles ainda se lembram de mim, porque já se passaram mais de seis anos desde que nós fomos separados.

Como Luna parecia frágil, Bárbara não hesitou em abraçá-la e, quando foi retribuída, não soube dizer quando fora abraçada daquela maneira pela última vez. Talvez ela tivesse errado com Luna. Quem sabe a amiga que ela vinha procurando, equivocadamente, com seus modos autoritários não fosse Luna?

A partir daquela conversa, elas se tornaram mais unidas. As outras internas ficavam assustadas quando a viam juntas e não sabiam o que Luna fizera para não ser castigada por Bárbara após ter lhe atirado o leite no rosto. Bárbara foi percebendo a pessoa maravilhosa que Luna era e, sempre que se lembrava, pedia desculpas a ela por ter sido grosseira.

Luna soube que Bárbara tinha a mesma idade que ela e que também ficaria por lá até os 18 anos. No final daquele ano, ambas eram amigas inseparáveis, e Luna escreveu uma bela carta de amizade que entregou para Bárbara em março do ano seguinte, quando ela fez aniversário.

Linda também fizera daquela instituição sua nova moradia. No começo, antipatizara com Bárbara, mas agora adorava a garota de cabelos loiros. Ansiava poder conversar com a filha através de sonhos, mas nunca conseguiu. Já ouvira dizer que isso era possível, só que não sabia como fazer e achava que, se pedisse ajuda aos seus pais, eles a levariam embora dali. De qualquer modo, o que importava, na opinião dela, era estar cuidando de sua Luna, como fizera todos os dias enquanto viva.

No segundo semestre do ano de 1977, Carla foi solta, e outra menina ficou em seu lugar no dormitório. E, em dezembro do mesmo ano, Marisol também saiu. Bárbara e Luna sentiram falta de suas amigas de quarto, mas gostaram muito das novas garotas que chegaram.

Luna nunca pensaria que iria chorar tanto com a partida de Bárbara, que aconteceu em março de 1978, quando ela finalmente completou 18 anos. Se no início elas não se entendiam, há muito se consideravam melhores amigas. Os pais de Bárbara também já haviam deixado a prisão e era com eles que ela iria morar daquele dia em diante. Prometeu visitar Luna sempre que possível, nos dois anos que ainda lhe restavam para cumprir a pena.

Novamente sozinha, Luna, mesmo fazendo amizade com suas novas companheiras de dormitório, sabia que nunca mais seria a mesma coisa. Bárbara e ela haviam compartilhado seus segredos mais íntimos durante todo o período em que estiveram juntas.

Havia cursos que o governo proporcionava para as internas, e Luna optou pelo preparatório em secretariado. Muitas vezes, ela parava para imaginar o que faria quando voltasse às ruas. Sabia que precisaria procurar um emprego e, se possível, voltar a estudar, mas não fazia a menor ideia de como faria para conseguir tudo isso.

Conseguiu o certificado de conclusão do curso. Teve a impressão de que seu último ano na FEBEM foi o que mais demorou a passar. E, em setembro daquele ano, Luna estava eufórica, porque agora era apenas uma questão de semanas.

No dia em que fez 18 anos, foi chamada à diretoria da instituição. Explicaram que ela ganharia a liberdade novamente, contudo, tantos anos já haviam transcorrido que ela não saberia dizer se isso era algo bom ou ruim.

Ali, como interna, ela tinha um teto sobre a cabeça, comida à vontade e momentos de lazer. Estava totalmente despreparada para encarar o mundo outra vez. Quando chegara, era uma adolescente tímida e assustada, cuja infância fora marcada pela tragédia. Agora tinha se transformado em uma mulher que não sabia como deveria se portar dali em diante.

Como não possuía família, Luna foi agraciada com uma pequena quantia em dinheiro que a sustentaria por, no máximo, duas semanas. Depois disso, ela deveria agir por conta própria.

Ela não tinha nada para levar e, quando voltou ao seu dormitório pela última vez, foi para se despedir das meninas. Não prometeu voltar para visitá-las, porque Bárbara havia prometido, mas nunca retornou para vê-la.

Ao se contemplar no espelho, viu refletida a imagem de uma moça magra, de estatura mediana. Os olhos castanhos pareciam ansiosos e tensos, e os cabelos, da mesma cor, antes cortados como os de um homem, agora eram escorridos, tocando os ombros dela. Luna não sabia, mas assemelhava-se muito com Linda quando tinha aquela idade, poucos anos antes de conhecer Raul na casa dos tios.

Antes de sair, Luna pediu ao diretor que lhe devolvesse tudo o que estivesse em seu arquivo. Ela temia que tivessem vendido ou extraviado sua correntinha. Ficara dois anos sem usá-la, mas ainda sentia falta daquela peça que, de certa forma, a fazia se sentir mais próxima de sua mãe e de seus irmãos.

Chorou emocionada quando viu o diretor voltar com algo dourado entre os dedos. Ela estremeceu de emoção quando tocou o pequeno sol de ouro novamente e releu as palavras gravadas dentro dele, embora jamais as tivesse esquecido. O diretor fez questão de colocá-la no pescoço de Luna e, quando ela ouviu o clique se fechando, sentiu uma nova dose de energia envolvê-la, como uma injeção de ânimo. Não sabia o que o mundo lá fora reservava para ela, contudo, estava preparada para enfrentá-lo.

CAPÍTULO 40

Quando desceu do ônibus, ela se viu parada no movimentado centro de São Paulo. A cidade parecia enorme, com ruas se estendendo para todos os lados, pessoas agitadas movendo-se com rapidez e veículos velozes atravessando as avenidas largas e arborizadas.

Tudo o que Luna trazia, além da roupa do corpo, era a correntinha no pescoço, uma sacola nas mãos com mais duas mudas de roupa, algumas peças íntimas, seus documentos pessoais e o dinheiro que recebera como gratificação do diretor.

Ela havia se alimentado bem antes de sair e agora não sentia fome. Não tinha noção de qual direção deveria tomar. Achava que deveria voltar para sua cidade natal, perto de Piracicaba, mas as meninas sempre lhe disseram que era em São Paulo que se concentravam as grandes oportunidades. De alguma forma, teria que se virar, mesmo sabendo que seria muito difícil começar do nada.

Encontrou uma pensão simples e barata para se hospedar. Foi obrigada a pagar a semana com antecedência e boa parte de seu dinheiro se foi. Ela perguntou à dona da pensão se não conhecia alguém que estivesse precisando de uma secretária, e a mulher sugeriu que ela fosse procurar nas imediações da Praça da Sé.

Naquele dia, Luna decidiu descansar. Na manhã seguinte, ela partiu em busca de um trabalho. Estava disposta a fazer qualquer coisa que garantisse seu sustento até que conseguisse algo melhor.

Visitou várias empresas, sem conseguir nada. Ao final da tarde, cansada das longas caminhadas, ela retornou à pensão.

Apesar do fracasso, não pretendia desanimar logo de primeira. No dia seguinte e nos outros, ela foi à procura de emprego novamente. Já tinha percebido que as vagas disponíveis para secretária eram poucas e exigiam mais do que um simples certificado de curso. E quando descobriam que ela tinha passagem pela FEBEM, era quase enxotada de lá.

A semana terminou, e Luna teve que pagar mais uma semana de aluguel da pensão. Já estava começando a se desesperar. Se não arrumasse um emprego naquela semana, ficaria sem dinheiro e não teria mais como pagar sua estadia. Linda também estava preocupada e tudo o que se lembrou de fazer foi sugerir à filha que rezasse.

— Luna, por que não pede a Deus para que Ele a guie pelo caminho certo? Tenho certeza de que Ele sabe o quanto você precisa de um emprego. Tenha fé e acredite. Só assim vai dar certo.

Luna sentiu uma imensa vontade de rezar após captar em pensamento as palavras de sua mãe. Não tinha mais fé e já não estava tão certa quanto à existência de Deus. Pensou que já havia sofrido demais, e que Ele a tinha abandonado. Naquela manhã, antes de sair da pensão, intuída pelo espírito de Linda, ela acatou a sugestão da mãe. Fechou os olhos, procurou afastar os pensamentos desagradáveis e mentalizou a imagem de Jesus, a mesma que vira nos livros religiosos. Ela não sabia quando rezara pela última vez, e tentou se lembrar dos dizeres que irmã Janaína lhe ensinara.

— Meu Deus de luz e de poder, eu peço que o Senhor me ajude e me oriente a conseguir um emprego com pessoas boas e honestas. Eu preciso trabalhar, e o Senhor conhece minhas dificuldades. Peço que me mostre o caminho pelo qual devo seguir, as pessoas com quem devo conversar e o lugar ideal para procurar. Conto com Sua proteção para me guiar. E estou confiante de que tudo dará certo para mim. Obrigada.

Luna não viu que pequenas gotículas, brilhantes como cristais, desceram do alto e a cobriram como flocos de neve. Imediatamente, ela sentiu uma gostosa sensação de paz e de aconchego, sentindo-se mais confiante e esperançosa.

Ela colocou seu único e melhor vestido, penteou os cabelos, prendeu-os num pequeno rabo-de-cavalo e firmou um sorriso nos lábios. Era assim que ela pretendia ser contratada. Queria que seus futuros patrões a olhassem e percebessem que ela era uma pessoa de confiança e digna do cargo que eles estivessem oferecendo.

Mais uma vez, ela caminhou pelo centro da cidade, sem desanimar quando recebia um "não". Havia acabado de ser rejeitada em uma loja de roupas quando avistou uma pequena livraria, quase em frente à Praça da Sé. Ela já passara por aquelas ruas tantas vezes nos últimos dias que já se sentia bastante familiarizada com a região. Parou diante da vitrine de livros e leu os títulos. Viu quando uma moça bonita, com uma imensa barriga redonda, se aproximou e veio até ela.

— Deseja algum livro em especial?

Luna se voltou e sorriu meio tímida.

— Ah, não. Eu só estava olhando mesmo. Tem cada livro bonito, não?

— Você gosta de ler? — ela indicou o interior da loja. — Por que não entra para dar uma olhadinha nos últimos lançamentos?

Luna hesitou. Por um lado, sabia que perderia tempo, já que não tinha dinheiro para comprar nada. Mesmo assim, e sem que soubesse dizer o motivo, sentiu-se tentada a acompanhar a gestante e conhecer melhor a livraria.

— Tudo bem, vamos entrar. Só não sei se vou poder comprar algum livro — murmurou Luna, como se pedisse desculpas.

— Não há problema. Mesmo que não compre hoje, poderá comprar da próxima vez que passar por aqui.

Luna sorriu novamente diante da gentileza da moça. Ela viu um atendente comentando com uma senhora sobre o último lançamento de Agatha Christie. Olhou para uma banca repleta de livros e folheou alguns. Viu que os preços não eram baratos e imaginou que um dia, quando lhe sobrasse dinheiro, viria comprar vários livros para ler.

Um senhor de cabelos brancos se aproximou e apontou para a barriga da moça.

— Marieta, já falei que você não deve permanecer por tanto tempo de pé com essa barriga enorme. Aliás, já deveria estar descansando em casa, aguardando pela chegada deste bebê lindo que vem por aí.

— Ah, seu Alípio, o senhor sabe que eu amo trabalhar. Amo estar ao lado dos livros e quero ficar assim até sentir as primeiras contrações.

Luna e Alípio sorriram, assim como Linda, em espírito. Ela se lembrou de quando estava grávida de Luna e trabalhara até o fim na casa de Conceição, mesmo sob os protestos de Raul. Também gostava de se sentir útil e jamais se arrependera disso.

— Não quero que você fique esgotada. Sabe que eu só estou deixando você trabalhar assim porque tem ficado apenas meio expediente — Alípio cruzou os braços e fez uma expressão de bravo.

— Enquanto o senhor não encontrar uma substituta para mim, não vou sair. Sou responsável com meu trabalho e quero deixar minhas tarefas nas mãos de uma pessoa bem competente durante o período em que estiver ausente.

Luna, que prestava atenção no que Marieta dizia, resolveu se manifestar:

— Desculpem por me intrometer, mas eu estou procurando um emprego e... — ela sorriu —, de repente, posso ser útil, não?

Alípio a olhou, e Luna ficou rígida, acrescentando:

— Eu fiz curso de secretariado, porém, posso fazer qualquer outra coisa. Estou muito interessada em aprender.

Marieta apoiou a mão no ombro de Luna.

— Adorei esta moça, seu Alípio. Acho que ela poderia perfeitamente ficar em meu lugar. Vi o modo como ela olhava para os livros da vitrine e sei que vai gostar de trabalhar entre eles.

Alípio assentiu em silêncio. Também simpatizara com Luna. Ela era bonita, discreta e sabia se comunicar muito bem. Poderia substituir Marieta enquanto ela estivesse se dedicando ao bebê.

— Bem, antes eu precisaria apresentá-la à minha esposa, mas acho que Iolanda também vai gostar de você. E então? Está disposta a passar por uma entrevista?

Os olhos castanhos de Luna brilharam. Tinha certeza de que conseguiria aquele emprego. Não perderia aquela oportunidade por nada.

Enquanto Alípio a guiava ao seu escritório, Luna sorriu para Marieta, que lhe fazia gestos de boa sorte. Antes de se sentar diante dele, ela pensou em Jesus mais uma vez e agradeceu por aquele presente.

Alípio fez algumas perguntas de praxe. Queria saber se ela tinha filhos, família e se estava disposta a trabalhar aos domingos quando necessário. Pediu para conferir o certificado, e Luna gelou quando ele viu o emblema do governo.

— Onde você conseguiu isso?

Por um instante, ela pensou em desistir de tudo e fugir dali. Todavia, como se fosse amparada por forças invisíveis, ela contou que ficara na FEBEM por dois anos. Não explicou o motivo que a levara até lá, dizendo apenas que cometera alguns erros, que aprendera a lição e que jamais voltaria a repeti-los. Para sua surpresa, Alípio não demonstrou preocupação, nervosismo ou indiferença.

— Vou adiantar que o salário não é muito. Eu só tenho dois vendedores e, como você percebeu, Marieta está saindo, já que deve ganhar o bebê pelos próximos dias. Preciso que você goste do que vai fazer e que saiba atender bem aos clientes.

— Prometo que farei tudo o que o senhor me pedir. Não vou dar motivos para que se arrependa por ter me contratado.

Alípio sorriu satisfeito. Ele não viu o fato de Luna ter passagem na FEBEM como um impeditivo de ela trabalhar em sua loja. Sempre achou que todos os ex-presidiários, em qualquer idade, tinham direito a uma segunda chance no mercado de trabalho. Ele daria a oportunidade àquela moça para que ela mostrasse o que sabia fazer.

Iolanda, a esposa de Alípio, também gostou de Luna assim que a viu pela primeira vez. Durante os dois dias seguintes, Marieta lhe passou algumas coordenadas, explicando sob as categorias distintas dos livros, quais eram os mais procurados e vendidos, e os lançamentos. Luna absorvia cada palavra com interesse e foi bastante elogiada por Alípio quando conseguiu efetuar a maior venda daquela semana. O outro rapaz, que trabalharia com ela, Juvenal, prometeu que esclareceria todas as dúvidas de Luna conforme os acontecimentos do dia a dia.

Ela havia revelado sua situação financeira a Alípio, e ele lhe deu o primeiro mês de salário como um adiantamento para que ela saísse da pensão e alugasse uma casinha pequena. Ele disse que tinha um amigo que possuía um apartamento bem simples no centro e que pretendia alugá-lo.

Luna aceitou de pronto, o senhorio gostou dela e assinaram um contrato por seis meses. O apartamento, que já era mobiliado, ficava perto da estação da Luz, e Luna seguia a pé para a loja. Ali tinha tudo de que precisava e ela nem sabia como agradecer ao novo patrão por ter lhe dado a oportunidade de dar o primeiro passo rumo à sua independência.

CAPÍTULO 41

O tempo foi passando, e Luna, desenvolvendo-se. Ao final de três meses, ela vendia tantos livros quanto Juvenal. Para incentivá-los ainda mais, Alípio decidiu que pagaria comissões sobre as vendas, o que alavancou o salário deles. Ela gostava tanto de lá que nem queria imaginar quando Marieta voltasse e ela tivesse de ir embora.

Pelo menos já teria alguma experiência para conseguir novos empregos, embora ela estivesse adorando trabalhar na livraria. Tinha decorado o nome de muitos autores, e os clientes adoravam comprar com ela. Luna era gentil, atenciosa, risonha e educada, com uma incrível capacidade de convencer as pessoas a comprarem. Durante seu quarto mês na loja, Iolanda a presenteou com uma linda coleção dos livros de Machado de Assis, e Luna ficou sem fala, incapaz de extravasar sua gratidão.

Porém, quando Marieta reapareceu na loja, de surpresa, Luna ficou paralisada. Ela vinha acompanhada de um rapaz, certamente seu marido e pai do bebê que trazia nos braços. Todos rodearam a nova mamãe para olhar o rostinho da criança, e, então, Alípio lhe perguntou quando ela pretendia voltar. Para felicidade de Luna, ela explicou que estava adorando a maternidade e que pretendia continuar a cuidar do filho. Disse que Luna poderia ficar com o emprego em definitivo, se quisesse, pois ela não iria voltar. Luna a abraçou com força pela boa notícia.

Assim, a moça continuou trabalhando na livraria de Alípio. Luna descobriu que ele e Iolanda tinham apenas um filho, que era casado e que residia no exterior. O rapaz não se interessara em tocar o negócio do pai, porque tinha um emprego invejável na Inglaterra e vinha ao Brasil visitar os pais apenas duas vezes por ano. Luna ainda não o conhecera.

No mês de dezembro daquele ano, a livraria bateu todos os recordes de venda. Luna e Juvenal não davam conta de atender a todos os clientes, de forma que Alípio teve que contratar mais uma moça para ajudá-los. Ele gostava da perspicácia de Luna e, quando Juvenal pediu as contas em janeiro do ano seguinte, pois iria se casar e se mudar de cidade, Alípio a colocou como gerente de vendas. Ela ficou responsável por contratar a pessoa que substituiria Juvenal, e logo um rapaz ficou com a vaga dele.

Luna conheceu o filho dos patrões quando César veio com a esposa e a pequena filha para o aniversário da mãe. Eram simpáticos e foram gentis com Luna. E sempre quando eles retornavam ao Brasil, lembravam-se de trazer lembrancinhas para ela também.

Quando ela completou 25 anos, Alípio inaugurou uma segunda livraria, no bairro da Liberdade, e pediu que Luna tomasse conta dela. Ele dizia que estava preparando-a para que ela se tornasse uma grande empresária um dia, já que ela tinha aptidão para o comércio.

Já fazia sete anos que Luna estava trabalhando com ele. Alugara um apartamento de dois dormitórios nos Campos Elíseos, e gostava de morar sozinha. Com o salário que teria como supervisora da nova unidade da livraria, Luna já cogitava a possibilidade de comprar seu próprio imóvel. Alípio e Iolanda sempre demonstravam vigor físico e lucidez constantes. Tratavam Luna como a uma filha e nunca haviam se arrependido por tê-la contratado, anos atrás. Ela mostrara que tinha força de vontade e que também tinha o direito de vencer.

Depois de tantos anos juntos, ela confiara neles o suficiente para lhes contar toda a sua história. Falou sobre os pais, os irmãos que foram separados, sobre o casal que a adotou e o que fizera com eles. Alípio e Iolanda apenas a escutavam e jamais a julgaram ou a criticaram. Se a Luna do passado errara ou acertara não importava. Para eles, o que tinha valor era a Luna de agora, a moça esperta e batalhadora que subira na vida até se tornar a supervisora de uma loja. Ela sempre lhes mostrava a correntinha que usava no pescoço, e eles sabiam de cor a mensagem que continha dentro do sol.

No dia em que comprou seu apartamento, quando estava com 29 anos, Luna decidiu que guardaria algum dinheiro dali em diante. Mesmo tendo se passado tantos anos, ela jamais abandonou seu maior sonho, que era rever os irmãos. Era quase certo que eles nem mais se lembravam de que ela existia, porém Luna nunca pôde esquecê-los. Agora estava ganhando bem e, quando juntasse uma quantia razoável, contrataria um detetive particular.

Somente depois que tornasse a vê-los era que Luna pensava em dar um sentido à sua vida. Nos últimos anos, ela vivera apenas para o trabalho, mas sabia que em algum momento precisaria viver para o amor. Nunca se apaixonara por ninguém ao longo de todo esse tempo e sempre pensava em Thales e na breve paixão quase infantil que um manteve pelo outro nos poucos dias em que conviveram.

Aos 80 anos, Iolanda e Alípio aparentavam vinte a menos. Apesar da aparência jovial e da boa disposição para o trabalho, eles não podiam negar que o peso dos anos causava seus efeitos sobre eles e em seus momentos particulares cogitavam a possibilidade de se aposentarem.

Foi o que aconteceu dois anos depois. Ambos resolveram "sair de cena", como eles mesmos disseram. César ratificou mais uma vez que não iria assumir as duas lojas do pai, e eles não precisaram pensar muito em uma pessoa adequada para substituí-los. Quando Luna ouviu a proposta, não disfarçou o contentamento. Alípio avisou que a incluiria como sócia na empresa, e que ela, a partir dali, seria a pessoa que tomaria todas as decisões que desejasse. Sendo dona de 50% da empresa, ela praticamente teria uma das livrarias só para si.

Seis meses após o contrato ter sido assinado, Luna inaugurou uma terceira livraria, num bairro da Zona Norte. Sua administração era perfeita e, uma semana antes de completar 32 anos, fundou a quarta filial, agora na Zona Sul. A garotinha tímida de antes, com fé, confiança na vida e em si mesma, apoiada no poder de suas orações, tornara-se uma empresária de sucesso.

Iolanda e Alípio acompanhavam seu trabalho de longe e não tinham do que reclamar. Luna fizera muito mais do que qualquer outra pessoa poderia ter feito. Prosperara lentamente, mas sempre com sucesso. Agora havia quinze funcionários distribuídos nas quatro lojas, e Luna supervisionava o trabalho de todos eles, que a viam como uma mulher justa e compreensiva, porém severa e exigente. Alguns a adoravam, outros nem tanto, e havia ainda aqueles que se questionavam o porquê de uma bela mulher como ela ainda estar solteira.

Havia comentários de que ela vivia apenas para o trabalho e que não tinha vida social, outros alegavam veementemente que ela não era feliz, apesar das aparências. Nenhum deles sabia o que realmente ia no íntimo de Luna.

Ninguém sabia que ela estava preparada para buscar o que lhe fora tirado havia muitos anos. Na quietude de seu apartamento, pouco antes de dormir, ela se perguntou onde estariam Henri e Carol.

O brilho resplandecente da chegada de três espíritos não foi notado por Luna. Eles se postaram ao redor da cama dela, como médicos analisando um paciente. Com um sorriso amoroso, Ivone estendeu as mãos sobre o coronário de Luna e fechou os olhos, elevando os pensamentos para lhe aplicar um passe energético em seguida. Euclides e Conceição, ao seu lado, a acompanhavam na oração e nas vibrações. Quando Ivone terminou, olhou para os companheiros.

— Nada como um passe, não é mesmo? Faz bem para quem aplica e mais ainda para quem o recebe.

— Toda boa ação só traz benefícios — Conceição sorriu. — A oração é uma verdadeira tábua de salvação para nossos momentos mais angustiantes. Luna tem recorrido a ela com certa frequência nos últimos anos, e é por isso que tem prosperado tanto. Acreditar em Deus e no Seu grande poder de transformar as nossas vidas para melhor é o ponto de partida para nosso desenvolvimento pessoal. Quem tem fé, pratica o hábito da oração e se mantém no caminho do bem, com certeza, será recompensado, pois quando fazemos coisas boas, atraímos coisas boas.

Eles voltaram o rosto para o lado e fitaram Linda, que os encarava com olhos assustados. Ela já havia percebido a chegada deles, mas não havia se aproximado, como se fossem estranhos. Nem mesmo a presença de Conceição a incentivou a chegar mais perto.

— Como você está, minha querida? — Conceição perguntou.

— Sabe o quanto nós a estimamos, não sabe?

285

Linda não respondeu. Estava sentada no chão, num canto do quarto de Luna. Já fazia 22 anos que havia desencarnado, e ainda pensava como no primeiro dia: que seria útil se permanecesse ao lado de Luna até que ela encontrasse os irmãos novamente. Contudo, ao longo da última década, desde que Luna deixara a FEBEM, ela acompanhara os passos da moça e vira a filha deixar o casulo e voar livremente. Luna conquistara seu espaço por meio da confiança, da fé e da esperança.

Linda desencarnara com 30 anos e achava engraçado quando via a filha com 32. Era como se fossem irmãs, e ria ao pensar nisso. Por outro lado, ela não se sentia muito bem. As energias da matéria lhe faziam mal, e ela vinha sentindo os mesmos sintomas da tuberculose. Tossia, sentia os pulmões e as costas doerem, e quase sempre tinha tonturas. Sabia que, se desejasse, seus pais viriam socorrê-la. Só que não queria ir. Já permanecera por tempo demais com Luna para deixá-la sozinha agora.

— Eu sei que vocês me querem bem — respondeu Linda após um tempo em silêncio. — E eu sei que não estou bem. Sinto dores e cansaço, exatamente como me sentia antes de morrer. Só não estou pronta para partir. Luna nunca soube que eu tenho estado com ela. Nunca consegui conversar com ela após seu espírito deixar o corpo durante o sono. Ela nunca me viu e nem sempre recebe minhas intuições. Sei que não sou de grande valia, mas qualquer mãe, realmente preocupada com o destino e a felicidade de seus filhos, faria o mesmo que eu.

— Linda, todos nós sabemos o quanto você ama seus filhos, principalmente Luna, com quem sempre foi mais ligada — devolveu Conceição. — Quando você trabalhou em minha casa e estava grávida dela, eu a via conversando com ela enquanto alisava a barriga. Sabia que você a amaria muito, e tem demonstrado isso durante todo esse tempo. A força da maternidade é uma das maiores forças da natureza. Nada é capaz de abalar ou destruir o amor de uma mãe pela sua cria.

Lágrimas vieram aos olhos de Linda, que escondeu o rosto entre as pernas e pôs-se a soluçar. Euclides parou ao seu lado e a abraçou com carinho, beijando-lhe o alto da cabeça. Conceição continuou:

— Nem sempre os filhos compreendem a mãe, mas ela sempre compreenderá o filho. Veja meu caso, por exemplo. Minhas filhas não gostavam de mim e, me julgando velha e louca, internaram-me num asilo. Assim que despertei deste lado, a primeira coisa que fiz foi uma oração por elas. Meu amor por minhas meninas era muito maior do que as atitudes que elas tomaram contra mim.

Ela fez uma pausa e pigarreou, emendando:

— É por isso que eu entendo sua posição, Linda. Como eu disse, o amor de uma mãe é supremo, inabalável, intocável. É poder adivinhar os desejos dos filhos, ainda que eles não o digam, é vê-los crescer, rir e chorar com eles, é poder contar com companheiros para toda a vida. Há uma frase da qual sempre me recordo que diz: "Se Deus não pode estar em todos os lugares ao mesmo tempo, existem as mães para isso".

Linda finalmente ergueu a cabeça, olhou para o corpo adormecido de Luna e fitou Conceição. Sua amiga, no entanto, continuou a falar:

— Com tudo isso, Linda, uma mãe amorosa busca proteger seus filhos, mas também sabe libertá-los quando preciso. É por isso que você não pode continuar ao lado de Luna até que ela desencarne também. Ambas precisam buscar a felicidade, e o farão individualmente. Luna progrediu financeiramente. Agora só precisa aprender a abrir o coração para o amor. E seria importante que você pudesse compreender dessa forma. Euclides e Ivone já fizeram vários convites para que venha se tratar no astral, algo que você sempre recusou. Agora sou eu quem está pedindo, querida. Por favor, em nome de sua felicidade e da de Luna, queira nos acompanhar. Verá que só trará benefícios para as duas agindo assim.

— Eu não posso — Linda sacudiu a cabeça negativamente. — Luna pode precisar de mim.

— Não continue se iludindo nem sofrendo pelos outros, querida. Seu amor por Luna não pode ser sinônimo de sofrimento. Amar não é sofrer. Para amar, não é preciso pagar nenhum preço. Alimentar falsas ilusões só nos traz decepções.

— Eu consegui aguentar até aqui. Posso seguir em frente — teimou Linda, evitando olhar para os espíritos à sua volta.

— Ao menos fique conosco por um período até que se recupere de seus males. Você vai piorar se continuar aqui.

— Não quero ouvir mais nada — ela tapou os ouvidos. — Eu não vou embora com vocês. Já falei isso mais de mil vezes. Por favor, me deixem em paz. Por favor...

Conceição trocou olhares com Ivone e Euclides sabendo que seria inútil insistir. Era preciso respeitar o livre-arbítrio de Linda e, mais do que isso, respeitar os sentimentos dela por Luna.

Naquele instante, logo após Ivone aplicar um passe em Linda, eles fizeram uma breve oração, agradecendo pela dádiva da vida e confiantes no que o futuro reservaria para todos.

CAPÍTULO 42

1992

Três homens elegantemente vestidos de terno e gravata cruzaram a entrada do Juizado Especial Cível, em Florianópolis. Fazia bastante frio naquela tarde de sexta-feira. Os três advogados queriam apenas resolver algumas pendências ali para seguirem diretamente para um boteco, a fim de tomar alguma bebida que os aquecesse.

Emerson e Mateus já eram amigos e sócios em um dos melhores e mais conceituados escritórios de advocacia de Florianópolis quando conheceram Henri. O rapaz havia acabado de se formar pela UFSC[3] e já estagiara em empresas e escritórios renomados. Eles haviam se conhecido durante uma audiência e logo fizeram grande amizade.

Não tardou para que Emerson e Mateus fizessem o convite para Henri. O rapaz era inteligente, sagaz, detentor de excelentes condições financeiras e com bons olhos para os negócios. Como já era previsto, com a chegada de Henri, eles se classificaram como a terceira melhor empresa de advocacia da cidade, com especialização nas áreas cíveis e trabalhistas.

Quando eles incluíram Henri na sociedade, este estava com 24 anos. Embora jovem, era decidido, dono de uma personalidade marcante. Sua mãe, Flávia, era dona de uma refinada joalheria,

---

3 Universidade Federal de Santa Catarina.

cujos clientes constituíam a nata da capital catarinense. Seu pai, Otaviano, havia falecido durante o primeiro ano universitário de Henri e não pudera ver o único filho se formar.

Este fato entristecera Henri sobremaneira. Ele pensava que seu pai, de onde estivesse, poderia assisti-lo no dia de sua formatura. No dia em que se tornou bacharel em Direito e tocou em seu diploma pela primeira vez, teve a certeza de que seu pai estava ali, ao seu lado, congratulando-o, embora ele não conseguisse vê-lo ou ouvi-lo.

Henri era um rapaz muito bonito, por isso Thaís se apaixonou por ele tão logo se conheceram. Ele tinha cabelos negros e bem aparados. Era alto, magro, porém com uma musculatura forte e resistente. Seus olhos eram castanhos e expressivos, e seus dentes tratados por um dos melhores dentistas da cidade. Gostava da própria aparência, assim como Thaís. Ela também cursou Direito, e foi no primeiro ano do curso que eles se conheceram.

Entretanto, durante o sexto semestre, Thaís "descobriu" que Direito não era sua especialidade e trancou a matrícula. Prometeu que faria Nutrição no ano seguinte, mas jamais tocou no assunto. Sentia-se bem estando em casa, curtindo a boa vida e o conforto que o dinheiro de seus pais podia lhe proporcionar. Além disso, Henri nunca implicara com o fato de ela ter parado de estudar e achava que não havia motivos para se preocupar.

Dona de cabelos loiros e olhos da cor do céu de verão, a moça se parecia com uma atriz de novelas. Tinha um corpo escultural e curvilíneo, que fazia os homens suspirarem, embora ela só tivesse olhos para Henri.

Quando Henri completou 28 anos, Thaís recebeu uma proposta para atuar como modelo fotográfico para uma revista de moda de grande circulação no Brasil. O namorado não gostou muito da ideia. Não queria que outras pessoas admirassem o corpo de sua namorada. Por outro lado, reconhecia que esta seria uma excelente oportunidade de progresso para ela, que nos últimos anos vinha se tornando preguiçosa.

Flávia, a mãe de Henri, também concordou com o convite da revista. Ela gostava e admirava Thaís, principalmente por estar namorando seu filho havia nove anos. Às vezes, Flávia se perguntava o motivo de eles ainda não estarem casados e, quando questionava Henri, este saía pela tangente, brincando ao afirmar que se eles se casassem, o relacionamento pacífico terminaria. Estava bom assim, já que o namoro era sólido e seguro. Raramente brigavam e, em todos aqueles anos, nenhum foi infiel.

As primeiras fotos de Thaís para a revista, como já haviam previsto, rendeu-lhe um bom dinheiro. Ela posara com roupas de inverno para uma marca americana. Fora aclamada pelos leitores, que elogiaram a direção da revista por expor em suas páginas uma moça que transbordava beleza e elegância. Henri pensava nisso quando Mateus o cutucou no ombro.

— Você está com a mente longe, hein?

— Não, eu só estava pensando em Thaís. Acho que se ela soubesse que faria um sucesso tão estrondoso já teria ingressado nessa área muito antes — refletiu Henri, enquanto uma atendente dava baixa no processo que Emerson estava devolvendo.

— E, se eu fosse você, ficaria esperto — tornou Mateus. — Thaís é uma mulher linda, e qualquer cara com os bolsos cheios de grana pode dar em cima dela. Não tem medo disso? — Mateus teria, se ele namorasse Thaís. Ele era casado, e a esposa nem de longe era tão bonita. Sabia que Thaís era fiel a Henri, pelo menos até então.

— Eu sei que Thaís me ama, então ela não me trocaria por dinheiro. Ela sempre teve ótima condição financeira, então não precisa de mais. Nunca foi gananciosa — retrucou Henri, tranquilo.

Ele era um livro aberto no que se referia ao seu relacionamento com Thaís. Por já contar com quatros anos de sociedade e amizade com Emerson e Mateus, concedia a eles liberdade para fazerem perguntas mais íntimas.

Emerson interrompeu o diálogo para fazer uma pergunta sobre o processo de um cliente, e o assunto da conversa mudou para trabalho. Depois de resolverem tudo, eles deixaram o Juizado e seguiram direto para um bar de luxo que frequentavam, embora eles o chamassem carinhosamente de "boteco".

A esposa de Mateus não gostava quando ele chegava tarde em casa, portanto, não podia se demorar muito ali. Emerson também tinha uma namorada que vivia pegando no seu pé. Achava que bebida era sinônimo de mulher e não ficava feliz quando ele dizia que ia beber com os sócios. Henri era o único mais tranquilo, já que Thaís jamais exigira nada dele, além de amor e fidelidade.

Depois de esvaziarem três garrafas de bebidas, eles se despediram. Henri era o que morava mais perto do escritório e, assim que guardou o carro, subiu para se banhar. Estava faminto e mal podia esperar para saber o que Darci, a cozinheira, havia preparado para o jantar.

Encontrou a mãe na sala de jantar, à mesa. Os anos não haviam passado para Flávia. Ela continuava mantendo os cabelos castanhos e sedosos, tingindo-os de vez em quando. Seu rosto, quase sem rugas, exibia traços de sua juventude. Era como se o tempo não a tivesse tocado. Mesmo estando com mais de 50 anos, Flávia conseguia se passar pela irmã mais velha de Henri. As joias que usava, muitas das quais obtidas em sua joalheria, resplandeciam seu brilho, ofuscando os olhos das pessoas à sua volta.

Naquele momento, mesmo que fosse apenas para jantar, um magnífico colar de rubis e esmeraldas cintilava em seu pescoço, combinando com os brincos, também de rubis. Henri imaginou se a mãe usava joias até para dormir.

— Como foi seu dia? — ela perguntou. Sempre que jantavam juntos, cada um contava ao outro as novidades de seu expediente.

— Ah, nada de novo. Como sempre fazemos às sextas-feiras, Eu, Emerson e Mateus fomos ao boteco. Resolvemos alguns "pepinos" rotineiros de alguns clientes, mas nada fora do normal. E você?

— O mesmo de sempre. O movimento na joalheria esteve tranquilo hoje. Vanusa foi me visitar e passou a tarde comigo enquanto tomávamos chá e colocávamos nosso papo em dia — Vanusa era a mãe de Thaís, e Henri sabia que a joalheria de Flávia, muitas vezes, servia com uma sala de visitas para receber suas amigas e seus clientes. — Ela estava comentando sobre as fotos de Thaís, que ficaram realmente lindas. Ser modelo é algo que sempre esteve enraizado em seu sangue.

— Assim como está no meu sangue ser advogado — brincou Henri, fazendo sua mãe sorrir também.

Henri desde sempre soube que era adotado, ou pelo menos seus pais adotivos lhe contaram parte da verdade. Segundo a história que sempre ouvira de Flávia e Otaviano, ele ganhara um novo lar dois anos após a morte do filho biológico do rapaz. Na época, ele contava apenas seis anos de idade quando se conheceram. Henri, de certa forma, substituíra o filho deles, já que era bastante parecido fisicamente com o garoto. Ele viera de um orfanato católico localizado numa pequena cidade do interior e jamais retornara lá.

Porém, quando indagava sobre a origem da família, Flávia e Otaviano eram unânimes em afirmar que ele nunca tivera ninguém. Disseram que seus pais verdadeiros haviam morrido quando ele ainda era bebê e que logo em seguida ele fora entregue às freiras. Jamais houve qualquer menção à sua irmã. O casal havia concordado que não seria bom para Henri se ele soubesse que tinha uma irmã.

Eles nunca souberam que destino Luna havia tido desde quando se recusaram a adotá-la também. Na época, Flávia e Otaviano não foram informados por madre Rebeca que Henri não tinha somente uma, mas duas irmãs, sendo que a mais nova já havia sido adotada anteriormente. Henri, embora tivesse apenas seis anos, questionou os novos pais sobre Luna algumas vezes. Mas sua nova condição de vida logo o havia feito esquecer a irmã mais velha. E ele jamais perguntou de Carol.

Eles moraram por dois anos em São José dos Campos até que a empresa em que Otaviano trabalhava abriu uma filial em Florianópolis, convidando-o para ser o diretor-geral da nova unidade. O salário era quase o triplo do que ele ganhava, e não houve como recusar a proposta. Naquela mesma semana, eles venderam a casa de São José para comprarem uma propriedade na capital catarinense, mudando-se em seguida. Henri sofreu apenas o impacto de trocar de colégio e esquecer os antigos amigos, até porque a escola para a qual fora transferido possuía excelente qualidade de ensino, já que era uma das melhores e mais caras da cidade, e ele logo se acostumou.

Três anos depois de estarem estabelecidos em Florianópolis, Flávia conheceu uma mulher que procurava uma sócia para abrir uma joalheria. A princípio, a ideia pareceu absurda, já que seria preciso investir uma grande quantidade de dinheiro para manter o negócio em desenvolvimento. Otaviano, que nesse período já estava ganhando ainda mais, emprestou a quantia de que Flávia necessitava e, juntando com o capital de Anita, amiga e sócia, elas abriram a empresa. Mal sabiam elas que, em menos de cinco anos, sua joalheria seria uma das mais elegantes e glamorosas da cidade.

Quando Henri completou 16 anos, Anita percebeu que estava cansada de administrar a empresa, pois queria tirar um período de descanso para si, já que era sozinha. Assim, Flávia adquiriu a parte da amiga na empresa e tornou-se a única dona. Milagrosamente, o negócio pareceu crescer ainda mais após a saída de Anita.

Flávia tinha clientes em todos os cantos do mundo. Alguns vinham a Florianópolis a turismo e nunca deixavam de comprar com ela.

Henri não gostava quando diziam que ele era rico, embora soubesse que era verdade. Agora moravam em uma verdadeira mansão, com cerca de treze cômodos, num luxuoso bairro da cidade. Quando ingressou na faculdade, sofreu um duro golpe com a morte inesperada do pai, mas sua mãe lhe deu todo o apoio de que precisava, e ele retribuiu. Agora viviam um pelo outro e, embora não precisassem trabalhar ou estudar, o faziam apenas por prazer ou para não se sentirem inúteis dentro de casa.

Henri amava os pais adotivos e sempre foi grato por tudo o que eles lhe deram e pela vida que lhe proporcionaram. Sabia que poucas crianças adotadas tinham a mesma sorte que ele tivera. Além de ter crescido com boa vida, fora amado também. Sabia também que jamais poderia retribuir na mesma medida tudo o que tinha e amava.

— Eu sempre achei que Thaís tinha todo o porte de modelo — prosseguiu Flávia, sorvendo um gole de vinho português. — Por isso será tão famosa, quanto essas moças que vemos pela televisão. Não sente ciúme?

— Ela merece, mãe — Henri mastigou a última garfada de comida e limpou os lábios com o guardanapo de linho. — E não tenho ciúme. Se ela nasceu bonita, por que não aproveitar?

— Não se preocupa com a possibilidade de ela trocá-lo por outro? Sabe como é esse mundo *fashion*. As modelos vivem trocando de pares.

— Mateus e Emerson me falaram a mesma coisa — Henri levantou o olhar e fixou-o na mãe. — O que vocês têm contra Thaís? Parece que não confiam nela.

— Thaís é tão fiel a você quanto um padre à sua batina — brincou Flávia. — Só não sabemos o que o dia de amanhã nos reserva.

— Isso se chama pessimismo. Eu confio em Thaís, que coisa! — aparentando irritação, Henri se levantou. — Por favor, mãe, não quero mais falar nesse assunto. Thaís vai continuar a fazer o trabalho dela, assim como eu faço o meu. Se um dia, por acaso, ela me trair, vou descobrir que ela não me amava e, então, partirei para outra.

— Não precisa ficar nervoso.

— É que essa conversa me cansa. Tenha uma boa noite — Henri empurrou a cadeira e seguiu rapidamente para seu quarto, no piso superior da imensa residência. Pela primeira vez, ele foi dormir sem dar um beijo na mãe. Isso porque aquele assunto realmente o enfezava. Ele confiava em Thaís e não estava pedindo a opinião de terceiros.

Em seu quarto, ele trocou de roupa e vestiu o pijama. Ia se deitar mais cedo, pois, na manhã seguinte, que seria um sábado, ele iria ao clube jogar tênis com Mateus e Emerson. E foi o que fez. Eles aproveitaram o calor agradável que fez no sábado e jogaram até ficarem exaustos. Quando estavam saindo do vestiário, viram Thaís em companhia da esposa de Mateus. Ela estava mais linda do que nunca num vestido curto, branco e rosa.

— Meu amor, tenho duas notícias maravilhosas — ela saltou sobre Henri e o beijou nos lábios.

— Maravilhosas para você ou para mim?

— Bem, acho que para nós dois. Vou participar de uma nova sessão de fotos para uma revista carioca. E também fui chamada para meu primeiro desfile no Rio de Janeiro — Thaís estava tão empolgada que até atropelava as palavras.

— Isso é bom — murmurou Henri.

Ela bateu suas pestanas douradas.

— Só isso, meu amor? Eu venho com essa novidade fantástica, e você apenas resmunga essas palavrinhas? Não gostou?

— Thaís, você sabe que eu nunca fui contra seu trabalho como modelo, aliás, eu até a incentivei. No entanto, agora que você passará a viajar mais vezes, não acha que a situação vai se tornar diferente entre nós? Não vamos nos ver com tanta frequência, e talvez nem mesmo nos falaremos por telefone. Estamos namorando há nove anos e nunca passamos por algo assim. Confesso que estou preocupado.

— Bobinho! — ela o beijou rapidamente nos lábios. — Então não sabe o quanto eu te amo? Vamos estar juntos em pensamento. Entre um intervalo de fotos e outro, eu ligo para você, o que acha?

Henri deu de ombros, olhando para Thaís fixamente. Até algum tempo atrás, ele estava inegavelmente apaixonado por ela. Contudo, depois que ela ingressara na carreira de modelo, somando-se aos comentários de seus amigos e de sua mãe, ele já não estava tão certo.

E agora, observando o modo como Thaís falava, ela parecia totalmente diferente da moça que ele conhecera. Ela sempre fora esnobe, e ele já estava acostumado com isso. Porém, parecia que ela estava ficando pior a cada dia. Só usava roupas caríssimas e frequentava salões de beleza ainda mais caros do que os que de antes. Como era filha única, os pais não faziam questão de economizar dinheiro com ela.

Henri também amava a vida que levava, mas, havia vezes, e não eram poucas, que ele se sentia um peixe fora d'água, um estranho no ninho. Pensava se o fato de ter sido adotado influenciava naquelas sensações. Ser rico era o sonho de muita gente, e ele, em muitos momentos de sua vida, sentia como se não pertencesse àquele meio.

Logo que se formara, ele chegara a contratar um detetive particular para que trouxesse algumas informações sobre sua origem, mas Flávia descobriu e ofereceu ainda mais dinheiro ao investigador para que ele dissesse a Henri nada ter descoberto. Ela temia que Henri soubesse que tinha outra irmã e se revoltasse contra ela por ter lhe enganado tantos anos.

Além da mãe, de Mateus, Emerson e Thaís, Henri também tinha outros amigos, porém, havia algumas coisas que ele precisava desabafar, e nenhum deles lhe servia. Era como se eles não fossem as pessoas adequadas para ouvirem seus desejos mais secretos. Henri sentia dentro do peito que parte de seu passado ainda permanecia obscuro, sem confiar em nenhum deles para compartilhar essa sensação.

Thaís partiu para o Rio de Janeiro duas semanas depois. Estava tão excitada com a viagem que mal se despediu do namorado. Henri não se importou. Nos últimos dias, ela só falava em fotografias, eventos e desfiles, e quase não dava nenhuma atenção a ele. Para Henri, era até bom que ela viajasse, assim teria sossego por alguns dias.

Ele continuou seguindo com sua rotina, do escritório de advocacia para sua casa, passando pelo bar às sextas-feiras com os sócios e frequentando o clube aos sábados. Thaís havia telefonado para dizer que recebera novas propostas para desfiles e que seu retorno seria adiado em mais trinta dias. Henri apenas lhe desejou sorte e, quando encerrou a ligação, não se sentiu triste pela distância entre eles.

CAPÍTULO 43

A terça-feira seguinte amanheceu chuvosa e fria, tornando cinzas as águas das praias catarinenses. Henri vestiu um colete de lã por baixo do paletó e se dirigiu ao escritório. Percebeu logo que era o primeiro a chegar.

Ele se fechou em sua sala e passou a folhear algumas anotações em sua agenda. Instantes depois, houve uma suave batida na porta, e sua secretária, Carina, entrou segurando uma bandeja com uma bebida fumegante.

— Bom dia, doutor Henri! Aqui está seu café de todas as manhãs.

— Bom dia, Carina! Como você está? — ele sorriu para a secretária enquanto ela lhe estendia a bandeja. — Obrigado. Viu que tempo louco? Ontem fez um calor agradável e hoje amanhece esse frio!

— É por isso que estamos sempre resfriados. Nem mesmo os meteorologistas estão acertando.

— É verdade — ele passou os olhos sobre alguns papéis na mesa e indagou: — A audiência com o doutor Gilmar é hoje, né?

— Sim, às quinze horas. Antes disso, às treze, o senhor terá uma reunião com o seu Paolo, da fábrica de sapatos e, às dezessete horas, haverá um novo cliente.

— Pelo jeito, hoje meu dia será corrido.

— A nossa correria diária tem um lado bom. Nada é mais nobre do que trabalhar e gostar daquilo que faz.

— Às vezes, fica cansativo.

— O cansaço é o resultado de nosso esforço, que também pode ser visto como uma recompensa. Se o ato de trabalhar é mostrar que somos úteis, o cansaço é a prova de que nosso corpo tem saúde e que deu conta do serviço do dia.

— Há uns dois meses, eu ouvi você conversando com o Emerson sobre espiritualidade. Você acredita nessas coisas?

— Sim. Estudo a espiritualidade há alguns anos e, através dela, venho aprendendo a dar valor à minha felicidade e ao meu bem-estar. Estamos aqui por uma razão, e só pode ser pelo despertar de nossa consciência e do nosso desenvolvimento interior.

Enquanto Carina falava, Henri a olhava. Ela era um ano mais nova do que ele, solteira e sem filhos. Tinha os cabelos escuros e compridos até a cintura e olhos amendoados. Era discreta, educada e, antes de Henri firmar sociedade com Mateus e Emerson, ela já trabalhava com eles.

— Já que você está falando nisso, eu gostaria de lhe fazer uma pergunta.

— Claro, o que deseja saber? — ela se sentou quando ele lhe indicou a cadeira.

— Pode parecer estranho, mas, muitas vezes em minha vida eu desejei compartilhar com alguém alguns assuntos pessoais que não confiaria a todo mundo. Nem à minha mãe ou à minha namorada — ele baixou o tom de voz —, nem mesmo a Emerson ou Mateus. É como se eu precisasse de outra pessoa comigo, sem saber quem ela é. Isso é tudo muito louco, não?

— Não. É mais comum do que o senhor pensa e pode acontecer com qualquer um. Minha recomendação é que abra seu coração e converse com Deus. Conte tudo como se Ele estivesse diante do senhor. Converse, explique e peça esclarecimentos. Faça isso com fé, mentalizando coisas boas. E as respostas virão, tenha certeza.

— Será? Dessa forma, parece até fácil falar com Deus.

— E por que seria difícil? Deus é nosso Pai e, como tal, deseja nosso melhor. É ele quem comanda a vida, fazendo com que ela nos mostre possíveis soluções e nos inspire a ter mais confiança em nós mesmos.

— Acho que estou mesmo precisando fazer isso. O problema é que não tenho muita fé. Como faço para ter mais fé?

298

— O que é a fé senão acreditar naquilo que desejamos? A fé é pedir com força aquilo que precisamos e agirmos também para que dê certo. Fé é acreditar no poder divino e estarmos certos de que Deus age sempre corretamente.

— É tão difícil...

— O que há de tão complexo em conversar com Deus? Qual a dificuldade em acreditar em algo e torcer positivamente para que aconteça? Quer uma sugestão? — Carina recolheu a xícara vazia de Henri e a recolocou na bandeja. — Hoje à noite, antes de se deitar, sente-se na cama, feche os olhos e pense em algo bom. Pode ser qualquer coisa. Algo que lhe agrada, que lhe traga satisfação e alegria. Inspirado pela imagem do que lhe deixa feliz, diga para Deus que gostaria de falar com Ele. Em seguida, compartilhe aquilo que não se sente confortável para dizer aos outros. Deixe suas emoções fluírem naturalmente. Ao final, o senhor se sentirá mais leve e relaxado, confiante de que tudo vai dar certo. E dará. Pode estar certo disso.

— Obrigado pelas sugestões, Carina. Vou ver se consigo fazer isso ainda hoje.

— Caso não consiga, eu posso lhe trazer alguns livros que o auxiliarão nessas dúvidas.

— Não é preciso. Diga-me os nomes que eu vou comprá-los. Aliás, preciso renovar minha biblioteca de livros jurídicos também. Todos são de edições bem antigas, e todo advogado que se preze deve estar bem atualizado.

— Não só os advogados, mas todos nós precisamos estar atualizados, senão o mundo avança, e nós ficamos parados. Quanto aos livros, faço questão de lhe emprestar. E o farei com muito gosto. Um deles é *O Livro dos Espíritos*, de um autor francês de nome Allan Kardec. Caso prefira ler romances, recomendo as obras da escritora Zibia Gasparetto. Tenho certeza de que o senhor vai adorar.

— Combinado. Depois eu gostaria que você fizesse uma relação com meus livros de edições antigas, que são quase todos, e os substituísse por edições atuais.

— Combinado — repetiu Carina, sorrindo. Ela segurou a bandeja e se levantou. — Bem, o doutor Mateus e o doutor Emerson já devem estar chegando.

Depois que ela se foi, Henri se distraiu com outros assuntos e só voltou a vê-la após a saída do último cliente, perto das dezoito horas. Quando Thaís estava na cidade, eles costumavam almoçar juntos e se falavam por telefone várias vezes ao dia. Agora, ele mergulhara no trabalho e nem via o dia passar.

— Com licença, doutor — pediu Carina, entrando na sala com uma folha branca nas mãos. — Esta é a relação dos livros que o senhor deseja atualizar. Já me adiantei e consultei diversos distribuidores aqui da cidade. Só que estes dois — ela estendeu o papel para Henri e colocou a unha sobre os nomes — estão esgotados. Só consegui encontrá-los em Curitiba e em São Paulo. Posso encomendá-los mesmo assim?

— Pode, sim. Quanto a estes que estão esgotados, vou falar com Thaís, que está no Rio. Quem sabe ela consiga encontrá-los por lá.

— Tomara que dê sorte, pois são obras mais raras. Amanhã eu lhe trago os livros que comentei.

— Vou cobrar, hein? — brincou Henri.

Carina se despediu em seguida e saiu. Mateus e Emerson haviam tido uma audiência e precisaram sair mais cedo. Henri trancou o escritório e foi para casa.

Como sempre, encontrou sua mãe confortavelmente sentada numa poltrona de couro legítimo. Ele a beijou na testa.

— Hoje não vou jantar. Meu dia foi bem agitado e me tirou a fome. Vou tomar um banho e me deitar.

Flávia apenas balançou a cabeça em aprovação, atenta às expressões do filho. Ela não gostava quando Henri agia como se estivesse guardando segredos ou fazendo mistério sobre alguma coisa. Imediatamente imaginava que o filho pudesse estar, mais uma vez, fazendo pesquisas sobre sua origem, o que a deixava gelada só de pensar.

Henri se banhou e se deitou em seguida. Estava cansado e adormeceu depressa. Na manhã seguinte, permitiu-se levantar-se mais tarde. Tomou o café da manhã em companhia de Flávia e saíram juntos, ele para o escritório, e ela, para a joalheria.

Novamente, ele foi o primeiro dos advogados a chegar. Carina estava na copa terminando de preparar o café. Ele abriu a agenda, procurou um número de telefone e fez um interurbano. Ouviu a voz ensaiada da recepcionista do hotel e pediu que ela transferisse a ligação para o quarto de Thaís. No quinto toque, a namorada atendeu. Ao perceber que era Henri, ela perguntou com a voz engrolada de sono:

— Pelo amor de Deus, você tem noção das horas?

— São oito e meia da manhã. Não me diga que estava dormindo até essa hora?

— Oh, céus, sabe que horas eu fui dormir ontem? — houve um som abafado, e ele soube que Thaís estava bocejando. — Deixa pra lá. O que quer tão cedo? Quem morreu?

— Não seja grosseira. Estou telefonando porque quero que me compre alguns livros. Estou renovando minha coleção do escritório. Carina já solicitou quase todos os títulos, mas não estou encontrando dois que faltam. Pegue uma caneta para anotar os nomes.

— Henri, você bebeu? Não me diga que me acordou tão cedo para falar de livros jurídicos? Pelo amor de Deus!

Henri achou que ela fosse desligar. Como nada aconteceu, ele aproveitou para falar:

— Não é porque você se tornou modelo que precisa me tratar assim. E já amanheceu faz tempo — ele sorriu disposto a provocá-la. — Até as galinhas já estão acordadas. Agora seja uma menina boazinha e pegue um papel e uma caneta para anotar o nome dos livros.

Resmungando alguns impropérios, Thaís obedeceu e pediu que Henri lhe soletrasse os títulos e os autores. Quando ele terminou, e ela confirmou o que anotara, Henri lhe mandou beijos, disse que estava com saudade e que desejava que ela voltasse logo. Thaís respondia com resmungos e murmúrios.

Ele desligou e sorriu para Carina que entrava na sala com a bandeja de café e uma sacola de papel, cujas alças estavam no braço da moça.

— Bom dia, doutor Henri — assim que ele pegou a xícara com o café, ela mostrou a sacola. — Aqui estão os livros. Com certeza será uma leitura prazerosa e estimulante, que lhe trará respostas para muitas questões sobre a vida.

Henri apanhou os exemplares de *O Livro dos Espíritos* e *O Fio do Destino*, leu a sinopse e analisou as capas. Pareceu interessado e agradeceu à secretária.

— Realmente, parece que são obras bem ricas. Acho que vou gostar. Assim que eu terminar de ler, nós as comentaremos.

— E se durante a leitura lhe surgirem dúvidas, se estiver ao meu alcance, tentarei esclarecê-las. Do contrário, o senhor pode ir à casa de estudos espíritas que frequento e conversar com um dos expositores. Será muito bem-vindo.

Henri sorriu, saboreando o delicioso café preparado pela moça. Ela era muito simpática e gentil, diferente da rispidez que Thaís vinha demonstrando nos últimos meses. Quando pensava na namorada, ele ficava nervoso e logo procurava desviar os pensamentos para não ficar ainda mais irritado com ela.

Thaís lhe deu retorno no dia seguinte, dizendo que procurara em três livrarias, e que as obras que Henri queria estavam esgotadas por lá também.

— O gerente de uma delas me deu um número de telefone de uma pequena rede de livrarias em São Paulo. É possível que eles tenham esses livros — Thaís forneceu o telefone. — Tomara que consiga.

— Obrigado pela ajuda — ele pausou. — Como estão indo as coisas por aí?

— Fantásticas — a voz dela se distendeu e ele sentiu que ela estava sorrindo. — Ser modelo é o máximo. É quase como ser uma celebridade. Somos alvos das câmeras, dos fotógrafos, dos turistas que vêm à procura da moda brasileira. Eles não cansam de reverenciar minha beleza.

— Cuidado para não ficar convencida.

— Acho difícil não ficar. Mudam o meu penteado a todo o momento, me maquiam em tons diferentes, uso todos os tipos de roupas e sapatos. O que mais posso pedir?

Enquanto Henri ouvia Thaís falar sobre o mundo da moda, percebia que ela só falava sobre si. Em nenhum momento, Thaís perguntou como ele estava e nem disse nada sobre a relação deles. Era como se a nova carreira tivesse mudado totalmente a forma de ela pensar e agir.

Quando desligaram, Henri soltou um suspiro de alívio. Aquelas conversas sobre moda o cansavam. Era um tema que ele não dominava e ouvir o monólogo repetitivo de Thaís lhe tirava a paciência. Já começava a pensar que seu namoro não teria um futuro muito promissor.

Disposto a esquecer-se daquilo que ele achava babaquice, Henri telefonou para a livraria de São Paulo. Ele conversou com o vendedor que o atendeu e ficou feliz quando ouviu uma resposta positiva. Eles tinham a pronta-entrega dos dois livros que ele estava com dificuldades de encontrar.

— Vocês não poderiam me enviar uma correspondência com um catálogo dos livros que possuem na área cível e trabalhista? — Henri perguntou. — De repente, eu me interesso por outros títulos e efetuo novas compras.

— Claro que sim. Mandaremos com prazer — o vendedor pareceu animado, já idealizando futuras vendas.

— Combinado. Ah, quero lembrá-lo de que estou falando de Florianópolis. Veja o desconto que pode me fazer e o valor do frete — mesmo tendo boas condições financeiras, Henri sempre gostou de pechinchar.

— Posso falar com meu gerente e ver o melhor preço que consigo fazer — ele pediu alguns instantes e, quando retornou, disse que conseguira um desconto de 20%. Eles fecharam a venda, e Henri lhe deu seus dados.

Quando desligou, Henri estava satisfeito. Tornou a olhar para os livros que Carina lhe emprestara. Começaria a lê-los o quanto antes, se possível ainda naquela mesma noite.

Em São Paulo, o vendedor da livraria também estava feliz. Os livros que Henri comprara eram caros, e ele tiraria uma boa comissão.

— Gosto deste sorriso em seus lábios — ele ouviu uma voz feminina murmurar atrás de suas costas.

Voltou-se e deparou com sua chefa. Na verdade, ela dava ordens a todos os funcionários. Às vezes, ela parecia gentil; às vezes, era durona e ríspida, atenta ao serviço de todos; e, às vezes, parecia alheia, como se estivesse com o pensamento distante. Ela era bonita, séria e reservada. Seu nome era Luna.

— É que eu acabei de fechar uma venda para Florianópolis. O cliente comprou dois livros bem caros.

— Parabéns! Envie a mercadoria o quanto antes. Sabe que privilegiamos o bom atendimento.

— Sim, senhora — ele lhe estendeu o papel com os dados do comprador. — Veja se a senhora conhece esse cliente.

Luna encarou o papel por um breve instante, sem tocá-lo e então sacudiu a cabeça negativamente.

— Não posso conhecer todos os clientes, não é mesmo?

Dizendo isso, ela se afastou para os fundos da loja.

303

CAPÍTULO 44

Henri foi buscar Thaís no aeroporto Hercílio Luz quando ela retornou alguns dias mais tarde. Ao todo, passara 37 dias fora. Apesar de tudo, ele estava bastante saudoso e a recebeu com um longo e profundo beijo assim que ela saiu da sala de desembarque, trazendo consigo uma mala extra além da que levara quando fora para o Rio de Janeiro. Sua pele adquirira um belo tom dourado, que combinava com seus cabelos loiros.

— Foi demais, Henri! — ela repetia sem parar enquanto seguiam para o carro dele. — Só lamento ter esperado tanto para ingressar nesse mundo. É tudo com que eu sempre sonhei.

— Já tem novos planos? — para Henri, isso era certo. Se Thaís fora tão bem requisitada, era natural que ela fosse chamada com frequência de agora em diante.

— Sim — ela bateu palmas, animada como uma criança. — Tenho um evento do qual participarei em Rio Branco, lá no Acre. E, daqui a dois meses, uma campanha no Rio de Janeiro outra vez.

Henri sorria, enquanto ambos se acomodavam no interior do seu carro. Ele deu partida e foi dirigindo devagar, rumo ao centro da cidade.

— É uma pena que nos veremos tão pouco. Você ficou quase 40 dias fora, Thaís. Parece que passa rápido, mas faz toda a diferença num relacionamento.

Ela o fitou com seus belos olhos azuis.

— Henri, daqui a alguns anos entraremos no século 21. As pessoas deixaram de ser tão caretas. Você precisa entender que o amor desconhece fronteiras. Nós vamos continuar a nos amar como sempre, afinal, estamos há nove anos juntos, e terminar agora é algo fora de cogitação.

— Eu não falei em terminar.

— Mas me deu uma indireta — ela soltou um suspiro. — Veja só, eu acabei de chegar de viagem, estou cansada, precisando de repouso. Você, em vez de me receber bem, começa a tecer críticas e comentários negativos. O que está havendo com você, Henri?

— Comigo? — sem perceber, ele pisou com mais força no acelerador. — Sou eu quem faço essa pergunta. Depois que você virou modelo, praticamente se esqueceu do mundo. Quando conversamos, seu único assunto é falar sobre suas novas amigas magricelas e seus fotógrafos que dão chiliques. Sinceramente, estou me fartando.

— A culpa é minha? — furiosa, Thaís deu um soco no porta-luvas, que se abriu. Ela viu dois livros em seu interior e, distraída, os pegou. — Antes você me incentivava e agora quer me desiludir? Isso se chama pessimismo. Ei, que livros são esses?

— São duas obras que minha secretária me emprestou. Já estou terminando de ler o primeiro e, assim que acabar, vou começar o outro — mais tranquilo, ele foi reduzindo a velocidade.

— E desde quando você se interessa por fantasmas? — ela folheou as páginas e leu o título: — *O Livro dos Espíritos*. É de terror?

— Você não entende nada, Thaís. Guarde-os no lugar que estavam, por favor.

Ela não queria estimular ainda mais a discussão e guardou os livros. Não sabia o que Henri queria com aquele tipo de assunto. Prometeu a si mesma que conversaria com Flávia sobre aquilo.

Ele a deixou em sua casa, e a despedida foi fria e maquinal. Dali, ele seguiu direto para a própria residência. Eram nove horas da noite quando ele entrou em sua sala, e Flávia, como sempre, estava folheando uma revista de moda.

— Veja quem está nesta revista — ela ergueu o exemplar, e ele viu o rosto luminoso de Thaís na página. — Você foi buscá-la? Como ela está? Quero muito saber das novidades.

— Eu acabei de deixá-la em casa. Por que não lhe telefona para conversarem?

— Está meio tarde. Amanhã cedo vou pedir que ela vá à joalheria com Vanusa para conversarmos.

Henri sacudiu a cabeça negativamente. Era aquele tipo de coisa que vinha deixando-o mais cansado. Assuntos sobre moda, beleza e outras futilidades o irritavam. Achava que já tinha se acostumado, visto que crescera naquele meio, porém agora se dava conta de que alguma coisa estava errada com ele, pois sentia como se não pertencesse àquele mundo.

Na manhã seguinte, ele tinha uma audiência às dez horas e decidiu ir de casa diretamente para o fórum. Estava com os documentos de que necessitaria em sua maleta. Depois de tomar o café da manhã, ele se trocou e partiu. A audiência foi tranquila, e ele, embora achasse que não devesse, decidiu comprar um presente para Thaís. Admitia que fora um tanto ríspido com ela na noite passada e agora queria se desculpar. Prometeu a si mesmo que faria todo o possível para se conformar com a nova profissão da namorada e que se esforçaria para que o namoro não esfriasse por conta disso.

Parou em uma loja de artigos para presentes e percebeu que nunca entrara ali antes. Havia uma grande variedade de objetos, e ele nem sabia para onde olhar. A simpática vendedora acercou-se dele.

— Bom dia, senhor! Procura algo em especial?

— Sim, é para a minha namorada. Ela é modelo. O que me sugere?

A mulher pôs-se a tagarelar enquanto sugeria uma lista de presentes para Thaís. Indicou de bolsas a roupas de praia, de relógios de pulso a óculos de sol. Henri não achava que ela fosse gostar de nada daquilo. A vendedora apontou para uma estante ao fundo, onde havia várias estátuas, objetos artísticos e peças de artesanatos.

— Temos enfeites também. Que tal esses tapetes de parede confeccionados à mão? Ou estas estatuetas de argila? Ou ainda estes pequenos quadros com molduras...

As palavras da mulher pareceram distantes enquanto Henri olhava fixamente para as estatuetas de argila. Devagar, ele pegou uma das peças e a passou de uma mão para a outra. Havia algo de familiar nelas, mas ele não soube dizer o quê. Onde já vira aquele tipo de arte antes?

Ele colocou o pequeno busto sobre o balcão e pegou outra estátua. Representava uma espécie de arco. Havia o nome do artista atrás, um tal Fabiano Falazar. As peças seguintes eram do mesmo artista e um pássaro de argila fora esculpido por uma mulher. A mente de Henri trabalhava sem parar, tentando lembrar onde já vira aquilo antes. Não fora em uma exposição ou na casa de um dos seus clientes. Ele sabia que alguém já lidara com aquilo, alguém que fora próximo a ele, e não conseguia formar uma imagem na memória.

Ele já estava devolvendo as peças à vendedora quando viu um objeto de tamanho mediano, encostado no fundo da prateleira. Com cuidado, ele o pegou, sentindo uma estranha emoção ao contemplar a estatueta da mulher. Ela estava com os braços cruzados sobre os seios e, apesar do tamanho reduzido, o artista fora minucioso e caprichara nos detalhes. Era possível ver perfeitamente os traços e o sombreamento do rosto e do corpo. Era uma mulher jovem e quem criara aquilo certamente o fizera com muito amor. Ao virar para ver o nome do artista, ele leu em letras miúdas: Raul Ferraz.

— Eu quero esta estátua — decidiu Henri, mesmo sem saber que durante todo o tempo desde que saíra do fórum estava sendo intuído por Ivone e Euclides.

— Será que sua namorada vai gostar? — sondou a vendedora.

— Vou levar qualquer coisa para ela. Esta estátua é minha.

Ele comprou um colar antigo para Thaís, pagou pelos objetos e voltou ao carro, colocando a estátua cuidadosamente no banco do passageiro. Tornou a encará-la fixamente. Algo no rosto daquela mulher o atraía sobremaneira. Ele não se cansava de olhá-la. Ela lhe parecia tão bela, tão pura, tão ingênua. Transmitia beleza, paz e serenidade.

Euclides e Ivone, também no carro, acompanhavam a cena, emocionados. Ela limpou as lágrimas, que desceram involuntariamente por seu rosto.

— Como a vida trabalha de forma perfeita, não é mesmo, Euclides? Quer prova maior de que ela jamais erra? O universo age para que as coisas se encaixem em seus devidos lugares, ainda que demore algum tempo.

— É isso mesmo, Ivone. Henri, mesmo sem saber, está contemplando a primeira estátua que seu pai produziu. Foi a homenagem que Raul fez para Linda. Henri ainda não sabia que estava olhando para o rosto de sua mãe biológica.

— Depois disso, só tenho algo a dizer: não há tempestade que dure para sempre.

— Ou seja, a vida sempre dará mais uma oportunidade àqueles que estão buscando o amor e a felicidade — concluiu Euclides. Em seguida, ele segurou as mãos da esposa, e ambos foram desaparecendo aos poucos.

Henri chegou em casa e subiu com suas compras ao seu quarto. Colocou a estátua da mulher em sua mesinha de cabeceira. Parecia loucura o fato de ele adorar observá-la. Ousaria dizer que ela lhe parecia familiar, assim como a sensação que tivera ao se deparar com as outras estátuas de argila. No livro que Carina lhe emprestara, havia muitas explicações sobre reencarnações e vidas passadas. Será que ele estava se lembrando de outras vidas? Precisaria tirar essas dúvidas com Carina o quanto antes.

Flávia veio almoçar em casa com Thaís e Vanusa, a mãe da moça. Era uma senhora tão bonita e elegante quanto a filha. Ficaram surpresas ao encontrarem Henri em casa.

— O que faz aqui a essa hora? — perguntou Flávia.

— Está se sentindo bem? — preocupou-se Thaís.

— Eu estou ótimo. É que eu tive uma audiência na parte da manhã e passei em uma loja para comprar um presente para a mulher mais linda desse mundo — ele se aproximou e beijou Thaís nos lábios.

— Esse meu genro não é uma graça? — elogiou Vanusa.

— Então aproveitei e me presenteei também.

— Hum, e o que você comprou para si? — brincou Flávia girando os olhos, fazendo as amigas rirem.

— Vou pegar. Desço já.

Enquanto Henri saía correndo pelas escadas, as mulheres se dirigiram à mesa, onde o almoço já estava sendo servido.

— Sabe, Flávia, ontem, quando Henri foi me buscar no aeroporto, vi algo muito estranho no porta-luvas do carro dele.

Vanusa e Flávia olharam para Thaís com curiosidade, esperando que ela continuasse a falar.

— Eram dois livros sobre espíritos — revelou a modelo.

— Eu não me sinto bem com essas coisas — Vanusa fez o sinal da cruz. — Quem mexe com isso atrai o mal para dentro de casa.

— Henri é sensato demais e não leria livros de assuntos espirituais se isso fosse algo ruim — considerou Flávia dando de ombros. — Querem saber? Eu nem ligo. Acho que ele deve estar procurando um consolo pela morte do pai. Eu mesma me senti desnorteada depois que Otaviano morreu. Até agora parece que estamos casados.

— Ele também brigou comigo por causa do meu trabalho como modelo — continuou Thaís. Ouviram o som de passos na escadaria. — Ele está vindo. Depois eu conto o que aconteceu.

Ele se aproximou e estendeu o colar para Thaís, que demonstrou felicidade, beijando-o repetidas vezes nos lábios. Notaram a estátua que Henri trazia nas mãos.

— O que é isso?

— Uma estátua, Thaís.

— É uma mulher — notou Flávia. — Por que comprou isso?

— Algo nela me chamou a atenção. Gosto de seu rosto.

— Oh, Deus, vou ser trocada por uma estátua encardida — provocou Thaís, fazendo Vanusa e Flávia gargalharem.

— Não é uma estátua encardida — defendeu Henri. — É muito bonita e bem trabalhada. Foi esculpida com muito gosto.

— E onde você vai colocar essa coisa? — era Thaís novamente. — No seu escritório?

— É uma boa ideia — ele virou a peça na mão. — O artista se chamava Raul Ferraz. Tenho a impressão de que uma mulher muito importante em sua vida o inspirou a criar esta obra, tamanha é a riqueza de detalhes. Talvez a tenha modelado em homenagem a ela.

Ao ouvir aquele nome, Flávia sentiu o coração explodir dentro do peito enquanto uma palidez cadavérica cobria-lhe o rosto. Ela se levantou e precisou se sentar novamente. Tudo começou a girar, e ela achou que fosse desmaiar.

— Mamãe, está se sentindo bem? — perguntou Henri, colocando a estátua sobre a mesa para amparar Flávia.

— Ela está perdendo os sentidos — gritou Vanusa. — Alguém chame um médico, uma ambulância.

Os empregados surgiram correndo enquanto um deles já apanhava o telefone. Flávia gesticulou com as mãos, balançando a cabeça negativamente.

— Não é preciso. Acho que foi só uma queda de pressão — ela fechou os olhos e se abanou com as mãos. — Estou com um pouco de falta de ar. Quero me deitar.

— Não é melhor chamar o doutor Frederico?

— Não, Henri. Se eu me deitar, vou me recuperar.

Todos acompanharam Flávia até seus aposentos, e ela se deitou, tomou uma pílula que o filho lhe deu e fingiu dormir em seguida. Henri dispensou Thaís e Vanusa dizendo que Flávia precisava repousar. Elas foram compreensivas e se despediram. Antes de sair, porém, Thaís olhou mais uma vez para a estátua de argila.

— Foi essa coisa que fez sua mãe passar mal. Jogue isso fora, Henri. Deve ser um objeto enfeitiçado.

Ele nem deu confiança àquelas palavras, passou pelo quarto da mãe, que parecia adormecida e foi para seu quarto. Telefonou para o escritório e contou o que tinha acontecido a Carina, dizendo que não iria trabalhar e que ela deveria passar o recado a Mateus e Emerson. Depois, ficou sentado em sua cama, olhando para a bela estátua sobre sua mesinha de cabeceira. Ela não lhe inspirava coisas ruins como Thaís sugerira, pelo contrário, era como se ela lhe transmitisse carinho e afeto, algo quase maternal.

Em seus aposentos, Flávia, ao se dar conta de que estava sozinha, sentou-se. Ainda não conseguira se recuperar do susto que levara quando ouviu Henri mencionar o nome do artista que esculpira aquela estátua. Ela se lembrava muito bem dos nomes dos pais biológicos de Henri. Quando ela e o marido estiveram no orfanato de madre Rebeca para adotá-lo, foram informados pela freira de que o menino tinha uma certidão de nascimento, assim como a irmã mais velha.

Depois de acertados todos os trâmites para a adoção, a madre lhes entregara a certidão de Henri. Ali constava que ele era filho de Raul e de Linda Ferraz. Estes nomes ficaram gravados para sempre na mente de Flávia. A madre, no entanto, dissera que eles estavam mortos, e que Henri e a irmã não tinham outros familiares.

Entretanto, Otaviano e Flávia queriam criar o filho longe de seu passado. Por ser uma adoção, obtiveram permissão legal para alterar seu sobrenome, mas mantiveram o primeiro nome porque gostavam dele. Ele passou a se chamar Henri Macedo Fontanni, e o sobrenome Ferraz desapareceu para sempre. Ninguém nunca desconfiou de nada, muito menos o próprio Henri. Os anos se passaram, e tanto Flávia como Otaviano estavam certos de que o perigo finalmente se fora.

Por que aquilo estava acontecendo agora? Seria muita coincidência ou alguém estaria brincando com eles, fazendo com que o passado ressurgisse com suas lacunas prontas para serem preenchidas, o momento da verdade se aproximando? Se Henri soubesse que seus pais adotivos haviam mentido, passaria a odiá-los.

O que ela deveria fazer então? Se tudo aconteceu até chegar àquele ponto, talvez fosse porque a mentira cairia por terra. Por mais que Flávia temesse a ideia, admitia que cedo ou tarde, Henri teria de saber. E se ele descobrisse por conta própria seria ainda mais difícil para ela se explicar depois.

Temerosa pela reação dele, Flávia foi procurá-lo em seu quarto. Ele estava assistindo a um filme, e ela viu a estátua sobre o criado-mudo. Henri pareceu surpreso ao ver a mãe ali. Após desligar a televisão, levantou-se rapidamente.

— Mãe? O que está fazendo aqui? Não deveria estar deitada?

— Já estou me sentindo melhor — devagar, ela se aproximou da cama e se sentou ao lado dele. Continuava pálida, e Henri percebeu que as mãos dela estavam tremendo. — Vim aqui porque precisamos conversar.

— O que aconteceu? É sobre a estátua?

Ela tornou a olhar para a imagem ao lado da cama e fez que não com a cabeça.

— É um assunto muito mais importante do que isso. Algo que seu pai e eu deveríamos ter lhe contado desde o princípio.

Henri aguardava em silêncio. Percebeu que os olhos dela estavam se avermelhando e ficou preocupado. Ela hesitou em segurar a mão dele e acabou desistindo.

— Nunca fizemos segredo sobre sua origem, Henri. Sempre soube que não era nosso filho biológico — ela o viu assentir e respirou fundo. — Tudo o que Otaviano e eu mais desejávamos em nossa vida era ver você crescer feliz e saudável, com tudo do bom e do melhor. Achávamos que essa seria uma maneira de compensá-lo por ter vivido em um orfanato por tantos anos. Você, como uma pessoa boa que é, sempre aceitou isso e nunca nos cobrou nada.

— Como poderia? — ele sorriu. — Vocês sempre foram os melhores pais do mundo para mim.

Flávia secou as lágrimas do rosto sem responder. Por um breve instante, ela quis se levantar e sair correndo. Todavia, também sabia que fugir dos problemas apenas adiaria o momento de enfrentá-los. E precisava fazer aquilo de uma vez por todas.

— Eu gostaria muito que Otaviano estivesse aqui agora para me ajudar a falar. Como isso não é possível, falarei em nome de nós dois. Sei que ele aprovaria a minha decisão de onde estiver.

Ao ouvir a mãe dizer aquilo, Henri imaginou que o assunto estivesse relacionado ao seu passado e tentou adivinhar o que poderia ser.

— Quando Leandro, o nosso primeiro filho faleceu, seu pai e eu quase morremos também. Demorou muito para nos convencermos de que poderíamos recomeçar e que, em vez de tentarmos ter outro filho, seria conveniente adotar outra criança. Fomos ao orfanato católico, e a madre superiora nos mostrou os retratos das crianças disponíveis para adoção. Quando vimos seu rostinho, tão meigo e tão parecido com nosso Leandro, decidimos que você seria o nosso menino.

— Já conheço essa história, mãe — interrompeu Henri com delicadeza. — Você e papai me contaram isso muitas vezes quando eu era pequeno.

Flávia continuava chorando em silêncio, tensa, nervosa e inquieta. Sabia que a pior coisa era uma mãe esconder um segredo de um filho.

— Há algo que você não sabe. Algo que nunca dissemos a você. Talvez por medo ou covardia.

Respirando fundo, ela se preparou para revelar o segredo.

CAPÍTULO 45

Henri a olhou com atenção. Flávia, mesmo usando joias caras e brilhantes, parecia estar sem brilho. Ele não se lembrava de já ter visto a mãe com uma aparência tão abatida.

— Do que está falando? Do que eu nunca soube? Acho que é melhor voltar para a cama, mãe.

— Não. Não vou sair daqui enquanto não terminar de falar, mesmo que me odeie depois.

Henri ficou subitamente assustado, só que a curiosidade o manteve calado. Estava ansioso para descobrir o que a mãe lhe diria.

— Quando nós fomos ao orfanato para buscá-lo, a madre nos disse que... havia outra... outra criança, outra menina — as palavras saíam de forma forçada pela boca de Flávia, que não parava de chorar. — A madre queria que nós a trouxéssemos com você, mas recusamos. Deixamos a pobre garotinha para trás.

— Que garotinha? — indagou Henri, sentindo-se mal de repente. — Quem era a outra menina?

— Não sei se ainda me recordo do nome dela. Só sei que ela era mais velha do que você, talvez uns três ou quatro anos. Hoje, eu não sei onde vive nem o que está fazendo.

— Mãe, você está querendo me dizer que...

— Sim, Henri — Flávia cobriu o rosto com as mãos. — Você tem uma irmã vivendo em algum lugar. Seu pai e eu a separamos de você. Escondemos esse fato por tantos anos porque o amávamos e não queríamos que você nos deixasse para ir procurá-la.

Fomos egoístas e mesquinhos. Juro, Henri, juro que tudo o que fizemos foi pensando em seu bem-estar. Fizemos tudo o que estava ao nosso alcance para que você fosse feliz.

Flávia se calou. Explodira a bomba finalmente. No passado, havia perdido um filho e agora tinha a impressão de que perderia outro. Estava preparada para ouvir qualquer coisa de Henri, mesmo que ele a ofendesse e dissesse que a odiava. Se ela errara, seria justo que pagasse pelo erro.

Enquanto via a mãe chorar, uma súbita confusão de imagens foi tomando conta da mente de Henri. Ele viu várias crianças correndo entre as freiras. Viu uma menina que o abraçava e lhe dizia muitas coisas. Viu ainda outra menina, menor do que eles, mas as imagens sumiram em seguida.

Ele fechou os olhos, e era como estar sonhando acordado. Viu-se em uma casa simples com as duas meninas e uma mulher bonita e muito maquiada. Lembrou-se de ter corrido pela chuva com as outras duas. Viu ainda algo no pescoço de uma das meninas. Algo amarelo, que brilhava.

— Meu Deus! — ele murmurou para si. Como pudera ter se esquecido de tudo aquilo? Por que suas memórias pareciam ter sido apagadas? Ele se recordava agora. Podia se lembrar. Havia uma menina que cuidava dele e que o amava. Como ela se chamava mesmo?

— Por favor, Henri, diga alguma coisa — pediu Flávia, assustada com o silêncio repentino do filho. — Certa vez, eu soube que você havia contratado um detetive para vasculhar seu passado. Temendo que ele descobrisse tudo, eu o paguei para que encerrasse as investigações e dissesse a você que não tinha encontrado nada. Isso foi egoísmo, mas eu fiz o que fiz por medo de perder você. Creio que, no final das contas, depois dessa revelação, eu o tenha perdido da mesma forma.

Henri curvou o corpo e abraçou aquela que ele conhecera como mãe por toda a sua vida. Beijou os cabelos dela com carinho. Não havia como julgá-la, muito menos ao pai, que nem estava mais ali. Ele também a amava e queria que ela soubesse que entendia as atitudes que ela tomara e que a perdoava por tudo.

— Eu amo você, mamãe. Não importa o que tenha feito. O passado passou. Fez muito bem em me contar. Mostrou que é a grande mulher que aprendi a amar.

Ela, emocionada e com a voz embargada pelo pranto, apenas assentiu, retribuindo o beijo do filho.

— Você se lembra do nome da minha irmã? Enquanto ouvia você falar, vieram algumas imagens à minha mente. Eu me recordei de algumas coisas. Tudo está muito nebuloso, com os fatos do passado voltando aos poucos.

— Henri, você não é filho único. Tem uma irmã legítima em algum lugar. Acredito que ela ainda possa estar viva, afinal, deve ter uns trinta anos agora. Só não me lembro do nome dela, nem faço a menor ideia de onde ela possa estar.

— Eu preciso revê-la, mãe — Henri decidiu subitamente. — Preciso conhecer minha irmã. Quero saber quem ela é, onde vive, o que faz. Acredito que ainda possamos ser amigos.

— Está no seu direito. Eu não sei como ajudar. Quem sabe se você for ao orfanato e buscar informações, consiga alguma coisa.

— É o que eu vou fazer. Vou cancelar todos os meus compromissos no escritório e partir em busca dessa irmã — para Henri, nada mais parecia ter importância agora, além de descobrir os detalhes de seu passado. Então uma dúvida o instigou a perguntar: — Por que, mesmo tendo se passado tantos anos, você decidiu me contar tudo isso? O que a motivou a falar?

— Não sei, mas acho que foi a vida quem preparou as coisas para que saíssem assim. Está vendo aquela estátua? — ele assentiu, e Flávia revelou: — O nome do artista, Raul Ferraz, é o mesmo nome do seu pai biológico. Constava em sua certidão de nascimento. Alteramos legalmente o seu sobrenome, mas, na verdade, você se chama Henri Ferraz — Flávia se sentia um monstro ao confessar tantas coisas chocantes de uma só vez, e agora era tarde demais.

Ele pegou a estátua e sentiu uma emoção agradável lhe invadir o corpo. Era por isso que se recordava vagamente de algo relacionado a objetos de argila. Seu pai criara aquela peça que, por algum motivo desconhecido, viera parar em suas mãos tantos anos depois. Será que a mulher esculpida seria baseada em alguma pessoa especial para ele?

— Como minha mãe se chamava? — ele tinha muitas indagações agora e queria muitas respostas.

— Linda. Eu acho que essa mulher era ela. Não os conheci, mas creio que seu pai, que era escultor, tenha feito uma estátua da esposa. Ela deve ser a sua mãe verdadeira.

Henri olhou para Flávia. Ele também estava chorando e a beijou carinhosamente no rosto.

— Não. Você é minha mãe verdadeira. É você que eu conheço, que eu amo e que me criou com carinho. Não importa quem essa mulher tenha sido, nada vai mudar o que sinto por você e também pelo papai, ainda que ele não esteja mais aqui.

Ela não respondeu, pois a emoção a impedia de falar. Henri já havia tomado outra decisão. Iria procurar a irmã perdida. Precisava conhecê-la, olhar para seu rosto e dizer que lamentava muito por ela ter sido separada dele. Sendo ela mais velha, deveria ter sofrido mais e sentido a falta dele. Talvez ela não o perdoasse e nem quisesse vê-lo. Ainda assim, ele tinha que tentar. Precisava dizer muitas coisas a ela, e foi somente naquele momento que Henri compreendeu porque ele sempre sentira falta de uma pessoa com quem desabafar. Havia coisas que somente irmãos poderiam compartilhar.

CAPÍTULO 46

Nos dias seguintes, ele organizou tudo para a viagem que faria ao convento no interior de São Paulo. Flávia havia decidido acompanhá-lo. Porém, Henri agradeceu dizendo que desejava fazer aquilo sozinho. Aos 28 anos, poderia agir por conta própria.

Emerson e Mateus ficaram curiosos com a repentina viagem do sócio. Henri justificou dizendo que resolveria assuntos familiares. Thaís ficou insatisfeita quando recebeu a notícia e achou que o namorado estava inventando aquela viagem para se vingar dela, que estava sempre se ausentando por conta de sua carreira de modelo.

Henri havia resolvido que ainda era cedo demais para dizer qualquer coisa às outras pessoas. Não queria revelar a existência de uma irmã enquanto não a conhecesse, caso isso viesse a acontecer.

Foi numa manhã de sexta-feira que ele embarcou em um avião rumo a São Paulo. Achava que seria útil se levasse consigo a estátua de argila e a colocou na mala. Não sabia por quanto tempo ficaria fora. Durante todo o trajeto, pedia a Deus que o ajudasse a reencontrar a irmã.

Contudo, ele não fazia a menor ideia de que tinha não somente uma, mas duas irmãs. E que, mantendo os pensamentos positivos e confiantes, seria auxiliado pela espiritualidade na busca às suas origens.

Luna foi convidada a almoçar na casa de seus sócios na livraria, Alípio e Iolanda. O filho deles, que morava no exterior, mais uma vez viera ao Brasil com a família e, quando isso acontecia, eles comemoravam com festa. Tanto Alípio quanto Iolanda estavam satisfeitos com a administração das livrarias comandada por Luna, e agora desfrutavam do merecido descanso após tantos anos de trabalho.

Luna nunca fora vaidosa, mas sempre ia bem arrumada à casa dos ex-patrões. Ao chegar, cumprimentou César, a esposa dele e a filha do casal com alegria. Eles, como sempre, haviam se lembrado dela e lhe trazido várias lembrancinhas da Inglaterra. Ela ainda estava abrindo os pacotes quando um homem jovem e forte saiu da cozinha, parando a alguns metros dela. Olhou-a com curiosidade.

— Luna, eu gostaria de lhe apresentar meu amigo André — anunciou César. — Ele vai passar uma pequena temporada aqui no Brasil.

Luna ergueu a cabeça e encarou o estranho. Era um homem bonito, com cabelos e olhos escuros, que a fitavam fixamente. Ela nunca ouvira César mencioná-lo antes. Levantou-se e se deu conta de que ele era mais alto do que aparentava ser. Ele sorriu, e Luna esticou a mão para frente.

— Por favor, César, como eu não falo em inglês, diga a ele que é um prazer conhecê-lo — pediu Luna.

— Por que você não fala diretamente a mim? — sugeriu o desconhecido em um português fluente, surpreendendo Luna.

Ela piscou surpresa e sorriu quando ele apertou a mão que ela lhe estendia.

— Ah, você sabe falar o nosso idioma?

— Eu não sou britânico — ele olhava para Luna com atenção, reparando no quanto ela era bonita. — Também sou brasileiro. Moro há muitos anos em Londres, mas nunca deixei de amar este lindo país que é o Brasil.

Luna desviou o olhar para Iolanda e Alípio, que também se mostravam satisfeitos com a visita do amigo de César. Ele indicou o sofá e ambos se sentaram.

— Gostei do seu nome — ele acariciou uma almofada, e Luna reparou que ele possuía mãos aristocráticas e bem cuidadas. — Em toda a minha vida, ouvi esse nome apenas uma vez.

— Não posso dizer o mesmo — ela sorriu —, pois conheço vários Andrés.

Todos riram, e César brincou:

— André, nem adianta tentar paquerar a Luna. Ela não namora ninguém, pelo menos, sempre quando venho ao Brasil, ela está solteira. Não será você quem vai tirar a sorte grande.

Luna corou. André pareceu tranquilo.

— Luna é uma mulher muito bonita para mim. Eu acho que não mereço tanto.

Ela ficou ainda mais vermelha e disfarçou com um sorriso. A verdade era que nunca demonstrara nenhum tipo de interesse amoroso por homem algum. A última vez que fizera amor com alguém fora com Thales, quando ela estava com dezesseis anos. Agora, aos trinta e dois, continuava mantendo o celibato que criara para si mesma, o que a afastava de outros homens. Porém, achava que André tinha algo que a atraía, como um pequeno imã. Ela gostava do sorriso dele e da sua maneira fina e elegante de se comportar.

O almoço correu tranquilo, e ela desviava o olhar quando percebia que André a estava observando. Em um dado momento da conversa, ele perguntou:

— Por que você está tão calada, Luna?

— Ela não é assim — ajuntou Alípio. — Não me diga que está tímida por causa do nosso visitante?

— Claro que não — ela ergueu o olhar e fixou-o em André. — Você trabalha na mesma empresa que César?

— Não. Trabalho com investigações. Eu presto serviço para a polícia inglesa.

— Em outras palavras, André é detetive — César explicou.

A palavra detetive atraiu a atenção de Luna. Imediatamente, mil pensamentos atravessaram a mente dela. Um detetive era tudo o que ela vinha procurando. Agora tinha condições de pagar pelos serviços de alguém que pudesse lhe trazer qualquer pista sobre seus irmãos. César comentara que ele passaria uma temporada no Brasil, e Luna se pegou torcendo para que ele se demorasse um pouco mais.

Depois de almoçarem, André foi bastante direto ao convidar Luna para darem uma volta pela cidade. Ele não conhecia São Paulo, pois fora criado no interior até o dia em que partira para Londres.

— Você pode me mostrar um pouco da cidade? Está fazendo um dia lindo, e eu quero aproveitar um pouco do calor brasileiro, já que é inverno na Inglaterra.

Luna pareceu hesitante, e Iolanda incentivou:

— Querida, seja gentil com André. Hoje é sábado, e você não vai às livrarias. Seja a guia de turismo do nosso amigo. Sua companhia é agradável, e ele vai adorar.

Ela assentiu. Na realidade, queria conversar com ele a sós e aproveitaria a oportunidade. Pouco depois, saíram às ruas. Caminharam por alguns instantes em silêncio e seguiram para uma praça bem arborizada. André comprou dois sorvetes em um vendedor ambulante e sentaram-se num banco.

— Obrigado por ter me acompanhado.

— Eu vim porque, na verdade, queria falar com você sobre outro assunto. Confesso que fiquei muito interessada quando soube que você era detetive — ela afirmou, lambendo o sorvete como uma menina.

— É mesmo? — ele sorriu e desviou o olhar para um grupo de garotos mais à frente que jogava futebol. Lembrou-se de que também fizera aquilo muitas vezes quando menino.

— Eu precisaria de uma ajuda sua, mas antes preciso saber por quanto tempo pretende ficar no Brasil.

— Sou autônomo, trabalho por minha conta. Tenho alguns contatos na polícia britânica, e eles me chamam quando necessário. Por enquanto, digamos que estou de férias. Já avisei aos meus alunos que passaria um tempo fora.

— Alunos? — Linda tomou mais um pouco do sorvete, que já começava a derreter e pingar em seus dedos. — Você é detetive ou professor?

— As duas coisas. Acontece que eu dirijo um centro de estudos, no qual dou aulas, palestras e seminários. Funciona à noite e está localizado no centro de Londres.

Os meninos do futebol fizeram um gol e correram ao redor da praça em comemoração. Sorrindo, Luna voltou a atenção para André.

— Que tipo de estudos são esses? Desculpe a minha curiosidade.

320

— Não tem que pedir desculpas. São estudos espiritualistas sobre fenômenos mediúnicos, metafísica, terapias espirituais, entre outros. É que sempre fui curioso e pesquisei fatos sobre o outro mundo que não vemos: o espiritual.

— Que interessante! Eu nunca fui religiosa e adoraria ter oportunidades de saber mais sobre isso.

— Eu poderei lhe dar algumas explicações, se você quiser. E, respondendo à sua primeira pergunta, não tenho previsão de quando voltarei à Inglaterra. César vai partir com a família neste fim semana. Eu pretendo ficar. Quero encontrar um *flat* para me hospedar. Se você souber de um bom lugar, por favor, me indique.

Aquela informação deixou Luna mais confortada. André era calmo e falava com voz suave, o que a deixava bem à vontade ao lado dele.

— Você ainda não me disse o que deseja de mim — ele lembrou.

— Para dizer o que preciso, tenho que contar um pouco de minha história — o que não era agradável para Luna recordar. Achava que passara por mais coisas ruins do que boas ao longo de sua vida, perdera mais do que ganhara, havia chorado mais e sorrido menos. Mesmo assim, se não compartilhasse os principais fatos com André, como ele poderia ajudá-la a reencontrar os irmãos?

— Agradeço pela confiança. Adoraria ouvi-la.

Um dos meninos chutou a bola para o lado errado, que bateu em cheio na mão de Luna. A força do impacto fez com que ela derramasse sorvete na blusa. O dono da bola acenou um pedido de desculpas e saiu correndo atrás da bola.

— Meu Deus, você está machucada? — André estava visivelmente preocupado. — Sua mão está doendo? Esses meninos não prestam atenção.

— Dói um pouco. Não foi nada grave. O pior foi a sujeira em minha blusa.

André enfiou a mão no bolso e sacou um lenço verde, dobrado e perfumado. Ela abriu dois botões da blusa e começou a se limpar. Quando terminou, comentou:

— Minha blusa vai ficar manchada e grudenta, mas pelo menos não vou embora parecendo uma babona.

André teria rido se não estivesse olhando fixamente para o pescoço de Luna. Viu o pingente com o formato de sol. Sem conseguir se conter, ele esticou a mão e o tocou. Sem abrir o pingente, murmurou em voz baixa:

— O sol sempre vai brilhar.

Pega de surpresa, Luna deu um salto no banco. Em seguida, ficou parada, olhando para André, sem conseguir reagir. Ele também ficou em silêncio por alguns instantes. Por fim, perguntou:

— Sua mãe se chamava Linda?

Ela levou ambas as mãos à boca, muda de espanto. Ficou em pé sem deixar de encará-lo. Sabia que não havia duas peças como aquela que usava, portanto, como ele conhecia a mensagem dentro dela? De onde ele a conhecia?

— Henri? — ela sussurrou de repente. Por um momento louco, chegou a supor que ele pudesse ser seu irmão havia muito desaparecido. Afinal, Henri poderia ter outro nome, e ela não tinha ideia de como ele seria fisicamente.

— Não, não sou o Henri. Ele é seu irmão, não é?

Nervosa, ela sentiu os olhos ficarem úmidos enquanto o coração disparava.

— Quem é você? De onde conhece minha família?

Ele também se levantou e tentou tocá-la. Luna recuou e o ouviu dizer:

— Eu conheci sua mãe.

CAPÍTULO 47

A súbita revelação de André deixou Luna curiosa e assustada ao mesmo tempo. Já alimentara tantas ilusões que não haviam se concretizado que não queria sonhar em vão mais uma vez. Será que aquele rapaz representava uma esperança para ela?

— O nome do seu pai era Raul, não? — ela sacudiu a cabeça levemente em consentimento. — Então não há como confundir. Lembra-se de quando eu disse que só havia conhecido duas pessoas com seu nome? Eu estava enganado, já que a outra Luna que conheci era você quando criança.

As lágrimas finalmente venceram e desceram em dois finos caminhos no rosto dela. André esticou a mão novamente e, desta vez, ela se permitiu ser tocada. Devagar, ele a fez se sentar no banco de novo.

— Eu e sua mãe somos primos.

A revelação dele causou uma mistura de sentimentos em Luna. Não sabia se aquilo era bom ou terrível. Só queria que ele continuasse a falar.

E André falou. Contou que seus pais se chamavam Haroldo e Lucimara, e que Linda viera morar com eles após a morte dos pais. Explicou que conhecera Raul quando ele o treinou para jogar futebol. Disse que se lembrava de quando Luna era apenas um bebezinho e que vira Henri nascer também.

A mãe do rapaz morreu, e o pai também, algum tempo depois. Ele recebeu uma proposta de uma tia para se mudar para Londres, onde ingressaria em uma escolinha de futebol. Contou que sofrera muito com a separação, pois Raul não permitira que ele ficasse morando com eles. Fora Linda quem o levara ao aeroporto junto com Henri e Luna. Naquela época, ela estava grávida novamente.

André nunca mais a viu depois desse dia. Só retornou ao Brasil quando estava com 25 anos. Passou apenas uma semana no país, fazendo pesquisas para o centro de estudos que gerenciava. Nunca mais voltara à cidade em que nascera e não havia obtido mais notícias de Linda e de sua família. Seu trabalho na Inglaterra lhe tomava tempo demais para que ele buscasse informações sobre essas pessoas no Brasil.

— Eu me lembro de que sua mãe usava essa correntinha no pescoço — explicou André, tão emocionado com sua narrativa quanto Luna. — Ela era uma mulher muito boa. Amava vocês e não deixava que nada de mau lhes acontecesse. Eu gostava do seu pai também, só que ele mudou o comportamento depois que virou um escultor famoso. O que aconteceu com eles?

Dessa vez, foi Luna quem falou. Contou sobre a doença da mãe e de sua morte em outra cidade. Contou que Raul também morrera e falou sobre Rose. Depois explicou sobre o orfanato e como Henri e Ana Carolina haviam sido separados dela. Como achava que André tinha, de certa forma, um parentesco com ela, Luna não escondeu que matara os pais adotivos e os motivos que a levaram a isso.

Chorou ao falar de Thales, de seus lanches exóticos e da forma como morrera, praticamente nos braços dela. Falou também sobre os dois anos na FEBEM, sobre Bárbara e a amizade que elas fizeram depois. E, finalmente, falou sobre como conhecera Alípio e Iolanda, explicando o motivo de estar trabalhando com eles até então. Concluiu a narrativa, dizendo:

— Foi somente de uns anos para cá que minha situação financeira melhorou. Eu já havia pensado em contratar um detetive para localizar meus irmãos, mas acho que, de certa forma, eu temia uma desilusão, que as buscas fossem em vão. Deus tem sido bom comigo ultimamente e me ajudado bastante. Ele me fez aguardar até que você surgisse em meu caminho.

André deslizou os dedos pelo rosto dela, secando suas lágrimas. Por fim, apertou a mão dela cuidadosamente, pois estava vermelha por causa da bolada que levara.

— Nesses anos de estudo, eu tenho aprendido que a vida sempre é boa com todos nós e que só percebemos isso quando estamos bem interiormente. Pelo que me contou, foi somente depois que você resolveu enfrentar os desafios que as coisas começaram a melhorar. Nossos problemas só são solucionados quando os encaramos de cabeça erguida, confiantes nos poderes cósmicos universais. Quem se deixa derrotar, quem não se esforça para melhorar, quem fica deprimido e abatido e não busca meios de reação, nunca conseguirá sair vitorioso.

— Eu me esforcei para melhorar, contudo, confesso que não obtive muita vitória. Ainda não sei nada sobre Henri e Carol.

— Isso porque você não sabe o dia de amanhã nem o que a vida lhe reservou. O futuro é uma caixinha trancada cuja chave para abri-la não está em nossas mãos — ele acariciou a mão dela, que retinha entre as suas. — Vou ajudá-la, Luna. Também quero saber o que houve com seus irmãos. Sei o quanto sua mãe os amou e que ela não deve estar contente em vê-los separados.

De fato, Linda não estava. Ela acompanhava a conversa de longe. Emocionara-se ao rever André e descobrir o quanto ele havia ficado bonito. Esperava que Henri também estivesse como ele, assim como Ana Carolina. Linda não tinha ideia de onde poderia encontrá-los, mas, ao longo dos anos, ela também aprendera a confiar na grandeza divina e deixar que os acontecimentos fluíssem naturalmente.

Enquanto voltava para a casa de Alípio acompanhada por André, Luna lhe falou sobre a localização do orfanato de madre Rebeca, e ele resolveu que lá seria um bom ponto de partida para levantar informações. Acertou os detalhes com Luna e disse que na segunda-feira viajaria para o interior à procura do orfanato. Fazia aquilo por Linda, por Henri, Carol, por ele mesmo e, principalmente, por Luna.

Henri entrou no quarto do hotel em que havia se hospedado, sentou-se na cama e passou a mão pela testa, enquanto procurava afastar as últimas recordações. Ele acabara de voltar do orfanato, e as informações que apurara o deixaram desnorteado, aliás, era assim que vinha se sentindo desde que Flávia lhe contara sobre a irmã desaparecida.

A madre, que substituíra Rebeca desde que ela falecera, foi bastante simpática e cordial, e não lhe negou os dados que procurava. Lá constava seu nome, Henri Ferraz, e que sua adoção ocorrera no início da década de 1970. Havia ainda um histórico falando sobre seus pais, Linda e Raul Ferraz. Porém, o que deixou Henri mais abalado foi o fato de que ele tinha duas irmãs, uma mais nova e outra mais velha.

E era nisso que estava pensando na cama de seu quarto no hotel. A irmã mais nova havia sido adotada antes dele, o que justificava o fato de Flávia não a ter mencionado. A madre lhe dissera ainda que a irmã mais velha, de nome Luna, fora a última a deixar a instituição, meses depois de ele ter partido.

Sua mente estava em turbilhão. Se antes se achava sozinho no mundo, além das pessoas com quem convivia, agora descobria que havia mais duas irmãs biológicas, das quais nada sabia.

Confuso e emocionado, ele quase chorou em silêncio. Em vez disso, apanhou *O Livro dos Espíritos* e estudou algumas questões. Ainda assim, não se acalmou. Vivera bem seus 28 anos sem se lembrar delas, e agora parecia ser algo de máxima urgência descobrir o paradeiro de cada uma.

· Ele voltou mais duas vezes ao orfanato na semana seguinte, e não pôde descobrir nada de muito interessante além do nome das irmãs. Lembranças do passado iam e vinham associadas aos nomes Luna e Ana Carolina. Era como ter assistido a um filme do qual lembramos apenas dos personagens, mas não do enredo.

Deixando as preocupações de lado, Henri olhou para a estátua de argila que estava ao lado de sua cama. Ele a tinha levado como se fosse uma espécie de amuleto protetor. Agora já tinha quase certeza de que a mulher esculpida era sua mãe biológica. Sabia que ela se chamava Linda, e seu nome fazia jus à sua beleza física.

Ele não percebeu a presença dos dois espíritos que se postaram ao seu lado. Ivone lhe aplicava um passe enquanto Euclides dizia:

— Desça à recepção do hotel, Henri. É importante que você faça isso agora.

Henri não ouviu as palavras sugeridas pelo espírito, mas sentiu vontade de ir até o andar térreo do hotel. Quem sabe se tomasse um refresco na lanchonete, seus pensamentos ficassem menos tumultuados.

Instantes depois, ele desceu e seguiu direto para o bar, onde pediu um suco de laranja sem açúcar. Depois de tomá-lo, Euclides se aproximou e, novamente, o intuiu:

— Aproxime-se da recepção, Henri.

Sempre receptivo às sugestões do amigo espiritual, Henri agradeceu ao *barman* e caminhou tranquilamente na direção da recepção. Ele viu um rapaz e uma senhora, que gesticulava como se estivesse nervosa com alguma coisa.

— Este é o terceiro hotel em que me hospedo e, pela terceira vez, meu marido me descobre. Vocês deveriam ter dito que eu não estava mais hospedada aqui.

— Sinto muito, senhora. Acontece que ele nos pareceu tão ansioso em saber de sua localização — justificou-se o recepcionista.

Ela piscou e finalmente abriu um sorriso. Baixando o tom de voz, acrescentou:

— É que estou acompanhada, entendem? E meu marido, apesar de desconfiado, não sabe de nada. O que eu não posso é ficar pulando de galho em galho como uma macaquinha, levando meu garotão a tiracolo.

Henri sorriu ao ouvir aquilo. O rapaz ao lado da mulher olhou para ele e deu de ombros. Depois de mais alguns minutos de discussão com o recepcionista, a hóspede pareceu convencida de que ele não era culpado.

— Não sei onde meu marido está agora, mas deve estar me vigiando do outro lado da rua. Desse jeito não tenho paz nem para relaxar da tensão do cotidiano.

Resmungando, ela se afastou na direção dos elevadores. O rapaz permaneceu encostado ao balcão, e Henri perguntou:

— Ela é sempre nervosa assim?

— Não sei — compreendendo o que Henri queria saber, ele acrescentou: — Espero que não esteja achando que eu sou o amante dela.

327

Era exatamente o que Henri tinha pensado.

— Eu também estou hospedado aqui e só vou pegar a chave — abrindo um sorriso cordial, ele esticou a mão para Henri. — Prazer, meu nome é André.

— O prazer é meu — correspondeu Henri, apertando a mão do outro. — Não reconheci seu sotaque. De onde você é?

André sorriu. Ele pegou a chave e apontou para o bar.

— Podemos conversar? Eu não conheço ninguém por aqui mesmo.

— Claro. Acabei de tomar um suco e podemos comer qualquer coisa.

Pouco depois, os dois sentavam-se nas banquetas do bar. Henri pediu um salgado, e André, um *cappuccino*.

— Você deve ter notado meu sotaque, pois moro em Londres — explicou André. — Você também fala um pouco diferente das demais pessoas por aqui.

— É o sotaque sulista — riu Henri.

Eles começaram a falar de diversos assuntos, André contou que era pesquisador e que viera atrás de algumas informações pessoais.

— Coincidentemente, eu também vim fazer algumas pesquisas — Henri limpou os lábios ao terminar de comer o lanche. — Digamos que vim me encontrar com meu passado.

André piscou enquanto o fitava fixamente. Havia algo nos olhos de Henri que lhe chamavam a atenção. Mentalmente, ele estava buscando na memória a imagem do rosto do irmão de Luna.

— Você ainda não me disse seu nome — lembrou André.

— Henri. Não é Henrique e sim Henri — ele brincou.

Contudo, André não estava brincando. As cores fugiram do seu rosto instantaneamente, e ele se viu segurando a xícara de café com força. Claro que seria muita coincidência. Estaria a espiritualidade colaborando para um reencontro? Ele imaginava que fosse ter bastante trabalho. Não era possível que fosse tão fácil.

Quando Henri ergueu o olhar, preocupado com a súbita alteração do rapaz, ele notou que já vira aqueles olhos antes. Como pudera ter deixado escapar aquele detalhe tão importante? Eram os mesmos olhos de Luna. E se olhasse mais detidamente, dava para notar os mesmos traços. A empolgação foi tão grande que André perguntou:

— Você tem irmãos?

A pergunta foi uma surpresa para Henri, que demorou alguns segundos para responder:

— Duas irmãs — foi tudo o que ele conseguiu dizer.

— Meu bom Deus! — murmurou André, fechando os olhos.

— Você está se sentindo bem? Essa conversa está ficando muito estranha.

— Suas irmãs se chamam Luna e Ana Carolina? — ao perguntar, André prendeu a respiração. Era agora. Luna nem acreditaria quando ele lhe dissesse.

— Quem é você? — Henri ficou em pé, entre assustado e curioso. — O que sabe a meu respeito?

— Se você estiver com as mesmas dúvidas que eu, é melhor procurarmos um local discreto para conversarmos.

Instantes depois, Henri o levou ao seu quarto. Os olhos de André foram atraídos para a mulher de argila na mesinha de cabeceira. Sem dizer nenhuma palavra, ele segurou a estátua e conferiu o nome do artista. Então não restou mais nenhuma dúvida.

— Você está procurando pelas suas irmãs, não é? — perguntou André, avaliando a estátua.

— Você ainda não me disse o que sabe sobre elas.

— Eu conheço uma delas. Estou aqui pelo mesmo motivo, pois vim buscar informações no orfanato católico. Eu acredito que a espiritualidade nos guia, mesmo que não possamos perceber. O nosso encontro neste hotel não foi por acaso. Creio que o momento do reencontro entre você e suas irmãs esteja se aproximando.

Havia tantas perguntas que Henri gostaria de fazer, contudo, calou-se momentaneamente. Quando, finalmente, conseguiu acalmar o coração, indagou:

— Qual delas você conhece?

Não que fosse fazer diferença, já que ele gostaria de reencontrar as duas.

— Vim a pedido de Luna, sua irmã mais velha. Ainda não sei onde está Ana Carolina.

— E onde ela mora? Eu preciso vê-la, conhecê-la, abraçá-la — Henri não ficou constrangido ao começar a chorar. — Tenho tantas coisas para dizer a ela.

— Ela está em São Paulo. É uma mulher muito bonita — André via muitos outros predicados em Luna. Em breve, Henri a conheceria pessoalmente.

— Então vamos para lá. Ligue para ela e diga que me encontrou. Por favor, não sabe o quanto isso é importante para mim — não havia sido nos últimos vinte e dois anos, mas se tornara no último mês. — Quero ouvir a voz dela pelo telefone — Henri parecia tão nervoso e agitado que André ficou penalizado.

— Muito bem. Vamos fazer isso agora mesmo.

André usou o telefone do quarto e discou para uma das livrarias. Disseram que Luna estava em outra filial. Ele tentou novamente e, então, acertou. Ela foi chamada e, quando André ouviu a voz da moça surgir na linha, sentiu um frenesi de emoção. Fez um discreto gesto para Henri, pedindo que ele aguardasse.

— Luna? Sou eu. Tenho novidades.

O silêncio que se seguiu indicou que ela também estava em expectativa.

— Não me pergunte como, mas um deles está comigo — informou André pausadamente. — E quer falar com você.

Do outro lado da linha, Luna começou a chorar. Ela não queria saber realmente como André conseguira. O que importava era o fato de que ele estava com um dos seus irmãos. Havia se preparado durante a vida toda para aquele momento. E agora nem sabia ao certo o que dizer.

Devagar, André estendeu o fone para Henri, que o agarrou com as mãos trêmulas. Quando encostou o aparelho ao ouvido, murmurou:

— Luna?

Ambos choravam, e Luna, mesmo após ouvir a voz masculina e saber que era Henri, não conseguiu dizer nada.

— Você está aí? — Henri chegou a pensar que ela havia desligado.

— Sim — ela respondeu devagar, tentando conter a emoção. — Oi, Henri.

CAPÍTULO 48

Thaís estava de péssimo humor. Se seu namoro com Henri já vinha de mal a pior, após a misteriosa viagem dele para o interior de São Paulo, as coisas entre eles se tornaram ainda mais complicadas. Ninguém lhe falava nada sobre o motivo da viagem. Flávia, quando questionada, se fazia de boba, embora Thaís tivesse certeza de que ela estava mentindo para acobertá-lo. Só o que faltava era Henri estar com outra mulher sem que ela soubesse.

Pelo menos uma vez ao dia, ele lhe telefonava, sempre dizendo que estava resolvendo alguns assuntos familiares. Thaís não punha fé em nada daquilo. Sabia que ele não tinha parentes em São Paulo, então não havia motivos para ter ido ao interior daquele Estado. E se fosse uma forma de ele castigá-la pelo período que passava fora viajando a serviço das agências que a contratava, era pura perda de tempo. Ela se encontrara naquela profissão e nada a faria desistir da vida como modelo, nem mesmo Henri.

Não obstante, conforme ia conversando com ele pelo telefone, Thaís percebia que havia algo mais. A voz dele parecia tímida, retraída, magoada e triste. Era como se ele tivesse jogado tudo para o alto e ido procurar um refúgio em outro lugar a fim de se isolar dos problemas do mundo. Seus sócios no escritório sabiam tanto quanto Thaís, que a cada dia mostrava-se mais preocupada e curiosa com a estranha ausência de Henri.

Ela ficou surpresa quando ele lhe telefonou naquele fim de tarde. Ela estava em seu quarto arrumando uma mala, pois no dia seguinte embarcaria para o Rio de Janeiro novamente. Vanusa, a mãe da moça, foi quem lhe passou a ligação.

— Até que enfim você deu sinal de vida. Eu já estava...

— Só estou telefonando para avisar que amanhã estou voltando para Florianópolis — Henri informou, e sua voz fluía leve e feliz.

— E amanhã eu estou indo para o Rio. Infelizmente, vamos nos desencontrar — Thaís sorriu como se pudesse se vingar dele de alguma forma ao dizer aquilo.

— Não pode adiar a viagem? É um assunto muito importante para mim, para você e, principalmente, para minha vida. Por favor, Thaís, espere eu chegar.

— Não vai dar. Estou sendo esperada no Rio amanhã, antes do almoço. Não posso adiar nada.

— Por favor, garanto que realmente é algo importante. Beijos e até amanhã.

Henri desligou. Ele lhe pareceu estranho e misterioso. Por mais que precisasse ir ao Rio, a curiosidade foi mais forte, e Thaís resolveu aguardá-lo. Esperava que ele viesse com uma boa explicação pela ausência repentina.

Ela foi buscá-lo no aeroporto na manhã seguinte. Henri sorriu quando a viu e a abraçou com força em vez de beijá-la. Thaís fingiu nada perceber e perguntou:

— Você não me deve algumas explicações? Estou aqui por sua causa, pois já deveria estar no Rio de Janeiro.

— Vamos conversar em minha casa.

Cada vez mais curiosa e evitando fazer perguntas, Thaís esperou pacientemente. Aguardou pelos cumprimentos que Henri trocou com a mãe, que pareceu ainda mais ansiosa do que Thaís. Henri entregou a bagagem para os empregados e guiou as duas mulheres até o sofá.

— Sei que eu merecia um banho e um descanso após essa viagem, mas meu assunto não pode esperar. Vocês duas estão muito curiosas para saber o que eu descobri.

— Descobriu sobre o quê? — sondou Thaís, olhando de Henri para Flávia.

— Thaís, você sempre soube que eu sou adotado.

Ela olhou para ele e deu de ombros.

— Sim. Qual a importância disso?

— É que eu descobri que não sou filho único. Fui em busca de minhas origens — ele se voltou para Flávia e abriu um belo sorriso. — Eu tenho duas irmãs, mãe, e não uma. A que é mais nova do que eu havia sido adotada antes de mim. Deus foi tão bom comigo que colocou em meu caminho um detetive chamado André. Ele é primo de minha mãe biológica e também estava me procurando a pedido de Luna, que é minha irmã mais velha. E eu até pude conversar com ela pelo telefone. Ela tem uma voz maravilhosa, e André me garantiu que é uma mulher linda, por dentro e por fora. Estou muito ansioso para conhecê-la pessoalmente.

Flávia chorava, desta vez era de alegria por ver que Henri estava feliz. Ela livrara-se de um fardo ao compartilhar com ele a verdade sobre o passado. Também não sabia da existência da segunda irmã, e torceu para que Henri a localizasse o mais depressa possível. Ela o amava como se o tivesse gerado e o que mais desejava era vê-lo feliz.

Porém, Thaís não estava nem um pouco contente com aquela história. Que maluquice era aquela sobre duas irmãs? Tinha certeza de que era alguém tentando aplicar um golpe financeiro em Henri, já que ele era rico.

— Henri, você não pode se envolver com esse tipo de gente — ela alertou. — Você nunca precisou dessas irmãs, se é que são suas irmãs de verdade. Tem a sua mãe e a mim. Na certa, são pessoas pobres tentando dar um golpe. Eu não caio nessa.

— É verdade, Thaís — Flávia interveio, os olhos rasos d'água. — Eu também sempre soube que Henri tinha uma irmã. Omiti a verdade por medo, por egoísmo, não sei. Quando Otaviano e eu fomos adotá-lo, a madre do orfanato tentou nos convencer a trazer também a irmã mais velha, só que nos recusamos. Até então eu nem fazia ideia de que havia uma terceira criança.

— Eu não consigo aceitar isso — Thaís se levantou e tornou a se sentar em seguida, parecendo indignada com aquela confissão do namorado. — Henri, se essas pessoas passarem a fazer parte de sua vida, não podemos mais continuar juntos. Certamente, elas são pobres, e classes sociais não devem se misturar.

— Há coisas demais em jogo para que eu me preocupe com isso, Thaís — suspirou Henri, soando tranquilo. — Lamento pela sua visão restrita e preconceituosa. Se você não é capaz de aceitar minha verdadeira origem e, principalmente, as pessoas que fizeram parte do meu passado, então, infelizmente, é você quem não serve pra mim.

Ela tornou a se levantar e encarou Flávia, pedindo ajuda com o olhar. A elegante senhora baixou os olhos para o chão num claro sinal de que não apoiaria a moça.

— Flávia, não acredito que você vá aceitar algo assim — ela protestou. — É uma mulher rica. Não teme perder a fortuna para essas oportunistas?

— Cale a boca, Thaís — ralhou Henri. — Você não pode falar daquilo que não conhece. Soube que Luna é sócia de uma pequena rede de livrarias. É uma pessoa de classe média alta, e, mesmo que fosse pobre, ela seria importante para mim da mesma maneira. Por tudo o que André me disse a respeito dela, Luna é uma mulher brilhante, que venceu sozinha na vida. E isso é o que eu valorizo em uma pessoa.

Thaís estava sacudindo a cabeça negativamente, fazendo força para chorar e comover Henri. Como ele não pareceu se importar, ela colocou a alça da bolsa no ombro.

— Vou embora. Se eu soubesse que ia escutar tantas besteiras, não teria adiado minha viagem ao Rio de Janeiro.

Henri não a impediu. Flávia permaneceu imóvel. Vendo que não teria apoio, a moça seguiu mais que depressa para a porta.

Thaís passou em casa, pegou a bagagem, despediu-se da mãe e seguiu direto para o aeroporto. Não tinha almoçado porque a irritação havia lhe tirado todo o apetite. Entrou bufando no avião e, quando pousou no Rio de Janeiro, estava ainda mais furiosa. Não podia aceitar que Henri quisesse resgatar um passado de pobreza vergonhosa. Ela o queria como o advogado bem-sucedido que era e não como um órfão em busca de duas irmãs, filhas de pessoas desconhecidas. Se Henri insistisse naquela loucura, ela estava disposta a dar fim em um namoro que já durava nove anos.

Do aeroporto, ela telefonou para a agência, que mandou um motorista buscá-la. Ela nem cumprimentou o rapaz, enquanto apertava os lábios em sinal de protesto. As belezas da capital carioca, que se descortinavam diante dos olhos da moça, não colaboraram para melhorar o humor dela. Thaís fez uma breve parada no hotel, o mesmo que ficara anteriormente. Guardou as malas e partiu para a agência.

Instantes depois, ela já estava sendo maquiada, seus cabelos penteados e suas unhas tratadas. Ao sair do camarim, ela se encontrou com outras meninas, também modelos. Algumas, Thaís já conhecia de vista, outras, não. Ouviu seu nome e, quando se voltou, viu duas moças magras e bonitas se aproximando. Ambas estavam vestidas com trajes de banho e disseram que haviam feito um *book* sobre as tendências da moda do próximo verão.

— Você deveria ter chegado mais cedo, não? — perguntou uma delas.

— Sim, mas houve um imprevisto com meu namorado do qual não gosto de me lembrar — e Thaís nem queria mesmo se recordar.

— O Richard acabou de falar que você vai fazer seu *book* com uma menina que está estreando por aqui. Ela é linda e, se você não tomar cuidado, ela te ofuscará.

— Não me preocupo — garantiu Thaís. — Estou segura da minha beleza. Aliás, quem é essa menina que vai trabalhar comigo? Quero conhecê-la.

As duas amigas de Thaís a levaram até a modelo recém-chegada. Ela sorriu para Thaís, que teve que admitir que a moça era realmente muito bonita. Tinha os cabelos negros e longos, dentes perfeitos, um corpo escultural e um rosto familiar. Esse foi o detalhe que mais chamou a atenção dela. Onde já vira aqueles traços antes?

— Prazer, Thaís — ela a beijou no rosto. — As meninas falaram muito de você.

— Sei... e você, como se chama?

— Meu nome é Ana Carolina, mas pode me chamar de Carol. Todo mundo me chama assim.

Ela sorriu de novo, e Thaís ficou mais uma vez impressionada. O sorriso dela era ainda mais familiar para Thaís. Quem sorria daquela forma?

Intuída pelos espíritos de Euclides e Ivone, Thaís sentiu uma ideia cruzar por sua mente, que a fez estremecer. Procurou confirmar:

— Você é filha única, Carol?

— Sou sim, e você?

Thaís procurou manter uma conversa trivial, mas estava cada vez mais nervosa. Aquela revelação de Henri a deixara tão atordoada que já estava começando a enxergar coisas demais. O melhor era deixar o assunto de lado e procurar estreitar amizade com aquela garota, já que trabalhariam juntas nas próximas sessões de fotos.

～～～♡～～～

André se reuniu com Luna mais uma vez, agora no escritório dela, em uma das livrarias. Quando o viu, a moça o abraçou emocionada e, naquele abraço, André sentiu carinho e gratidão.

— Não sabe como estou feliz, André. Poder ouvir a voz de Henri pelo telefone me deixou sem palavras. Como ele é? O que ele faz? Onde vive?

— Calma, calma, vamos devagar. Não há por que ter tanta pressa agora — André sorriu e apertou as mãos dela com carinho. — Além disso, você já se esqueceu do que ficou combinado? Ele ia voltar para a cidade em que mora, dar a notícia aos amigos e à mãe adotiva e marcar um dia para conhecê-la. Isso só acontecerá quando eu tiver notícias de Carol.

— O problema é que não fazemos a menor ideia de onde ela está.

André sorriu enigmático.

— Está enganada, mocinha. Não se esqueça de que está lidando com um detetive profissional. Antes de voltar para São Paulo, retornei ao orfanato e obtive algumas informações bem interessantes. A família que adotou Ana Carolina está residindo no Rio de Janeiro. É por isso que lá será minha próxima parada. Consegui o endereço de onde eles moravam na época em que adotaram Carol. A mãe adotiva se chama Neusa e o pai, Agnaldo. Creio que isso facilitará bastante nosso trabalho.

Luna não conseguia responder, pois sentia a emoção sufocar sua voz. André continuou:

— Parece que tudo está acontecendo fácil demais, não é mesmo? — Ela assentiu, e André sorriu: — A verdade é que estamos sendo auxiliados pelo astral nessa busca. Creio que tenha sido necessário esse período de separação entre vocês, e agora chegou o momento de reencontrá-los.

— Eu nem saberei o que dizer a eles quando os encontrar. Apesar de serem meus irmãos, são pessoas totalmente estranhas agora.

336

— Seu coração saberá como agir. Antes de tomarmos qualquer decisão, devemos consultá-lo. A mente pensa, as mãos agem e o coração sente. Ele sempre saberá o que é melhor para nós. Peça também orientação para Deus. Como eu costumo falar, não existe poder mais forte do que uma oração sincera.

As palavras de André fizeram efeito em Luna. Ela encostou o rosto no ombro dele e se deixou ficar ali, esperando por um conforto, algo que tivera muito pouco em sua vida.

— Não quero mais perder tempo, Luna. Amanhã mesmo eu gostaria de viajar ao Rio de Janeiro.

— Henri concordou em me ver, porém Carol pode se negar a nos conhecer.

— Seria um direito dela, contudo, creio que a curiosidade será maior. Quem não gostaria de conhecer um irmão do qual não sabe nada? Além disso, sendo ela filha de Linda, certamente será uma pessoa tão bondosa quanto você e Henri. Estou certo de que vai topar.

Luna sorriu, e André a abraçou. Ele gostava de estar com ela e se esforçava para vê-la sorrir. Não era preciso ter muita experiência de vida para notar que Luna não era uma mulher feliz. Ela sorria, brincava e dizia coisas divertidas, porém André tinha certeza de que ela ainda não era feliz.

Muitas coisas haviam acontecido com ela, algumas boas, outras nem tanto, mas todas a impulsionando a desenvolver seus potenciais ocultos, inspirando-a a ter fé na vida e também em si mesma. André percebia que ela só se daria uma chance para ser feliz após encontrar os irmãos e dizer-lhes que ainda os amava.

Ela via em André um porto seguro, uma tábua de salvação. Ele era um homem bom, gentil, educado e carinhoso, que a valorizava e a respeitava por tudo o que ela era e fizera. Nunca a julgara pelos atos errados e a elogiava pelas vitórias obtidas.

André estava lhe despertando sentimentos novos e um tanto misteriosos, pois ela nunca os tinha experimentado antes. Era como se precisasse voar pela primeira vez. Se arriscasse, não sabia onde iria pousar, mas tinha certeza de que a emoção do voo lhe traria sensações ousadas e diferentes. E Luna queria tentar.

Como André dissera, ele partiu para o Rio de Janeiro no dia seguinte. No decorrer daquela semana, ele não telefonou para ela, que continha a ansiedade a duras penas. Pegava-se olhando para o telefone a todo instante e nem estava conseguindo trabalhar direito. Estava curiosa para descobrir o que o destino reservaria para ela.

Na sexta-feira, André finalmente deu notícias, e Luna gritou de alegria ao ouvir a voz dele, que parecia estar bem animado.

— Tenho boas notícias, Luna — ele informou, e ela percebeu que ele estava sorrindo. — Não disse que somos constantemente auxiliados pelos amigos espirituais? Eu já descobri onde Ana Carolina está.

— Já? — Como na vez de Henri, mil perguntas se formaram na mente de Luna, mas ela não conseguiu formular nenhuma.

— Ela é modelo. Seus pais adotivos são vivos, e ela mora com eles. Tem um namorado, que a leva e a busca na agência em que trabalha.

— Você a viu? — a voz de Luna saiu num sussurro.

— De dentro do meu carro, mas foi de longe. Só posso dizer que ela é uma mulher muito bonita. Ainda não tivemos oportuni dade de conversar. Pensei em falar com os pais dela primeiro, antes de abordá-la.

— Como nós ficamos distantes um do outro — Luna sorriu. — Eu, em São Paulo, ela, no Rio de Janeiro, e Henri, em Florianópolis. Fico feliz em saber que eles foram bem tratados, cuidados e amados pelas famílias que os adotaram. Infelizmente, eu não tive a mesma sorte.

— Chega de se lamentar — cortou André. — Quem se faz de vítima, tende ao constante fracasso. Você é uma mulher guerreira. Herdou isso de Linda. Pelo que me lembro, sua mãe tinha uma personalidade muito parecida com a sua. Era objetiva e lutava pelo que queria. Se não tivesse desencarnado, ela teria dado o melhor de si para criar vocês três, com ou sem a ajuda de seu pai.

— Houve uma época em que eu odiei meu pai. Pensava que tudo o que nos aconteceu fora por culpa dele e de sua ganância. Mas hoje, ouvindo suas palavras, percebo que a vida movimenta mecanismos que só nos favorecem. Esse rancor, que alimentei por meu pai por tantos anos, foi perdendo as forças. Quando penso nele agora, apenas sinto pena. Foi covarde ao se matar, então, é digno de pena.

— Ele é digno de oração e de perdão, Luna. Se você quer provar para si mesma que realmente perdoou seu pai, ore por ele, peça a Deus que o ilumine onde ele estiver e que ele possa encontrar mãos amigas para auxiliá-lo, pois o suicídio pode gerar muitos desequilíbrios ao espírito.

— Prometo que vou tentar, André, prometo — ela balançou a cabeça e voltou ao assunto que mais lhe interessava agora. — Quando você pretende conversar com os pais de Carol?

— Hoje ainda, se possível. Não sabemos o que eles disseram para Carol. Se fizeram como os pais de Henri, que omitiram parte de seu passado, terão que responder pelos seus atos. Dia chegará em que todos nós ficaremos diante de nossas verdades. Não há como fugir dos nossos acertos com a vida.

— Boa sorte, André! Assim que conseguir uma resposta de Carol, por favor, me telefone a qualquer horário.

— Pode deixar comigo. Beijos.

Ele desligou, e ela tentou voltar ao trabalho, sem conseguir desviar o pensamento de Ana Carolina. Em sua mente, veio a rápida imagem de uma menina de pernas gorduchinhas, com a boca suja de sorvete, pedindo colo ou uma boneca. A menina crescera e se transformara em uma modelo. Henri era um advogado bem conceituado em sua cidade, segundo o que André lhe dissera. Agora, se tudo desse certo, ela os veria após vinte e dois anos.

Apertou com força a correntinha com o pingente, pensou na mãe e secou as lágrimas dos olhos.

— Mamãe, eu vou cumprir nossa promessa, mesmo após mais de duas décadas. Não vou permitir que ninguém me separe novamente de Henri e de Carol.

Linda, também emocionada, se aproximou devagar e beijou a testa de Luna, que sentiu o toque como uma suave brisa que entrara pela janela. Ela nunca imaginara que fora acompanhada de perto pelo espírito da mãe por quase todos os anos após seu desencarne.

— Sei que você nunca me decepcionaria, minha filha. É por isso que eu amo você, assim como amo Carol e Henri. E acredito em sua promessa. Ao que tudo indica, você está indo ao encontro da sua felicidade. Que Deus a abençoe sempre!

CAPÍTULO 49

Com o endereço dos pais de Carol em mãos, logo André tocou a campainha da elegante casinha azul com janelas brancas. Estava localizada num bairro de classe média do Rio. Não demorou para que uma funcionária uniformizada surgisse à porta, esfregando as mãos no avental.

— Boa noite! Aqui é a residência dos pais de Ana Carolina, os senhores Agnaldo e Neusa?

— Sim, senhor. Quer falar com eles?

— Se possível, sim. O meu nome é André. Por favor, diga que sou amigo da filha deles. Meu assunto é importante.

A empregada assentiu e entrou. Instantes depois, ela voltou acompanhada por um senhor de cabelos grisalhos. Ele era alto e forte, aparentando mais de cinquenta anos. Olhou desconfiado para André e não abriu o portão.

— Quem é o senhor? De onde conhece Carol?

— Eu me chamo André — ele repetiu. — Por favor, podemos conversar lá dentro? Meu assunto é meio longo para tratarmos aqui, no portão.

— Não sei quem é o senhor. Como quer que eu o traga para dentro da minha casa? — Agnaldo cruzou os braços. — Se não disser de onde conhece minha filha, chamarei a polícia.

— Eu vim da parte do orfanato de madre Rebeca — André olhava para o homem e viu quando ele empalideceu. — Podemos conversar?

Todo o ar autoritário de Agnaldo havia desaparecido como num passe de mágica. Ele pediu à empregada para destrancar o portão, e André entrou. Agnaldo apertou a mão que o visitante lhe estendeu.

— O que sabe sobre essa história? — Agnaldo baixou o tom de voz. — O que quer de nós?

— Por favor, permita-me que eu entre. Carol não está em casa, eu suponho.

— Não. Depois que ela conseguiu emprego em uma agência nova, tem chegado bem mais tarde — Agnaldo hesitou por um breve instante, depois apontou para dentro. — Entre. Minha esposa está na sala.

André seguiu por um corredor limpo, cruzou o *hall* e adentrou a espaçosa sala de estar. Viu um amplo sofá no qual uma mulher morena e bonita assistia à novela.

— Quem era, Agnaldo? — ela perguntou. Então voltou a cabeça e olhou com espanto para André. Fez uma pergunta muda com o olhar para o marido.

— Jurema, deixe-nos a sós, por favor — Agnaldo pediu à empregada. Depois que ela saiu, ele indicou uma poltrona para André se sentar. — Sinto muito se não lhe ofereço uma bebida, mas estou um tanto inquieto com sua visita.

— Eu entendo e desde já peço desculpas pelo transtorno — justificou André.

— Quem é ele? — Neusa olhou para o marido.

— Acho que ele sabe sobre Carol. Sobre o orfanato.

Assim como acontecera com Agnaldo, Neusa também ficou branca como uma vela. Ambos encararam André com olhos arregalados.

— Até que ponto você conhece essa história? — Agnaldo perguntou em voz baixa, como se temesse ser ouvido por alguém.

— Eu sei de tudo. Sei que Carol foi adotada com cerca de quatro anos e que vocês não quiseram trazer os dois irmãos mais velhos que ela tinha.

— Pelo amor de Deus — Neusa colocou um dedo sobre os lábios. — Não fale tão alto. Ela pode chegar de repente e nos ouvir.

— Ela não sabe que é adotada?

Neusa e Agnaldo trocaram um olhar assustados. Então ambos sacudiram a cabeça negativamente. Neusa explicou:

341

— Ela era tão pequena. Inventamos uma historinha de que éramos seus pais verdadeiros e que tínhamos voltado de uma longa viagem para buscá-la. Ela logo se esqueceu dos irmãos, e nós dissemos que eles eram apenas amigos dela. Queríamos que ela fosse feliz. Ela sempre teve tudo o que pudemos comprar. Estudou e se formou em boas escolas. Veste boas roupas e, quando fez 18 anos, Agnaldo lhe deu um carro de presente. O senhor não pode acabar com tudo isso agora. Não pode contar a ela.

— Você é um dos irmãos, não é? — Agnaldo quis saber. — Você era o menino do meio. De alguma forma, conseguiu nos descobrir e agora veio nos cobrar direitos.

— Acalmem-se, por favor — André agitou as mãos. — Eu não sou o irmão dela, aliás, eu também o conheci recentemente. Ele mora em Santa Catarina. Estou aqui a pedido da irmã mais velha. Ela se chama Luna. Mesmo após passados tantos anos, o vínculo que os une está ganhando força novamente, aproximando-os mais uma vez. Estou aqui para perguntar a Carol se ela gostaria de conhecer os outros irmãos.

— Não, moço, por Deus — Neusa começou a chorar. — Não faça isso. Não diga a Carol que ela não é nossa filha legítima. Não a faça se desiludir conosco.

— Neusa está certa! — ajuntou Agnaldo. — Carol é boa e não merece essa decepção. Ela nos ama, mas se o senhor contar toda a verdade, ela pode nos odiar.

— Eu compreendo seu modo de agir, só que peço também que vejam pelo outro lado. Estamos lidando com sentimentos, e há várias pessoas envolvidas nisso. Henri, o outro irmão, também descobriu sobre as irmãs há pouco tempo. Ele ficou feliz ao saber da existência delas e concordou em marcarmos um reencontro. É importante que Carol também esteja lá.

— Ela não quer nada disso — garantiu Neusa chorando. — Por favor, não diga nada a ela. Carol não merece saber que...

— O que eu não mereço saber, mamãe? — perguntou uma voz macia e delicada vinda do canto da sala.

Todos voltaram a cabeça na direção de Ana Carolina, que vinha acompanhada de um rapaz loiro e atraente, certamente seu namorado. Ela ficou nervosa ao perceber que a mãe estava chorando e que o pai estava pálido. Aproximou-se correndo e os abraçou, olhando friamente para André.

— Quem é você? O que quer em minha casa? O que fez para os meus pais?

Durante alguns segundos, André não conseguiu responder. Estava impressionado com Carol. Era como olhar para uma versão mais jovem de Luna. Os cabelos eram bem mais longos e mais sedosos, a pele mais viçosa e os olhos castanhos mais brilhantes. Mas inegavelmente aquela jovem era uma das filhas de Linda.

Como André não respondia, ela se voltou para o namorado.

— Cristiano, chame a polícia. Agora.

Ele se aproximou do telefone rapidamente, e Agnaldo pediu que ele parasse.

— Não faça isso. Este moço já estava de saída, não é mesmo?

— Os senhores sabem que eu...

— Eu sou mãe — pediu Neusa. Ela se aproximou de André e apertou as mãos dele com força. — Não fale nada, eu lhe peço.

— Falar o quê, mamãe? — Carol estava aturdida. — Que conversa vocês estão tendo com esse sujeito? O que você dizia que eu não merecia saber?

Agnaldo caminhou para perto da esposa e a abraçou.

— Não adianta, Neusa. É melhor que ela saiba de uma vez.

— Não... não... — choramingava Neusa.

Carol os olhava assustada. Cristiano, com a mão sobre o telefone, refletia se deveria chamar a polícia ou não.

Agnaldo soltou um suspiro e conduziu a filha devagar até o sofá. Tomou as mãos dela com cuidado. Ele próprio estava fazendo um grande esforço para não chorar diante dela.

— Carol, existe algo que você não sabe sobre sua mãe e eu. Algo que nunca lhe diríamos. No entanto, este homem que está aqui vai mudar seu modo de viver.

Ela olhou para André com raiva, sem entender o que tudo aquilo significava.

Agnaldo contou. Sabia que tinha que ser de uma vez, ou perderia a coragem. Falou sobre sua vontade e a de Neusa de terem filhos e do fato de ele ser estéril. Disse que eles haviam chegado a um consenso que adotar um filho seria uma forma de consolá-los.

343

Foi quando decidiram adotar uma menina. Haviam lhes falado sobre o orfanato, e eles foram para lá.

Se apaixonaram por Carol assim que a viram e acertaram os detalhes com o juiz e com a madre para levá-la. Porém, a freira lhes disse que havia mais dois irmãos. Contou que eles haviam perdido os pais e presenciado uma tragédia na casa da mulher que os acolhera. Eles foram irredutíveis. Queriam apenas Carol e nem mesmo se interessaram em conhecer os outros irmãos. Tudo ficou acertado, e Carol foi liberada.

Nesse momento da conversa, ela tremia e chorava. Jamais poderia imaginar que era adotada. Eles tinham mentido o tempo todo para ela. Sempre sentiu falta de irmãos e agora descobria que tinha dois de uma vez. Uma raiva dos pais adotivos a invadiu, e ela se levantou, apontando-lhes o dedo.

— Vocês dois mentiram para mim. São dois mentirosos. Diziam que me amavam, mas me esconderam algo tão importante da minha vida. Eu odeio vocês!

Gritando, Ana Carolina passou por eles como um furacão, e a batida da porta de seu quarto ecoou pela casa como uma bomba. Cristiano não sabia o que fazer, e Agnaldo olhou para André desta vez sem esconder o pranto.

— Desde já peço desculpas por ter causado tudo isso — André enfiou as mãos no bolso. — Não era minha intenção.

Agnaldo assentiu com a cabeça, a derrota estampada em seu rosto:

— Agora já está feito. Quem sabe isso tenha seu lado positivo. Pelo menos agora Carol já sabe de tudo.

Neusa chorava com o rosto afundado em uma almofada do sofá, tremendo convulsivamente. André pediu:

— Será que eu poderia falar com ela? Acho que também lhe devo algumas explicações.

Agnaldo assentiu e indicou a direção do quarto. André não teve nenhum problema em achar o quarto da menina, pois Carol chorava em altos brados. Ele bateu na porta e não foi atendido. Tornou a bater e se anunciou. Continuou insistindo, chamando-a pelo nome, até ouvir a chave rodando na fechadura e a porta sendo aberta.

Ela o encarou. Seu rosto estava molhado de lágrimas e seus olhos inchados devido ao choro. Ela o olhava sem expressão, e André perguntou:

— Podemos conversar?

— Eu odeio você também — ela resmungou. — Em um instante, tornou minha vida um inferno.

— Você não odeia, não. Sua mãe lhe ensinou coisas boas, e você guardou tudo isso em sua memória, embora não se lembre.

— Ela é uma mentirosa. Fingia que me amava.

— Tenho certeza de que ela a ama. Fez o que fez com medo de perdê-la. Só que estou me referindo à sua outra mãe. Aquela que lhe deu à luz.

Ao ouvir aquilo, Ana Carolina ficou atenta. Tinha acabado de mergulhar num mundo novo. Se não era filha de Agnaldo e Neusa, precisava descobrir de onde viera.

— Você conheceu minha mãe? Quer dizer, a outra mãe?

— Na verdade, quando eu parti para Londres, ela estava grávida de você. Moro na Inglaterra e estou fazendo esse trabalho no Brasil antes de voltar para lá.

— Minha mãe me abandonou, não é? Eu devia ser um estorvo para ela.

— O nome dela era Linda — continuou André. Eles estavam conversando de pé, no centro do quarto de Carol. — Ela nunca a abandonaria.

— Então como eu fui parar num orfanato com essas pessoas que você diz que são meus irmãos? Se ela cuidasse e gostasse de mim, eu ainda estaria com ela.

— Não julgue, Carol. Você não sabe o que realmente houve. Linda faria qualquer coisa por vocês. Infelizmente, ela adoeceu e morreu. Contraiu tuberculose e, segundo soube, faleceu em Campos do Jordão, sozinha. Vocês continuaram morando com Raul, seu pai. Ele também não viveu muito tempo depois disso. A namorada dele, Rose, foi quem os acolheu. Mas aconteceram novas situações que os levaram ao orfanato. Uma coisa eu garanto, Carol. Você foi muito amada por sua mãe biológica e por Luna, a sua irmã mais velha. Era ela quem cuidava de você e do seu irmão Henri.

Apesar de serem muitos nomes desconhecidos para ela, Carol sabia que eles representavam sua verdadeira origem. Claro que ela não sentia nada por eles, nada além de revolta. Sentia-se traída, enganada e abandonada. Vivera uma vida de mentiras. Não sabia como viveria daquele dia em diante.

345

— Eu já conheci Luna e Henri. Ambos ainda não se conheceram, pois estavam esperando que eu localizasse você. Eles querem marcar um encontro entre os três. É importante para eles e para você mesma, se puder comparecer.

— Eu não vou — decidiu Carol. Ela se sentou na beira da cama e apontou a porta. — Saia do meu quarto, saia da minha casa, saia da minha vida — chorando, ela começou a gritar. — Finja que nunca me conheceu. Você me destruiu, pois eu acabo de perder as pessoas que tinha amado até então.

— Procure perdoá-los. Eles só fizeram o que acharam ser melhor para você — André enfiou a mão no bolso e tirou um cartão de visitas, que colocou sobre a penteadeira. — Você pode me achar nesse número. Ainda não sei onde será o local do encontro, mas creio que amanhã estarei sabendo. Tente ir, Carol. Pessoas que querem reencontrá-la e amá-la estarão esperando-a.

— Já disse que não irei. Agora saia daqui ou vou chamar a polícia. Saia, vamos.

André fez um gesto de despedida e saiu rapidamente. Voltou à sala e tentou consolar Agnaldo e Neusa. Cristiano fez um gesto de que tudo estava bem. Acompanhou André até a porta dizendo:

— Não sou da família, porém acho que houve um estrago por aqui.

— Ajude-os como puder — pediu André. — Fará sua parte agindo assim — ele lhe deu mais um cartão. — Este é meu telefone. Se precisar de algo, não hesite em me chamar.

André se despediu e ganhou a rua momentos depois.

Assim que o sábado amanheceu, André embarcou de volta para São Paulo e, como ainda era cedo, achou que encontraria Luna em seu apartamento. Ela estava se preparando para sair e ficou estática quando viu André entrar sozinho. Por alguma razão, ela esperava que ele viesse acompanhado.

— Eu nem consegui dormir direito a noite passada — ela avisou logo após cumprimentá-lo com um abraço. — Você conseguiu falar com a família dela?

— Sim. Carol não sabia que era adotada. No início, os pais dela não queriam que eu dissesse nada. Não houve outro jeito. Ela chegou pouco depois acompanhada do namorado. A dona Neusa, a mãe dela, estava bastante alterada, e Carol exigiu saber o que estava acontecendo. Então, o senhor Agnaldo, pai dela, contou toda a verdade. Falou sobre a adoção e sobre você e Henri. E explicou que fizeram tudo isso por amor a ela e por medo de perdê-la.

Luna olhava fixamente para André com uma indagação muda no olhar. Ao mergulhar na profundidade daqueles olhos castanhos, André compreendeu o que ela desejava saber.

— Carol não aceitou. Trancou-se no quarto, abalada com a verdade recém-descoberta. Eu tentei conversar com ela, só que não consegui muita coisa. Ela praticamente me expulsou. Antes de sair, deixei meu cartão e falei sobre o reencontro entre vocês — André acariciou o rosto de Luna.

— Acha que eu não devo manter as esperanças?

— Diante de todas as situações, a esperança sempre deve ser mantida, porque quanto mais confiarmos e acreditarmos, maiores serão as possibilidades de conquista. Eu creio que Carol vai pensar melhor assim que se acalmar. É preciso saber compreender as pessoas e respeitar suas decisões.

— A minha vida inteira eu busquei compreender os outros. Infelizmente, não consigo compreender nem a mim mesma.

— É por isso que eu repito: aguarde e confie em Deus. Ele sabe o que é mais importante para nós.

O fim de semana foi tranquilo. André estava organizando alguns documentos no *flat* onde estava instalado quando o telefone tocou. Era a recepcionista avisando que havia uma ligação interurbana para ele.

— Alô? — ele atendeu.

Só houve silêncio como resposta. Ele já ia desligar quando ouviu:

— André? — a voz feminina pareceu hesitante. — Aqui é Ana Carolina. Onde será o encontro?

CAPÍTULO 50

Luna gritou de alegria quando André contou que Carol concordara com o encontro. Henri também foi informado de que a irmã caçula fora localizada e que decidira comparecer ao local do reencontro. Henri afirmou que estava à disposição deles para viajar e encontrá-los.

Foi a própria Luna quem sugeriu o ponto de encontro. Disse que haveria um toque familiar se eles se encontrassem na cidade natal dos três. Henri concordou de imediato, e Carol, após breve hesitação por telefone, disse que também iria. Marcaram então para o fim de semana seguinte.

Os dias seguintes pareceram se arrastar para Luna, enquanto a ansiedade a corroía. O seu maior sonho estava prestes a se realizar. Finalmente poderia beijar e abraçar os irmãos que havia muito tinha perdido.

André confirmou que a acompanharia à cidade. Na véspera do encontro, que seria um domingo, Luna pediu para André avisá-los de que gostaria de reunir-se com eles no centro da praça principal, onde havia um coreto.

— Quando fugimos da casa de Rose, em uma manhã muito chuvosa, nós ficamos abrigados sob a cobertura desse coreto — explicou Luna. — Foi quando um padre nos encontrou e nos levou para o orfanato de madre Rebeca. Esse foi o último lugar fora do orfanato em que estivemos juntos. É por isso que eu quero revê-los lá.

André fez novas ligações. Henri disse que viria com sua mãe e com Thaís, que avisara dois dias antes que desejava conhecer as irmãs dele pessoalmente para analisar se elas poderiam ser golpistas ou não. Embora estivesse cansado da cobrança constante da namorada, Henri concordou em levá-la consigo.

Já Carol disse que viria com o namorado, Cristiano. Contou que não estava conversando com os pais adotivos, pois não conseguira perdoá-los pelo o que ela julgava ser uma traição. Assim como Thaís, ela desejava acabar com aquele assunto o quanto antes.

No sábado à noite, Luna viajou para sua cidade natal com André. Acomodaram-se em quartos diferentes, porque André a respeitava demais para cometer algum tipo de tolice com Luna. Só avançaria além do limite da amizade se ela desse permissão nesse sentido.

O domingo finalmente amanheceu, e Luna acordou nervosa, sentindo o estômago dolorido como se não comesse há anos, embora soubesse que era um sintoma psicológico devido ao nervosismo e à expectativa do encontro. André a acalmou, dizendo que tinha certeza de que tudo seria tranquilo.

Eles haviam combinado de se encontrarem no coreto ao meio-dia.

— Acha mesmo que eles virão? — Luna perguntava a todo o momento. — E se eles desistirem?

— Assim como você, eles também estão curiosos com esse reencontro. Falta pouco agora. Vamos tomar um café.

Ela mal se alimentou, pois estava sem apetite. Olhava constantemente para o relógio no pulso e, quando deu onze e meia, pediu para André acompanhá-la devagar até a praça. O coração dela batia tão forte que parecia que todos estavam ouvindo. André a segurava pela mão com gentileza, como um adulto conduzindo uma criança assustada pela rua.

Eles ficaram dando voltas pela cidade até dar o horário, e Luna não teve vontade de visitar sua antiga casa, ou mesmo a casa que pertencera a Rose. Sentia que parte de sua vida estava ligada àquela cidade, mas a outra parte, a parte atual, havia muito se libertara dali.

Quando os sinos da igreja matriz repicaram, anunciando meio-dia, Luna tornou a ficar nervosa, ainda mais do que antes.

André fez um gesto de que tudo estava sob controle e, lentamente, eles foram seguindo na direção do coreto. Subitamente, Luna estacou ao avistar algumas pessoas paradas mais à frente.

— Será que são eles, André? Você já os viu, por favor, me diga se aqueles são Henri e Carol.

— Estamos meio longe ainda — André sorriu. — Já estamos aqui, então você vai poder verificar com seus próprios olhos. Venha, vamos chegar mais perto.

Toda a pressa de Luna desaparecera e, de repente, ela nem queria mais caminhar. Enfiou a mão por dentro da roupa e tirou o pingente, deixando-o reluzir ao brilho solar. Ela olhou mais uma vez para André, respirou fundo e seguiu em frente.

De costas para ela, Henri analisava o coreto. Ele chorava emocionado, enquanto imagens longínquas passavam por sua mente. Ele se lembrou de um homem com batina preta que lhes dissera coisas bonitas enquanto estremecia sob os estrondos dos trovões juntamente com as meninas que o acompanhavam. Como ele pudera ter se esquecido daquilo?

Flávia mantinha-se de cabeça baixa, orando baixinho pelo futuro de seu filho adotivo. Thaís parecia impaciente e olhava para todos os lados, já começando a se arrepender de ter vindo com Henri. Ele estava tão absorto em seus pensamentos que levou um susto quando ouviu uma voz chamar:

— Henri?

Ele se virou e deparou-se com a linda mulher que acompanhava André. Ela sorria e chorava ao mesmo tempo, assim como ele. Nem quis perguntar a André qual das irmãs seria aquela. Viu seus olhos no rosto dela, um sorriso muito semelhante ao seu. Baixando os olhos, ele notou o brilho da correntinha no pescoço dela. Viu o sol. E não pensou em mais nada. Avançou correndo e a abraçou com força, como se nunca mais desejasse perdê-la.

— Eu sou Luna — ela murmurou em seu ouvido assim que ele a abraçou. — Oh, Deus, Henri, achei que esse dia nunca fosse chegar para nenhum de nós — sua voz saía entrecortada pelo choro. — Não consigo nem acreditar que nós estamos juntos outra vez.

— Luna, nem sei o que dizer depois de tantos anos — ele a apertava. — Quero que me perdoe por ter deixado você para trás. Saiba que sempre senti falta de uma pessoa em minha família que soubesse me ouvir e com quem eu pudesse conversar e só hoje eu entendo que era a ausência de uma irmã. Eu a amo.

— Você não teve culpa de nada, Henri. Não importa o que nos aconteceu antes, e sim que estamos juntos agora. Nunca mais vamos nos separar. Seremos amigos e companheiros daqui pra frente — Luna intensificou o abraço. Ambos sentiam como se nunca mais fossem se desgrudar. E nem queriam que isso acontecesse.

André, Flávia e Thaís aguardavam em respeitoso silêncio. Mesmo Thaís, que achara que tudo pudesse ser um golpe para tirar dinheiro de Henri, não podia negar a extrema semelhança daquela mulher com seu namorado. Ela era muito bonita e sua voz era uma versão feminina da de Henri, apesar do sotaque diferente.

Eles afrouxaram o abraço e se encararam, numa avaliação mútua, uma urgência em conhecer o rosto do outro. Luna abriu um sorriso trêmulo quando reparou no quanto Henri se tornara bonito. Seu irmãozinho tímido e brincalhão era agora um homem atraente, bem cuidado e maduro.

No astral estava Linda, cobrindo a boca com as mãos enquanto chorava sem parar. Ali estava Henri, seu menino tão amado. Como ele estava lindo! Como ela desejava poder ser vista por eles, nem que fosse por um breve instante, para poder dizer que os amava muito e que sempre seria grata a Deus por tê-los gerado. Podia ter falhado em algumas coisas, mas sabia que tinha feito um excelente trabalho como mãe nos poucos anos em que convivera com os filhos.

O sol estava escaldante, mas ninguém parecia sentir calor, principalmente Henri e Luna, que não conseguiam desviar os olhos um do outro. Havia muito a ser dito, muito a ser compartilhado, muito a ser revelado, muito a ser confessado. Precisavam colocar vinte e dois anos de conversa em dia, e todo o tempo do mundo seria pouco para eles.

— Por que não vamos a uma lanchonete tomar um refresco? — propôs Thaís, quebrando a magia daquele momento. — Esse sol vai me deixar com dor de cabeça.

Luna finalmente fitou as mulheres que acompanhavam Henri. Olhou ao redor da praça, mas não viu outras pessoas se aproximando, enquanto pensava se Ana Carolina realmente viria. Flávia andou devagar até postar-se diante de Luna e estendeu a mão coberta de anéis.

— Muito prazer. O meu nome é Flávia e sou a mãe... bem, fui eu que adotei o Henri.

Luna ignorou a mão estendida e também a abraçou com força, beijando-a no rosto.

— A senhora é a mãe dele, dona Flávia. Fez todo o papel de mãe e merece ser considerada como tal, não acha, Henri?

— Existem coisas que você não sabe sobre mim. Meu marido e eu nos recusamos a adotá-la junto com Henri. Não deveríamos tê-los separado. Só Deus sabe o quanto me arrependo disso. Espero que possa me perdoar um dia.

Luna sorriu, ainda com um braço a envolvê-la. Houve uma época em que ela odiara as pessoas, mas vinha mudando a forma de pensar depois que conheceu André. Amar e perdoar era muito melhor do que odiar.

— Não estou aqui para julgá-la, dona Flávia. Da minha parte, a senhora está perdoada, pois foi uma boa mãe para meu irmão. Estou tão feliz que somente a presença de mais uma pessoa me deixaria realizada.

Henri se aproximou dela, beijou-a no rosto e sussurrou:

— Tem um casal vindo mais atrás. Será Carol?

Luna olhou para a direção que o irmão indicava. Ana Carolina caminhava com passos hesitantes, de mãos dadas com Cristiano. Quando chegou a uma distância suficiente, ela pôs a mão aberta sobre os olhos e viu aquele pequeno grupo reunido. Por um breve instante, pensou em dar meia-volta. Aqueles estranhos se tornariam sua família agora. No entanto, viajara de longe e não podia desistir. Tinha que encarar sua realidade de cabeça erguida.

Quando olhou para Luna, porém, foi acometida por um pranto profundo. Estava olhando para si, um pouco mais velha. Como poderiam ser tão parecidas? Henri também se adiantou, e Carol esboçou um sorriso, sentindo algo aquecer seu coração. Percebeu que a mágoa pela omissão dos pais adotivos havia desaparecido e descobriu que a energia boa que estava sentindo era o amor fraternal brotando em seu peito.

Ela se soltou do namorado e correu para abraçá-los. Luna e Henri a apertaram com força e aquele momento emocionou todas as pessoas à volta, principalmente Linda, que chorava silenciosamente, sem poder comentar com os demais o quanto estava feliz pelo reencontro entre seus filhos.

Quando se separaram, os três se olhavam, sorriam, trocando beijos e afagos. Luna deslizou a mão pelo belo rosto de Carol.

— Como você ficou linda, minha criança! Como a minha menininha cresceu...

— Desculpe não poder dizer o mesmo — tornou Carol —, não tenho nenhuma lembrança de vocês.

— Isso é normal — era Henri —, afinal, você é a mais nova.

Thaís se aproximou com uma expressão de espanto. Olhou para Carol de perto e ficou ainda mais assustada, exclamando:

— Não é possível! Este mundo é mesmo muito pequeno. Você é Ana Carolina. Nós nos conhecemos na agência no Rio de Janeiro.

— Estava trabalhando com a minha cunhada sem nem saber — riu Carol.

— A vida trabalha pelo nosso melhor — interveio André.

— O senhor é religioso? — perguntou Flávia.

— Digamos que sou espiritualista. Moro e trabalho em Londres, e só fiquei no Brasil para tentar localizar os irmãos de Luna. Para crer em Deus e acreditar em Suas ações, não é preciso ter religião. Basta fé, perseverança e confiança.

Flávia assentiu. Luna conseguira conter as lágrimas e agora só queria conversar com Henri e com Carol. Queria passar toda a próxima semana ao lado deles, queria que os dois ficassem perto dela para sempre. Ouviu uma voz chamá-la e se virou para o namorado de Carol. E, quando o encarou, seu sorriso morreu.

Cristiano também a olhou fixamente, certo de que já vira aqueles olhos. Embora fossem praticamente idênticos aos de Carol, ele sabia que não estava confundindo. O que ele vira fora o brilho do olhar de Luna. Percebeu, mesmo que ela não tivesse dito nada, que Luna não gostara dele. Começou a se sentir inquieto e desejou poder ir embora dali para fugir dos olhares fixos que ela lhe lançava.

A memória da carne é fraca, mas o espírito jamais esquece. Luna acabara de ver em Cristiano o mesmo homem que a estuprara na encarnação anterior. Fora ele o culpado por seu infortúnio. Ela planejara a morte dele, pagara para um escravo matá-lo, mas houve um erro e o irmão dele foi morto em seu lugar. Agora, Thales e Cristiano não haviam se conhecido. Thales estava estudando em uma cidade astral e mantinha admiração e carinho por Luna.

Foi exatamente essa a explicação que Conceição acabava de dar para Euclides e Ivone, que haviam se materializado próximos ao coreto. Linda os viu, e agora já não temia ser levada por eles. Luna a deixara orgulhosa, pois cumprira a promessa de nunca se separar dos irmãos. Se o destino os separara, a vida os unira novamente.

— Linda, está feliz pelo que vê? — perguntou Ivone, abraçando a filha.

— Feliz, emocionada e grata à vida pelo presente que ela deu a todos nós. O caminho percorrido até aqui foi longo, mas valeu a pena.

— O que acontecerá entre Luna e Cristiano? — Euclides perguntou para Conceição. — A senhora acha que eles nunca irão se perdoar?

— Luna tem aprendido muito, e o tempo é nosso maior aliado para o consolo e o perdão. Cristiano também está mudado. Na vida atual, tem agido no bem, auxiliando as pessoas como pode. É bom saber que ele também está renovando seu modo de ser.

Euclides sorriu, satisfeito com a resposta. Beijou Linda com carinho e convidou:

— E então, mocinha? Acha que está pronta para nos acompanhar desta vez ou será que teremos que arrastá-la pelas orelhas?

Todos riram, e Linda assentiu. Antes de partir, fez um gesto para que Conceição e seus pais aguardassem. Aproximou-se dos filhos e beijou a testa de cada um deles.

— Fiquem bem, meus amores. A mamãe os ama muito.

Os três sentiram um grande bem-estar. Olharam em volta como se esperassem ver alguém. Carol tocou no pingente com o formato de sol, e Luna o tirou do pescoço. Henri o abriu, e eles leram juntos e em voz alta as palavras gravadas no ouro:

— O sol sempre vai brilhar.

Linda secou as lágrimas e se virou para Conceição.

— Quando a senhora me deixou esse objeto, deixou também uma carta dizendo que um dia eu entenderia a mensagem gravada dentro daquele sol. Disse que eram palavras muito ricas, e hoje eu descobri o real significado. Elas representam o amor que une os seres humanos, a ternura que nos mantém próximos, a esperança que nunca deve ser perdida, o amor divino que nos alimenta e, mais do que tudo, essa mensagem indica que, em nossos momentos mais dolorosos, é preciso compreender que a luz se fará e novas oportunidades surgirão. E que o sol, ao brilhar, manterá todos os corações aquecidos.

Conceição sorriu. Linda apertou as mãos estendidas e, instantes depois, os quatro desapareceram rumo ao infinito.

CAPÍTULO 51

Eles permaneceram juntos na cidade por mais três dias. Henri, Carol e Luna não se desgrudavam. Em uma das noites, no hotel, Henri e Carol haviam arrastado seus colchões para o quarto de Luna. Falavam de muitas coisas. Henri e Carol contaram sobre suas vidas e pediram para que Luna falasse sobre a dela.

No início, ela hesitou, pois havia fatos muitos desagradáveis para serem mencionados. Como não queria mentir para os irmãos, foi direta, falando sobre tudo. Contou sobre Paulo e Fátima, e a maneira como os matara. Falou sobre o amigo Thales, sobre a prisão e sobre seu sucesso na livraria. Quando terminou a narrativa, Henri estava emocionado. Carol chorava e a beijou com amor. Parecia injusto que, enquanto eles haviam tido uma boa vida, com pessoas bondosas que os amavam, Luna havia sido privada de tantas outras coisas. Porém, sempre havia tempo para reparar situações.

— Nós somos uma família agora, Luna — prometeu Carol. — Seremos as melhores amigas de hoje em diante.

— Posso ser amigo de vocês também? — provocou Henri, e elas o abraçaram no colchão e lhe fizeram cócegas como crianças. Luna fez questão de cobri-los e beijá-los na testa, exatamente como fizera tantas noites na casa de Rose.

— Eu amo vocês. E, com certeza, seremos uma grande família.

Henri mostrou a elas a estátua de argila que havia trazido consigo. Carol e, principalmente, Luna, emocionaram-se ao contemplar o rosto da mulher que agora sabiam ser Linda. Carol, de certa forma, estava vendo sua mãe biológica pela primeira vez através daquela escultura, pois por mais que tentasse, não conseguia se recordar do passado.

Os três lamentaram quando tiveram que se separar, pois Henri afirmou que era necessário retornar ao seu escritório, e Carol avisou que voltaria ao Rio, pois seu diretor na agência de modelos já telefonara três vezes, procurando-a. Thaís partira dois dias antes e parecia mal humorada quando o fizera. Não teceu nenhum comentário com Henri sobre as irmãs dele. Ele se dedicaria a elas de agora em diante, e Thaís já percebera que seu namoro finalmente chegaria ao fim, pois ela não suportaria ter que dividir o namorado com duas mulheres desconhecidas.

Cada um regressou à sua cidade, prometendo um novo encontro para dentro de um mês. Disseram que sempre seria assim agora. Marcariam pelo menos uma vez por mês um encontro, ora em São Paulo, na casa de Luna, ora em Florianópolis, na residência de Henri, ora no Rio de Janeiro, mas Carol avisara que antes seria preciso ter uma longa conversa com os pais adotivos. Ainda não estava certa se poderia perdoá-los. André lhe dissera que ela os amava e que o amor sempre podia tudo.

Quando voltaram para São Paulo, Luna olhou com preocupação para as malas que ele arrumava. Ele sempre lhe dizia que voltaria a Londres quando encerrasse as investigações sobre os irmãos dela, e agora que tudo estava resolvido, Luna temeu pelo seu futuro sem ele.

— Quando você pretende partir?

— Eu já me demorei mais do que devia. Estou satisfeito por ter visto que meu trabalho deu certo. A minha vida é em Londres e preciso ir embora.

— Há algo que possa manter você aqui? — ela perguntou e susteve a respiração, ansiosa pela resposta dele.

André a olhou intensamente por alguns instantes. Depois sorriu, beijou-a no rosto e continuou a arrumar as bagagens.

— Não. Eu valorizo muito sua amizade, Luna, mas nada pode me segurar no Brasil. Como eu disse, minha vida é na Inglaterra. Claro que eu sempre virei visitá-la e aos seus irmãos, que são excelentes companhias.

Só que Luna sabia que não seria mais a mesma coisa. Estava tão acostumada com a presença de André aconselhando-a, consolando-a, animando-a, que achava que não saberia viver sem ele. Além disso, há algum tempo ela sentia vontade de lhe dizer algo, só não sabia como. Era muito grata a ele por tudo o que conseguira fazer e não haveria dinheiro que pudesse pagá-lo. Por isso, assim que ele fechou o zíper da última mala, Luna o segurou pela mão e o beijou.

A iniciativa partiu dela, e André nunca se esqueceria disso, pois ele ansiava beijá-la desde que a conhecera. Chegara a acreditar que fosse correspondido, só que Luna não demonstrava nada mais além de amizade. Agora aquele beijo mostrava o contrário. Era um indício de que Luna também o queria perto dela e não somente como amigo.

A intensidade daquele beijo provocou sensações totalmente novas em ambos, que precisavam urgentemente explorá-las. Com gestos bruscos e ansiosos, eles se despiram, tiraram as malas de cima da cama e ocuparam o lugar delas. André soube que Luna não estava demonstrando gratidão. Ela o desejava como homem, assim como ele buscava aquele contato havia tantas semanas.

Amaram-se por horas e perderam completamente a noção do tempo quando terminaram. Então uma única lágrima assomou nos olhos dela.

— Isso foi lindo, André. Sei também que, de certa forma, foi nossa despedida. Não vai acontecer de novo, pois você está com o voo marcado. Guardarei em meu coração esses doces momentos para sempre.

— Lembra-se de quando você me perguntou se haveria algo capaz de me manter aqui no Brasil? — ela assentiu, e ele a beijou nos lábios. — Acho que agora você já sabe a resposta.

Luna demorou um pouco para compreender o que ele queria dizer com aquilo. Soltou uma deliciosa gargalhada quando voltaram a se amar. O recado fora dado. E a mais bela de todas as mensagens, a que afirmava que todos os seres tinham o direito à felicidade, era um aprendizado do qual Luna nunca mais se esqueceria.

Carol, assim que chegou ao Rio com Cristiano, foi direto para a residência dos pais. Quando a moça entrou na casa, Neusa e

Agnaldo a olharam com uma expressão ansiosa, certos de que a filha arrumaria as coisas para partir dali. Tinham muitas dúvidas para serem esclarecidas e faltava-lhes coragem para perguntar.

— Eu conheci meus irmãos — avisou Carol, indo direto ao ponto. — São pessoas fantásticas, e me sinto orgulhosa e feliz por saber que eles existem. Nós prometemos um ao outro que não vamos permitir que ninguém mais nos separe.

— E você pretende ir embora? — Neusa arriscou, trêmula e assustada. — É um direito seu fazer isso.

— Sua mãe e eu só queremos deixar claro que vamos entender e respeitar sua decisão — ajuntou Agnaldo, pigarreando. Ele envolveu a esposa com os braços em uma troca mútua de conforto e consolo. — Porque, embora não lhe pareça, nós só pensamos no seu bem. Amamos você, Carol.

— Prometa que virá nos visitar de vez em quando — pediu Neusa, não conseguindo conter o pranto. — Por favor.

Carol ficou instantaneamente arrependida pela maneira que falara com eles, gritando, acusando, ofendendo. Por mais que ela precisasse conhecer sua nova família, sabia que, em seu coração, eles sempre seriam seus pais.

— Não sei por que vocês estão dizendo isso — ela caminhou alguns passos para perto deles e trocou um breve olhar com Cristiano. — Eu não pretendo sair daqui, a não ser que não me queiram mais por perto — emocionada, ela pressentiu que também ia chorar. — Quero pedir desculpas por tudo o que eu disse para vocês. Seria uma ingrata se os deixasse depois de tudo o que fizeram por mim. Hoje eu sei que fui adotada e, apesar de o nosso sangue ser diferente, os laços familiares são compostos do mesmo material: amor. Eu amo vocês.

Neusa e Agnaldo não resistiram e abraçaram a filha com força. Os três choraram juntos, e Cristiano observou aquela bela cena de reconciliação, extasiado. Seu espírito havia aprendido muito e jamais faria novamente o que fizera com Luna na encarnação passada. O casamento dele com Ana Carolina não dera certo, e eles viveram infelizes até o fim da vida. E, mesmo que não se recordasse disso, pretendia fazer tudo certo agora, mostrando a Carol e a Luna que ele era uma pessoa de princípios e que sempre haveria chances para refazer tudo.

Já em Florianópolis, Henri aguardou pacientemente pelo retorno de Thaís. Ela permanecera fora por quase vinte dias e não ligara nem uma vez, nem deixara telefone de contato. Henri sabia que aquela era uma forma de ela mostrar o quanto estava magoada com a história das irmãs dele.

Por isso, quando ela chegou de viagem, Henri a aguardava na sala de estar de sua residência. Ele não quis adiantar o motivo da visita para Vanusa, a mãe dela, que parecia tão ansiosa e curiosa em saber do assunto quanto a própria Thaís, que ficou surpresa ao vê-lo em sua casa.

— A saudade foi tanta assim? — ela perguntou, balançando sua longa cabeleira cor de ouro. Chegou perto do rosto de Henri e tentou beijá-lo nos lábios. Ele recuou. — O que foi? Não vá me dizer que aquelas duas estranhas, que você chama de irmãs, já colocaram ideias em sua cabeça a meu respeito?

— É justamente sobre elas que eu vim conversar, Thaís.

— Querem que eu saia? — perguntou Vanusa.

— Não, a senhora pode ouvir também, assim Thaís não terá o trabalho de repetir depois — Henri falava secamente, e Thaís percebeu que ele estava nervoso. — Há algum tempo, nós dois chegamos ao limite de nossa relação, e ainda assim fomos levando o namoro em frente. Antes mesmo de eu conhecer as minhas irmãs, já tinha percebido que este relacionamento estava saturado.

— A culpa é sua, por não saber aceitar minha vida de modelo — justificou Thaís. — Além disso, eu confesso que não gostei do aparecimento dessas suas irmãs. Aquela mais nova, Carol, tentou se aproximar de mim na agência, mas pedi à direção para que eu fosse trabalhar com outra pessoa. Desculpe, Henri, isso ainda me cheira a golpe barato. Hoje existem exames que comprovam o parentesco entre vocês, apesar de que eu admito que vocês são bastante parecidos.

Ele havia se preparado bastante para aquele momento e não perderia seu autocontrole. Procurando manter o mesmo tom frio e impessoal na voz, comentou:

— É justamente por isso que eu quero terminar nosso namoro, Thaís. Não posso viver com uma pessoa tão preconceituosa e infantil como você.

— Minha filha tem toda a razão. Ela...

360

— Ela está errada, dona Vanusa, e a senhora sabe disso muito bem. Não tente interferir, pois sei que compartilha do ponto de vista de sua filha. Eu tenho lido alguns livros que me mostraram que não podemos nos prender às pessoas por medo de magoá-las. Precisamos caminhar com nossas próprias pernas. É o que eu estou fazendo. Quero terminar nosso namoro, Thaís. Não vejo motivos para continuarmos juntos.

Ela levou um susto tão grande que quase foi ao chão. Percebeu que exagerara. Por mais que imaginasse um final para seu namoro com Henri, não queria que terminasse tão de repente.

— Henri, você está se precipitando — ela tentou consertar. — Lembre-se de que são nove anos de namoro. Vai jogar tudo isso para o alto? E nossa felicidade, onde fica?

— Fica no mesmo lugar em que está. Um não depende do outro para isso. Você conhecerá um homem que a mereça, assim como eu quero procurar uma mulher que respeite meu modo de pensar e que saiba valorizar minhas irmãs. E vamos aproveitar que são apenas nove anos juntos, pois, quanto mais demorarmos a romper, mais difícil ficará para nós dois.

Thaís se desesperou. Olhou para a mãe pedindo ajuda, mas Vanusa não conseguiu pensar em nada para sugerir. Vendo Henri seguir para a saída, Thaís se interpôs entre ele e a porta, implorando para que a perdoasse.

— Eu prometo me tornar amiga de suas irmãs, Henri — ela chorava, e ele a achou patética fazendo aquilo. — Se acha pouco, eu abandono minha carreira de modelo. Pronto, não vou viajar mais. Que tal?

— Você é uma mulher linda, Thaís. Não aja como uma menina mimada e ridícula. Agora, queira me dar licença. Eu sinceramente torço pela sua felicidade.

Ela não teve como impedi-lo de sair. Vanusa se levantou do sofá e correu para acudi-la, pois Thaís deslizava para o chão chorando e gritando. Sempre fora acostumada a ter suas vontades atendidas. Jamais ouvira um não em toda a sua vida e ser rejeitada por Henri agora doía-lhe profundamente. Pelo que conhecia dele, sabia que não haveria retorno. Ele partira da vida dela. Para sempre.

Conceição, com sua simpatia peculiar, sorriu para o pequeno grupo que viu caminhando em sua direção. Assim como ela, todos vestiam trajes especiais para atravessarem as regiões densas do astral inferior, impregnadas com uma grande carga de fluídos e energias negativas. Além dela, iriam dois instrutores, cinco médicos, Haroldo, Lucimara, Ivone e Euclides.

— Estão todos preparados? — perguntou um dos instrutores do grupo, e todos assentiram.

Eles volitaram e logo sentiram a mudança brusca no ar. Não pretendiam demorar-se. Aquele breve trajeto tinha como objetivo buscar um espírito que se colocara na escuridão devido à sua forma de agir e pensar. Regiões densas do astral são criadas graças às crenças e ideias negativas das pessoas, aliadas a sentimentos de revolta, ódio, vingança, dor, culpa, entre outros, que elas já nutriam mesmo antes de desencarnarem.

O dia foi substituído pela noite assim que tocaram o solo incerto e arenoso daquela região. Havia uma fumaça esbranquiçada encobrindo a visão como um tipo de névoa que brotava do chão. Os instrutores foram seguindo por uma direção, e suas lanternas clareavam o caminho. O ar era condensado e não cheirava bem. As árvores não tinham folhas, e as aves pareciam desprovidas de vida.

Eles seguiram o percurso passando por uma espécie de viela, que descia cada vez mais. Um grupo de seres horrendos, ao avistar a caravana da luz, atirou pedras e objetos contra eles. A energia elevada do grupo impediu que seus integrantes fossem atingidos.

Ao cruzarem por uma ponte, que passava por cima de um riacho sujo e estreito, viram um homem encolhido, sentado sobre as próprias pernas. Ele ergueu o rosto na direção da luz e apertou as vistas, pois se sentiu momentaneamente cego diante da claridade. Ao levantar a cabeça, eles puderam ver um sinal escuro em sua garganta, que atravessava-a de um lado a outro. Ivone e Euclides o olharam com atenção, tentando se lembrar de onde conheciam aquele rapaz.

— Quem é ele? — perguntou Ivone para Conceição. — Parece que nós já o vimos antes.

— Já viram sim. Em sua última encarnação, ele se chamou Alberto. Foi um cafetão, além de lidar com negócios escusos, como roubos e drogas. Rose trabalhava para ele. Ela, para defender as crianças, o atacou com um canivete no mesmo momento em que ele também atirou nela. Rose há muito foi amparada pelos amigos espirituais, mas ele, infelizmente, ainda resiste à mudança, pois se sintoniza com a frequência energética deste lugar.

Eles passaram por Alberto, que permaneceu encolhido. Logo ouviram um grupo discutindo em círculo. Havia duas pessoas no centro da roda. De repente, houve uma pancadaria geral, e as duas pessoas em destaque foram jogadas no chão, atacadas e pisoteadas pelos demais. A presença dos tarefeiros do bem não intimidou os agressores, e eles continuaram a chutar os dois espíritos, que gritavam e choravam. Comovida, Ivone tentou se aproximar, mas Conceição a deteve pelo braço.

— Ainda não podemos fazer nada por eles. Foram suas próprias escolhas que os levaram a isso.

— Você os conhece? — perguntou Euclides.

— Sim, e vocês também. Não poderão ver o rosto deles, mas direi quem são — O grupo de agressores se voltou para os espíritos de luz e fez gestos obscenos com as mãos. Conceição continuou: — Chamam-se Paulo e Fátima. Foram os pais adotivos de Luna. Atraíram para si o mesmo que faziam com ela. Agora, são constantes alvos de ataques de grupos mais poderosos. Infelizmente, eles ainda alimentam o ódio e a raiva, e são esses pensamentos que criam amarras para mantê-los aqui.

Eles foram em frente. Ao final daquela pequena estrada, viram-se num lugar amplo e vasto, como uma espécie de campo de futebol há muito abandonado. Era um lugar escuro e assustador.

— O amigo que viemos buscar está um pouco mais à frente — esclareceu um dos instrutores.

Não demorou até que pudessem enxergar um homem barbudo, sujo, magro e abatido. Ele cobriu o rosto com as mãos, pois a claridade lhe fazia mal. Sua cabeça estava ferida e suas mãos tremiam, sem firmeza.

— Meu Deus! — exclamou Euclides assim que reconheceu o espírito que estava sendo amparado pelos médicos. — Este é Raul.

— Sim, e hoje ele será ajudado por nós — explicou Conceição. — Perambula por essa região desde que se suicidou com um tiro na cabeça, há vinte e dois anos, embora nem todo suicida tenha o mesmo destino. O que leva uma pessoa às trevas não é o suicídio em si, e sim as crenças que ela alimenta, tanto no mundo corpóreo quanto após chegar aqui. A vida não condena um suicida. Raul não está sendo castigado, ao contrário, está aprendendo com a dor. Ainda há quem necessite dela para avançar no processo evolutivo. Ultimamente ele tem repensado nas atitudes que tomou quando foi um escultor. Hoje ele suplicou por uma nova chance para mostrar a si mesmo que pode ser melhor. E todos podem, claro. Iremos encaminhá-lo a um dos postos de socorro situados aqui mesmo, no astral inferior. Quando ele estiver melhor, será transferido para outra unidade em nossa comunidade.

Enquanto Conceição falava, Raul foi colocado em uma maca. A claridade, excessivamente forte para ele, o fez perder os sentidos, o que facilitou a remoção. Além dele, os tarefeiros do bem levaram outros dois espíritos em condições semelhantes. Terminada a tarefa, eles seguiram lentamente pelo caminho de onde vieram, carregando o espírito inconsciente de Raul.

CAPÍTULO 52

Linda sorriu para seus pais quando eles vieram buscá-la na ala infantil em que trabalhava, um dos muitos locais do astral voltados para o cuidado de bebês, crianças e adolescentes desencarnados. Ela se sentia útil ajudando nos estudos e cuidados com as crianças, principalmente no berçário. Os maiores, cujas mães já haviam reencarnado, tinham se acostumado a chamá-la de mãe, o que sempre emocionava Linda.

Ela recebeu os pais com um carinhoso abraço. Ivone explicou:

— Estamos aqui a pedido de nossa querida Conceição. Viemos lhe dar duas notícias que a deixarão muito satisfeita.

— Ultimamente, todas as notícias que tenho recebido são ótimas — sorriu Linda. — Estou curiosa.

— Há alguns meses, nós participamos de uma equipe de busca no astral inferior e trouxemos alguns espíritos conosco. Dentre eles, há alguém que deseja vê-la. Não falamos antes com você sobre isso, porque nenhum dos dois estava em condições de conversar, principalmente ele, que ainda está em tratamento, mas tem melhorado diariamente. Chama por você todos os dias. Diz que sente muitas saudades.

— E quem seria esse admirador secreto? — brincou Linda. Ela acenou para uma moça que trazia no colo um dos bebês da ala.

— Venha conosco. É melhor descobrir por si mesma.

Como seus pais pareciam misteriosos, Linda os seguiu. Atravessaram toda a extensão de um lindo jardim e chegaram a um dos postos de socorro. No setor da enfermaria, Linda foi guiada até um dos quartos. Euclides e Ivone faziam mistério sem deixar de sorrir.

Assim que Linda entrou, o homem que estava de costas para ela voltou-se lentamente. Ambos imediatamente se emocionaram. Raul estava limpo e asseado, parecendo o ingênuo e sonhador rapaz por quem ela se apaixonara. E ele nem acreditou quando viu que Linda continuava tão bela quanto sempre fora. Ele se questionou por um breve instante sobre como pudera trocá-la por uma coleção de estátuas de argila.

— Raul... eu — Linda tentou falar, contudo, emocionada como estava, a voz morreu em sua garganta.

— Linda, por favor — ele se aproximou e tomou as mãos dela entre as suas. — Por favor, diga que me perdoa. Nada me deixaria mais feliz. A vida me deu uma segunda chance. Agora, só falta você me dar mais uma chance também.

Linda só pôde sorrir. Compreendeu que todo o ódio que alimentara por tantos anos pelo que Raul fizera com ela e com os filhos fora em vão. Ela o perdoou. E o faria sempre, pois ainda o amava.

Ela assentiu, e ele a abraçou com força.

— Obrigado, Linda. Muito obrigado. Só quero que saiba que eu amo você. Todos esses anos mergulhado nas trevas me fizeram perceber que você merecia alguém melhor do que eu. Penso ainda que...

Ela o silenciou ao colocar um dedo sobre seus lábios, interrompendo-o.

— Não vamos viver do passado, Raul. Se quisermos dar uma chance a nós mesmos, temos que pensar no amanhã. O futuro é a razão de recomeçarmos.

Raul não disse mais nada, beijou-a nos lábios e sentiu que era retribuído. Para Linda, não valia a pena que Raul soubesse o longo percurso que ela trilhara sem ele. Talvez, um dia, ela lhe contasse sobre os filhos e toda a sua jornada ao lado de Luna. Agora era cedo demais para isso.

De repente, Linda se afastou dele e olhou para os pais, que assistiam à cena de um canto do quarto.

— Se estou bem lembrada, ouvi dizer que havia duas notícias boas para mim. A primeira era Raul. Qual seria a segunda?

— Você tem estudado e aprendido muito por aqui. É por isso que poderá fazer sua primeira visita à Terra acompanhada por nós e por Conceição. Nesta noite, haverá uma reunião em uma casa de estudos espiritualistas em Florianópolis, e nós iremos comparecer.

— Uma reunião? E por que tão longe?

— Para nós, espíritos, não há distância. Luna e Carol, que têm estreitado a ligação entre elas, combinaram de passar uma semana na casa de Henri.

Raul ouvia a tudo sem entender muito bem, e não se sentia no direito de fazer perguntas. Sabia que perdera muita coisa e, na medida do possível, iria se inteirando dos últimos acontecimentos.

— Henri tem se relacionado amorosamente com uma moça boa, espiritualizada e inteligente — tornou Ivone. — Ele descobriu que a ama de verdade e que apenas se iludira com Thaís por nove anos. Esta moça se chama Carina. É a secretária do escritório de advocacia que ele divide com os sócios.

— E Carol e o namorado?

— Também se amam muito — ajuntou Euclides. — Luna ainda o evita, mas será apenas uma questão de tempo. Em breve, ela o perdoará, pois, depois que se casou com André, percebeu que o amor é um sentimento muito mais rico e poderoso do que ela imaginava.

— E hoje os três irmãos estarão reunidos — concluiu Ivone.

— Sua presença será imprescindível.

Linda ficou animada com o convite. Estava com muitas saudades dos filhos. Mal podia esperar pelo momento de revê-los e, se possível, beijá-los e abraçá-los com carinho.

Em outro setor daquela cidade astral trabalhava Rose. Ela também precisara passar por um longo tratamento após seu desencarne, efetuando uma verdadeira limpeza em seu corpo espiritual, ainda impregnado pelas densas energias do ódio e da revolta. Perdoara Alberto e sentia-se feliz, tanto pelo reencontro entre Henri, Carol e Luna, como pela reconciliação de Raul e Linda. Ela sabia que eles ainda se amavam, mesmo após tantos acontecimentos. Rose aprendera que o mais importante era entregar-se verdadeiramente aos desejos do coração.

O investigador Vasconcelos continuou trabalhando de forma severa e autoritária, principalmente após a prisão de Luna, pois a fama de que ele não dera conta de capturar uma adolescente se espalhou pelas cidades vizinhas e, para não ser alvo de insultos e gozações, ele tornou-se ainda pior, como policial e como homem. Porém, um ano após Luna deixar a FEBEM, um perigoso bandido, preso pelas mãos de Vasconcelos alguns anos antes, conseguiu fugir e voltou para se vingar. Preparou uma emboscada e acertou um tiro contra as costas do investigador. O homem foi preso novamente. Vasconcelos não morreu, porém perdeu os movimentos das pernas e ficou confinado a uma cadeira de rodas, sendo obrigado a se afastar da corporação policial.

Thales, orientado por Antônio, que foi seu pai na última encarnação, tornou-se um estudioso das obras espiritualistas e têm auxiliado muitos encarnados na Terra a ampliarem sua compreensão sobre os valores do espírito. Trabalha com afinco e dedicação. Continua mantendo admiração por Luna e vibra pelo sucesso dela.

Madre Rebeca desencarnou há muitos anos e foi bem-recebida na espiritualidade. Atualmente, a madre superiora responsável pelo orfanato é Janaína, a freira que amparou Luna carinhosamente, principalmente quando ela ficou sem os irmãos.

Thaís conheceu um francês rico e bem-sucedido que a convidou para trabalhar como modelo em Paris. Ela aceitou a proposta de imediato e deixou o Brasil. Esqueceu Henri completamente, acreditando que sua nova vida lhe traria sucesso, fama e dinheiro, fatores que ela julgava serem sinônimos de felicidade.

As filhas de Conceição, que internaram a mãe no asilo, estavam bastante idosas. Uma delas nunca teve filhos, mas era insultada verbalmente pelo sobrinho. Ele dizia constantemente que tanto a mãe quanto a tia eram estorvos em sua vida e já cogitava a possibilidade de internar as duas em uma instituição para idosos.

Haroldo e Lucimara estão se preparando para reencarnar. Espíritos muito ligados, eles concordaram em renascer como irmãos gêmeos para vivenciarem novas experiências ao lado do casal, que os receberá como filhos.

Bárbara, a menina que se tornou amiga de Luna na FEBEM, após um período de rivalidade entre elas, é orientadora de jovens alcoólatras e usuários de drogas. Ela faz um belo trabalho com adolescentes, explicando o valor da liberdade, da saúde e da prosperidade.

Alípio e Iolanda, os sócios de Luna, apesar da idade avançada, continuam lúcidos, saudáveis e ativos. Foram os padrinhos do casamento da moça com André e aguardam ansiosamente pelo nascimento do bebê que Luna espera.

A casa de estudos espiritualistas estava lotada para a palestra que haveria naquela noite e para as cartas e mensagens que seriam recebidas pelos médiuns ao final da reunião. Muitas pessoas iam até lá na esperança de receber alguma notícia de parentes ou entes queridos desencarnados. Carina conhecia os dirigentes do local e sabia que o trabalho realizado era sério, honesto, digno, confiável e respeitoso.

Como chegaram cedo, André conseguiu encontrar várias cadeiras vagas na quarta fileira. Luna o seguia com sua imensa barriga. Estava grávida de nove meses, e o médico alertara de que eles deveriam estar preparados para os próximos dias. Desde que haviam se casado, meses antes, Luna e André viviam felizes e apaixonados, principalmente ela, que estava em companhia de seus irmãos.

Eles também estavam presentes. Henri estava de mãos dadas com Carina. Haviam engatado o namoro. Ele imaginava como nunca notara o carisma, a beleza e a simpatia de sua ex-secretária. Percebeu que Thaís toldava sua visão, porém agora ele enxergava a vida como ela realmente deveria ser vista. Flávia aprovara aquela romance, pois gostara de Carina de imediato, e Henri pensava em pedir a moça em casamento muito em breve.

Acompanhando os dois casais, estavam Ana Carolina e Cristiano. Eles também estavam felizes por estar juntos. Quando Carol descobriu sobre os irmãos, ele lhe dera todo o apoio de que ela necessitava. Não guardava nenhum rancor por Agnaldo e Neusa, seus pais adotivos, pelo contrário, não se cansava de ressaltar que os amava muito.

Os seis se sentaram em sequência e apreciaram a palestra até o fim. Ficaram ansiosos quando foram comunicados de que os médiuns iniciariam os trabalhos daquela noite.

O atendimento era individual ou em dupla, só que a médium que os atenderia fez um gesto para que todos os seis se aproximassem. Não era comum aquele tipo de atendimento coletivo, contudo, Carina logo compreendeu que a mensagem que a espiritualidade desejaria passar seria para todos eles.

Eles se sentaram em várias cadeiras diante da pequena mesa em que a médium estava. Era uma mulher jovem, cujo rosto transmitia paz e serenidade. Ela pediu que eles fechassem os olhos, direcionassem os pensamentos para algo positivo e que aguardassem pela mensagem dos mentores.

Enquanto o grupo obedecia às instruções, a médium estremeceu levemente e, com leve modulação na voz, comentou:

— Não sabem como estou feliz por este momento.

Todos continuaram de olhos fechados. Luna não se conteve e abriu os dela, olhando fixamente para a médium. Aquela voz que ouvia era muito semelhante à voz de sua mãe. Jamais se esquecera do timbre musical e delicado da voz de Linda e teve a certeza de que era ela quem estava ali.

De fato, parada atrás das costas da médium, orientada por Ivone, Euclides e Conceição, Linda falava tentando segurar as lágrimas de emoção. Sabia que não poderia fraquejar agora, não quando via diante de si a oportunidade que aguardara por mais de vinte anos. A oportunidade de deixar uma mensagem para seus filhos amados.

— Nada poderia me deixar mais satisfeita do ver que a vida trabalhou de forma perfeita ao separá-los e ao uni-los novamente, anos depois. Foram tempos difíceis para alguns, para outros nem tanto. Aprendi e tenho aprendido que os desafios existem para serem superados e, assim, mostrarmos a nós mesmos que somos fortes e capazes de vencer. Se agora todos vocês estão aqui é porque cada um, à sua maneira, foi batalhador. Estão sendo recompensados pela sabedoria divina, que nunca nos desempara.

A médium fez uma pausa enquanto Linda recobrava a fala.

— Acho que não vale a pena eu me identificar, pois sei que, intimamente, quase todos vocês saberão quem eu sou. Só quero dizer que me considero teimosa e obstinada, pois acreditava que, se permanecesse na Terra, eu me sentiria mais próxima de vocês. No entanto, houve a separação, e cada um seguiu para rumos diferentes, com novas vidas e situações. Como não podia estar em todos os lugares ao mesmo tempo, optei por permanecer ao lado de uma pessoa por quem tenho um carinho especial, um amor que vem de outras vidas.

Com os olhos embaciados de lágrimas, Luna não perdia nem uma palavra. A médium prosseguiu:

— Ficamos juntas por anos, mesmo que ela não soubesse. Eu a via rir e chorar, sentir alegrias e medos, mas tentava fazer com que ela nunca desistisse. Queria que ela alcançasse um objetivo em meu nome, e foi o que ela fez. Lutou até o fim, sem desistir. Eu também passei por todos os tipos de situações em nome do nosso amor. Deus nos deu toda a força de que precisávamos, e a prova disso é vocês estarem juntos novamente.

Após mais alguns momentos de pausa, devido à emoção, Linda finalizou:

— Eu me libertei, e mesmo assim estarei sempre com vocês, principalmente com esta pessoa que me é tão especial. Há muitos anos, eu prometi estar ao seu lado. Só posso dizer que me orgulho por nunca ter faltado com minha palavra. Eu peço ainda que vocês possam perdoar seu pai. Não vamos falar em erros ou em culpados. Todos nós deixamos assuntos pendentes, porém sempre há tempo de resolvê-los.

Todos estavam emocionados com as palavras da médium. Luna chorava sem parar. Ela olhou para frente e murmurou:

— Mamãe? Eu sei que é você. Só quero dizer que a amo muito.

— Eu também amo todos vocês. Agora preciso partir. Minha parte está feita. Só faço mais um pedido. Repasse nosso sol para esta linda criança que nascerá. Que Deus os abençoe! Fiquem em paz.

A médium estremeceu novamente e silenciou. Agora, tanto Henri como Carol não continham o pranto. O espírito da mãe deles se pronunciara, só que tudo fora tão breve que nem fora possível saber mais sobre ela.

Devagar, Linda caminhou até os pais e a Conceição, que limpou as lágrimas do rosto da moça.

— Não chore, minha criança. Você concluiu seu trabalho com êxito. E, por enquanto, nossa tarefa aqui na Terra terminou. Eles seguirão em frente, e nós também, no astral.

Linda assentiu e sorriu. Olhou pela última vez para o rosto de cada um de seus filhos. Suspirou e segurou as mãos de Ivone e de Euclides e, juntamente com Conceição, todos deixaram a casa. Ela agora viveria para o trabalho e para sua união com Raul.

Na matéria, todos se voltaram para Luna. André a beijou carinhosamente nos lábios e a abraçou em seguida. Ela não se importou quando Cristiano apertou sua mão carinhosamente.

— Ela nunca me deixou — chorava Luna em voz baixa. — Ela também cumpriu a promessa de que permaneceria comigo. Se eu soubesse que ela estava ao meu lado nesse tempo todo, as coisas poderiam ter sido diferentes.

— Tudo seria da mesma forma que aconteceu, Luna. Lembre-se de que não adianta mudar o passado, mas que é possível redefinir o futuro a qualquer momento.

— Ela quer que eu repasse minha correntinha para o bebê — lembrou Luna, esboçando um sorriso. Tocou a própria barriga. Carol se aproximou e a tocou também. Carina, ao lado delas, sorria feliz diante daquela cena.

— Com certeza, nosso sol continuará nos aquecendo — garantiu André, e todos concordaram com ele.

E foi durante a madrugada seguinte que Luna sentiu contrações, seguindo direto para a maternidade com André. O parto foi tranquilo e rápido, e um belo bebê nasceu. Era um menino corado e sadio. Ela olhou com amor para o rostinho do filho e então desviou o rosto para a janela de seu quarto.

Lá fora, o céu assumia matizes mais suaves, indicando que um novo dia surgiria. Luna se lembrou da mensagem de seu pingente. Para aqueles que confiam na vida, o sol sempre vai brilhar.

FIM

A hora é
agora!

Desperte para os bons pensamentos e viva em paz

ZIBIA GASPARETTO

A hora é agora!

Viver é uma dádiva maravilhosa. Se você não está feliz, e as coisas não têm dado certo, é hora de mudar e usar seu poder de escolha para construir uma vida melhor.

É simples. Basta você se apoiar e aceitar a vida da forma que é, sabendo que precisa aprender como as coisas são, para poder escolher o que funciona melhor.

Nunca se ponha pra baixo. Os erros são lições naturais do desenvolvimento do Ser e ensinam mais do que tudo. Respeite seus sentimentos e trate-se com amor. Você merece.

Comece já! Chega de sofrer. A HORA É AGORA!

Este e outros sucessos, você encontra nas livrarias e em nossa loja:

www.vidaeconsciencia.com.br/lojavirtual

GRANDES SUCESSOS DE
ZIBIA GASPARETTO

Com 20 milhões de títulos vendidos, a autora
tem contribuído para o fortalecimento da literatura
espiritualista no mercado editorial e para a popularização da
espiritualidade. Conheça os sucessos da escritora.

Romances
pelo espírito Lucius

A força da vida

A verdade de cada um

A vida sabe o que faz

Ela confiou na vida

Entre o amor e a guerra

Esmeralda

Espinhos do tempo

Laços eternos

Nada é por acaso

Ninguém é de ninguém

O advogado de Deus

O amanhã a Deus pertence

O amor venceu

O encontro inesperado

O fio do destino

O poder da escolha

O matuto

O morro das ilusões

Onde está Teresa?

Pelas portas do coração

Quando a vida escolhe

Quando chega a hora

Quando é preciso voltar

Se abrindo pra vida

Sem medo de viver

Só o amor consegue

Somos todos inocentes

Tudo tem seu preço

Tudo valeu a pena

Um amor de verdade

Vencendo o passado

Crônicas

A hora é agora!

Bate-papo com o Além

Contos do dia a dia

Conversando Contigo!

Pare de sofrer

Pedaços do cotidiano

O mundo em que eu vivo

Voltas que a vida dá

Você sempre ganha!

Coletânea

Eu comigo!

Recados de Zibia Gasparetto

Reflexões diárias

Desenvolvimento pessoal

Em busca de respostas

Grandes frases

O poder da vida

Vá em frente!

Fatos e estudos

Eles continuam entre nós vol. 1

Eles continuam entre nós vol. 2

Sucessos
Editora Vida & Consciência

Amadeu Ribeiro

A herança
A visita da verdade
Juntos na eternidade
Laços de amor
Mãe Além da vida
O amor não tem limites
O amor nunca diz adeus

O preço da conquista
Reencontros
Segredos que a vida oculta vol.1
A beleza e seus mistérios vol.2
Amores escondidos vol. 3
Seguindo em frente vol. 4
Doce ilusão vol. 5

Amarilis de Oliveira

Além da razão (pelo espírito Maria Amélia)
Do outro lado da porta (pelo espírito Elizabeth)
Nem tudo que reluz é ouro (pelo espírito Carlos Augusto dos Anjos)
Nunca é pra sempre (pelo espírito Carlos Alberto Guerreiro)

Ana Cristina Vargas
pelos espíritos Layla e José Antônio

A morte é uma farsa
Almas de aço
Código vermelho
Em busca de uma nova vida
Em tempos de liberdade
Encontrando a paz
Escravo da ilusão

Ídolos de barro
Intensa como o mar
Loucuras da alma
O bispo
O quarto crescente
Sinfonia da alma

Carlos Torres

A mão amiga
Passageiros da eternidade
Querido Joseph (pelos espírito Jon)
Uma razão para viver

Cristina Cimminiello

A voz do coração (pelo espírito Lauro)
As joias de Rovena (pelo espírito Amira)
O segredo do anjo de pedra (pelo espírito Amadeu)

Eduardo França

A escolha
A força do perdão
Do fundo do coração
Enfim, a felicidade
Um canto de liberdade
Vestindo a verdade
Vidas entrelaçadas

Floriano Serra

A grande mudança
A outra face
Amar é para sempre
A menina do lago
Almas gêmeas
Ninguém tira o que é seu
Nunca é tarde
O mistério do reencontro
Quando menos se espera...

Gilvanize Balbino

De volta pra vida (pelo espírito Saul)
Horizonte das cotovias (pelo espírito Ferdinando)
O homem que viveu demais (pelo espírito Pedro)
O símbolo da vida (pelos espíritos Ferdinando e Bernard)
Salmos de redenção (pelo espírito Ferdinando)

Jeaney Calabria

Uma nova chance (pelo espírito Benedito)

Juliano Fagundes

Nos bastidores da alma (pelo espírito Célia)
O símbolo da felicidade (pelo espírito Aires)

Lucimara Gallicia

pelo espírito Moacyr

Ao encontro do destino
Sem medo do amanhã

Márcio Fiorillo

pelo espírito Madalena

Lições do coração
Nas esquinas da vida

Maurício de Castro

Caminhos cruzados (pelo espírito Hermes)
O jogo da vida (pelo espírito Saulo)
Sangue do meu sangue (pelo espírito Hermes)

Meire Campezzi Marques
pelo espírito Thomas

A felicidade é uma escolha
Cada um é o que é
Na vida ninguém perde
Os desafios de uma suicida (pelo espírito Ellen)
Uma promessa além da vida

Rose Elizabeth Mello

Como esquecer
Desafiando o destino
Livres para recomeçar
Os amores de uma vida
Verdadeiros Laços

Sâmada Hesse
pelo espírito Margot

Revelando o passado

Sérgio Chimatti
pelo espírito Anele

Lado a lado
Os protegidos
Um amor de quatro patas

Thiago Trindade
pelo espírito Joaquim

As portas do tempo
Com os olhos da alma
Maria do Rosário

Conheça mais sobre espiritualidade com outros sucessos.

 vidaeconsciencia.com.br  /vidaeconsciencia @vidaeconsciencia

ZIBIA GASPARETTO
Eu comigo!

*"Toda forma de arte
é expressão da alma."*

Zibia Gasparetto convida você a mergulhar no seu mundo interior. Deixe os problemas de lado, esqueça o negativismo e libere o estresse do dia a dia. Passeie por entre as figuras, inspire-se com cada mensagem e coloque cor em seu mundo. Use suas tonalidades preferidas, libere o potencial criativo que existe dentro de você.

Eu comigo! é um livro para quem quer fugir da rotina e buscar aquela sensação de paz que a arte pode proporcionar. Inspire sua alma com as frases de Zibia Gasparetto criadas especialmente para você e ricamente ilustradas com desenhos encantadores.

Bem-vindo ao seu mundo interior.

www.vidaeconsciencia.com.br

Rua das Oiticicas, 75 — SP
55 11 2613-4777

contato@vidaeconsciencia.com.br
www.vidaeconsciencia.com.br